YBM
TOEFL 80+

SPEAKING
& WRITING

YBM TOEFL 80+
SPEAKING
WRITING

발행인 허문호
발행처 YBM

편집 정윤영, 이시현
본문 디자인 이미화, 박도순
표지 디자인 로컬앤드
마케팅 정연철, 박천산, 고영노, 김동진, 박찬경, 김윤하

초판인쇄 2024년 6월 3일
초판발행 2024년 6월 10일

신고일자 1964년 3월 28일
신고번호 제1964-000003호
주소 서울시 종로구 종로 104
전화 (02) 2000-0515 [구입문의] / (02) 2000-0463 [내용문의]
팩스 (02) 2285-1523
홈페이지 www.ybmbooks.com

ISBN 978-89-17-23954-6

YBM TOEFL 80⁺ 를 발행하며

어학시험 수험서 부문에서 꾸준히 베스트셀러를 출간해 온 YBM이 새롭게 변경된 TOEFL 시험에 맞추어 <YBM TOEFL 80+> 시리즈를 출간하게 되었습니다.

<YBM TOEFL 80+>는 이렇게 만들어졌습니다!

수험자의 진짜 니즈를 아는 토플 전문가들의 고득점 노하우

<YBM TOEFL 80+>는 YBM 토플연구소와 YBM 어학원 토플 대표 강사들이 공동으로 개발·집필하여 실제로 토플 시험을 준비 중인 수험자들의 니즈를 최대로 반영한 교재입니다. 토플 교육 현장에서 파악한 수험자들의 취약점 보완 및 고득점 달성을 위한 최적의 솔루션을 제공합니다.

개정 시험을 완벽 반영한 100% 최신 문항과 유형 분석

<YBM TOEFL 80+>는 2023년 7월 26일 개정 이후 시행된 시험들을 빈틈없이 분석하여 시험의 형식 외에도 문제를 구성하는 세부 요소의 개정 사항까지 완벽히 반영한 교재입니다. 달라진 토플 시험에 제대로 대비할 수 있도록 100% 신규 개발된 최신 문항과 유형 분석을 수록하였습니다.

한 권으로 빠르게 끝내는 원스탑 교재 구성

<YBM TOEFL 80+>는 각 문항의 유형 및 출제 경향 분석으로 시작하여, 어휘, 필수 패턴 등의 사전 학습과 문제풀이 전략, 연습 문제를 거치면서 토플 시험을 처음 시작하는 수험자도 문제 유형을 완벽히 숙지하게 해줍니다. 여기에 실제 시험과 동일한 구성의 실전 모의고사 2세트를 통해 실전 감각과 실력을 높일 수 있어 본 교재 한 권으로도 충분히 시험에 대비할 수 있게 해줍니다.

YBM의 모든 노하우가 집대성된 <YBM TOEFL 80+>는 수험자 여러분께 최단기 고득점의 지름길을 안내해드립니다.

YBM 토플연구소

CONTENTS

정답 및 해설 [책속의 책]

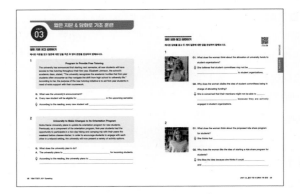

문항별 특성을 고려한 맞춤형 사전 학습

아직 토플 시험에 익숙하지 않은 학습자를 위해 본격적인 문제 풀이에 앞서 각 문항을 해결하는 데 필요한 기본기를 다질 수 있는 사전 학습을 제공한다. 실제 시험보다 짧은 지문 읽기나 짧은 강의 듣기, 또는 패러프레이징 훈련을 통해 실전형 문제에 더 쉽게 적응할 수 있게 해준다.

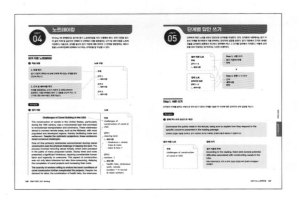

문제 분석부터 답안까지 원스탑 학습

먼저 예제를 통해 제시된 문제의 내용을 분석하고 각 문제의 유형에 따라 아웃라인을 구성하거나 노트테이킹하는 방법을 제시하는 것은 물론, 이를 활용해 단계별로 답안을 전개해 나가는 방식까지 보여준다. 이후 연습문제를 통해 앞서 배운 전략을 학습자 스스로 적용해 볼 수 있게 해준다.

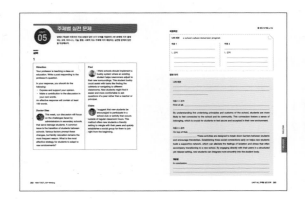

빈출 주제를 반영한 실전 훈련

각 문항의 마지막에 수록한 실전 문제들은 실제 토플 시험에 자주 출제되는 주제들로 구성하였다. Speaking의 교육, 직업, 학내 시설물 및 강의 관련, 생물학, 경제경영학, 심리학 등과 Writing의 교육, 비즈니스, 기술, 환경 등 출제율이 높은 주제 위주로 문제를 접해 봄으로써 실전 감각을 높일 수 있게 해준다.

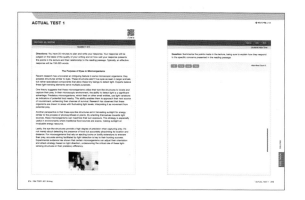

100% 최신 시험 반영 실전 모의고사

시험 개정에 해당하는 일부 문제뿐 아니라
교재 전체를 100% 최신 문제들로만
구성하였다. 특히, 최신 토플 시험 출제 경향이
100% 반영된 실전 모의고사 2세트를
풀어보면서, 앞에서 문항별로 학습한 유형과
전략을 복습, 확인하고 자신의 실력이
얼마나 향상되었는지 점검할 수 있게 해준다.

고득점의 길잡이 정답 및 해설

책 속의 책 형태로 제공되는 정답 및 해설은
본 교재에 수록된 모든 문제의 독해, 청취
지문 스크립트, 해석 및 중요 어휘는 물론
노트테이킹, 모범 답안까지 제공한다. 특히
문제에서 요구하는 핵심 포인트 위주로 구성한
모범 답안은 단기간 내에 효율적으로 고득점을
달성할 수 있게 도와준다.

음원 다운로드 및 재생용 QR 코드

교재 본문 내에 수록된 QR 코드만 찍으면
이 책의 학습에 필요한 모든 음원을 바로
재생할 수 있다. 또한 교재 앞표지에 있는 QR
코드를 찍으면 교재의 전체 파일이나 문항별
파일을 다운로드 받을 수 있는 모바일 페이지로
바로 연결된다.

TOEFL iBT란?

TOEFL(Test of English as a Foreign Language) iBT(Internet-Based Test)는 미국 대학에서 수학할 비영어권 학생을 선발하기 위해 영어 구사력과 이해력을 측정하는 온라인 시험으로, 미국의 교육 기관인 ETS(Educational Testing Service)가 개발하고 운영한다. 토플은 Reading, Listening, Speaking, Writing 4개 영역으로 구성되어 있으며 모두 note-taking이 가능하다. 미국을 비롯한 영어권 국가 대학 및 대학원과 여러 기관에서 토플 점수를 인정한다.

시험 영역

영역	지문 및 문항 수	시간	점수	특징
Reading	지문 총 2개 지문당 10문항	약 35분	0~30	• 다양한 주제의 긴 지문이 출제됨 • 사지선다, 지문에 들어갈 문장 삽입, 지문의 요약표를 완성하는 육지선다 문제 등이 출제됨
Listening	지문 총 5개 대화: 지문 2개 　　　지문당 5문항 강의: 지문 3개 　　　지문당 6문항	약 36분	0~30	• 캠퍼스 또는 기관 내 실제 분위기의 대화 및 강의가 출제됨 • 강의 중 전문 용어 등이 등장할 시 화면에 용어가 나오기도 함 • 사지선다, 지문 일부를 다시 듣고 풀기, 표 안에 정보 분류 또는 배열하는 형태의 문제 등이 출제됨
Speaking	지문 총 4개 독립형 1문항 통합형 3문항	약 16분 독립형: 준비 15초 　　　답변 45초 통합형: 읽기 45초/50초 　　　듣기 1분 30초~2분 　　　준비 20초/30초 　　　답변 60초	0~30	• 독립형: 주어진 주제에 대한 의견 말하기 • 통합형: 읽고 들은 내용에 기반하여 문제에 대한 답변 말하기
Writing	지문 총 2개 통합형 1문항 토론형 1문항	약 35분 통합형: 읽기 3분 　　　듣기 2분~2분 30초 　　　쓰기 20분 토론형: 쓰기 10분	0~30	• 통합형: 읽고 들은 내용에 기반하여 문제에 대한 답변 쓰기 　(약 150~225단어 권장) • 토론형: 토론 주제에 대한 의견 제시하기 　(100단어 이상 권장)
		약 2시간	총점 120	

시험 응시 및 성적 발표

응시 방법	• ETS 토플 웹 사이트 또는 전화 접수 (조기 마감될 수 있으니, 성적이 필요한 날짜로부터 2~3개월 전에 접수) • ETS Test Center 시험은 응시일로부터 최소 7일 전 접수, Home Edition 시험은 응시일로부터 최소 4일 전 접수
시험 장소	• ETS Test Center 또는 집에서 Home Edition 시험으로 응시 가능 (Home Edition 시험 응시를 위한 장비 및 환경 요건은 ETS 토플 웹 사이트에서 확인)
시험 비용	• 시험 접수: US$220 (한국 기준) • 취소한 성적 복원: US$20 • 추가 접수: US$40 추가 • 성적표 추가 발송: US$25 (기관당) (응시일로부터 2~7일 전에 접수할 경우) • Speaking/Writing 재채점: US$80 (영역당) • 시험일 변경: US$60
응시 취소	• ETS 토플 웹 사이트 또는 전화상으로 취소 가능 (응시료 환불 기준 및 방법은 ETS 토플 웹 사이트에서 확인)

시험 당일	• 준비물:
	  - 신분증(여권, 주민등록증, 운전면허증, 군인신분증)
	  - 필기도구 및 종이는 ETS Test Center에서 제공
	• Home Edition 시험 유의사항:
	  - 사전에 ProctorU 프로그램을 설치하여 작동 여부 확인
	  - 화이트보드 또는 투명 시트와 지워지는 마커 지참 (종이에 필기 불가)
	  - 태블릿으로 시험 응시 불가하며, 시험 도중 휴대폰, 스마트워치, 듀얼 모니터 사용 및 마스크 착용 불가

성적 및 성적표	• 시험 응시일로부터 대략 4~8일 후에 온라인으로 성적 확인 가능 (이후 2일 뒤 성적표 PDF 다운로드 및 출력 가능) • 시험 접수 시 우편으로 성적표 요청한 경우, 시험 응시일로부터 약 11~15일 후에 전송 성적 유효 기간은 응시일로부터 2년 • MyBest Scores 제도 시행: 최근 2년간의 시험 성적 중 영역별 최고 점수를 합산하여 유효 성적으로 인정

❯ 2023년 7월 26일 기준 변경 사항   1 시험 시간 약 3시간 30분에서 2시간으로 단축
                                  2 더미 문제 삭제
                                  3 Listening 영역 후 휴식 없음
                                  4 Reading: 지문 3~4개에서 2개로 축소
                                  5 Listening: 대화 2~3개, 강의 3~4개에서 대화 2개, 강의 3개로 축소
                                  6 Writing: 독립형 문항에서 토론형 문항으로 변경

SPEAKING & WRITING 학습 플랜

20일 완성 학습 플랜

DAY 1	DAY 2	DAY 3	DAY 4	DAY 5
Speaking Question 1 UNIT 1~3	Speaking Question 1 UNIT 4~5	Speaking Question 2 UNIT 1~4	Speaking Question 2 UNIT 5~6	REVIEW
DAY 6	**DAY 7**	**DAY 8**	**DAY 9**	**DAY 10**
Speaking Question 3 UNIT 1~3	Speaking Question 3 UNIT 4~5	Speaking Question 4 UNIT 1~4	Speaking Question 4 UNIT 5~6	REVIEW
DAY 11	**DAY 12**	**DAY 13**	**DAY 14**	**DAY 15**
Speaking ACTUAL TEST 1	Speaking ACTUAL TEST 2	Writing Question 1 UNIT 1~4	Writing Question 1 UNIT 5~6	REVIEW
DAY 11	**DAY 12**	**DAY 13**	**DAY 14**	**DAY 15**
Writing Question 2 UNIT 1~3	Writing Question 2 UNIT 4~5	Writing ACTUAL TEST 1	Writing ACTUAL TEST 2	REVIEW

학습 플랜 활용법

1. 위 학습 플랜에 따라 매일의 학습 분량을 미리 계획하고, 이에 맞춰 학습 속도를 잘 조절한다.
2. Speaking과 Writing 섹션 마지막에 각각 수록된 Actual Test는 실제 시험을 본다는 마음으로 note-taking을 하며 문제를 풀고, 문제를 다 푼 다음에는 스크립트 및 모범 답안을 확인한다.
3. 2주 내에 학습을 마무리하려면 위 학습 플랜의 2일치 분량을 하루에 학습하면 된다.
4. 꼼꼼하고 여유 있는 플랜을 원하는 수험자라면 1주에 1개 Question씩 학습하여 6주에 완성하는 것을 권한다.

YBM TOEFL 80⁺

SPEAKING

TOEFL iBT Speaking 소개 및 전략

TOEFL iBT Speaking 시험은 수험자가 학문적 상황에서 자신의 의견이나 주어진 정보를 논리적으로 정확히 전달할 능력이 있는가를 평가한다. 개인적인 생각, 경험, 의견 등을 말하는 독립형(Independent Task) 문제와 읽기나 듣기를 수행한 후 이를 요약하여 말하는 통합형(Integrated Task) 문제들로 구성되며 시험 시간은 약 16분 배정된다.

구성

유형	문항 번호	개요	시험 시간
독립형	Question 1	제시된 두 가지 대비되는 상황 혹은 입장 중 선호하는 쪽을 선택하여 자신의 의견을 밝히고 이를 뒷받침하는 근거나 예시를 들어 부연 설명하는 유형이다.	준비 시간: 15초 답변 시간: 45초
통합형	Question 2	캠퍼스 상황과 관련된 공지문 혹은 제안서를 읽고, 해당 지문에 관한 두 사람의 대화 중 메인 화자의 찬성/반대 입장을 요약하는 유형이다.	읽기 시간: 45초/50초 준비 시간: 30초 답변 시간: 60초
	Question 3	학문적 소재와 관련된 지문을 읽고 해당 주제에 관한 강의를 들은 후 지문의 주제와 강의의 내용을 연결하여 요약하는 유형이다.	읽기 시간: 45초/50초 준비 시간: 30초 답변 시간: 60초
	Question 4	학문적 소재에 관한 강의를 들은 후 강의의 중심 내용에 세부 설명을 더하여 요약하는 유형이다.	준비 시간: 20초 답변 시간: 60초
총			약 16분

시험화면 미리보기

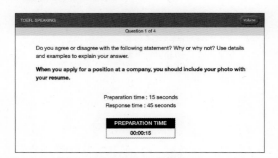

준비 시간 화면

스피킹 시험에는 말할 내용을 아웃라인으로 구성하거나 읽고 들으며 노트테이킹한 내용으로 내가 말할 답변을 정리할 준비 시간이 문제에 따라 15초 또는 30초 주어진다.

답변 시간 화면

준비 시간이 끝나면 화면에 답변 시간 45초 또는 60초의 카운터가 나타나며 남은 시간을 보여준다. 답변 시간이 끝나면 바로 다음 문제로 넘어가므로 공백 없이 구상한 답변을 말하기 시작해야 한다.

전략

독립형
(Independent Task)

독립형 문항인 Question 1은 최근에 출제되었던 문제들이 반복 출제되는 경향을 보이고 있다. 따라서 6개월 이내 문제로 출제되었던 주제들을 위주로 사전에 아이디어를 구상하고 모의 답변을 만들어 말하기 연습을 하면 큰 도움이 되며, 평소 아래와 같이 학습한다.

빈출 주제 분석하기
교육, 기술, 직업, 여행, 사회적 문제 관련 주제의 출제 빈도가 높은 편이다.

주제별 연어(collocation) 학습하기
자주 사용되는 주제별 연어를 학습하면 자연스러운 어휘 사용이 가능하다.

통합형
(Integrated Task)

통합형은 독립형과 달리 읽기나 듣기 능력까지 함께 요구하므로 보다 시간을 들여 종합적인 학습을 해야 한다. 아래와 같은 학습 방법을 권한다.

듣기 연습하기
듣기 능력이 뒷받침되지 않으면 답변으로 말해야 할 핵심 내용조차 파악할 수 없다. 특히 Question 3, 4는 강의를 듣고 요약하는 과정이 포함되는 유형이므로 꾸준히 많은 강의 콘텐츠를 들으며 중심 내용을 요약하는 연습이 필요하다.

강의 빈출 주제 학습하기
Question 3, 4에는 어려운 학문적 소재를 다루는 강의가 포함되지만 유사 주제들이 자주 등장하므로 이들을 위주로 기본적인 지식과 어휘를 미리 학습해두면 읽기는 물론 듣기에도 큰 도움이 된다. 생물학은 극한의 환경 혹은 포식자로부터 생존하는 방법 등이, 경제·경영학은 수익 창출, 고객 유치, 재정난 극복 등과 관련한 경영 전략이 자주 등장한다. 심리학은 유사 주제보다는 다양한 주제가 출제되어 다소 어려움이 있다.

노트한 내용을 기반으로 답변하는 연습하기
많은 학생들이 준비 시간에 자신이 말할 내용을 스크립트처럼 그대로 작성하려는 경향이 있으나, 준비 시간이 길지 않기 때문에 오히려 말해야 할 핵심 내용만 필기하고 이를 기반으로 자연스럽게 답변을 전개해 나가는 연습을 꾸준히 하는 것이 도움이 된다.

TOEFL iBT Speaking   채점 기준표

각 문항에 대한 수험자의 답변을 전달 능력, 언어 사용, 주제 전개라는 평가 항목별로 아래 채점 기준에 의거하여 0~4등급으로 채점하고, 4문항의 등급 점수 총합을 환산 점수 0~30으로 변환하여 최종 점수를 주는 방식이다.

독립형 (Independent Task)

등급	평가 항목	평가 기준
4	총평	완결성이 조금 부족해도 문제가 요구하는 것에 충실하게 답변한다. 의사 표현이 상당히 명료하며, 통일성이 있다.
	전달 능력	표현이 유창하고 명확하며, 대체로 속도도 적절하다. 사소한 실수와 발음과 억양에 다소 문제가 있지만 전체적인 의미 전달에 영향은 없다.
	언어 사용	문법과 어휘를 효과적으로 사용한다. 복잡한 문장 구조까지 잘 소화하여 자연스럽게 표현하고, 실수가 있어도 의미를 모호하게 하지는 않는다.
	주제 전개	답변에 일관성이 있고, 문제에서 요구하는 적절한 정보를 전달한다. 전반적으로 전개 방식이 양호하고 통일성이 있다. 전달하고자 하는 내용 간의 관계가 명확하게 전개된다.
3	총평	질문에 적절히 답변하지만 전개가 충분하지 않다. 대체로 명료하고 일관성이 있으며 표현이 유창하지만 생각을 표현하는 과정에서 눈에 띄는 실수가 있다.
	전달 능력	대체로 명확하고 자연스럽게 답변하지만, 다소 불완전한 발음, 억양, 끊어 읽기로 인해 알아듣기 힘든 부분이 몇 군데 있다.
	언어 사용	문법과 어휘를 효과적으로 사용하고 관련 내용들을 일관되게 표현하는 편이다. 부정확한 어휘, 문법, 문장 구조를 사용하나 심각하지는 않다.
	주제 전개	대체로 일관성 있게 정보를 전달하나 내용 면에서 불완전하거나 부정확하고, 구체성이 결여되거나 생각의 전개가 매끄럽지 못한 부분이 눈에 띈다.
2	총평	제시된 문제에 맞게 답변했지만 주제의 전개가 미흡하다. 가끔 알아듣기 어렵거나 전체적으로 내용 전개에 일관성이 없어서 일부 의미를 모호하게 하지만 이해할 수 있다.
	전달 능력	전반적으로 알아들을 수 있으나 불명확한 발음, 어색한 억양, 끊어 읽기 문제로 의미가 모호하다.
	언어 사용	어휘와 문법의 사용이 제한적이다. 기본적인 문장 구조는 완벽히 구사하는 편이나, 연결 관계가 제한적이거나 불명확하다
	주제 전개	논지 제시와 전개가 미흡하나 제시된 문제에는 적절히 답변한다. 기본적인 의견은 표현할 수 있지만 상세한 설명은 미흡하다.
1	총평	내용이나 일관성 면에서 매우 미흡하고, 연관성이 부족하여 전반적으로 이해하기 어렵다.
	전달 능력	잘못된 발음, 강세, 억양 때문에 알아듣기 힘들고 의미가 모호하다. 말이 자주 끊기거나, 답변이 짧고, 중간에 자주 머뭇거리거나 말을 중단한다.
	언어 사용	문법과 어휘의 수준이 낮아 말하고자 하는 내용을 제한적으로 표현한다. 단어나 짧은 표현에 의존하여 의미를 전달하려 한다.
	주제 전개	적절한 내용을 전달하지 못하고, 기본적인 의견 이상을 표현하지 못한다. 답변을 완성하지 못하거나 문제의 내용만 반복적으로 말한다.
0	총평	답변을 전혀 하지 않거나 답변 내용이 주제와 관련 없다.

통합형 (Integrated Task)

등급	평가 항목	평가 기준
4	총평	완결성이 조금 부족해도 문제가 요구하는 것에 충실하게 답변한다. 의사 표현이 상당히 명료하며, 통일성이 있다.
	전달 능력	발음과 억양에서 일부 실수가 있어도 대체로 명확하고 유창하다. 정보를 기억해 낼 때 말하는 속도가 달라지나, 전체적으로 매우 명료하게 표현한다.
	언어 사용	복잡한 문장 구조까지 잘 소화하여 통일성 있고 효과적으로 표현하고, 어휘 선택도 전반적으로 적절하다. 실수가 있어도 의미를 모호하게 하지는 않는다.
	주제 전개	말하고자 하는 내용을 명확하게 전개하고, 문제에서 요구하는 적절한 정보를 전달한다. 사소한 실수나 누락이 보이지만 세부 사항을 적절히 묘사한다.
3	총평	질문에 적절히 답변하지만 전개가 충분하지 않다. 대체로 명료하고 일관성이 있으며 표현이 유창하지만 생각을 표현하는 과정에서 눈에 띄는 실수가 있다.
	전달 능력	대체로 명확하고 유창하나 불완전한 발음, 억양, 끊어 읽기로 인해 알아듣기 힘든 부분이 몇 군데 있다.
	언어 사용	문법과 어휘를 효과적으로 사용하고 관련 내용들을 일관되게 표현하는 편이다. 부정확한 어휘, 문법, 문장 구조를 사용하나 심각하지는 않다.
	주제 전개	대체로 일관성 있게 정보를 전달하나 내용 면에서 불완전하거나 부정확하고, 구체성이 결여되거나 생각의 전개가 매끄럽지 못한 부분이 눈에 띈다.
2	총평	정보가 다소 누락되거나 부정확하지만 제시된 문제에 맞게 답변한다. 가끔 알아듣기 어렵거나 내용 전개에 일관성이 없어서 의미를 모호하게 한다.
	전달 능력	때로는 명료하지만 발음, 억양, 끊어 읽기 문제로 알아듣기가 상당히 힘들다. 일부 답변에 일관성이 없고 의미가 명료하지 않아 내용을 이해하기 어렵다.
	언어 사용	어휘와 문법의 사용이 제한적이다. 일부 복잡한 문장 구조를 사용하는데 대체로 실수가 동반되어 연결 관계가 제한적이거나 부적절하다.
	주제 전개	완결성이 부족하다. 논제 누락, 모호한 핵심 의견 표현은 물론, 중요 정보를 잘 전개하지 못한다. 연계성과 일관성 부족으로 답변 내용 이해가 어렵다.
1	총평	답변이 미흡하거나 일관성 및 연관성이 부족하여 전반적으로 이해하기 어렵다.
	전달 능력	발음과 억양에 문제가 있어서 알아듣기 힘들고 의미가 모호하다. 말의 흐름이 매끄럽지 못하거나 답변이 짧고 중간에 자주 머뭇거리거나 말을 중단한다.
	언어 사용	문법과 어휘의 수준이 낮아 말하고자 하는 내용을 제한적으로 표현한다. 단어나 짧은 표현에 의존하여 의미를 전달하려 한다.
	주제 전개	적절한 내용을 전달하지 못하고, 개념이 부정확하거나 모호하고 반복해서 말하는 내용이 많다. (문제의 내용을 그대로 사용하는 것 포함)
0	총평	답변을 전혀 하지 않거나 답변 내용이 주제와 관련 없다.

YBM TOEFL 80+
SPEAKING

QUESTION

1

Independent Task

선택 말하기

문제 유형 미리보기

iBT TOEFL Speaking 1번은 개인의 생각을 논리적으로 전달하는 능력을 평가하는 문제로, 문제에서 제시하는 상호 대조되는 두 가지 선택사항 중 한 가지를 선택하여 말하거나 주어진 논제에 대해 찬성 혹은 반대의 입장을 밝힌 후 그 이유를 설명하는 유형이다.

시험화면 미리보기

Direction

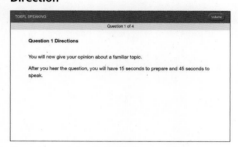

- 1번 문제에 대한 전반적인 설명

말하기

- 문제 제시 (화면 상 텍스트와 음성 모두 제공)
- 답변 준비 15초
- 답변 말하기 45초

문제 미리보기

> When jobseekers live far away from an office, some prefer remote interviews, while others prefer on-site interviews. Which would you prefer? Explain why.

위와 같이 1번 문제에서 제시하는 두 가지 선택사항 또는 의견 중 자신이 선호하는 한 가지를 밝히고 그에 대한 이유와 부연 설명을 답변에 포함해야 한다.

문제풀이 전략

아웃라인 구성하기		단계별 답변 말하기
문제 파악하기	+	**Step 1** 나의 선택·의견 말하기
나의 선택·의견에 맞는 아웃라인 작성하기		**Step 2** 이유와 부연 설명 말하기

문제에 제시된 질문 내용을 정확히 파악한 뒤, 자신의 선택이나 의견을 정하고 이를 뒷받침할 이유와 근거가 되는 설명을 아웃라인으로 작성해야 한다. 이후 아웃라인 내용을 바탕으로 자신의 선택·의견, 그리고 그것을 뒷받침할 이유를 논리적으로 말하고 부연 설명을 해야 한다.

빈출 주제

교육
- 자녀의 진로·전공 선택 시 부모의 개입
- 자녀의 스마트폰 사용 시간 제한
- 자기 주도 학습 vs. 교사 주도 학습
- 학교의 예산 투자 vs. 예산 삭감
- 특정 과목의 필수과목화
- 부정행위 방지 대책
- 이론 중심 교육 vs. 실용 교육
- 학생들에게 가르쳐야 할 자질
- 대면 수업 vs. 비대면 원격 수업
- 기술의 발달로 인한 학생들의 사고력 제한
- 국사 교육 vs. 세계사 교육의 우선순위

구직·채용
- 업무량 많은 고수입 직종 vs. 업무량 적은 저수입 직종
- 일 vs. 개인의 삶 (워라밸)

- 구직·채용 방법
- 구직 시 신생 기업 vs. 기반을 갖춘 기업
- 채용 시 신입 vs. 경력자
- 대면 면접 vs. 비대면 원격 면접

여행
- 나 홀로 여행 vs. 함께 가는 여행
- 근거리 여행지 vs. 원거리 여행지
- 새로운 여행지 vs. 익숙한 여행지

세대·시대 비교
- 실패 감수에 대한 신세대 vs. 구세대
- 해외여행 시 신세대 vs. 구세대
- 교육 수준에 대한 과거 vs. 현재
- 교사 권리 존중에 대한 과거 vs. 현재

UNIT 02 답변 말하기 필수 패턴

1번 문제에 대한 답변으로 자주 사용되는 단계별 패턴들과 예문들을 숙지하면 실제 시험에서 막힘없이 답변을 말하는 데 매우 유용하다.

⌒ S 01

나의 선택·의견을 말할 때 쓰는 패턴

1 나는 (B보다는) A를 선호한다
I (would) prefer A (to B)

I prefer a slower-paced work style **to** a more intensive work approach.
나는 좀 더 집중적으로 일하는 것보다는 여유있게 일하는 방식을 선호한다.

2 나는 (개인적으로) A가 더 나은 선택이라고 생각한다
I (personally) feel[believe, think] (that) A is the better option

I feel hiring experienced professionals **is the better option** for companies.
나는 경험 많은 전문가를 고용하는 것이 회사를 위해 더 나은 선택이라고 생각한다.

3 나는 ~라는 생각[의견]에 동의[지지]한다
I agree with[support] the idea[statement] (that) S+V

I agree with the idea that parents and children can be friends.
나는 부모와 자녀가 친구가 될 수 있다는 생각에 동의한다.

4 나는 ~라는 생각[의견]에 반대한다
I disagree with the idea[statement] (that) S+V

I disagree with the statement that we should include a photo with our résumé.
나는 이력서에 사진을 포함해야 한다는 의견에 반대한다.

5 나는 ~라고 생각한다
I think[feel, believe] (that) S+V

I believe that the level of respect for teachers has diminished.
나는 교사에 대한 존경심의 수준이 낮아졌다고 생각한다.

이유를 말할 때 쓰는 패턴

6 우선[첫째로], ~이다
First of all[First, Firstly], S+V

First of all, requiring every freshman to take a library resource class ensures that students utilize library resources to their fullest extent.
우선, 모든 신입생에게 도서관 자료 수업을 수강하게 하면 학생들이 도서관 자료를 최대한 활용할 수 있다.

7 또한[게다가, 더욱이, 그뿐 아니라], ~이다
Also[Additionally, Furthermore, Not only that], S+V

Also, taking a gap year could help students reinforce their academic and career goals.
또한, 휴학을 하는 것은 학생들이 학업 및 취업 목표를 강화하는 데 도움이 된다.

부연 설명을 할 때 쓰는 패턴

8 구체적으로 말하면, ~이다
To be specific, S+V

To be specific, regular interaction with parents and siblings provides stability and support for their well-being.
구체적으로 말하면, 부모 및 형제자매와의 정기적인 교류는 행복할 수 있도록 안정과 지원을 제공한다.

9 예를 들면, ~이다

For example[instance], S + V

For example, I remember when I was in Istanbul, spending time in neighborhood bazaars and tea shops allowed me to chat with the local people.

예를 들어, 이스탄불에 있을 때 주변 시장과 찻집에서 시간을 보내면서 나는 현지인들과 이야기를 나눌 수 있었다.

마무리할 때 쓰는 패턴

10 이러한 이유들로 인해[모든 점을 고려할 때, 따라서], ~이다

For these reasons[All things considered, Therefore], S + V

For these reasons, risk-taking activities can help us face our fears and achieve things we never thought possible.

이러한 이유들로 인해, 위험을 감수하는 활동은 우리가 두려움에 맞서고 결코 가능하다고 생각하지 못했던 일들을 성취하는 데 도움이 될 수 있다.

11 이러한 이유들로 인해, 나는 ~라고 생각한다

These are the reasons why I believe (that) S + V

These are the reasons why I believe that hiring experienced workers is a better option.

이러한 이유들로 인해, 나는 경험 많은 직원을 고용하는 것이 더 나은 선택이라고 생각한다.

EXERCISE

제시된 우리말의 파란색 글자 부분에 해당하는 빈칸을 채워 영어로 말해보시오.

1 나는 한 번에 한 가지 일을 하기보다 동시에 여러 가지 일을 하기를 선호한다.

I _____ trying to do multiple things at once _____ working on one task at a time.

2 나는 두 교수의 협동교수제가 학생들에게 여러 모로 도움이 된다는 생각에 동의한다. ~에 도움되다, 혜택을 주다 **benefit**

_____ team-teaching by two professors _____

in many ways.

3 나는 숙제가 교육 과정에서 가치가 없다는 말에 반대한다.

_____ homework has no value in the educational process.

4 우선, 탄탄한 회사에서 일하면 고정적이고 안정적인 수입을 얻을 수 있다.

탄탄한(업계에서 자리잡은) 회사 **established company**

_____, _____ allows me to earn a fixed and stable income.

5 게다가, 박물관 내에서의 사진 촬영은 다른 사람들의 주의를 산만하게 할 수도 있다.

집중을 방해하다, 주의를 산만하게 하다 **distract**

_____, _____ can distract others.

6 구체적으로 말하면, 요리와 예산 짜기는 아이들에게 필요한 기본 기술 중 일부일 뿐이다.

예산을 책정하다, 예산을 짜다 **budget**

_____, cooking and budgeting are just some of the basic skills that kids will need.

7 예를 들면, 얼마 전 나는 자연 경관을 보존하는 것이 생물 다양성을 유지하는 데 도움이 된다는 뉴스 보도를 접했다.

(소식 등을) 우연히 접하다 **come across**

_____, the other day _____ stating that preserving the natural

landscape helps sustain biodiversity.

8 이러한 이유로, 나는 기술이 누구나 더 똑똑하게 만들 수 있는 강력한 학습 도구가 될 수 있다고 생각한다.

학습도구 **learning tool**

_____, _____ that can make anyone smarter.

아웃라인 구성하기

UNIT 03

문제에서 제시한 선택사항이나 진술, 그리고 키워드를 파악한 뒤, 자신의 의견을 선택하여 정하고 자신의 의견을 뒷받침하는 이유와 그에 덧붙일 근거 등을 아웃라인으로 잡는다. 이때 질문의 의도를 잘못 파악하면 주제를 벗어난 답안이 될 수 있으므로 주의하고, 주어진 준비 시간 15초 안에 한국어나 영어 중 자신에게 더 편한 언어로 자신만의 용어나 부호를 사용해 빠르게 작성한다.

▶ 작성 요령

1. 문제 유형 파악하기
문제를 읽고 제시된 두 가지 선택사항 중 하나를 골라야 하는지, 주어진 진술문에 대해 찬성 또는 반대 의견을 정해 말해야 하는지 파악한다.

2. 나의 선택·의견 적기
선택사항이나 찬반 의견을 정할 때는 이유와 부연 설명을 말하기 쉬운 쪽으로 선택하고 간단히 메모한다.

3. 이유와 부연 설명 적기
나의 선택·의견에 대한 이유 1~2가지를 구상하되 지나치게 상세한 내용보다는 포괄적인 내용으로 정한다. 그리고 각 이유를 뒷받침하는 근거, 예시, 세부 정보 등의 부연 설명을 간단히 구상한다. 이 부연 설명의 전개가 고득점 여부를 결정하므로 내용의 일관성을 유지하면서 비교/대조, 인과관계 등의 방법을 활용하여 설명과 주장을 풀어간다.

▶ 아웃라인 구성

- **나의 선택·의견**

- **이유 1**
  └ 부연 설명:
     근거/예시/세부 정보

- **이유 2**
  └ 부연 설명:
     근거/예시/세부 정보

Tips 아웃라인/노트테이킹에 유용한 부호

TOEFL iBT Speaking 시험에서 짧은 준비시간 동안 아웃라인을 작성하거나 노트테이킹을 할 때에는 완전한 문장으로 적기보다는 부호나 약어를 대신 쓰면 시간을 절약할 수 있다.

부호	의미	부호	의미
&	and	=	equal/is
X	not	>	more than
#	number	<	less than
@	at	→	resulting in
↓	decreasing	↑	increasing
$	money/expense/cost/finance	+	plus/positive

Sample

❯ 문제 (텍스트와 음성으로 모두 제공)   문제 유형 파악하기

> When jobseekers live far away from an office, some prefer   ● 선택사항 1
> remote interviews, while others prefer on-site interviews.   ● 선택사항 2
> Which would you prefer? Explain why.
>
> 구직 지원자들이 사무실에서 멀리 떨어진 곳에 사는 경우, 어떤 사람들은 원격 면접을
> 선호하는 반면, 다른 이들은 현장 면접을 선호한다. 어느 것을 선호하는가?
> 이유를 설명하시오.

❯ 아웃라인 작성하기

나의 선택·의견	remote interview	원격 면접
이유 1	T & $ of travel ↓	이동 시간 & 비용 ↓
└ 부연 설명	prepare better & interview more relaxed & focused	더 잘 준비 & 면접 더 편하게 그리고 집중해서
이유 2	demonstrate communication skill through virtual means	가상 수단을 통한 의사소통 능력 입증
└ 부연 설명	opportunity to showcase: manage & present oneself pro	보여줄 기회: 자기 관리 & 표현 전문성 있게

Tips 아웃라인/노트테이킹에 자주 쓰이는 약어

약어를 사용하는 데는 정해진 규칙이나 정답이 없다. 다만 긴 단어의 철자를 모두 적는 데 드는 불필요한 시간을 줄이기 위해
모음을 생략하고 자음만 적는 경우가 많으며, 문제를 많이 풀어보며 자신만의 약어를 만드는 것이 좋다. 아래는 수험자들 사이에
보편적으로 많이 통용되는 약어들의 예이다.

부호	의미	부호	의미
abt.	about	T	time
w/	with	sec	second
w/i	within	hr	hour
w/o	without	pt	point
s/b	somebody	ques	question
s/o	someone	ppl	people
e/o	each other	fam	family
b/c	because (of)	gen	general/generation
b/w	between	loc	location
ex.	example	lvl	level
e.g.	exampli gratia(for example)	pic	picture

EXERCISE

제시된 문제를 읽고 아웃라인을 작성하시오.

---

1 Some people prefer having friends who share the same beliefs and opinions,
while others prefer having friends with different ideas and opinions. Which do you prefer?
Explain why.

아웃라인

나의 선택·의견	friends w/ diff. ideas & opinions
이유 1	diverse perspectives → understanding of world ↑
∟ 부연 설명	_____
이유 2	personal growth & adaptability
∟ 부연 설명	_____

---

2 Do you agree or disagree with the following statement? Why or why not?
Use details and examples to explain your answer.
In order to have a successful life, we sometimes need a rival.

아웃라인

나의 선택·의견	agree - driving force behind success
이유 1	push to exceed limits
∟ 부연 설명	_____
이유 2	learn how to recover from challenges
∟ 부연 설명	_____

3 Some people think it's good for big companies to move to small cities to create jobs, while others believe this should be limited to protect the environment.
Which view do you prefer and why?

아웃라인

나의 선택·의견	should be limited to protect envi.
이유 1	
└ 부연 설명	_____
이유 2	negative impact on commu.
└ 부연 설명	_____

4 Some people say parents should use rewards to teach their kids, while others think discipline works better. Which method do you prefer and why?

아웃라인

나의 선택·의견	rewarding children
이유 1	_____
└ 부연 설명	_____
이유 2	_____
└ 부연 설명	_____

단계별 답변 말하기

UNIT 04

15초 동안 구성한 아웃라인 내용을 토대로 아래에 제시된 단계에 맞추어 주어진 과제에 대한 답변을 45초 안에 말한다.

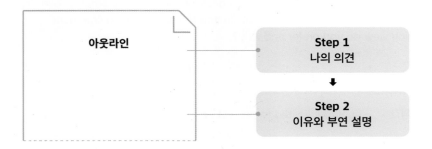

Step 1. 나의 선택·의견 말하기

아웃라인에 적은 나의 선택·의견을 제대로 된 문장으로 만들어 말한다. 이때 I (would) prefer~와 같은 패턴을 활용한다.

Sample

⊙ 문제 (텍스트와 음성으로 모두 제공)

⌒ S 04

> When jobseekers live far away from an office, some prefer remote interviews, while others prefer on-site interviews. Which would you prefer? Explain why.
>
> 구직 지원자들이 사무실에서 멀리 떨어진 곳에 사는 경우, 어떤 사람들은 원격 면접을 선호하는 반면, 다른 이들은 현장 면접을 선호한다. 어느 것을 선호하는가? 이유를 설명하시오.

⊙ 아웃라인

답변 말하기

나의 선택·의견
remote interview

나의 선택·의견
I would prefer a remote interview if my home was far from the interview location. I feel this way for the following reasons.

나는 집이 면접 장소에서 멀리 떨어져 있는 경우에 원격 면접을 선호한다. 이렇게 생각하는 이유는 다음과 같다.

Step 2. 이유와 부연 설명 말하기

아웃라인 내용을 기반으로 내 선택의 이유를 말하고 이를 뒷받침하는 부연 설명을 해준다. 이때 First (of all), Second (of all) 등 여러 내용을 나열할 때 쓰는 표현을 활용한다.

Sample

➤ 아웃라인

이유 1
T & $ of travel ↓

└ 부연 설명
prepare better &
interview more relaxed &
focused

이유 2
demonstrate communication
skill through virtual means

└ 부연 설명
opportunity to showcase:
manage & present myself
pro

Tips
맺음말은 반드시 말할 필요는
없다. 이유와 부연 설명까지 모두
말한 후에도 시간이 4-5초 남을
경우, 나의 선택사항이나 의견을
한 번 더 말하면서 마무리한다.

답변 말하기

이유 1
First of all, remote interviews eliminate the time and expense of travel, which can be significant when the distance is great.
가장 먼저, 원격 면접은 이동하는 시간과 비용을 들이지 않아도 되는데, 이는 거리가 아주 먼 경우에 중요할 수 있는 부분이다.

부연 설명
This would allow me to prepare better and approach the interview in a more relaxed and focused way.
이로 인해 더 잘 준비할 수 있게 되어 더 편안하고 집중력 있게 면접에 임할 수 있을 것이다.

이유 2
Also, remote interviews can demonstrate to potential employers my ability to communicate effectively through virtual means, a skill increasingly valued in today's global and often remote work environments.
또한, 원격 면접은 잠재 고용주들에게 가상의 수단을 통해 효과적으로 의사 소통하는 능력을 보여 줄 수 있는데, 이는 오늘날 세계적이면서 종종 원격으로 이뤄지는 근무 환경에서 점점 더 중요시되는 능력이다.

부연 설명
It provides an opportunity to showcase how I can manage and present myself professionally, even from a distance.
심지어 먼 거리에서도, 어떻게 스스로를 전문적으로 관리하고 표현할 수 있는지 선보일 기회를 제공해 준다.

맺음말
For these reasons, remote interviews are more appealing to me than on-site interviews.
이러한 이유들로 인해, 원격 면접이 현장 면접보다 더 매력적이라고 생각한다.

EXERCISE

제시된 문제를 읽고 아웃라인을 작성한 후, 문제에서 요구하는 답변을 완성하여 말해보시오.

1 Some people prefer to read reviews before they watch a movie, while others prefer to watch movies without reading reviews beforehand. Which do you prefer and why?

 ∩ S 05

아웃라인

나의 선택·의견   watch movie w/o reading reviews

이유 1

_____

└ 부연 설명

_____

이유 2

_____

└ 부연 설명

_____

답변 말하기

나의 선택·의견 _____ watch movies without reading reviews. ∩ S 06

_____
나는 후기를 읽지 않고 영화를 관람하는 것을 선호한다. 이렇게 생각하는 이유는 다음과 같다.

이유 1 _____, experiencing a movie without preconceived notions allows for

_____
가장 먼저, 선입견 없이 영화를 경험해야 더 진정한 개인적 반응이 나타나게 된다.

└ 부연 설명 _____

that may influence my own enjoyment and interpretation of the film.
구체적으로 말하면, 예고편과 평론은 자신만의 즐거움과 해당 영화에 대한 해석에 영향을 미칠 수도 있는 기대치를 만들어 낼 수 있다.

이유 2 _____ exciting when you watch a movie _____

_____
또한, 결말을 예상하지 못한 채로 영화를 관람할 때 더 흥미진진하다.

└ 부연 설명 _____ the plot twists or character development

_____ keeps the viewing experience fresh and engaging.
설명하자면, 반전이나 인물의 이야기 전개를 미리 알지 못하고 있어야 관람 경험이 생생하고 매력적이게 된다.

맺음말 _____, checking reviews before watching movies

_____
이러한 이유들로 인해, 영화 관람 전에 후기를 확인하는 것이 매력적이지 않다고 생각한다.

⊙ 정답 및 해설 p.7

2 Do you agree or disagree with the following statement? Why or why not? Use details and examples to explain your answer.
Parents should dissuade their children from entering highly competitive fields due to the slim chances of success.

∩ S 07

아웃라인

나의 선택·의견　*disagree*

이유 1

_____

└, 부연 설명

_____

이유 2

_____

└, 부연 설명

_____

답변 말하기

나의 선택·의견　_____ parents should not dissuade their children from entering highly competitive fields. _____
개인적으로 부모가 경쟁이 심한 분야로 진출하지 못하도록 자녀를 설득해서는 안된다고 생각한다. 이렇게 생각하는 이유는 다음과 같다.

∩ S 08

이유 1　First of all, it might _____
가장 먼저, 그렇게 하는 것은 아이들의 진정한 열정을 억누를지도 모른다.

└, 부연 설명　If children are deeply passionate about something, especially sports, arts, or any competitive domain, dissuading them can lead to _____

_____ And _____ could have lasting emotional implications.
아이들이 무언가에 대해, 특히 스포츠나 예술, 또는 그 외의 모든 경쟁적인 영역에 대해 진심으로 열정적일 경우, 아이들을 단념시키는 것은 평생을 후회하고 기회를 놓치는 것으로 이어질 수 있다. 그리고 그 열정을 억제하면 감정적으로 지속적인 영향을 미칠 수 있다.

이유 2　Also, constant discouragement can _____ in children.
또한, 계속되는 좌절은 아이들에게 실패에 대한 두려움을 초래할 수 있다.

└, 부연 설명　If they're always _____, they might grow up

_____ that come from facing and overcoming challenges.
항상 어려움을 멀리 하도록 유도된다면, 아이들은 위험 요소를 피하고 어려움에 직면해 극복함으로써 얻는 소중한 배움의 경험을 놓치면서 자라게 될지도 모른다.

맺음말　_____ discouraging children from venturing into highly competitive fields can be detrimental.
이러한 이유들로 인해, 경쟁이 심한 분야로 뛰어들지 못하도록 아이들을 막는 것이 유해할 수 있다고 생각한다.

3   Do you agree or disagree with the following statement? Why or why not?
Use details and examples to explain your answer.
People with ordinary backgrounds can become good government leaders.

∩ S 09

아웃라인

나의 선택·의견   *agree*

이유 1

_____

└ 부연 설명

_____

이유 2

_____

└ 부연 설명

_____

답변 말하기

나의 선택·의견   _____

I feel this way for the following reasons.

∩ S 10

보통의 배경을 지닌 사람들이 좋은 정부 지도자가 될 수 있다는 생각에 동의한다. 이렇게 생각하는 이유는 다음과 같다.

이유 1   First of all, _____

가장 먼저, 그들은 아마 무언가를 개선하고자 하는 진정한 열망을 지니고 있을 것이다.

└ 부연 설명   If they've lived through daily struggles, _____

_____ This is because a strong wish

to bring change _____

일상적인 힘겨움을 겪으면서 살아왔다면, 그들은 보통 사람의 요구와 희망 사항을 깊이 이해할 것이다. 그 이유는 변화를 일으키고자 하는 강한 바람이 흔히 우리 자신의 인생 경험에서 비롯되기 때문이다.

이유 2   Also, _____ with ordinary backgrounds more.

또한, 일반 대중은 평범한 배경을 지닌 사람을 더 신뢰하는 경향이 있다.

└ 부연 설명   Since these leaders aren't from elite circles, many believe _____

_____ instead of the interests of the wealthy or powerful.

이러한 지도자들은 특권 계층 출신이 아니기 때문에, 많은 사람들은 그들이 부자나 권력자들의 이익 대신 일반 사람들의 요구를 최우선시할 것이라고 생각한다.

맺음말   Therefore, I believe that _____

따라서, 보통의 배경을 지닌 사람들이 흔히 정부 지도자로서 두각을 나타낸다고 생각한다.

4 Some students like teachers who check on them often, while others prefer teachers who let them work independently and check less frequently. Which type of teacher do you prefer and why?

∩ S 11

아웃라인

> **나의 선택 · 의견**   frequent teacher involvement
>
> **이유 1**   **이유 2**
>
> _____   _____
>
> └ 부연 설명   └ 부연 설명
>
> _____   _____

답변 말하기

나의 선택 · 의견 _____

∩ S 12

I feel this way for the following reasons.
학습 과정에 대한 교사의 빈번한 관여를 선호한다. 이렇게 생각하는 이유는 다음과 같다.

이유 1 First of all, regular teacher engagement _____
This is essential for _____
가장 먼저, 교사의 주기적인 관여가 학생에게 즉각적인 반응을 제공해 준다. 이는 실수를 바로잡고 개념을 정확히 이해하는 데 필수적이다.

└ 부연 설명 _____, in my math class, _____,
and _____ complex algebraic concepts.
예를 들어, 수학 시간에 우리 선생님께서는 주기적으로 모든 학생을 확인해 주셨고, 이는 내가 복잡한 대수의 개념을 이해하는 데 도움이 되었다.

이유 2 _____ with the teacher only occasionally checking
on students creates the potential for _____
또한, 교사가 학생들을 가끔씩만 확인하면서 독립적으로 공부하면 이해 부족 문제를 인식하지 못하고 넘어갈 가능성이 생긴다.

└ 부연 설명 _____ working on a project based on an incorrect
assumption because _____
나는 한때 부정확한 추정을 바탕으로 한 가지 프로젝트를 진행하면서 몇 주 동안 시간을 허비한 기억이 있는데, 주기적인 지도가 부족했기 때문이었다.

맺음말 For these reasons, I think that while autonomy in learning is important,
_____, students might
_____
이러한 이유들로 인해, 학습에서 자율성이 중요하긴 하지만, 교사가 주기적으로 학생들에게 관여하지 않는다면, 학생들은 자신도 모르는 사이에 내용을 잘못 이해할 수도 있다.

주제별 실전 문제

앞에서 학습한 아웃라인 작성 요령과 답변 말하기 단계를 적용하여 1번 문제에 등장하는 6가지 주제(교육, 비즈니스, 기술, 환경, 사회적 이슈, 과거 vs. 현재)에 해당하는 실전형 문제에 답변해보자.

교육

1 Many universities don't allow parents to access their children's grades without permission. Do you agree or disagree that universities should keep students' grades confidential unless they have their permission?

∩ S 13

아웃라인

나의 선택·의견	X have access to children's grades w/o consent

이유 1	이유 2
∟ 부연 설명	∟ 부연 설명

답변 말하기

나의 선택·의견	I believe that _____ _____. I feel this way for the following reasons.

∩ S 14

이유 1	First of all, _____ _____
∟ 부연 설명	_____ _____
이유 2	Also, _____ _____ _____
∟ 부연 설명	_____
맺음말	For these reasons, I believe that _____ _____

비즈니스

2 When companies fill open positions, some prefer hiring recent college graduates, while others prefer hiring experienced professionals. Which do you think is better and why?

∩ S 15

아웃라인

| 나의 선택·의견 | hiring *experienced professionals* |

이유 1

_____

_____

└ 부연 설명

_____

_____

이유 2

_____

_____

└ 부연 설명

_____

_____

답변 말하기

나의 선택·의견 I believe _____

_____. I feel this way for the following reasons.

∩ S 16

이유 1 First of all, _____

_____

└ 부연 설명 _____

이유 2 Also, _____

_____

└ 부연 설명 _____

_____

_____

맺음말 For these reasons, I believe that _____

_____

기술

3 Some people believe strict regulations are needed to stop cheating with AI tools in schools, while others think teaching ethics and critical thinking is better. Which do you think is better and why?

∩ S 17

아웃라인

나의 선택·의견 develop ethical values & critical thinking abilities

이유 1

_____

_____

└ 부연 설명

_____

_____

이유 2

_____

_____

└ 부연 설명

_____

_____

답변 말하기

나의 선택·의견 I believe that _____

_____. I feel this way for the following reasons.

∩ S 18

이유 1 First of all, _____

_____

└ 부연 설명 _____

_____

이유 2 Also, _____

_____

└ 부연 설명 _____

_____

맺음말 Therefore, I think that _____

_____

환경

4 Many students are interested in doing their part to help protect the environment. Which do you think is more effective, cutting down on single-use items or carpooling and using public transportation? Why do you feel that way?

🎧 S 19

아웃라인

| 나의 선택·의견 | minimize the use of single-use items |

이유 1

_____

_____

└, 부연 설명

_____

_____

이유 2

_____

_____

└, 부연 설명

_____

_____

답변 말하기

나의 선택·의견   I think that _____

_____. I feel this way for the following reasons.

🎧 S 20

이유 1   First of all, _____

_____

└, 부연 설명   _____

_____

이유 2   This approach also _____

└, 부연 설명

_____

_____

_____

맺음말   For these reasons, I believe that _____

_____

사회적 이슈

5 Some people think that the government should focus on supporting seniors over 70. Others believe that the government should focus on providing financial help to young families. Which do you think is better? Explain why.

∩ S 21

아웃라인

나의 선택·의견	help young couples w/ small children

이유 1

_____

_____

└ 부연 설명

_____

_____

이유 2

_____

_____

└ 부연 설명

_____

_____

답변 말하기

나의 선택·의견   I believe _____

_____. I feel this way for the following reasons.

∩ S 22

이유 1   First of all, _____

_____

└ 부연 설명 _____

_____

이유 2   It also _____

_____

└ 부연 설명 _____

_____

맺음말   For these reasons, I think that _____

_____

과거 vs. 현재

6 Some people believe that respect for teachers has declined, while others think they are still highly respected. Which view do you agree with and why?

🎧 S 23

아웃라인

나의 선택·의견 respect for teachers ↓

이유 1
_____
_____

┗, 부연 설명
_____
_____

이유 2
_____
_____

┗, 부연 설명
_____
_____

답변 말하기

나의 선택·의견 I believe that _____.
I feel this way for the following reasons.

🎧 S 24

이유 1 First of all, _____
_____
_____

┗, 부연 설명 _____
_____

이유 2 Also, _____
_____

┗, 부연 설명 _____
_____

맺음말 Therefore, _____
_____

QUESTION

2

Integrated Task (1)

캠퍼스 관련 읽고 듣고 말하기

문제 유형 미리보기

UNIT 01

iBT TOEFL Speaking 2번 문제는 캠퍼스 내 시설 및 학교생활과 관련된 지문(공지문 혹은 편지문 형식)을 읽고 해당 지문의 내용에 대한 두 학생의 대화를 들은 후, 메인 화자의 입장(찬성 혹은 반대)을 파악하여 그에 대한 이유와 부연 설명을 말하는 유형이다.

시험화면 미리보기

Direction

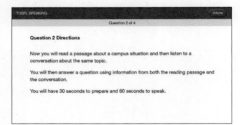

- 2번 문제에 대한 전반적인 설명

읽기

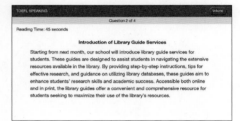

- 읽기 지시문 (음성으로만 제공)
- 읽기 지문 제시 (읽기 시간 45 - 50초)

듣기

- 듣기 지시문 (음성으로만 제공)
- 두 명의 학생 사진 제시
- 대화 음원 (듣기 시간 60 - 80초)

말하기

- 문제 제시
  (화면 상 텍스트와 음성 모두 제공)
- 답변 준비 30초
- 답변 말하기 60초

문제 미리보기

The man expresses his opinion about the school's decision. State his opinion and explain the reasons he gives for holding that opinion.

위 문제에서 요구하는 것처럼 2번 문제에서는 읽기 지문의 중심 내용과 관련하여 대화문의 메인 화자가 주장하는 의견과 그 이유까지 포함하여 답변으로 말해야 한다.

문제풀이 전략

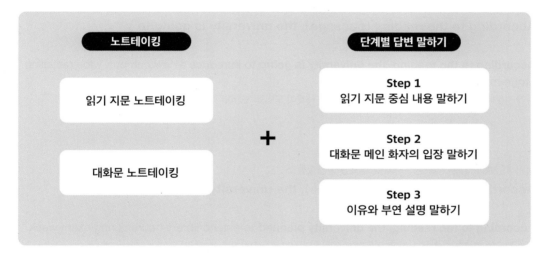

제시된 지문과 대화문을 읽고 들으며 동시에 문제에서 요구하는 바를 말할 수 있도록 노트테이킹해야 한다. 이후 노트테이킹한 내용을 바탕으로 읽기 지문의 중심 내용, 그에 대한 메인 화자의 입장, 그리고 그러한 입장을 갖는 이유까지 포함하여 말해야 한다.

빈출 주제

- 시설물 사용 시간 연장
- 시설물 사용 허용/금지
- 시설물 유지/보수/교체
- 학업/사교 활동을 위한 특별 공간 제공
- 학과 및 동아리 폐지
- 특정 과목 수강 의무화
- 강의 시간 변경

- 강의 평가
- 평가 방식 전환
- 장학금 수여 제도
- 학생 서비스 제공 확대
- 자료 접근 권한 제한
- 신입생 오리엔테이션
- 자원봉사/인턴십

답변 말하기 필수 패턴

2번 문제에 대한 답변으로 자주 사용되는 단계별 패턴들과 예문들을 반복 학습을 통해 숙지하면 실제 시험에서 막힘없이 답변을 말하는 데 매우 유용하다.

🎧 S 25

읽기 지문 중심 내용을 말할 때 쓰는 패턴

1 읽기 지문에 따르면, 대학은 ~할 것이다

According to the reading (passage), the university is going to V

According to the reading, the university is going to introduce a new campus-wide recycling program.
읽기 지문에 따르면, 대학은 학내 재활용 프로그램을 새로이 도입할 예정이다.

2 읽기 지문에 따르면, 대학은 ~하기로 계획했다/결정했다

According to the reading (passage), the university planned / decided to V

According to the reading, the university planned to extend library hours during exam week.
읽기 지문에 따르면, 대학은 시험 주간 동안 도서관 운영 시간을 연장하기로 계획했다.

3 읽기 지문에 따르면, 대학은/글쓴이는 ~라고 공지/제안했다

According to the reading (passage), the university / writer announced / proposed that S + V

According to the reading, the university announced that it will host a career fair next month.
읽기 지문에 따르면, 대학은 다음 달에 취업 박람회를 개최할 것이라고 공지했다.

대화문 메인 화자의 입장을 말할 때 쓰는 패턴

4 남자/여자는 두 가지 이유로 ~에 찬성/반대한다
The man/woman agrees/disagrees with ~ for two reasons

The man agrees with the school's announcement **for two reasons**.
남자는 두 가지 이유로 학교의 공지에 찬성한다.

5 남자/여자는 두 가지 이유로 ~을 마음에 들어 한다/하지 않는다
The man/woman likes/doesn't like ~ for two reasons

The woman doesn't like the school's announcement **for two reasons**.
여자는 두 가지 이유로 학교의 공지를 마음에 들어 하지 않는다.

이유를 말할 때 쓰는 패턴

6 우선[첫째로], 그/그녀는 ~라고 언급한다
First of all[First, Firstly], he/she mentions that S + V

First of all, she mentions that cancelling philosophy courses could weaken the overall intellectual richness of the curriculum.
우선, 그녀는 철학 수업 취소가 커리큘럼의 전반적인 지적 풍요로움을 약화시킬 수 있다고 언급한다.

7 또한[게다가, 더욱이, 그뿐 아니라], 그/그녀는 ~라고 언급한다
Also[Additionally, Furthermore, On top of that], he/she mentions that S + V

On top of that, he mentions that involving students in volunteer activities damaged the relationship with the community.
게다가, 그는 학생들을 봉사활동에 참여시키는 것이 지역사회와의 관계를 손상시켰다고 언급한다.

8 그/그녀가 제시하는 첫 번째/두 번째 이유는 ~다
The first/second reason he/she mentions is that S + V

The first reason he mentions is that releasing the textbook list earlier allows students to independently search for their materials.
그가 언급하는 첫 번째 이유는 교재 목록을 미리 공개하면 학생들이 자료를 독립적으로 찾을 수 있다는 것이다.

부연 설명을 할 때 쓰는 패턴

9 이는 특히 ~이다
This is particularly ~

This is particularly concerning for students commuting after dark.
이는 특히 어두워진 후에 통학하는 학생들에게 우려를 끼치는 부분이다.

10 ~와 같이, ~처럼
, such as ~

This is particularly troublesome during busy times, **such as** when he was studying for his history exam.
이는 남자가 역사 시험을 위해 공부하고 있었던 경우처럼, 바쁜 시간대에 특히 문제가 된다.

맺음말에 쓰는 패턴

11 이러한 이유들로 인해, 남자/여자는 ~에 흡족해하다/불만스러워하다
For these reasons, the man/woman is happy[pleased]/unhappy[displeased] with ~

For these reasons, the man is unhappy with the school's announcement.
이러한 이유들로 인해, 남자는 학교의 공지에 불만스러워하고 있다.

EXERCISE

▶ 정답 및 해설 p.21

∩ S 26

제시된 우리말의 파란색 글자 부분에 해당하는 빈칸을 채워 영어로 말해보시오.

1 읽기 지문에 따르면, 대학은 신입생을 위한 새로운 또래(동료) 멘토링 프로그램을 시행할 것이다.　　　또래, 동년배 **peer**

_____ implement a new peer mentoring program

for first-year students.

2 읽기 지문에 따르면, 글쓴이는 학업 지원을 원활히 하고자 또래 학생들 간의 튜터링 프로그램을 설립할 것을 제안했다.

~을 용이하게 하다 **facilitate**

_____ students establish a peer tutoring program

to facilitate academic support.

3 읽기 지문에 따르면, 대학은 올해 4학년들의 기말 시험을 면제해 주기로 결정했다.

_____ exempt seniors from final exams this academic year.

4 남자는 두 가지 이유로 그 제안에 찬성한다.

_____ the proposal _____.

5 또한, 그는 교수들은 자신의 교수법이 공개적으로 평가되는 것을 좋아하지 않을 것이라고 언급한다.

공개적으로, 공공연히 **publicly**

_____ professors would not be happy to have their teaching

styles _____.

6 그녀가 언급하는 두 번째 이유는 많은 학생들이 학교 식당을 이용하기보다는 스낵바나 학교 밖에서 식사한다는 것이다.

(대규모) 식당 **dining hall**

_____ a lot of students eat at the snack bars or off-campus

_____.

7 이는 특히 전에 집을 떠나 본 적이 없는 학생들에게는 어려운 일이다.　　　집을 떠나다 **live away from home**

_____ for students who have never _____ before.

8 이러한 이유들로 인해, 여자는 학교의 결정에 흡족해한다.

_____ the school's decision.

QUESTION 2

UNIT 02_답변 말하기 필수 패턴　**47**

짧은 지문 & 담화로 기초 훈련

짧은 지문 읽고 답변하기

제시된 지문을 읽고 질문에 대한 답을 적은 후 영어 문장을 완성하여 말해보시오.

1

Program to Provide Free Tutoring

The university has announced that starting next semester, all new students will have access to free tutoring throughout their first year. Elizabeth Johnson, the school's academic dean, stated, "The university recognizes the academic hurdles that first-year students often encounter as they navigate the shift from high school to university life." According to her, the purpose of the new tutoring initiative is to aid first-year students in need of extra support with their coursework.

Q. What was the university's announcement?

A. Every new student will be eligible for _____ in the upcoming semester.

🎤 According to the reading, every new student will _____

_____.

2

University to Make Changes to Its Orientation Program

Notre Dame University plans to update its orientation program for new students. Previously, as a component of the orientation program, first-year students had the opportunity to participate in a two-day hiking and camping trip with their peers the weekend before classes started. In order to encourage students to engage with each other in a relaxed setting, the university will now present a variety of activity options.

Q. What does the university plan to do?

A. The university plans to _____ for incoming students.

🎤 According to the reading, the university plans to _____

_____.

▶ 정답 및 해설 p.21

S 27

3

Campus Construction Should Happen During the Summer

I've noticed that minor construction activities on campus, including repairs to sidewalks and parking areas, frequently occur while classes are ongoing during the academic year. I proposed that the university should plan these construction efforts to happen over the three-month summer vacation.

Q. What did the writer propose?

A. The writer proposed that the university ______________________________ during the summer break.

🎙 According to the reading, the writer proposed that ______________________________
____.

4

An Airport Bus for School Breaks

Students traveling home during winter and spring breaks must navigate a half-hour journey to the airport from campus. I think it would be beneficial for the university to offer a complimentary bus service to shuttle students to and from the airport during these breaks, especially considering the lack of public transit options between the two locations. This service would significantly aid students.

Q. What did the writer propose?

A. The writer proposed that the university should ________________ for students traveling ______________________ during breaks.

🎙 According to the reading, the writer proposed that ______________________________
____.

짧은 담화 듣고 답변하기

제시된 담화를 듣고 두 개의 질문에 대한 답을 완성하여 말해보시오.

∩ S 28

1

Q1. What does the woman think about the allocation of university funds to student organizations?

🎤 She believes that student committees may not be _____

_____ to student organizations.

Q2. Why does the woman dislike the idea of student committees being in charge of allocating funding?

🎤 She is concerned that their members might not be able to _____

_____ because they are actively engaged in student organizations.

2

Q1. What does the woman think about the proposed ride share program for students?

🎤 She thinks that _____.

Q2. Why does the woman like the idea of starting a ride share program for students?

🎤 She likes the idea because she thinks it could _____

and _____.

3

Q1. What does the woman think about doing the final presentation with an assigned partner?

🎤 She thinks that _____

might not be the best approach.

Q2. Why does the woman dislike the idea of doing the final presentation with an assigned partner?

🎤 She doesn't like the idea because it might result in _____

_____ and _____,

possibly impacting the quality of the presentation.

4

Q1. What does the woman think about the proposed special summer program?

🎤 She thinks it's a brilliant idea to have _____.

Q2. Why does the woman like the idea of a special summer program for environmental science majors?

🎤 She likes the idea because the program would be a great way to

_____ and _____.

_____ can help students succeed.

노트테이킹

2번 문제에서는 읽기, 듣기, 말하기가 통합된 과제를 수행해야 하므로 노트테이킹도 두 가지 형태로 해야 한다. 먼저 지문을 읽으며 중심 내용과 세부사항을 노트테이킹한 후, 두 화자의 대화문을 들으며 메인 화자의 의견과 그 이유를 노트테이킹해야 문제에서 요구하는 사항을 말할 수 있다.

읽기 지문 노트테이킹

> 작성 요령

노트 구성

1. 지문의 제목 파악하기
제목을 통해 지문의 중심 내용을 예측할 수 있으므로 제목부터 빠르게 훑어본다.

2. 지문의 중심 내용 적기
지문의 첫 문장 혹은 두번째 문장에 중심 내용이 등장한다. 중심 내용을 파악했다면 그 내용을 키워드 중심으로 빠르게 노트테이킹한다.

3. 지문의 세부사항 적기
지문의 세부 내용까지 답변으로 말할 필요는 없지만 대화문 청취 시 내용 파악에 도움이 되므로 중심 내용과 관련된 세부 내용도 속독하며 키워드 중심으로 노트테이킹한다.

중심내용

ㄴ. 세부사항

Tips 아웃라인/노트테이킹에 자주 쓰이는 약어

약어	의미	약어	의미
stdt	student	diff	different
univ	university	pref	preference
info	information	fav	favorite
cntns	contents	impt	important
dept	department	comm	community/communication
c	century	prp	prepare/preparation
gov	government	ptts	patterns

Sample

● **읽기 지시문** (음성으로만 제공)

🎧 S 30

The university has decided to relocate its art museum. You will have 45 seconds to read a notice about the decision. Begin reading now.

대학에서는 미술관을 이전하기로 결정했다. 이 결정에 대한 공지를 읽을 시간이 45초 주어진다. 이제 읽기 시작하시오.

● **읽기 지문**

노트

Relocation of the School Art Museum

The university has decided to move its art museum to a different location. This move aims to enhance the accessibility and visibility of the museum's collection. The current location doesn't have enough space or the right facilities to show the art properly. By moving the museum to a more central area, the school hopes to attract a wider audience and provide a richer cultural experience. The new location will offer improved amenities and resources to support educational programs. This decision reflects the school's commitment to nurturing a vibrant arts community and enriching the academic experience of all members.

중심 내용

move art museum to diff. loc.

└ 세부사항
move to more central area → audience & cultural exp. ↑

학교 미술관 이전

우리 대학이 미술관을 다른 곳으로 옮기기로 결정했습니다. 이 이전은 미술관 소장품에 대한 접근성 및 가시성을 향상시키는 것을 목표로 합니다. 현 장소는 미술품을 적절히 선보일 정도로 충분한 공간 또는 조명 시설이 갖춰져 있지 않습니다. 미술관을 더 중앙 쪽에 있는 구역으로 옮김으로써, 우리 학교는 더 많은 관람객을 끌어들이고 더 풍부한 문화 체험을 제공할 수 있기를 바라고 있습니다. 새로운 장소는 교육 프로그램을 지원할 수 있도록 개선된 편의시설과 자원을 제공할 것입니다. 이러한 결정은 활기 찬 예술 공동체를 양성하고 모든 구성원들의 학문적 경험을 풍요롭게 하기 위한 학교의 헌신을 반영하는 것입니다.

중심 내용

다른 위치로의 미술관 이전

└ 세부사항
더 중앙 쪽으로 이전 → 관람객 & 문화 체험 ↑

어휘 relocation 이전   aim to + 동사원형 ~하는 것을 목표로 하다   enhance 향상시키다, 강화하다   accessibility 접근성   visibility 가시성   collection 소장품   current 현재의   facility 시설(물)   properly 적절히, 제대로   attract 끌어들이다   audience 관람객, 청중   improved 개선된   amenity 편의시설   resource 자원   support 지원하다   reflect 반영하다   commitment 헌신, 전념   nurture 양성하다, 기르다   vibrant 활기찬   community 공동체   enrich 풍요롭게 하다, 질을 높이다

대화문 노트테이킹

● 작성 요령

노트 구성

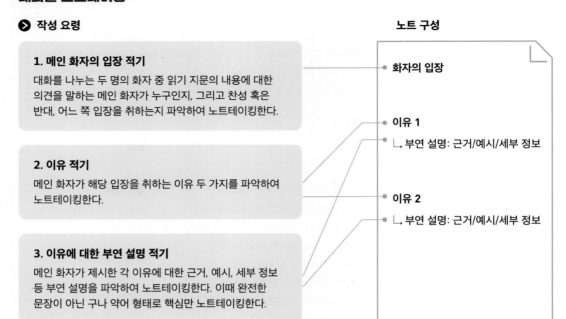

1. 메인 화자의 입장 적기
대화를 나누는 두 명의 화자 중 읽기 지문의 내용에 대한 의견을 말하는 메인 화자가 누구인지, 그리고 찬성 혹은 반대, 어느 쪽 입장을 취하는지 파악하여 노트테이킹한다.

● 화자의 입장

2. 이유 적기
메인 화자가 해당 입장을 취하는 이유 두 가지를 파악하여 노트테이킹한다.

● 이유 1
∟ 부연 설명: 근거/예시/세부 정보

● 이유 2
∟ 부연 설명: 근거/예시/세부 정보

3. 이유에 대한 부연 설명 적기
메인 화자가 제시한 각 이유에 대한 근거, 예시, 세부 정보 등 부연 설명을 파악하여 노트테이킹한다. 이때 완전한 문장이 아닌 구나 약어 형태로 핵심만 노트테이킹한다.

Tips 아웃라인/노트테이킹에 자주 쓰이는 학과 관련 약어

약어	의미	약어	의미
def	definition	Edu	education
intro	introduction	econ	economics/economy
exp	experience/experiment	bio	biology/biological
GE	general education	chem	chemistry/chemical
GPA	grade point average	phys.	physics/physical
prof	professor	psych.	psychology/psychological
RA	resident assistant	sci.	science/ scientific
TA	teaching assistant	agri.	agriculture
hypo	hypothesis	pest.	pesticide

Sample

▶ 듣기 지시문 (음성으로만 제공)

∩ S 31

Now listen to two students discussing the article.

이제 두 학생이 기사에 대해 이야기하는 것을 들으시오.

▶ 대화문

노트

M: Hey, have you heard about the school's plan to move the art museum?

W: Yeah, I read about it. It seems like a big change.

M: Definitely, but I think it's a great idea. First off, the current place just doesn't have enough space for all the art. It's hard to really appreciate the pieces when they're all displayed close together like that.

W: Yeah, that's true. It can feel a bit overwhelming when there's too much to see in one small space.

M: Exactly! Also, by moving to a more central area, the school can attract more people to see the museum. Plus, with better amenities and resources in the new location, it'll be a more enjoyable experience for everyone.

W: Yeah, I can see that. It sounds like the school is really committed to making sure everyone can enjoy and learn from the art.

화자의 입장
M - O

이유 1
current place: enough space X for all art
└ 부연 설명
　displayed close →
　hard to appreciate

이유 2
more central →
attract ppl ↑
└ 부연 설명
　better amenities
　& resources →
　↑ enjoyable exp.

남: 있잖아, 미술관을 이전하겠다는 학교 계획에 관한 얘기 들었어?

여: 응, 읽어 봤어. 큰 변화인 것 같아.

남: 물론이지, 근데 아주 좋은 생각 같아. 우선, 현재 있는 장소는 그 모든 미술품에 비해 공간이 충분히 있지는 않아. 작품들이 전부 그렇게 함께 가까이 전시되어 있으면 제대로 감상하기 힘들잖아.

여: 응, 사실이야. 한 곳의 좁은 장소에 볼 게 너무 많이 있으면 좀 압도적이게 느껴질 수 있어.

남: 맞아! 그리고, 더 중앙 쪽에 있는 구역으로 옮기면, 학교에서 미술관을 보러 오는 사람들을 더 많이 끌어들일 수 있어. 게다가, 새로운 곳에 더 나은 편의시설과 자원이 있으면, 모든 사람에게 더 즐거운 체험이 될 거야.

여: 응, 그럴 것 같아. 우리 학교가 정말 모든 사람들이 미술을 즐기고 그것으로부터 배울 수 있도록 하는 데 전념하고 있는 것 같아.

화자의 입장
남 - 찬성

이유 1
현재 장소: 모든 작품 공간이 충분 X
└ 부연 설명
　가까이 전시 → 감상 어려움

이유 2
더 중앙 → 더 많은 사람 끌어들임
└ 부연 설명
　더 좋은 시설 & 자원 → 더 즐거운 체험

어휘　It seems like ~인 것 같다　current 현재의　appreciate 감상하다　display 전시하다, 진열하다
a bit 조금, 약간　overwhelming 압도적인　attract 끌어들이다　be committed to -ing ~하는 데 전념하다
make sure (that) 반드시 ~하도록 하다

EXERCISE

제시된 지문과 대화문에 대한 노트를 각각 작성하시오.

1 Reading Time: 45 seconds

S 32

Prohibition on Playing Soccer on the School's Lawn

Starting next month, students will no longer be permitted to play soccer on the school's lawn. This decision has been made in response to concerns about damage to the lawn and safety hazards posed by soccer activities in this area. The university administration urges students to respect this new policy and explore alternative locations for soccer games. By enforcing this prohibition, the university aims to preserve the integrity of the lawn and ensure the safety of all students on campus.

Now listen to two students discussing the article.

읽기 지문 노트

중심 내용
soccer X @ sch. lawn

└ 세부사항

_____

_____

_____

_____

대화문 노트

화자의 입장
W - X

이유 1
difficult to exercise w/ time limit & restriction on outdoor activi.
└ 부연 설명
　gym & organized activi.: convenient X

이유 2

_____

└ 부연 설명

_____

_____

2 Reading Time: 45 seconds

Introducing Silent Spaces in University Libraries

The university has decided to create silent spaces in its libraries. Noise regulations will be strictly enforced in these designated areas, offering students a calm and concentrated setting for academic endeavors. Unlike conventional library sections where background noise can disrupt focus, these silent spaces will provide a tranquil refuge conducive to deep concentration and efficient work. Through the integration of silent spaces, the university aspires to cater to varied learning styles and foster academic success.

Now listen to two students discussing the article.

읽기 지문 노트

중심 내용

_____

└ 세부사항

_____

_____

_____

대화문 노트

화자의 입장

_____

이유 1

_____

└ 부연 설명

_____

_____

이유 2

_____

└ 부연 설명

_____

_____

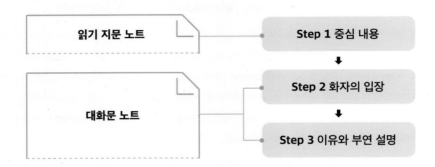

단계별 답변 말하기

UNIT 05

읽기 지문과 대화문을 각각 노트테이킹한 내용을 토대로 아래에 제시된 단계에 맞추어 주어진 과제에 대한 답변을 60초 안에 말해야 한다.

읽기 지문 노트 ──→ Step 1 중심 내용

↓

대화문 노트 ┬── Step 2 화자의 입장

↓

└── Step 3 이유와 부연 설명

Step 1. 중심 내용 말하기

읽기 지문의 주제문을 노트테이킹한 내용을 기반으로 중심 내용을 말한다. 이때 According to the reading ~과 같은 패턴을 활용하도록 한다.

Sample

▶ **문제** (텍스트와 음성으로 모두 제공)   🎧 S 35

> The man expresses his opinion about the school's decision. State his opinion and explain the reasons he gives for holding that opinion.
>
> 남자가 대학의 결정과 관련해 자신의 의견을 표현하고 있다. 남자의 의견 및 그러한 의견을 갖고 있는 것에 대해 남자가 언급하는 이유를 설명하시오.

▶ **읽기 지문 노트**   **답변 말하기**

중심 내용
move art museum to diff. loc.
└ 세부사항
　move to more central area
　→ audience &
　cultural exp. ↑

중심 내용
According to the reading, the university has decided to relocate its art museum to a different location.
읽기 지문에 따르면, 대학이 미술관을 다른 장소로 이전하겠다고 결정했다.

Step 2. 화자의 입장 말하기

대화문을 노트테이킹한 내용을 기반으로 중심 내용에 대한 메인 화자의 찬성 혹은 반대 입장을 말한다. 이때 agree, disagree, support 등의 동사가 포함된 패턴을 활용하도록 한다.

Sample

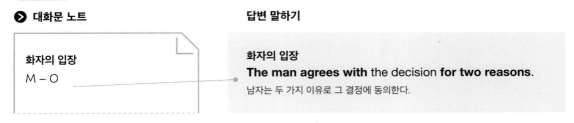

> **● 대화문 노트**
>
> 화자의 입장
> M – O

답변 말하기

화자의 입장
The man agrees with the decision **for two reasons**.
남자는 두 가지 이유로 그 결정에 동의한다.

Step 3. 이유와 부연 설명 말하기

대화문을 노트테이킹한 내용을 기반으로 화자의 입장에 대한 이유를 말하고 이를 뒷받침하는 부연 설명을 한다. 이때 First (of all), Second (of all) 등 여러 내용을 나열할 때 쓰는 표현을 활용한다.

Sample

● 대화문 노트

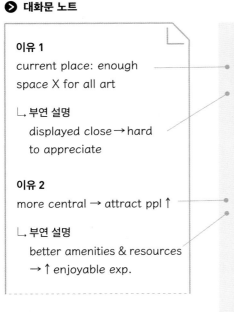

이유 1
current place: enough
space X for all art

└, 부연 설명
　displayed close → hard
　to appreciate

이유 2
more central → attract ppl ↑

└, 부연 설명
　better amenities & resources
　→ ↑ enjoyable exp.

Tips

이유와 부연 설명을 모두 말한 후에도 시간이 4-5초 남을 경우에 한하여, 화자의 입장을 조금 변형하여 맺음말로 말하면 답변의 완성도를 높일 수 있다.

답변 말하기

이유 1 + 부연 설명
First, he mentions that the current location of the art museum is too small to show all the art properly. This makes it hard for visitors to really enjoy the artwork.
첫 번째로, 남자는 현재 있는 미술관 장소가 모든 미술품을 적절히 보여주기에는 너무 좁다고 언급한다. 이로 인해 방문객들이 미술품을 제대로 즐기기 어렵다.

이유 2 + 부연 설명
He also mentions that moving the museum to a more central location will attract more people. He believes that improved facilities at the new site could lead to enhanced experiences.
남자는 또한 미술관을 더 중앙 쪽에 있는 장소로 옮기면 더 많은 사람들이 모일 것이라는 점도 언급한다. 그는 새로운 장소의 시설 개선이 더 나은 경험으로 이어질 수 있다고 생각한다.

맺음말
For these reasons, the man is happy with the decision.
이러한 이유들로 인해, 남자는 그러한 결정에 대해 기뻐하고 있다.

EXERCISE

제시된 지문과 대화문에 대한 노트를 작성한 후, 과제에서 요구하는 답변을 완성하여 말해보시오.

1 Reading Time: 50 seconds

 S 36

Monthly Conversations with the University President

The university announced that students will engage in monthly discussions with the university president in the upcoming semester. The goal of this plan is to foster open communication channels between students and administrators, providing an opportunity for students to voice concerns, share feedback, and contribute to decision-making processes. By establishing regular dialogue sessions, the university seeks to make informed decisions, strengthen community engagement, and promote a collaborative learning environment. Students are encouraged to actively participate in these sessions to help shape the future direction of the institution.

Now listen to two students discussing the article.

The woman expresses her opinion about the university's plan. State her opinion and explain the reasons she gives for holding that opinion.

읽기 지문 노트

중심 내용

_____

_____

└ 세부사항

_____

_____

_____

대화문 노트

화자의 입장

_____

이유 1

_____

└ 부연 설명
awareness diversity ↑

이유 2

_____

└ 부연 설명
work together: advance uni.'s mission & goal

답변 말하기

∩ S 37

중심 내용

_____ starting next semester, students will participate in monthly discussions with the university president.

읽기 지문에 따르면, 해당 대학은 다음 학기부터 학생들이 대학 총장과 갖는 월간 담화 시간에 참여하게 된다고 발표했다.

화자의 입장

_____ this announcement _____.

여자는 두 가지 이유로 이 발표를 마음에 들어 한다.

이유 1 + 부연 설명

_____ that engaging in conversations with the university president will facilitate discussions on crucial topics such as diversity, equity, and inclusion. This will foster awareness and understanding of diverse perspectives and experiences within the university community.

첫 번째로, 여자는 대학 총장과의 대화에 참여하는 것이 다양성과 공정성, 그리고 포괄성 같은 중대한 주제에 관한 논의를 용이하게 할 것이라고 언급한다. 이는 대학 공동체 내의 다양한 관점과 경험에 대한 인식 및 이해를 촉진할 것이다.

이유 2 + 부연 설명

_____ that it will enhance the sense of community. This will encourage collaboration among individuals, simplifying the collective effort to push the university's mission and goals forward.

다음으로, 여자는 이것이 공동체 의식을 높일 것이라고 언급한다. 이는 개인 간의 협력을 고무시켜 대학의 사명과 목표를 추진하기 위한 집단적 노력을 단순화할 것이다.

맺음말

_____ the school's announcement.

이와 같은 이유들로, 여자는 학교의 발표에 기뻐하고 있다.

Transitioning Daytime Courses to Evening Sessions

In the coming semester, there will be a significant change in our college's class schedule. Most daytime courses will now be shifted to the evening. This change is designed to provide greater flexibility for students who have other commitments during the day, such as work or family responsibilities. Additionally, campus safety measures will be enhanced during evening hours to ensure a secure learning environment for all students. Please remember to check your updated schedule and reach out to advisors if you have any questions or concerns. We appreciate your cooperation as we strive to meet the diverse needs of our student body.

Now listen to two students discussing the article.

The man expresses his opinion about the change described in the article. Briefly summarize the change. Then state his opinion about the change and explain the reasons he gives for holding that opinion.

읽기 지문 노트

중심 내용

_____

_____

└. 세부사항

_____

_____

_____

대화문 노트

화자의 입장

_____

이유 1

_____

└. 부연 설명
- struggle academic & personal life balance
- more challenging

이유 2

_____

└. 부연 설명
commute after dark → real issue

답변 말하기

 ∩ S 39

중심 내용

_____ change

_____.

읽기 지문에 따르면, 해당 대학교에서 주간 강의를 야간 시간으로 바꿀 예정이다.

화자의 입장

_____ the school's announcement for two reasons.

남자는 두 가지 이유로 학교의 발표를 마음에 들어 하지 않는다.

이유 1 + 부연 설명

_____ it may create difficulties for _____

in the evenings. This could exacerbate the challenge of balancing academic responsibilities

with personal life.

우선, 남자는 저녁 시간대에 직장이나 가정적 책임이 있는 학생들에게 어려움이 생길 수 있다고 언급한다. 이는 학업적 책임과
개인적인 삶의 균형을 잡는 어려움을 악화시킬 수 있다.

이유 2 + 부연 설명

_____ inadequate security measures during evening hours could pose risks.

_____ concerning for students commuting after dark.

남자는 또한 저녁 시간대의 부족한 보안 조치가 위험 요소가 될 수 있다고 언급한다. 이는 특히 어두워진 후에 통학하는 학생들에게
우려를 끼치는 부분이다.

맺음말

_____ the school's announcement.

이러한 이유들로 인해, 남자는 학교의 발표에 불만스러워하고 있다.

지문 유형별 실전 문제

UNIT 06

앞에서 학습한 노트테이킹 요령과 답변 말하기 단계를 적용하여 2번 문제에 등장하는 읽기 지문의 두 가지 유형, 공지문과 편지(제안)에 해당하는 실전형 문제에 답변해보자.

공지문

1 Reading Time: 45 seconds

∩ S 40

Implementation of Printing Restrictions

Starting next semester, the university will enforce new printing restrictions for all students. Each student will be restricted to printing a monthly maximum of 300 pages, with only double-sided copying permitted. This policy aims to promote responsible paper usage, reduce paper waste, and align with the university's sustainability goals. By encouraging more efficient printing practices such as digital document sharing and electronic submissions, the university seeks to minimize its environmental footprint and foster a culture of resource conservation among its student body.

The woman expresses her opinion of the university's new policy. State her opinion and explain the reasons she gives for holding that opinion.

PREPARATION TIME
00:00:30

RESPONSE TIME
00:00:60

읽기 지문 노트

중심 내용

_____

_____

└ 세부사항

_____

_____

_____

대화문 노트

화자의 입장

_____

이유 1

_____

└ 부연 설명

_____

_____

이유 2

_____

└ 부연 설명

_____

_____

답변 말하기

중심 내용

_____

on all students, limiting each student's printing allowance to _____.

🎧 S 41

화자의 입장

_____ the school's decision _____.

이유 1 + 부연 설명

_____ it will encourage more _____ and _____

_____ on campus. This fits with the university's _____.

이유 2 + 부연 설명

_____ by promoting _____,

the university is helping students get used to _____. This will prepare

them for the digital needs of the modern workforce.

맺음말

_____ the school's decision.

2 Reading Time: 50 seconds

∩ S 42

Proposal to Expand Bicycle Rental Options on Campus

With the growing need for accessible and eco-friendly transportation on campus, expanding bicycle rental options could significantly benefit the university community. Currently, limited bike availability presents challenges for students. Therefore, I believe that the university should expand bicycle rental options on campus. Increasing rental choices would not only promote sustainability and alleviate traffic congestion but also offer numerous health advantages, enhancing students' physical fitness and mental well-being. Broadening bicycle rental services would reflect the university's commitment to environmental responsibility and student welfare. It would provide students with a practical and enjoyable transportation alternative while fostering a more sustainable campus environment.

Sincerely,
Emily Johnson

Briefly summarize the proposal in the letter. Then state the man's opinion about the proposal and explain the reasons he gives for holding that opinion.

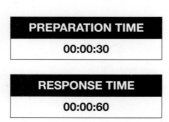

PREPARATION TIME
00:00:30

RESPONSE TIME
00:00:60

읽기 지문 노트

중심 내용

_____
_____

ㄴ 세부사항

_____
_____
_____
_____

대화문 노트

화자의 입장
_____

이유 1
_____

ㄴ 부연 설명
_____
_____

이유 2
_____

ㄴ 부연 설명
_____
_____

답변 말하기

중심 내용

_____ increase the number of
_____ available on campus.

S 43

화자의 입장

_____ the proposal _____.

이유 1 + 부연 설명

_____ expanding bike rentals would satisfy the rising _____
_____ on campus. _____
this expansion would offer a sustainable commuting alternative for students and contribute to
reducing the university's overall carbon emissions.

이유 2 + 부연 설명

_____ having more bicycles available for rent would _____
among students. This increase in exercise would _____, contributing to
_____ across the campus community.

맺음말

_____ the proposal.

YBM TOEFL 80+
SPEAKING

QUESTION

3

Integrated Task (2)

대학 강의 읽고 듣고 말하기

문제 유형 미리보기

UNIT 01

iBT TOEFL Speaking 3번 문제는 학술 주제와 관련된 지문을 읽은 후 주제에 대한 개념을 정리하고 해당 지문과 관련된 구체적인 내용을 제시하는 교수의 강의를 60-90초간 들은 후 이를 요약하여 말하는 유형이다.

시험화면 미리보기

Direction

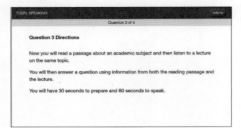

- 3번 문제에 대한 전반적인 설명

읽기

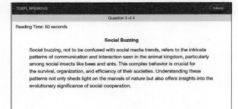

- 읽기 지시문 (음성으로만 제공)
- 읽기 지문 제시 (읽기 시간 45초 또는 50초)

듣기

- 듣기 지시문 (음성으로만 제공)
- 강의 사진 제시
- 강의 음원 (듣기 시간 60 - 90초)

말하기

- 문제 제시
  (화면 상 텍스트와 음성 모두 제공)
- 답변 준비 30초
- 답변 말하기 60초

문제 미리보기

The professor explains two different ways bacteria use quorum sensing. Explain the two examples and how they differ.

위 문제에서 요구하는 것처럼 3번 문제에서는 읽기 지문에서 나온 특정 학술 주제에 관해 교수가 강의에서 어떤 예시를 제시하는가와 그에 대한 부연 설명을 말해야 한다.

문제풀이 전략

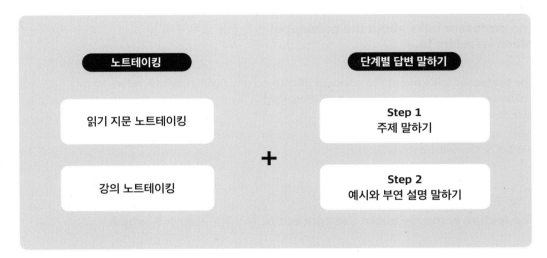

제시된 지문과 강의를 읽고 들으며 문제에서 요구하는 바를 말할 수 있도록 노트테이킹해야 한다. 이후 노트테이킹한 내용을 바탕으로 지문의 주제, 강의에서 제시한 그 주제에 대한 예시를 말하고 적절한 부연 설명을 덧붙여 잘 마무리해야 한다.

빈출 주제

생물학
• 특정 종이 포식하는 방법
• 특정 종이 포식을 피하는 방법
• 특정 종이 번식하는 방법
• 특정 종이 극한 환경에서 생존하는 방법

경제/경영학
• 고객 유치 방법

• 수익 창출 방법
• 재정난 극복 방법

심리학
• 확증 편향
• 사후 (과잉) 확신 편향
• 소비자 심리

답변 말하기 필수 패턴

3번 문제에 대한 답변으로 자주 사용되는 단계별 패턴들과 예문들을 반복 학습을 통해 숙지하면 실제 시험에서 막힘없이 답변을 말하는 데 매우 유용하다.

⌒ S 44

읽기 지문의 주제 및 개념을 설명할 때 쓰는 패턴

1 교수는 …의 개념에 관해 이야기하고 있으며, 이는 ~이다/를 일컫는다

The professor talks about the concept of 읽기 지문 제목/주제, **which is/refers to ~**

The professor talks about the concept of delayed gratification, **which refers to** an individual's capacity to resist an immediate reward in favor of receiving a greater reward at a later time.

교수는 지연된 만족감의 개념에 관해 이야기하고 있으며, 이는 즉각적인 보상을 거부하고 나중에 보다 큰 보상을 받기 위해 참을 수 있는 개인의 능력을 일컫는다.

2 강의는 주로 …의 개념에 관한 것이며, 이는 ~한다

The lecture is mainly about the concept of 읽기 지문 제목/주제, **which ~**

The lecture is mainly about the concept of information cascades, **which** occur when people make decisions based on others' actions instead of their own personal knowledge.

강의는 주로 인포메이션 캐스케이드의 개념에 관한 것이며, 이는 사람들이 자신의 지식이 아닌 다른 사람들의 행동을 기반으로 결정을 내리는 경우에 발생한다.

읽기 지문의 주제와 강의의 내용을 연결할 때 쓰는 패턴

3 ~를 (더 잘) 설명하기 위해, 교수는 두 가지 예시/사례를 든다[활용한다]

In order to (better) illustrate ~, the professor gives[uses] two examples/cases

In order to illustrate how this effect works, **the professor uses two examples**.

이러한 효과가 어떻게 작용하는지 설명하기 위해, 교수가 두 가지 예시를 활용한다.

두 가지 예시를 말할 때 쓰는 패턴

4 첫째, 교수는 ~에 대해 설명한다/논한다
First, the professor describes[explains, discusses] ~

First, the professor describes how the principle of Occam's razor favors simpler explanations over more complex ones.
첫째, 교수는 오컴의 면도날 원칙이 더 복잡한 설명보다 더 간단한 설명을 선호하는 방식에 대해 설명한다.

5 둘째로[다음으로], 교수는 ~에 대해 설명한다/논한다
Second[Next, Then], the professor describes[explains, discusses] ~

Second, the professor explains how a leading airline falsely advertised its flights as carbon-neutral by promoting inadequate carbon offset programs.
둘째, 교수는 한 주요 항공사가 부적절한 탄소 상쇄 프로그램을 홍보하여 자사의 항공편들을 탄소 중립적이라고 허위 광고한 경우에 대해 설명한다.

6 한 가지[첫 번째] 예시는 ~이다
One[The first] example is ~

One example is the conservation of the northern spotted owl in the Pacific Northwest of the United States.
한 가지 예시는 미국 태평양 연안 북서부의 점박이 올빼미의 보존이다.

7 또 다른[두 번째] 예시는 ~이다
Another[The second] example is ~

Another example is the conservation of the African elephant, a keystone species in Africa.
또 다른 예시는 아프리카의 핵심종인 아프리카 코끼리의 보존이다.

부연 설명을 할 때 쓰는 패턴

8 ~에 매우 중요하다

be crucial[essential] for/in ~

These adaptations **are crucial for** ensuring food security and sustaining the livelihoods of local communities amidst the growing influence of climatic changes.

이러한 적응은 기후 변화의 영향이 커지는 상황에서 식량 안보를 확실히 하고 지역 공동체의 생계를 지속하는 데 있어 매우 중요하다.

9 이로 인해 ~은 …할 수 있다

This allows[helps] 목적어 (to) V

This allowed ElecTech **to** maintain its traditional customer base while expanding into new segments.

이로 인해 일렉테크 사는 기존 고객 층을 유지함과 동시에 새로운 시장 부문으로 확장할 수 있었다.

맺음말에 쓰는 패턴

10 이러한 예시들을 통해 교수는 읽기 지문에 제시된 ~에 대한 개념을 명확히 설명한다

Through this/these example(s), the professor clarifies the concept of 읽기 지문 제목 presented in the reading passage

Through these examples, the professor clarifies the concept of keystone species **presented in the reading passage**.

이러한 예시들을 통해 교수는 읽기 지문에 제시된 핵심종에 대한 개념을 명확히 설명한다.

11 이러한 예시들을 통해 교수는 ~하는 방식을 설명한다

Through this/these example(s), the professor explains how S+V

Through these examples, the professor explains how the decoy effect works.

이러한 예시들을 통해, 교수는 미끼 효과가 어떻게 작용하는지 설명한다.

EXERCISE

▶ 정답 및 해설 p.40

∩ S 45

제시된 우리말의 파란색 글자 부분에 해당하는 빈칸을 채워 영어로 말해보시오.

SPEAKING

QUESTION 3

1 교수는 역할 충돌의 개념에 관해 이야기하고 있으며, 이는 한 사람에게 여러 가지 역할 수행을 기대하는 상황을 일컫는다.

_____ role conflict, _____ to a situation in which a person is expected to fulfill different roles.

2 강의는 주로 라쇼몽 효과의 개념에 관한 것이며, 이는 두 명 이상이 동일한 사건을 경험하지만 그것을 다르게 해석할 때 발생한다.   (~의 의미를) 해석하다 interpret

_____ the Rashomon effect, _____ occurs when two or more people experience the same event but interpret it differently.

3 이 개념을 더 잘 설명하기 위해 교수는 기업들의 두 가지 사례를 들었다.

_____ this concept, _____.

4 첫째, 교수는 파푸아 뉴기니 고원이 전통 농업 기술을 유지하는 방법에 대해 설명한다.

_____ how the highlands of Papua New Guinea maintain traditional farming techniques.

5 둘째, 교수는 새로운 환경에 적응하기 위해 이 씨앗들이 더 작아졌다고 설명한다.

_____ that in order to _____, these seeds became smaller.

6 이러한 노력들은 사바나 생태계의 생태학적 균형을 유지하는 데에도 아주 중요했다.   생태계의, 생태학의 ecological

_____ maintaining the ecological balance of the savannah ecosystem.

7 이 전략으로 인해 퀵이츠 사는 시장 점유율을 떨어뜨리지 않으면서 다양한 소비자 취향을 수용했다.

수용하다 accommodate

_____ QuickEats Co. _____ without forfeiting market share.

8 이러한 예시들을 통해 교수는 행동경제학이 소비자 결정에 영향을 미치는 방식을 설명한다.

행동경제학 behavioral economics

_____

consumer decisions.

짧은 지문 & 강의로 기초 훈련

짧은 지문 읽고 답변하기

제시된 지문을 읽고 질문에 대한 답을 적은 후 영어 문장을 완성하여 말해보시오.

1

Social Facilitation

Social facilitation is a social psychology concept that describes how the presence of others can enhance individual performance on simple or well-rehearsed tasks while impairing performance on complex or novel tasks.

Q. According to the reading, what is the concept of social facilitation?

🎤 According to the reading, social facilitation is _____

_____

_____

2

The Backfiring Effect

The backfiring effect describes a phenomenon where attempts to change beliefs actually reinforce them. This occurs when presented information, challenging a person's core views, leads to strengthened pre-existing beliefs rather than adjustment. It highlights the challenges of effective persuasion and factual communication.

Q. According to the reading, what is the concept of backfiring effect?

🎤 According to the reading, the backfiring effect occurs when _____

_____

_____

_____

● 정답 및 해설 p.40

∩ S 46

3

Greenwashing

Greenwashing refers to the deceptive practice of companies or organizations making exaggerated or false claims about the environmental benefits of their products, services, or practices in order to appear more environmentally friendly than they actually are.

Q. According to the reading, what is the concept of greenwashing?

🎤 According to the reading, greenwashing is _____

_____

_____

_____

4

Reversed Mentoring

Reversed mentoring, also known as reciprocal mentoring or reverse mentoring, is a practice where younger or less experienced individuals mentor older or more experienced colleagues. This approach flips the traditional mentoring dynamic, where typically senior or more experienced individuals mentor those who are junior or less experienced.

Q. According to the reading, what is the concept of reversed mentoring?

🎤 According to the reading, reversed mentoring, alternatively termed _____

_____

_____

짧은 강의 듣고 답변하기

제시된 강의를 듣고 질문에 대한 답을 완성하여 말해보시오.

∩ S 47

1

Q. What was the main impact of introducing acacia on neighboring plants?

🎤 The primary impact of the introduction of acacia on neighboring plants was _____

_____ .

2

Q. How do mites manage to move to a new flower despite their inability to fly?

🎤 Mites manage to move to a new flower by _____

_____

_____ .

3

Q. What is the environmental condition that hinders bacterial growth and aids in the preservation of artifacts?

🎤 _____ inhibits _____

and helps _____ .

● 정답 및 해설 p.42

4

Q. What benefit did early humans gain from the domestication of animals?

🎤 Early humans benefited from animal domestication by _____

_____.

5

Q. Considering the role of the ancient lake and the impact of the drought, what do scientists identify as the cause of the species' extinction?

🎤 Scientists believe the species went extinct primarily due to _____

_____

_____.

6

Q. How did the invention of photography influence painters' ability to depict motion realistically in their artwork?

🎤 The invention of photography allowed painters to accurately capture and represent motion in their artwork by _____

_____.

노트테이킹

UNIT 04

3번 문제에서도 읽기, 듣기, 말하기가 통합된 과제를 수행해야 하므로 노트테이킹도 두 가지 형태로 수행해야 한다. 먼저 지문을 읽으며 주제와 개념을 노트테이킹한 후, 교수의 강의를 들으며 예시와 그 부연 설명을 노트테이킹해야 문제에서 요구하는 사항을 말할 수 있다.

읽기 지문 노트테이킹

> **작성 요령**

지문의 주제와 개념 적기
제목 또는 지문의 시작 부분에 지문의 주제와
그 개념이 등장한다. 그 내용을 키워드 중심으로
빠르게 노트테이킹한다.

노트 구성

- 주제
- └, 개념

Sample

> **읽기 지시문** (음성으로만 제공)

∩ S 49

Now read the passage about quorum sensing in bacteria. You will have 45 seconds to read the passage. Begin reading now.

이제 박테리아의 정족수 감지에 관한 지문을 읽으시오. 지문을 읽는 데 45초가 주어진다. 이제 읽기 시작하시오.

> **읽기 지문**

Quorum Sensing

Quorum sensing is a communication process that allows bacteria to regulate gene expression based on cell density. This process involves the production, release, and subsequent detection of signaling molecules called autoinducers. As the bacterial population increases, so does the concentration of autoinducers.

노트

주제
quorum sensing

└, 개념
　comm. process:
　bacteria → regulate gene
　expression ← cell density

Once a threshold concentration is reached, a collective change in bacterial behavior occurs. This mechanism enables bacteria to coordinate complex tasks like bioluminescence, virulence, and biofilm formation. Understanding quorum sensing can lead to novel approaches in controlling bacterial infections, as disrupting these signals can impair harmful activities in pathogenic bacteria.

정족수 감지

정족수 감지는 세포 밀도를 바탕으로 유전자 발현을 조절할 수 있게 해주는 박테리아의 의사 소통 과정이다. 이 과정은 자가 유도 물질이라고 부르는 신호 전달 분자의 생성과 분비, 그리고 후속적인 감지를 수반한다. 박테리아 개체수가 늘어남에 따라, 자가 유도 물질의 농도도 높아진다. 한계 농도에 이르게 되면, 박테리아 행동 양식에 집단적인 변화가 일어난다. 이러한 작용 방식으로 인해 박테리아는 생물 발광과 병독성, 그리고 세균막 형성 같은 복잡한 일들을 조직화할 수 있다. 정족수 감지를 이해하면 박테리아 감염을 통제하는 데 있어 새로운 접근법으로 이어질 수 있는데, 이러한 신호를 방해해 병원성 박테리아의 유해한 행동을 약화시킬 수 있기 때문이다.

주제
정족수 감지

└ 개념
　의사소통 과정: 박테리아 →
　유전자 발현 조절 ← 세포 밀도

어휘 quorum sensing 정족수 감지(특정 생물군이 유전자 발현 조절을 통해 동종 집단의 세포 집단 밀도를 감지하고 적응하는 것) regulate 조절하다 gene expression 유전자 발현 based on ~을 바탕으로 density 밀도 involve 수반하다 release 분비, 배출 subsequent 후속적인 detection 감지 signaling molecules 신호 전달 분자 autoinducer 자가 유도 물질 population 개체수, 개체군 concentration 농도 threshold 한계점 collective 집단적인 mechanism 작용 방식 coordinate 조직화하다 bioluminescence 생물 발광 virulence 병독성 biofilm 세균막 novel 새로운 infection 감염 disrupt 방해하다 impair 약화시키다, 손상시키다 pathogenic 병원성의

강의 노트테이킹

▶ 작성 요령

1. 예시 적기
교수는 강의를 통해 읽기 지문의 주제를 구체적으로 설명하기 위한 예시를 제시한다. 이때 개인적인 경험이나 실험 등이 제시되기도 하며, 최근에는 두 가지가 아닌 한 가지 예시만 제시되기도 한다.

2. 예시에 대한 부연 설명 적기
교수는 자신이 드는 예시에 대해 보다 상세히 설명하거나 강조하기 위해 예시 문장 뒤에 한두 문장을 덧붙여 말한다.

노트 구성

- 예시 1
  - └, 부연 설명
- 예시 2
  - └, 부연 설명

Sample

▶ 듣기 지시문 (음성으로만 제공)

🎧 S 50

Now listen to part of a lecture on this topic in a biology course.

이제 생물학 수업에서 이 주제에 대한 강의의 일부를 들어보시오.

▶ 강의

All right, class, let's talk about quorum sensing, which you've already read about. It's a really cool way bacteria communicate based on population size. Now, not all bacteria use this for the same reasons, so let me give you two examples.
First, take the bacterium *Aliivibrio fischeri*. It lives in symbiosis with the Hawaiian bobtail squid. During the day, the bacteria are inactive, and at night, as their population increases inside the squid's light organ, they start to glow. This glow camouflages the squid against moonlight, protecting it from predators. It's a nifty survival trick, and studies show it's quite effective.

노트

- 예시 1
  bacterium Aliivibrio fischeri

  └, 부연 설명
  - symbiotic relationship
    w/ H.B. squid
  - active X during the day
  - glow at night in squid's
    light organ ← # A. F. ↑
    → protect squid ←
    predator

Now, here's another fascinating case – the bacterium *Staphylococcus aureus*. It's a common pathogen that can cause serious infections. This bacterium uses quorum sensing in a way that is similar to our previous example, but for a more sinister purpose. In low numbers, they're pretty inconspicuous. But once they hit a critical mass, they release toxins and start attacking the host's immune cells. It's like a surprise attack, and unfortunately, it's often successful. Understanding these mechanisms is key for developing new medical treatments.

예시 2

Staphylococcus aureus

∟ 부연 설명

pathogen → serious infections
- # p. ↓ → conspicuous X
- # p. ↑ → attack host's immune cells

좋습니다, 여러분, 정족수 감지에 관해 이야기해 볼 텐데, 이미 그 내용을 읽어 봤죠. 이는 박테리아가 개체군 규모를 바탕으로 의사 소통하는 정말 멋진 방식입니다. 자, 모든 박테리아가 같은 이유로 이 방식을 이용하진 않기 때문에, 두 가지 예를 들어 보겠습니다.

첫 번째로, 세균 알리비브리오 피셰리입니다. 이 세균은 하와이 짧은 꼬리 오징어와 공생하면서 살아갑니다. 낮 시간엔 이 박테리아가 활동하지 않으며, 밤이 되면 이 오징어의 발광 기관 내에서 개체수가 늘어나면서, 빛을 내기 시작하죠. 이 빛이 달빛을 배경으로 오징어에게 위장 효과를 제공해, 포식자들로부터 보호해 줍니다. 아주 멋진 생존 요령인데, 연구에 따르면 꽤 효과적인 것으로 나타납니다.

자, 또 다른 아주 흥미로운 경우는, 황색포도상구균입니다. 흔한 병원균의 하나로서, 여러 심각한 감염증을 유발할 수 있죠. 이 세균은 앞선 예시와 유사한 방식으로, 하지만 더욱 악의적인 목적으로 정족수 감지를 이용합니다. 숫자가 적을 때는, 꽤 눈에 잘 띄지 않는 존재입니다. 하지만 임계량에 도달하기만 하면, 독소를 분비하고, 숙주의 면역 세포를 공격하기 시작합니다. 마치 기습 공격 같은 것인데, 안타깝게도, 이는 흔히 성공적입니다. 이러한 작용 방식을 이해하는 것이 새로운 의학적 치료법을 개발하는 데 있어 핵심입니다.

예시 1

세균 알리비브리오 피셰리

∟ 부연 설명
- 하와이 짧은 꼬리 오징어와 공생관계
- 낮에 활동 X
- 밤에 오징어 발광 기관 내에서 빛을 냄 ← 알. 피 수의 증가 → 오징어 보호 ← 포식자

예시 2

황색포도상구균

∟ 부연 설명
- 병원균 → 심각한 감염증
- 균 수 ↓ → 눈에 잘 띄지 X
- 균 수 ↑ → 숙주의 면역 세포 공격

어휘 symbiosis 공생   inactive 활동하지 않는   organ 기관, 장기   glow 빛을 내다, 빛   camouflage 위장하다   predator 포식자   nifty 아주 멋진, 훌륭한   trick 요령, 비결   effective 효과적인   fascinating 아주 흥미로운, 매력적인   pathogen 병원균   cause 유발하다   infection 감염(증)   similar to ~와 유사한   sinister 악의적인, 불길한   inconspicuous 눈에 띄지 않는   critical mass 임계량   toxin 독소   host 숙주   immune 면역의   treatment 치료(법)

EXERCISE

제시된 지문과 강의에 대한 노트를 각각 작성하시오.

1 Reading Time: 50 seconds

🎧 S 51

Climate Adaptation

Climate adaptation refers to the adjustments in ecological, social, or economic systems in response to actual or expected climatic stimuli and their effects or impacts. It involves developing ways to protect and enhance people's lives and the environment under changing climate conditions. Adaptation can range from building flood defenses and creating drought-resistant crops to implementing policies that promote sustainable resource use. The goal of climate adaptation is not just to react to the effects of climate change, but to anticipate and prepare for future changes, thereby reducing vulnerability and improving resilience. This proactive approach is essential for the long-term sustainability of both human societies and natural ecosystems.

Now listen to part of a lecture on this topic in a geography course.

읽기 지문 노트

주제

_____

∟ 개념

_____

_____

_____

강의 노트

예시 1

_____

∟ 부연 설명

_____

_____

예시 2

_____

∟ 부연 설명

_____

_____

2 Reading Time: 50 seconds

∩ S 52

The Mere Deadline Effect

The mere deadline effect is a psychological concept that explains how the presence of a deadline can significantly impact a person's motivation to complete a task. This effect occurs regardless of the task's nature or the deadline's significance. It indicates that deadlines inherently create a sense of urgency, compelling individuals to prioritize and focus on the task at hand. This phenomenon suggests that setting deadlines, even arbitrary ones, can be an effective strategy to enhance productivity and time management. It highlights the influential role that perceived time constraints play in driving human behavior and task completion.

Now listen to a lecture on this topic in a psychology course.

읽기 지문 노트

강의 노트

주제

_____

└, 개념

_____
_____
_____

예시

_____

└, 부연 설명 1

_____
_____
_____

└, 부연 설명 2

_____
_____
_____

단계별 답변 말하기

읽기 지문과 강의를 각각 노트테이킹한 내용을 토대로 아래에 제시된 단계에 맞추어 주어진 문제에 대한 답변을 60초 안에 말한다.

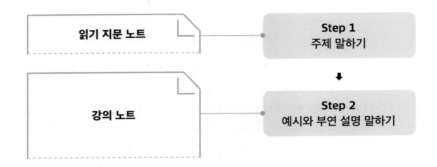

Step 1. 주제 말하기

읽기 지문 노트 내용을 기반으로 지문의 주제와 개념을 함께 묶어 말한다.

Sample

▶ **문제** (텍스트와 음성으로 모두 제공) ∩ S 54

> The professor explains two different ways bacteria use quorum sensing. Explain the two examples and how they differ.
>
> 교수가 박테리아가 정족수 감지를 이용하는 두 가지 다른 방식을 설명하고 있다. 이 두 가지 예시 및 그것들이 서로 어떻게 다른지 설명하시오.

▶ **읽기 지문 노트**

주제
quorum sensing
└ 개념
　　comm. process: bacteria
　　　→ regulate gene
　　　expression ← cell density

답변 말하기

주제
The professor talks about the concept of quorum sensing, **which refers to** a sophisticated communication process among bacteria, influencing their gene expression based on population density. **In order to better illustrate** this concept, **the professor gives two examples.**

교수가 정족수 감지의 개념에 관해 이야기하고 있으며, 이는 박테리아 사이에서 일어나는 복잡한 의사 소통 과정을 일컫는 것으로서, 개체군 밀도를 바탕으로 그들의 유전자 발현에 영향을 미친다. 이 개념을 더 잘 설명하기 위해, 교수가 두 가지 예시를 제공한다.

Step 2. 예시와 부연 설명 말하기

강의 노트 내용을 기반으로 주제를 더 구체적으로 설명하기 위해 교수가 든 예시와 이를 보다 상세히 설명하거나 강조하는 부연 설명을 말한다. 이때 First/Second, the professor describes ~와 같은 패턴을 활용하면 각 예시를 명확하게 드러내어 말할 수 있다.

Sample

▶ 강의 노트

예시 1

bacterium *Aliivibrio fischeri*

└, 부연 설명

- symbiotic relationship w/ H.B. squid
- active X during the day
- glow at night in squid's light organ ← # A. F. ↑ → protect squid ← predator

예시 2

Staphylococcus aureus

└, 부연 설명

- pathogen → serious infections
- # p. ↓ → conspicuous X
- # p. ↑ → attack host's immune cells

Tips

예시와 부연 설명을 모두 말한 후에도 시간이 4-5초 남을 경우에 한하여, 화자의 입장을 조금 변형하여 맺음말로 말하면 답변의 완성도를 높일 수 있다.

답변 말하기

예시 1 + 부연 설명

First, the professor describes the case of the bacterium *Aliivibrio fischeri*. This bacterium lives in a symbiotic relationship with the Hawaiian bobtail squid. The bacteria remain inactive during the day but become luminescent at night as their numbers grow within the squid's light organ. This bioluminescence helps camouflage the squid against moonlight, thereby protecting it from predators.

첫 번째로, 교수가 세균 알리비브리오 피셰리를 설명한다. 이 세균은 짧은 꼬리 오징어와 공생 관계로 산다. 이 세균이 낮 시간에는 계속 활동하지 않는 채로 있지만, 밤에는 그 숫자가 이 오징어의 발광 기관 내에서 증가하면서 발광 상태가 된다. 이 생물 발광 활동이 달빛을 배경으로 그 오징어에게 위장 효과를 제공하는 데 도움을 줌으로써, 포식자들로부터 보호한다.

예시 2 + 부연 설명

Next, the professor discusses *Staphylococcus aureus*, which is a harmful pathogen known for causing serious infections. Like *Aliivibrio fischeri*, this bacterium employs quorum sensing, but it does so for a detrimental purpose. At low concentrations, the bacteria are virtually undetectable. However, upon reaching a critical mass, they release toxins and begin to attack the host's immune cells in a type of surprise attack, which is often successful.

다음으로, 교수가 황색포도상구균을 논의하는데, 이는 여러 심각한 감염증을 유발하는 것으로 알려진 유해 병원균이다. 알리비브리오 피셰리처럼, 이 세균도 정족수 감지를 활용하지만, 유해한 목적으로 그렇게 한다. 농도가 낮을 때는, 이 세균이 거의 감지할 수 없는 상태이다. 하지만, 임계량에 도달하기만 하면, 독소를 분비하고 기습 공격 방식으로 숙주의 면역 세포를 공격하기 시작하며, 이는 흔히 성공적이다.

맺음말

Through these examples, the professor clarifies the concept of quorum sensing presented in the reading passage.

이러한 예시들을 통해, 교수가 독해 지문에 제시된 정족수 감지의 개념을 명확히 밝히고 있다.

EXERCISE

제시된 지문과 강의에 대한 노트를 작성한 후, 문제에서 요구하는 답변을 완성하여 말해보시오.

1 Reading Time: 50 seconds

 ∩ S 55

Umbrella Species

An umbrella species is an organism whose conservation provides protection for a wide range of other species within its ecosystem. The concept hinges on the idea that by safeguarding the habitat of a single, large species, a plethora of other species in the same area benefit indirectly. Umbrella species typically require large habitats or have specific needs that, when met, create a healthy ecosystem that supports diverse life forms. Conservation efforts focusing on umbrella species are strategically efficient, as they can lead to the preservation of entire ecosystems, rather than focusing on single species. This approach underscores the interconnected nature of ecosystems and the importance of comprehensive conservation strategies.

Now listen to part of a lecture on this topic in a biology course.

Using points and examples from the lecture, explain the concept of umbrella species.

읽기 지문 노트

주제

_____

└ 개념

_____
_____
_____

강의 노트

예시 1

_____

└ 부연 설명
- protect old-growth forests
- crucial habitat 4 other species
- owl conservation → rich biodiversity of forest

예시 2

_____

└ 부연 설명
- keystone species b/c ecological impact
- preservation vast landscape
- benefit wildlife & balance of Savannah ecosystem

답변 말하기

주제

_____ umbrella species, _____ are species that, when conserved, offer protection to numerous other species in the same ecosystem. _____
_____ this concept, _____.

강의는 주로 우산종의 개념에 관한 것이며, 이 종은 보존될 경우에 같은 생태계 내의 수많은 다른 종에 대한 보호를 제공해 준다.
이 개념을 더 잘 설명하기 위해, 교수가 두 가지 예시를 제공한다.

예시 1 + 부연 설명

First, _____ the conservation of the northern spotted owl in the Pacific Northwest of the United States. _____ the protection of vital old-growth forests. These forests _____ species such as the marbled murrelet and various amphibians. Focusing on the owl has preserved the rich biodiversity of these woodlands.

첫째, 교수는 미국 태평양 연안 북서부의 점박이 올빼미 보존에 대해서 설명한다. 이는 필수적인 노숙림의 보호라는 결과를
낳았다. 이 숲은 알락쇠오리와 다양한 양서류 같은 종에게 필수 서식지이다. 이 올빼미에게 초점을 맞춘 것이 이 삼림지의 풍부한
생물 다양성을 보존해 주었다.

예시 2 + 부연 설명

Second, _____ the conservation of the African elephant, a keystone species in Africa. _____ the preservation of extensive natural habitats. This protection has positively impacted other wildlife, including antelopes and rhinoceroses. These efforts _____ maintaining the ecological balance of the savannah ecosystem.

둘째, 교수는 아프리카의 핵심종인 아프리카 코끼리의 보존에 대해서 설명한다. 이는 광범위한 자연 서식지의 보존으로 이어졌다.
이 보호는 영양과 코뿔소를 포함한 다른 야생 동물에게 긍정적으로 영향을 미쳤다. 이러한 노력은 사바나 생태계의 생태학적
균형을 유지하는 데에도 아주 중요했다.

맺음말

_____ umbrella species
_____.

이러한 예시들을 통해, 교수가 독해 지문에 제시된 우산종의 개념을 명확히 밝히고 있다.

The Decoy Effect

The decoy effect is a phenomenon in behavioral economics where consumer preference between two options changes when a third, less attractive option is introduced. This third option, the "decoy," is not intended to be chosen. Instead, it is typically priced or positioned to make one of the other options seem like a better deal in comparison. This effect illustrates how consumer choices can be influenced by manipulating the context in which decisions are made. Understanding the decoy effect is crucial for marketers and consumers alike, as it sheds light on the subtle ways in which choice architecture can impact decision-making.

Now listen to part of a lecture on this topic in a marketing course.

Using points and examples from the lecture, explain the concept of the decoy effect.

읽기 지문 노트

주제

_____

∟ 개념

_____

_____

_____

강의 노트

예시 1

_____

∟ 부연 설명
  - popcorn: small $3, medium(decoy) $6.5, large $7
  - make large option appealing ↑
    → choose large > small

예시 2

_____

∟ 부연 설명
  - 3 models: basic, plus (decoy), pro
  - plus: feature ↓ price little lower than pro
    → choose pro

답변 말하기

 S 58

주제

_____ the concept of the decoy effect, _____ is part of behavioral economics. It occurs when a third option, which is less appealing, is used to alter consumer preference between two choices. _____

_____

교수가 미끼 효과의 개념에 관해 이야기하고 있으며, 이는 행동 경제학의 일부이다. 이는 세 번째 선택 대상, 즉 덜 매력적인 것이 두 가지 선택 대상 사이에서 소비자 선호도를 변화시키는 데 이용되는 경우에 나타난다. 교수가 이 개념을 더 잘 설명하기 위해 두 가지 예시를 제공한다.

예시 1 + 부연 설명

_____ the entertainment industry. In movie theaters, the pricing of popcorn is tactical: a small box costs $3, a large one costs $7, and a medium one costs $6.50. The medium popcorn is not a good value. _____ the attractiveness of the large size. This pricing strategy tends to lead customers to purchase the large popcorn over the other sizes.

첫째, 교수는 여가 산업의 전형적인 사례를 설명한다. 영화관에서는, 팝콘 가격 책정이 전략적인데, 작은 상자 하나는 3달러, 큰 것 하나는 7달러, 그리고 중간 크기의 것은 6.50달러이다. 이 중간 크기의 팝콘은 좋은 가치를 지닌 것이 아니다. 하지만 이는 큰 사이즈가 지닌 매력을 돋보이게 하도록 가격이 책정된다. 이러한 가격 책정 전략은 나머지 사이즈들보다 큰 팝콘을 구입하도록 고객들을 유도하는 경향이 있다.

예시 2 + 부연 설명

_____ electronics. In the smartphone market, manufacturers often release a trio of models: basic, plus, and pro. The plus model is priced just below the pro and is less feature-rich, serving as a decoy. _____ _____ make the pro model look more attractive, shifting customer preference away from the basic model.

둘째, 교수는 전자기기 분야의 사례를 설명한다. 스마트폰 시장에서, 제조사들이 흔히 세 종류의 모델, 즉 베이직과 플러스, 그리고 프로를 출시한다. 플러스 모델은 프로보다 가격이 약간 더 낮게 책정되고 기능은 덜 풍부해, 미끼의 역할을 한다. 이러한 가격 책정 전략은 프로 모델을 더 매력적으로 보이게 만들어, 베이직 모델에서 시선이 멀어지도록 고객 선호도를 변화시키기 위한 것이다.

맺음말

_____ presented in the reading passage.

이러한 예시들을 통해, 교수가 미끼 효과의 개념에 대해서 설명한다.

SPEAKING

QUESTION 3

주제별 실전 문제

앞에서 학습한 노트테이킹 요령과 답변 말하기 단계를 적용하여 3번 문제에 등장하는 학문 주제별 실전형 문제에 답변해보자.

생물학

1 Reading Time: 45 seconds

∩ S 59

Communal Nutrition

Certain social insects live in organized groups where each member has a special job. Some have the job of finding and collecting food for everyone. This behavior, called communal nutrition, means they pick up different kinds of food and bring it to their home to share with all the others. They naturally vary the kind of food they collect to make sure it fits the different nutritional needs of the group at different times.

Using the example of termites, explain the concept of communal nutrition.

PREPARATION TIME
00:00:30

RESPONSE TIME
00:00:60

읽기 지문 노트

주제

_____

_____

∟ 개념

_____

_____

_____

강의 노트

예시 1

_____

∟ 부연 설명

_____

_____

예시 2

∟ 부연 설명

_____

_____

답변 말하기

주제

_____ communal nutrition, _____ social insect behavior in which certain individuals are responsible for collecting and distributing different types of food to meet the varied dietary requirements of their group. _____

_____

S 60

예시 1 + 부연 설명

_____ how forager termites selectively gather food that suits their colony's current dietary requirements. She explains that _____

_____ to fuel the construction and maintenance of their intricate nests. Consequently, when the colony primarily consists of adults, the foragers prioritize _____ .

예시 2 + 부연 설명

_____ the termite colony's _____

_____ to support the growth of termite nymphs. The nymphs _____, leading foragers to seek out protein-rich sources such as fungi or decaying organic material. _____

_____ the young termites get the protein they need to develop and become productive members of their society.

2 Reading Time: 45 seconds

🎧 S 61

Primacy Effect

The primacy effect is a phenomenon where our initial perceptions of people or situations greatly shape our opinions. Essentially, the first information we receive about something tends to influence us more strongly than any information we encounter later on. This happens because once we form an initial opinion, we're more likely to pay attention to details that confirm that opinion and ignore or overlook details that might challenge it.

Using the example from the professor's lecture, explain what is meant by "the primacy effect" and how it can affect our opinions.

PREPARATION TIME
00:00:30

RESPONSE TIME
00:00:60

읽기 지문 노트

강의 노트

주제

└, 개념

예시 1

└, 부연 설명

예시 2

└, 부연 설명

답변 말하기

주제

_____ the primacy effect, _____

our first impressions of people or circumstances significantly influence our judgments.

🎧 S 62

_____

예시 1 + 부연 설명

_____ in a laboratory where

an early suggestion he made significantly improved an experiment. This led his supervisor to

view him as an exceptional research assistant. Despite his later work being only competent,

_____ his supervisor's _____ of him.

예시 2 + 부연 설명

_____ a colleague

who made a mistake early on by losing some data. This mistake caused their boss to see her

as undependable. Even though she later did a great job, _____

_____. _____ first impressions can stay with people and affect

how we're seen later on.

맺음말

_____ the primacy effect

_____.

3 Reading Time: 50 seconds

∩ S 63

Market Cannibalization

Market cannibalization is a phenomenon where a company's introduction of a new product begins to negatively impact the sales of existing products. This typically occurs when the new and old products are similar, causing customers to gravitate towards the newer offering. It's a form of internal competition that can be both a challenge and a strategic opportunity for a business. While it may lead to reduced sales of an older product, it can also be a proactive approach to staying ahead of market trends and competitors. To manage this effectively, companies need to focus on differentiating their products and planning strategically. This careful balancing act is crucial for maintaining overall market strength and longevity.

Using points and examples from the lecture, explain the concept of market cannibalization.

PREPARATION TIME
00:00:30

RESPONSE TIME
00:00:60

읽기 지문 노트

주제

_____

_____

└ 개념

_____

_____

_____

강의 노트

예시 1

_____

└ 부연 설명

_____

_____

예시 2

_____

└ 부연 설명

_____

_____

답변 말하기

주제

_____ market cannibalization, _____

a company's new product starts to negatively affect the sales of its existing products.

🎧 S 64

_____

예시 1 + 부연 설명

_____ ElecTech, a leading electronics manufacturer. This company

_____, which impacted sales of their standard LED TVs. However,

ElecTech _____ the LED TVs in markets that did not require the latest features,

thus preserving sales. _____ ElecTech _____ its traditional customer

base while expanding into new segments.

예시 2 + 부연 설명

_____ FastFoods Inc. This company _____,

which began to _____. The company quickly

adopted a dual-brand strategy to address this. They promoted gourmet burgers in affluent

urban areas while reinforcing the presence of their classic burgers in their established

markets. _____ FastFoods Inc. cater to different consumer

preferences without losing market share.

맺음말

_____ market cannibalization

_____.

YBM TOEFL 80+
SPEAKING

QUESTION

4

Integrated Task (3)

대학 강의 듣고 말하기

문제 유형 미리보기

UNIT 01

iBT TOEFL Speaking 4번 문제는 90-120초 분량의 학술 주제와 관련된 강의를 듣고 교수가 언급한 핵심 내용과 예시를 활용해 문제에서 요구하는 주제를 설명하는 유형으로, 강의의 내용을 소주제와 부연 설명(또는 예시)으로 적절히 요약하여 말하면 된다.

시험화면 미리보기

Direction

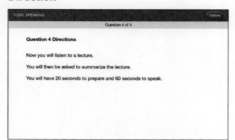

- 4번 문제에 대한 전반적인 설명

듣기

- 듣기 지시문 (음성으로만 제공)
- 강의 사진 제시
- 강의 음원 (듣기 시간 90 - 120초)

말하기

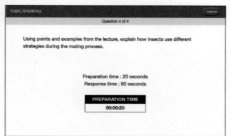

- 문제 제시
  (화면 상 텍스트와 음성 모두 제공)
- 답변 준비 20초
- 답변 말하기 60초

문제 미리보기

Using points from the lecture, describe two main disadvantages of business partnerships.

위 문제에서 요구하는 것처럼 4번 문제에서는 강의의 핵심 내용을 활용해 어떤 주제에 대해 설명하라고 요구한다.

문제풀이 전략

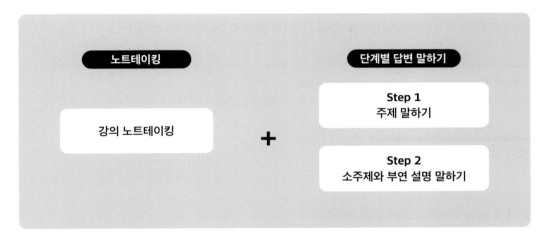

제시된 강의를 들으며 교수가 말하는 두 가지 핵심 내용, 즉 소주제를 노트테이킹해야 한다. 이후 노트테이킹한 내용을
바탕으로 강의의 주제와 두 가지 소주제 및 부연 설명의 흐름으로 요약하여 말해야 한다.

빈출 주제

동물 관련
- 건조 기후 극복
- 극지방에서의 체온 조절
- 포식을 피하는 방법
- 번식
- 새끼를 보호하는 방법
- 동면의 필요성

기타
- 대기 중의 탄소 제거 방법
- 산불
- 인간의 음식물 소화 방법

UNIT 02

답변 말하기 필수 패턴

4번 문제의 답변으로 자주 사용되는 아래 4가지 패턴과 예문을 함께 반복하여 숙지하면 실제 시험에서 막힘없이 답변을 말할 수 있다.

∩ S 65

강의의 주제를 말할 때 쓰는 패턴

1 교수는 (두 가지 예시를 제공함으로써) ~을 설명한다
The professor explains[illustrates] ~ (by giving two examples)

The professor explains how the carnivorous Venus flytrap and the Portuguese dewy pine capture their prey **by giving two examples**.
교수는 두 가지 예시를 제공함으로써 육식성 금성 파리지옥과 포르투갈 이슬송이가 먹이를 잡는 방법을 설명한다.

강의의 소주제를 말할 때 쓰는 패턴

2 첫째, 교수는 ~을 설명한다
First, the professor describes ~

First, the professor describes how the meteorite impacts caused the extinction of dinosaurs.
첫째, 교수는 운석 충돌이 어떻게 공룡의 멸종을 초래했는지 설명한다.

3 둘째[다음으로], 교수는 ~을 설명한다
Second[Next], the professor explains ~

Second, the professor explains the ecological role of a plant called toothwort.
둘째, 교수는 개종용이라 불리는 한 식물의 생태학적 역할에 대해 설명한다.

맺음말에 쓰는 패턴

1 요약하자면, 교수는 ~을 설명한다
In summary, the professor discusses ~

In summary, the professor discusses two reasons why authors use pen names.
요약하자면, 교수는 저자들이 필명을 사용하는 두 가지 이유를 설명한다.

EXERCISE

▶ 정답 및 해설 p.64

🎧 S 66

제시된 우리말의 파란색 글자 부분에 해당하는 빈칸을 채워 영어로 말해보시오.

1 교수는 초원 식물들이 어떻게 건조한 환경에 적응하는지 설명한다.

_____ how prairie plants adapt to dry environments.

2 먼저 교수는 도마뱀이 지하 이동을 통해 먹이를 잡는 방식을 설명한다. 운동, 이동 **locomotion**

_____ how lizards can capture prey through subsurface locomotion.

3 둘째, 교수는 동물이 단체 생활을 할 때 가시성이 증가하여 포식 위험이 높아진다고 설명한다.

_____ that animals living in groups increase their visibility, thereby heightening the risk of predation.

4 요약하자면, 교수는 광고가 환경에 부정적인 영향을 미칠 수 있는 두 가지 방식을 설명한다.

_____ two ways that advertising can negatively affect the environment.

5 교수는 1800년대 철로가 미국에 미친 영향을 두 가지 방식으로 설명한다. 영향을 미치다 **affect**

_____ the United States in the 1800s.

6 첫째, 교수는 일부 곤충들이 스스로를 박쥐로부터 보호하기 위해 화학적 방어 수단을 이용하는 방식을 설명한다. .

화학적 방어 수단 **chemical defense**

_____ to protect themselves from bats.

7 다음으로, 교수는 기업들이 환경 발자국을 줄이기 위해 지속 가능한 포장을 받아들이고 있다고 설명한다.

지속 가능한 **sustainable**

_____ to lessen their environmental footprint.

8 요약하자면, 교수는 곤충들이 짝짓기 기간에 활용하는 다양한 전략들을 논한다. (기술 등을) 쓰다, 이용하다 **employ**

_____ during mating.

SPEAKING

QUESTION 4

노트테이킹

UNIT 03

4번 문제에서는 듣기만 통합된 과제 수행이므로 강의 노트테이킹만 하면 된다. 교수의 강의를 들으며 두 개의 소주제와 그에 따른 부연 설명을 듣고 간략히 적는다.

강의 노트테이킹

❯ 작성 요령

1. 주제 적기
강의의 도입부에서 교수가 밝히는 주제를 노트테이킹한다.

2. 소주제와 부연 설명 적기
이후 이어지는 내용에서 언급되는 소주제 2가지와 각 소주제에 따르는 부연 설명을 간략히 노트테이킹한다.

노트 구성

- 주제
- 소주제 1
  └ 부연 설명
- 소주제 2
  └ 부연 설명

Sample

❯ 듣기 지시문 (음성으로만 제공)

🎧 S 67

Now listen to part of a lecture in a business class.
경영학 수업의 강의 일부를 들으시오.

❯ 강의

Business partnerships can offer benefits, such as shared responsibilities and combined expertise, but they also come with significant drawbacks. So, let's examine the potential pitfalls of business partnerships.
First, let's talk about liability. In a general partnership, each partner is potentially responsible for the business's financial obligations. If the business incurs debts or is sued, each partner's personal assets may be at risk to cover those debts. This concept is known as "joint and several liability," which can lead to partners paying out of pocket for business issues.

노트

주제
pitfalls of business partnerships

소주제 1
liability

└ 부연 설명
- responsible for financial obligation
- cover the risk of debt & law suit

Now, let's discuss transferability issues in partnerships. It's not uncommon for partners to eventually wish to leave or sell their share of the business. However, this is not as straightforward as selling stocks in a corporation. In a partnership, the transfer of ownership requires the consent of all remaining partners. Without a unanimous agreement, a partner's stake cannot be transferred, which could potentially lead to disputes or even the dissolution of the partnership.

소주제 2
- transferability

  └ 부연 설명
  - uncommon X: leave or sell share
  - ownership transfer ← consent of all remaining partners
  - w/o unanimous agreement → stake transfer X → dispute or dissolution of the ptship

사업 제휴 관계는 책임 분담과 전문 기술의 결합 같은 이점을 제공할 수 있지만, 상당한 결점도 뒤따릅니다. 따라서, 사업 제휴 관계의 잠재적 위험 요소를 살펴 보겠습니다.
우선, 책임에 관해 이야기해 보죠. 일반적인 제휴 관계에서는, 각 파트너가 잠재적으로 해당 사업체의 재정적 의무를 책임집니다. 그 사업체가 부채를 발생시키거나 소송을 당하는 경우, 각 파트너의 개인 자산이 그 부채를 충당할 위험에 처할 수 있습니다. 이러한 개념은 "연대 책임"이라고 알려져 있으며, 파트너들이 사업 관련 문제에 대해 자비로 비용을 부담하는 일로 이어질 수 있습니다.
자, 제휴 관계에서의 양도 가능성 문제를 이야기해 보겠습니다. 파트너들이 결과적으로 떠나기를 바라거나 해당 사업체의 지분을 매각하려는 것이 드물지는 않습니다. 하지만, 이는 기업에서 주식을 매각하는 일만큼 간단하지 않습니다. 제휴 관계에 있어, 소유권의 양도는 나머지 모든 파트너들의 동의를 필요로 합니다. 만장일치 동의 없이는, 한 파트너의 지분이 양도될 수 없으며, 이는 잠재적으로 분쟁 또는 심지어 제휴 관계의 붕괴로까지 이어질 수도 있습니다.

주제
사업 제휴 관계의 위험 요소

소주제 1
책임
└ 부연 설명
- 재정적 의무 책임
- 부채 & 소송 위험 감당

소주제 2
양도 가능성
└ 부연 설명
- 드물지 X: 떠나거나 지분 매각
- 소유권 양도 ← 나머지 모든 파트너의 동의
- 만장일치 동의 없이 → 지분 양도 X
  → 분쟁 또는 제휴 관계 붕괴

어휘 partnership 제휴 관계 shared 공동의 combined 결합된 expertise 전문 기술[지식] drawback 결점 potential 잠재적인 pitfall 위험, 함정 liability (법적) 책임 financial 재정의, 재무의 obligation 의무 incur (비용 등을) 발생시키다 debt 부채, 빚 sue 소송을 걸다, 고소하다 asset 자산 at risk 위험에 처한 cover 충당하다 joint and several liability 연대 책임 pay out of pocket 자비로 지불하다 transferability 양도 가능성 eventually 결과적으로, 결국 share 지분, 주식 straightforward 간단한 stock 주식 transfer 양도; 양도하다 consent 동의 remaining 나머지의 unanimous 만장일치의 stake 지분 dispute 분쟁 dissolution 붕괴, 해체

EXERCISE

제시된 강의에 대한 노트를 작성해 보시오.

1

∩ S 68

> Now listen to part of a lecture in a biology class.

강의 노트

주제

_____

소주제 1

chemical defense

└ 부연 설명

- toxic & bad tasting chem. → X desirable as food

- e.g. monarch butterfly: consume milkweed as caterphillar & remain toxic

  into adult 2 deter predators → associate /w unpleasant taste → avoid eating

소주제 2

_____

└ 부연 설명

_____

_____

_____

_____

2

Now listen to part of a lecture in an urban planning class.

강의 노트

주제

_____

소주제 1

provide green space

∟ 부연 설명

- link landmark & open space → create opportunities 4 active & relaxing activities

- transform old transport infra. → path 4 exercise & leisure → revitalize unused land

  e.g. High Line in New York: nature & art → beautiful view of the city

소주제 2

_____

∟ 부연 설명

_____

_____

_____

_____

UNIT 04 단계별 답변 말하기

강의를 노트테이킹한 내용을 토대로 아래 제시된 단계에 맞추어 주어진 문제에 대한 답변을 60초 안에 말한다.

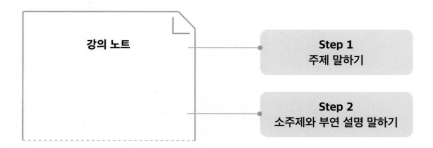

강의 노트	Step 1 주제 말하기
	Step 2 소주제와 부연 설명 말하기

Step 1. 주제 말하기

강의 노트 내용을 기반으로 강의 전체의 주제를 말한다.

Sample

▶ **문제** (텍스트와 음성으로 모두 제공)   ⋂ S 71

Using points from the lecture, describe two main disadvantages of business partnerships.

강의에 제시된 요점을 활용해, 사업 제휴 관계의 두 가지 주요 단점을 설명하시오.

▶ **강의 노트**   **답변 말하기**

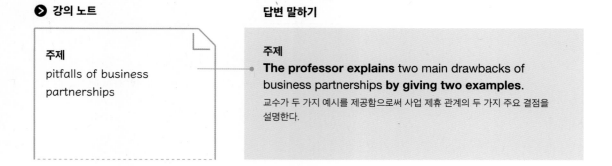

주제
pitfalls of business
partnerships

주제
The professor explains two main drawbacks of business partnerships **by giving two examples**.

교수가 두 가지 예시를 제공함으로써 사업 제휴 관계의 두 가지 주요 결점을 설명한다.

Step 2. 소주제와 부연 설명 말하기

강의 노트 내용을 기반으로 주제를 더 구체적으로 나눈 소주제와 이를 보다 상세히 설명하거나 강조하는 부연 설명을 말한다. 이때 First/Second, the professor describes ~와 같은 패턴을 활용하면 각 예시를 명확하게 드러내어 말할 수 있다. .

Sample

▶ 강의 노트

소주제 1
liability
└ 부연 설명
 - responsible for financial obligation
 - cover the risk of debt & law suit

소주제 2
transferability
└ 부연 설명
 - uncommon X: leave or sell share
 - ownership transfer ← consent of all remaining partners
 - w/o unanimous agreement → stake transfer X → dispute or dissolution of the ptship

Tips

소제목과 부연 설명을 모두 말한 후에도 시간이 4-5초 남을 경우에 한하여, 화자의 입장을 조금 변형하여 맺음말로 말하면 답변의 완성도를 높일 수 있다.

답변 말하기

소주제 1 + 부연 설명

First, the professor describes how in a general partnership, every partner may be held accountable for the business's debts and legal obligations, a concept known as joint and several liability. Partners' personal assets could be at risk to settle business debts or lawsuits. This liability can result in partners personally covering business expenses.

첫 번째로, 교수가 일반적인 제휴 관계에 있어, 모든 파트너가 어떻게 해당 사업체의 부채 및 연대 책임이라고 알려진 개념인 법적 의무에 대해 책임을 질 수 있는지 설명한다. 파트너들의 개인 자산이 사업 부채 또는 소송 비용을 지불할 위험에 처할 수 있다. 이러한 책임은 파트너들이 개인적으로 사업 비용을 충당하는 결과를 낳을 수 있다.

소주제 2 + 부연 설명

Second, the professor explains that in partnerships, partners looking to exit or sell their interest face challenges, as it isn't as simple as selling corporate stock. The process requires the unanimous consent of all remaining partners for ownership transfer. Without such an agreement, transfer efforts can lead to conflicts or potentially result in the dissolution of the partnership.

두 번째로, 교수가 제휴 관계에 있어 사업체를 떠나거나 지분을 매각하려는 파트너들은 어려움에 직면하게 되는데, 그것이 기업 주식 매각만큼 간단하지 않기 때문이라고 설명한다. 그 과정은 소유권 양도에 대한 나머지 모든 파트너들의 만장일치 동의를 필요로 한다. 그러한 동의 없이는, 양도 노력이 갈등으로 이어지거나 잠재적으로 제휴 관계의 붕괴라는 결과를 낳을 수 있다.

맺음말

In summary, the professor discusses two primary disadvantages of business partnerships.

요약하자면, 교수가 사업 제휴 관계의 두 가지 주요 단점을 이야기한다.

EXERCISE

제시된 강의에 대한 노트를 작성한 후, 문제에서 요구하는 답변을 완성하여 말해보시오.

1

∩ S 72

Now listen to part of a lecture in a biology class.

Using points and examples from the lecture, explain the adaptations that the verdin and Namaqua sandgrouse have developed to maintain their body temperature in desert environments.

강의 노트

주제	
소주제 1	소주제 2
└ 부연 설명	└ 부연 설명

답변 말하기

주제

∩ S 73

to regulate their body temperature in harsh desert climates _____.

교수가 두 가지 예시를 제공함으로써 사막 조류가 가혹한 사막 기후 속에서 체온을 조절하기 위해 발달시킨 독특한 적응 방식을 설명한다.

소주제 1 + 부연 설명

by orienting it to face the wind, thus lowering the internal temperature. This intelligent nest placement, along with its activity patterns during cooler times, helps it avoid extreme heat. These behaviors are crucial for keeping the body temperature of both the verdin and its offspring stable in the desert heat.

첫 번째로, 교수는 사막의 작은 새인 오목눈이가 어떻게 자신의 둥지를 바람 쪽으로 향하도록 맞추어 자연적으로 둥지를 식히고 내부 온도를 낮추는 지를 설명한다. 이 지능적인 둥지 배치는, 더 시원한 시간대의 활동 패턴과 함께, 극도의 더위를 피하도록 도움을 준다. 이러한 행동들은 오목눈이 자신과 새끼 둘 모두의 체온을 사막의 더위 속에서 안정적으로 유지하는 데 아주 중요하다.

소주제 2 + 부연 설명

its feathers are adapted to absorb and retain water. The bird uses this unique feature to carry water back to its nest, which is essential for the survival of its chicks in the arid desert environment. This adaptation provides a critical source of hydration, making water available to its young in a habitat where it is extremely scarce.

다음으로, 교수는 나마쿠아 사막꿩이 특수한 신체적 특징을 지니고 있다고 설명하는데, 그것은 바로 깃털이 물을 흡수해 물기를 유지하도록 적응되어 있다는 점이다. 이 새는 이 독특한 특징을 이용해 물을 둥지로 옮기며, 이는 매우 건조한 사막 환경 속에서 새끼들의 생존에 필수적이다. 이러한 적응 방식은 아주 중요한 수분 공급원을 제공해, 물이 대단히 부족한 서식지에서 그들의 새끼들이 물을 이용할 수 있게 만들어 준다.

맺음말

to regulate their body temperature and thrive in harsh desert climates.

요약하자면, 교수가 어떻게 사막 조류가 가혹한 사막 기후 속에서 체온을 조절하고 번성하기 위해 독특한 적응 방식을 발달시켰는지 설명한다.

Now listen to part of a lecture in an archaeology class.

Using the example of GIS and LiDAR, explain two types of archaeological mapping.

강의 노트

주제

소주제 1	소주제 2

└ 부연 설명	└ 부연 설명

답변 말하기

주제

∩ S 75

_____

교수가 고고학적 지도 제작의 두 가지 유형을 설명한다.

소주제 1 + 부연 설명

_____ by offering

advanced tools for the precise mapping, analysis, and storage of spatial data related to

archaeological sites. Archaeologists can now _____ and

features at a site with unprecedented accuracy. Additionally, GIS aids in site reconstruction,

enabling the visualization of ancient communities through the spatial distribution of discovered

artifacts.

첫 번째로, 교수는 어떻게 GIS 기술이 고고학 발굴 장소와 관련된 공간 데이터에 대한 정확한 지도 제작과 분석, 그리고 저장을
위해 진보한 수단을 제공함으로써 고고학에 대변혁을 일으켰는지 설명한다. 고고학자들은 현재 전례 없는 정확성으로 한 장소에
있는 인공 유물과 특징 사이의 공간적 관계를 살펴 볼 수 있다. 게다가, GIS는 장소 재현에도 도움을 주어, 발견된 인공 유물의
공간적 분포를 통해 고대 사회의 시각화를 가능하게 해 준다.

소주제 2 + 부연 설명

_____ to measure and collect

detailed topographical data from the Earth's surface, which has proved invaluable to

archaeologists. It is especially useful in areas that _____

_____, where it can reveal previously hidden structures like buildings, roads, and

even entire settlements. Consequently, LiDAR enables a deeper comprehension of ancient

terrains and the societies that once thrived in them.

다음으로, 교수는 LiDAR 기술이 레이저를 활용해 지표면에서 얻은 상세 지형 데이터를 측정하고 수집하며 이는 고고학자들에게
매우 유용한 것으로 드러났다고 설명한다. 이는 특히 초목이 지나치게 무성하거나 그 외 접근하기 어려운 곳에서 유용한데, 건물과
도로, 심지어 전체 정착지 같이 이전에는 감춰져 있던 구조물을 드러낼 수 있다. 그 결과, LiDAR는 고대 지형 및 한때 그곳에서
번성했던 사회에 대한 더 깊이 있는 이해를 가능하게 해 준다.

맺음말

_____

요약하자면, 교수가 두 가지 유형의 고고학적 지도 제작 기술을 이야기한다.

주제별 실전 문제

UNIT 05

앞에서 학습한 노트테이킹 요령과 답변 말하기 단계를 적용하여 4번 문제에 등장하는 학문 주제별 실전형 문제에 답변해보자.

생물학

1

∩ S 76

Using points and examples from the lecture, explain how hippos and giraffes have adapted to protect their skin from the harmful rays of the sun.

PREPARATION TIME
00:00:20

RESPONSE TIME
00:00:60

강의 노트

주제	
_____	
소주제 1	**소주제 2**
_____	_____
_____	_____
ㄴ 부연 설명	ㄴ 부연 설명
_____	_____
_____	_____
_____	_____

답변 말하기

주제

The professor illustrates _____
_____ by giving two examples.

S 77

소주제 1 + 부연 설명

First, the professor describes _____
_____ that serves multiple functions,
including _____.
This secretion is essential for animals _____
_____. It's a vital adaptation for thriving in their hot, UV-intense habitat.

소주제 2 + 부연 설명

Next, the professor explains _____
_____
_____ that allows sunlight to reach their skin, _____
_____. This melanin is crucial for giraffes,
as their great height exposes them to more UV radiation compared to other species. Thus,
_____.

맺음말

In summary, _____
_____.

Using points from the lecture, explain the two main reasons businesses might change their product packaging.

PREPARATION TIME
00:00:20

RESPONSE TIME
00:00:60

강의 노트

주제	
_____	
소주제 1	**소주제 2**
_____	_____
_____	_____
└ 부연 설명	└ 부연 설명
_____	_____
_____	_____
_____	_____
_____	_____

답변 말하기

주제

The professor illustrates _____

_____ .

⌒ S 79

소주제 1 + 부연 설명

First, the professor describes _____

_____ . In a competitive marketplace,

_____ . Keeping the

design current with trends is essential for maintaining a product's relevance and appeal.

소주제 2 + 부연 설명

Next, the professor explains _____ to lessen

their environmental footprint, _____

_____ . These efforts aim to decrease waste and material use without sacrificing

product safety. Such _____

_____ .

맺음말

In summary, the professor discusses _____

_____ .

🎧 S 80

Using points and examples mentioned by the professor, describe two ways roads can affect the environment.

PREPARATION TIME
00:00:20

RESPONSE TIME
00:00:60

강의 노트

SPEAKING

QUESTION 4

주제
_____

소주제 1	소주제 2
_____ _____ └ 부연 설명 _____ _____ _____ _____	_____ _____ └ 부연 설명 _____ _____ _____ _____

답변 말하기

주제
The professor illustrates _____ by giving two examples.

🎧 S 81

소주제 1 + 부연 설명
First, the professor describes _____
_____. This can upset ecological balances, _____
_____. _____. The professor gives the spread of the invasive Scotch broom in the Pacific Northwest as an example of this, which was facilitated by vehicle movement. _____
_____

소주제 2 + 부연 설명
Next, the professor explains _____
_____. _____
_____. For example, the pronghorn antelope in the plains of North America, which needs large areas to find food, has been greatly affected. _____
_____

맺음말
In summary, the professor discusses _____.

ACTUAL
TESTS

ACTUAL TEST 1

S 82_문제   S 83_답변

Do you agree or disagree with the following statement? Why or why not? Use details and examples to explain your answer.

When you apply for a position at a company, you should include your photo with your résumé.

PREPARATION TIME
00:00:15

RESPONSE TIME
00:00:45

S 84_문제   S 85_답변

Reading Time: 45 seconds

Introduction of Library Guide Services

Starting from next month, our school will introduce library guide services for students. These guides are designed to assist students in navigating the extensive resources available in the library. By providing step-by-step instructions, tips for effective research, and guidance on utilizing library databases, these guides aim to enhance students' research skills and academic success. Accessible both online and in print, the library guides offer a convenient and comprehensive resource for students seeking to maximize their use of the library's resources.

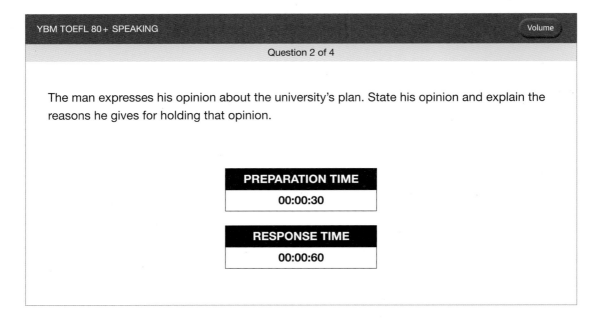

The man expresses his opinion about the university's plan. State his opinion and explain the reasons he gives for holding that opinion.

PREPARATION TIME
00:00:30

RESPONSE TIME
00:00:60

YBM TOEFL 80+ SPEAKING   Volume

Reading Time: 45 seconds

Social Buzzing

Social buzzing, not to be confused with social media trends, refers to the intricate patterns of communication and interaction seen in the animal kingdom, particularly among social insects like bees and ants. This complex behavior is crucial for the survival, organization, and efficiency of their societies. Understanding these patterns not only sheds light on the marvels of nature but also offers insights into the evolutionary significance of social cooperation.

YBM TOEFL 80+ SPEAKING   Volume

YBM TOEFL 80+ SPEAKING   Volume

Using the examples of honeybees and ants, explain the concept of social buzzing.

PREPARATION TIME
00:00:30

RESPONSE TIME
00:00:60

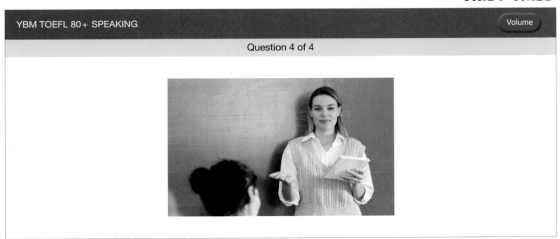

YBM TOEFL 80+ SPEAKING   Volume

Question 4 of 4

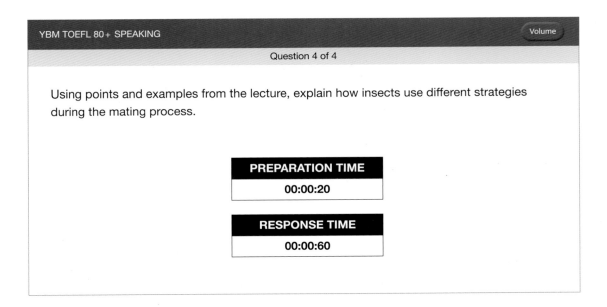

YBM TOEFL 80+ SPEAKING   Volume

Question 4 of 4

Using points and examples from the lecture, explain how insects use different strategies during the mating process.

PREPARATION TIME
00:00:20

RESPONSE TIME
00:00:60

SPEAKING

ACTUAL TESTS

ACTUAL TEST 2

S 90_문제   S 91_답변

YBM TOEFL 80+ SPEAKING   Volume

Some parents prefer to guide their children towards financially stable careers, while others encourage their kids to follow their interests and passions. Which do you think is better for the children's future? Explain why.

PREPARATION TIME
00:00:15

RESPONSE TIME
00:00:45

S 92_문제   S 93_답변

YBM TOEFL 80+ SPEAKING   Volume

Reading Time: 50 seconds

Dear University Administrators,

With the growing interest in studying abroad, students are finding it increasingly challenging to access information about funding opportunities. I think the university should provide students with information about funding opportunities for studying abroad. It is crucial that students have access to comprehensive details regarding scholarships, grants, and financial aid options available for overseas study programs. By offering such information, the university would empower students to pursue their academic and personal goals abroad without financial barriers. Therefore, I urge the university to prioritize the dissemination of information related to overseas study funding to ensure that all students have equal access to these valuable opportunities.

Sincerely,
Alex Johnson

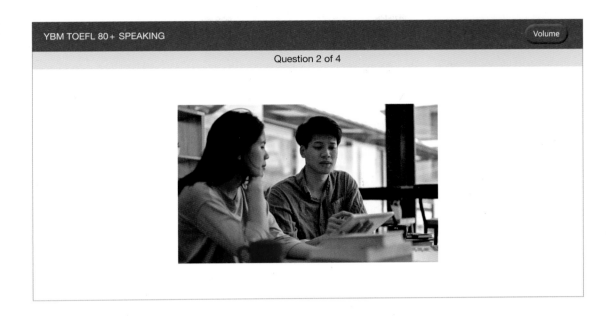

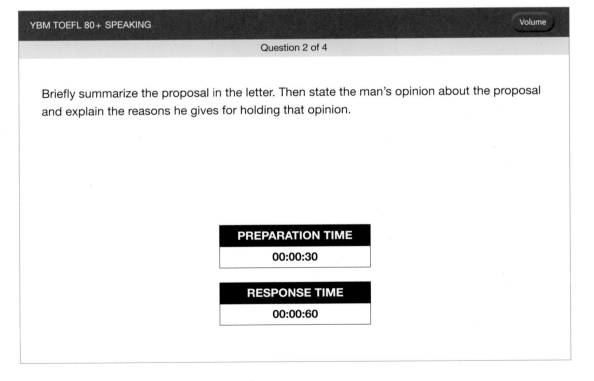

S 94_문제   S 95_답변

Reading Time: 50 seconds

Signaling

Customers are often willing to pay higher prices for high-quality products; however, without specialized knowledge, it can be difficult to evaluate whether certain items are high quality. When customers are unsure whether an item is high quality and worth the price, they are less likely to purchase it. This problem can be resolved through signaling. The seller of a product finds a way to signal, or demonstrate, to the buyer that the product is high quality. One common signaling strategy is to have a person or company that is not involved in the sale provide an objective, unbiased judgment about the quality of the product.

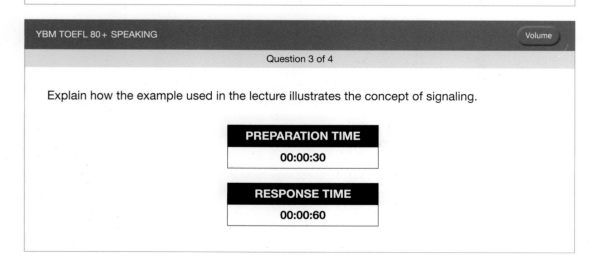

Explain how the example used in the lecture illustrates the concept of signaling.

PREPARATION TIME
00:00:30

RESPONSE TIME
00:00:60

Using points and examples from the talk, explain how two forms of theater are changing audience engagement during live performances.

PREPARATION TIME
00:00:20

RESPONSE TIME
00:00:60

SPEAKING

ACTUAL TESTS

YBM TOEFL 80⁺

WRITING

TOEFL iBT Writing   소개 및 전략

TOEFL iBT Writing 시험은 수험자에게 학문적 지문을 읽고 듣고 핵심 내용을 요약하는 능력과 주어진 논제에 대한 자신의 생각을 논리적으로 전개하는 능력이 있는가를 평가한다. 총 35분의 시간이 주어지며 토플 시험의 가장 마지막 섹션으로 Writing 시험 답안 작성이 끝나면 토플 시험이 종료된다.

구성

유형	문항 번호	개요	시험 시간
통합형	Question 1	동일한 소재에 대해 서로 입장이 상이한 읽기 지문과 강의를 들은 후, 읽기 지문의 단락별 중심 내용에 대해서 반박을 하며 그것에 대한 2가지 근거를 제시하는 강의의 내용을 요약하는 유형이다.	읽기 시간: 3분 듣기 시간: 2분~2분 30초 쓰기 시간: 20분
토론형	Question 2	교수가 제시하는 문제에 대한 학생들 간의 토론 내용을 읽고 자신의 찬성/반대 의견과 주어진 상황에 대한 해결책을 제시하는 내용을 작성하는 유형이다.	쓰기 시간: 10분
총			35분

시험화면 미리보기

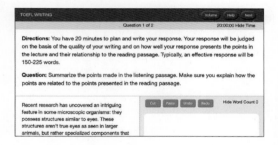

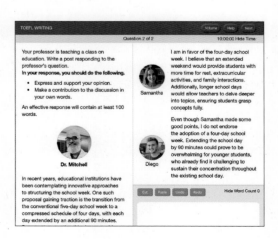

답안 작성 화면

라이팅 시험의 두 가지 쓰기 과제 모두 답안 작성 공간에 답안을 타이핑하여 입력할 수 있고, 입력한 텍스트를 편집할 수 있는 cut, paste, redo, undo 버튼이 있다. 또한, 수험자가 입력한 단어 수가 카운트되어 문제에서 요구하는 단어 수만큼 작성했는지 알 수 있다. 답안 작성 중에도 화면에 읽기 지문이나 토론 내용이 함께 보여지므로 내용을 참조하며 작성할 수 있다.

전략

통합형
(Integrated Writing Task)

통합형은 읽기나 듣기 능력까지 함께 요구하므로 보다 시간을 들여 종합적인 학습을 해야 한다. 아래와 같은 학습 방법을 권한다.

듣기 연습하기
강의를 듣고 요약하는 과정이 포함되는 유형이므로 꾸준히 많은 강의 콘텐츠를 들으며 중심 내용은 물론 단락별로 요약하는 연습이 필요하다.

빈출 주제 학습하기
어려운 학문적 소재를 다루는 강의가 포함되지만 유사 주제들이 반복적으로 자주 등장하므로 이들을 위주로 기본적인 지식과 어휘를 미리 학습해두면 읽기는 물론 듣기에도 큰 도움이 된다. 생물학은 동식물의 생존법, 멸종 원인, 외래종 퇴치법 등, 예술은 진품/가품 여부, 건축은 건축물의 자재, 유실 등, 역사는 문명/민족의 멸망 원인 등, 환경·지구과학은 대체 에너지, 지구온난화 해법 등이 자주 등장한다.

답안 작성 시 시간 배정 훈련하기
실제 시험에서는 약 5분간 아웃라인 작성, 13분간 150-220단어 분량으로 답안 작성, 마지막 2분간 어휘, 문법 확인 및 수정하는 방식으로 시간을 잘 배정해야 한다. 시험 전 실전 모의고사를 통해 시간 배정도 훈련하도록 한다.

토론형
(Writing for an Academic Discussion Task)

이 유형은 개정 이전 시험의 독립형을 변형한 유형이다. 따라서 기존에 출제됐던 독립형에서 출제되었던 주제들 중 찬반 논의 여지가 있는 주제를 기반으로 아이디어를 구상해 보면 큰 도움이 되며, 평소 아래와 같이 학습한다.

토론형 글 읽어두기
많은 학습자들이 긴 분량의 글을 읽거나 작성해 본 경험이 많지 않다. 답안 작성 시 문제에 제시된 학생들의 의견은 참고하되 유사도가 높지 않게 써야 하므로, 평소에 토론형 글을 자주 읽고 어휘, 문장 구상력, 내용 전개 방식 등을 익혀 어떤 주제에 대해서도 자기 의견을 작성할 수 있어야 한다.

답안 작성 시 시간 배정 훈련하기
실제 시험에서는 약 2분간 교수가 제시하는 문제와 학생들의 토론 속독, 7분간 100-120단어 분량으로 답안 작성, 마지막 1분간 어휘, 문법 확인 및 수정하는 방식으로 시간을 잘 배정해야 한다.

TOEFL iBT Writing 채점 기준표

각 문항에 대한 수험자의 답안을 0~5등급으로 채점하고, 2문항의 등급 점수 총합을 환산 점수 0~30으로 변환하여 최종 점수를 주는 방식이다.

통합형(Integrated Writing Task)

등급	평가 기준
5	강의에서 중요한 정보를 잘 선정하고 이를 읽기 지문의 관련 정보와 일관되고 정확하게 제시한다. 답안은 잘 구성되어 있으며, 가끔 언어적 오류가 발생하나 내용이나 연결 면에서는 부정확성을 초래하지 않는다.
4	전반적으로 강의의 중요한 정보를 잘 선택하고 이를 읽기 지문의 관련 정보와 연결시켜 일관되고 정확하게 잘 나타내지만, 일부 강의 내용이 누락되거나, 부정확하거나 모호하게 표현되기도 한다. 답안에서 사소한 어법상의 오류가 눈에 띄고 표현의 명확성과 개념의 연결에서 가끔 실수가 있는 정도이다.
3	강의의 일부 중요한 정보를 포함하고, 읽기 지문과 어느 정도 관련 있는 내용을 전달하지만 다음 중 하나 이상의 특징을 보인다. • 전체적으로 문제에서 요구하는 과제를 벗어나지 않지만, 강의의 요점과 읽기 지문의 요점 사이의 연결이 모호하거나 포괄적이게 또는 애매하거나 다소 부정확하게 전달된다. • 강의의 중요한 핵심 내용 중 하나가 빠질 수 있다. • 강의나 읽기 지문의 일부 핵심 내용 또는 그 둘 사이의 연결이 불완전하거나 부정확할 수 있다. • 어법이나 문법상의 오류가 잦거나 이로 인해 개념 및 연결 관계를 전달할 때 눈에 띄게 모호한 표현이나 분명하지 않은 의미가 사용될 수 있다.
2	강의의 일부 관련 정보를 포함하고 있지만, 상당한 언어적 어려움이나 강의와 읽기 지문의 연결에 있어서 중요 정보의 누락 및 개념의 부정확성이 보인다. 다음 중 하나 이상의 특징을 보인다. • 강의와 읽기 지문 간의 전반적인 연결이 상당히 잘못되어 있거나 완전히 누락되어 있다. • 강의의 중요 포인트를 상당 부분 누락하거나 잘못 표현한다. • 핵심 개념의 이해를 방해하거나 그 의미를 일부 모호하게 하는 언어적 오류나 표현이 포함되어 있다.
1	다음 중 하나 이상의 특징이 있다. • 강의에서 의미 있는 내용이나 관련성 있는 내용을 거의 또는 전혀 제공하지 않는다. • 언어 수준이 의미를 파악하기 어려울 정도로 낮다.
0	읽기 지문의 문장을 그대로 베끼거나, 주제를 무시하거나 주제와 관련이 없는 내용이다. 또는 외국어로 작성되었거나, 의미 없는 기호나 문자로만 구성되었거나, 공란인 경우이다.

토론형 (Writing for an Academic Discussion Task)

등급	평가 기준
5	**아주 잘 쓴 답안:** 온라인 토론과 관련이 있고, 토론에 대한 기여가 매우 명확하게 보인다. 언어 사용의 능숙함이 일관되게 보이며, 다음과 같은 특징이 있다. • 관련성 있고 잘 풀어낸 설명, 예시, 세부사항 • 다양한 문장 구조의 효과적인 사용 및 정확하고 관용적인 단어 선택 • 어휘나 문법 오류가 거의 없다. (흔한 철자 실수나 오탈자 또는 'there/their'와 같은 실수는 제외)
4	**대체로 잘 쓴 답안:** 온라인 토론에 대해 적절한 기여를 하며, 언어 사용의 능숙함으로 답안 작성자의 의견이 쉽게 이해된다. 다음과 같은 특징이 있다. • 관련성 있고 잘 풀어낸 설명, 예시, 세부사항 • 다양한 문장 구조와 적절한 단어 선택 • 어휘나 문법 오류가 적다.
3	**일부만 잘 쓴 답안:** 대체적으로 온라인 토론에 대해 적절하고 이해할 수 있는 수준으로 기여하며, 언어 사용의 능숙함이 다소 보인다. 다음과 같은 특징이 있다. • 일부 누락되거나, 불분명하거나, 관련성 없는 설명, 예시, 세부사항 • 일부 다양한 문장 구조와 어휘 사용 범위 • 문장 구조, 단어 형태, 또는 관용적인 언어 사용에서 일부 어휘 및 문법 오류가 눈에 띈다.
2	**대체로 잘 쓰지 못한 답안:** 온라인 토론에 대해 기여하려는 시도는 보이나, 언어 사용의 제한으로 답안 작성자의 의견을 이해하기 어렵다. 다음과 같은 특징이 있다. • 일부 부족하게 기술되거나 관련성 없는 의견 • 제한된 범위의 문장 구조와 어휘 사용 • 문장 구조, 단어 형태, 언어 사용에서 상당한 오류가 있다.
1	**대체로 잘 쓰지 못한 답안:** 온라인 토론에 대해 기여하려는 시도는 보이나, 언어 사용의 제한으로 의견의 표현을 방해한다. 다음과 같은 특징이 있다. • 과제를 수행하려는 시도에도 거의 또는 전혀 일관성 있는 의견을 제시하지 못하는 단어 및 구절 • 심각하게 제한적인 범위의 문장 구조와 어휘 사용 • 문장 구조, 단어 형태, 언어 사용에서 심각하고 빈번한 오류가 있다.
0	공란이거나, 주제를 무시하거나, 영어로 작성되지 않은 경우, 또는 문제를 그대로 베꼈거나, 문제와 전혀 관련이 없거나, 무작위로 입력한 기호나 문자로 구성되어 있는 경우이다.

YBM TOEFL 80+
WRITING

QUESTION

1

Integrated Writing Task

통합형 쓰기

문제 유형 미리보기

iBT TOEFL Writing 1번 문제는 개인의 생각을 논리적으로 전달하는 능력을 평가하는 문제로, 문제에서 제시하는 상호 대조되는 두 가지 선택사항 중 한 가지를 선택하여 말하거나 주어진 논제에 대해 찬성 혹은 반대의 입장을 밝힌 후 그 이유를 설명하는 유형이다.

시험화면 미리보기

Direction

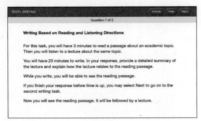

• 1번 문제에 대한 전반적인 설명

읽기

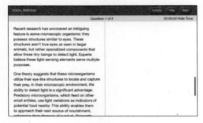

• 읽기 지문 제시 (읽기 시간 3분 / 약 250단어)

듣기

• 듣기에 대한 direction (음성으로만 제공)
• 강의 사진 및 관련 사진 제시
• 강의 음원 (듣기 시간 약 2분)

쓰기

• 화면 상단: 문제 제시
• 좌측 화면: 읽기 지문 제시
• 우측 화면: 답안 작성 공란
• 답안 작성 시간: 20분
• 유효한 답안 길이: 150~225단어

문제 미리보기

위 문제에서 요구하는 것처럼 1번 문제에서는 읽기 지문에서 나온 특정 사항들에 대해 강의에서는 어떻게 논하고 있는지 요약 설명해야 한다.

문제풀이 전략

노트테이킹	단계별 답안 쓰기
읽기 지문 노트테이킹	**Step 1** 서론 쓰기
강의 노트테이킹	**Step 2** 본론 1~3 쓰기

지문과 강의 각각의 핵심 내용이 적절히 반영된 요약문을 답안으로 작성하는 것이 이 문제의 요구사항이므로, 읽고 듣는 동안 내용을 노트테이킹하여 핵심 내용을 놓치지 말아야 한다. 답안으로 요약문을 작성할 땐 지문과 강의의 전체 주제를 담은 서론을 먼저 작성하고, 지문의 단락별 중심 내용과 이에 대응하는 강의의 내용을 1:1 매칭하여 본론 1, 2, 3으로 작성한다.

빈출 주제

다음과 같이 논란, 찬반 의견 등 반박 의견이 나올 수 있는 학술적인 주제가 주로 다루어진다.

- 생물학 (특정 동물 기원, 이동, 동물의 특정 신체 부위의 기능 등)
- 고고학 (고대 문명 멸망과 번영, 농경 vs. 수렵/채집, 인구 감소, 고대 유물 등)
- 환경 (화학 비료, 자동차, 이상기후, 온난화, 멸종 위기, 생물 보호, 곤충 피해 등)
- 과학 (우주 행성, 에너지 효율, 특정 현상의 원인 등)
- 사회 (민영화 vs. 국유화, 지역 개발 찬반, 특정 제도의 유해 여부 등)
- 역사학 (특정 사건의 진위 여부 등)

패러프레이징 훈련

UNIT 02

iBT TOEFL Writing 1번 문제에서 요약문을 효과적으로 작성하기 위해서는 읽기 지문과 강의에서 나온 문장을 패러프레이징하여 나의 문장으로 만드는 능력이 중요하다. 아래 5가지 패러프레이징 유형을 알아보고 충분히 훈련하자.

유형 1. 키워드를 유의어로 바꿔 쓰기

문장 속에 포함된 2단어 이상의 키워드를 의미가 유사한 단어들로 바꿔준다.

> <u>Substantial</u> <u>decreases</u> in human populations may have <u>contributed</u> <u>to</u> the cooling of the climate.
> 인구의 대폭 감소가 기후 냉각에 기여했을 수 있다

⇨ **<u>Significant</u> <u>declines</u>** in human populations might have **<u>played</u> <u>a</u> <u>role</u> <u>in</u>** the cooling of the climate.
인구의 큰 감소가 기후 냉각에 역할을 했을 수 있다.

유형 2. 어형 바꿔 쓰기

문장의 전체 의미는 유지하되 일부 단어들의 형태를 바꿔준다.

> The <u>construction</u> <u>of</u> <u>skyscrapers</u> in urban areas has <u>transformed</u> <u>city</u> <u>landscapes</u>.
> 도시 지역의 고층 빌딩 건설은 도시 경관을 변형시켰다.

⇨ <u>Constructing</u> <u>skyscrapers</u> in urban areas has led to <u>the</u> <u>transformation</u> <u>of</u> <u>city</u> <u>landscapes</u>.
도시 지역에 고층 빌딩을 건설한 것이 도시 경관의 변형을 초래했다.

유형 3. 이중 부정을 긍정으로 바꿔 쓰기

이중 부정의 형태로 쓰여 있는 문장은 동일한 의미를 유지하는 긍정의 형태로 바꿔준다.

> It is <u>not</u> <u>uncommon</u> to observe a symbiotic relationship between certain species of flora and fauna in tropical rainforest ecosystems.
> 열대 우림 생태계에서 특정 식물과 동물 종 사이의 공생 관계를 관찰하게 되는 것은 드문 일이 아니다.

⇨ Observing a symbiotic relationship among various species of plants and animals is quite <u>common</u> in the ecosystems of tropical rainforests.
열대 우림 생태계에서 다양한 식물과 동물 종 사이의 공생 관계를 관찰하는 것은 매우 흔한 일이다.

유형 4. 동사의 태 바꿔 쓰기

동일한 의미를 유지하면서 수동은 능동으로, 능동은 수동으로 동사의 태만 바꿔준다.

> While many oil spills have extremely detrimental effects on the natural environment, the severity of the consequences <u>can</u> <u>be</u> <u>influenced</u> <u>by</u> several factors.
> 많은 기름 유출 건이 자연 환경에 극도로 해로운 영향을 미치지만, 그 결과의 심각성은 여러 요인<u>에</u> <u>의해</u> <u>영향을</u> <u>받을</u> <u>수</u> <u>있다</u>.

⇨ Many oil spills inflict severe damage on the natural environment, but several factors <u>can</u> <u>affect</u> the severity of the consequences.
   많은 기름 유출 건은 자연 환경에 심각한 피해를 입히지만, 여러 요인이 결과의 심각성에 <u>영향을</u> <u>미칠</u> <u>수</u> <u>있다</u>.

유형 5. 구/절 바꿔 쓰기

수식어구나 수식절이 있는 문장의 경우, 전체 의미는 유지하되 구는 절로, 절은 구로 바꿔준다.

> <u>When</u> <u>elderly</u> <u>elephants</u> <u>reach</u> <u>old</u> <u>age</u>, they separate from their herds to seek out softer vegetation.
> <u>늙은</u> <u>코끼리들은</u> <u>나이가</u> <u>들면</u> 더 부드러운 초목을 찾기 위해 무리에서 분리된다.

⇨ <u>Due</u> <u>to</u> <u>their</u> <u>age</u>, elephants depart from their herds to seek softer vegetation.
   코끼리는 <u>나이</u> <u>때문에</u> 더 부드러운 초목을 찾기 위해 무리를 떠난다.

유형 6. not ~ until ... 구문 바꿔 쓰기

'…해야 비로소 ~한다'라는 의미의 not ~ until … 구문의 형태를 It was not until … that ~으로 바꿔준다.

> Significant changes did <u>not</u> begin to occur in agricultural productivity <u>until</u> the nineteenth century.
> 19세기<u>까지는</u> 농업 생산성에 큰 변화가 일어나지 <u>않았다</u>. (19세기가 되어서야 농업 생산성에 큰 변화가 일어났다.)

⇨ <u>It</u> <u>was</u> <u>not</u> <u>until</u> the nineteenth century <u>that</u> substantial changes started to occur in agricultural productivity.
   농업 생산성에 상당한 변화가 일어나기 시작한 <u>것은</u> 19세기<u>까지는</u> <u>아니었다</u>. (19세기가 되어서야 비로소 농업 생산성에 상당한 변화가 일어나기 시작했다.)

EXERCISE

주어진 문장의 밑줄 친 부분을 제시된 유형에 맞춰 패러프레이징하시오.

1

The <u>discovery</u> of the Rosetta Stone was <u>pivotal</u> in <u>deciphering</u> the <u>ancient</u> Egyptian hieroglyphs.

유의어 ⇨

2

The <u>communication</u> among dolphins <u>is complex</u> and involves a variety of vocalizations.

어형 ⇨

3

It is <u>not illegal</u> in certain cultures to marry more than one woman at the same time.

이중 부정 ⇨

4

Women's suffrage in the United States was <u>not</u> achieved <u>until</u> 1920.

not ~ until ⋯ 구문 ⇨

5

Deforestation <u>is reducing</u> the world's biodiversity at an alarming rate.

동사의 태 ⇨

6

The invention of the phonograph dramatically changed the public's access to and consumption of music.

유의어 ⇨

7

Penicillin became a revolutionary antibiotic used worldwide after it was discovered in 1928 by Alexander Fleming.

구/절 ⇨

8

Predators have an essential role in maintaining the balance of ecosystems.

어형 ⇨

9

The importance of diet in disease prevention was not recognized widely until the late 20th century.

not ~ until … 구문 ⇨

10

Coniferous trees withstand frigid weather because they have needle-like leaves and conical shape.

구/절 ⇨

답안 쓰기 필수 패턴

UNIT 03

1번 문제에 대한 답안 작성 시, 서론에서 강의의 주장을 밝히고 지문의 내용에 반박할 때, 그리고 본론에서 그에 대한 근거를 제시하고 세부사항을 기술할 때 각각 사용할 수 있는 패턴을 배워보자.

서론에서 읽기 지문의 주제를 제시할 때 쓰는 패턴

1 읽기 지문의 저자는 몇 가지 ~이 있다는 것을 논증한다
The author of the reading argues that there are several ~

The author of the reading argues that there are several possible claims to explain the function of Great Zimbabwe.
읽기 지문의 저자는 그레이트 짐바브웨의 기능을 설명할 수 있는 몇 가지 주장이 있다는 것을 논증한다.

2 읽기 지문에 따르면 몇 가지 ~이 있다
According to the reading, there are several ~

According to the reading, there are several strategies to mitigate the proliferation of cheatgrass in North American fields.
읽기 지문에 따르면 북미 지역의 치트그래스 확산을 완화하기 위한 몇 가지 전략이 있다.

서론에서 강의의 반박을 제시할 때 쓰는 패턴

3 교수는 일일이 반론을 제시함으로써 ~에 이의를 제기한다
The professor challenges ~ by presenting point-by-point counterarguments

The professor challenges this idea **by presenting point-by-point counterarguments.**
교수는 일일이 반론을 제시함으로써 이 의견에 이의를 제기한다.

본론에서 반박에 대한 근거를 제시할 때 쓰는 패턴

4 우선, 교수는 ~이라고 주장한다

First of all[Firstly], the professor claims that S+V

First of all, the professor claims that the jar may have been used for fermentation.

우선, 교수는 그 항아리가 발효에 쓰였을 수도 있다고 주장한다.

5 게다가 교수는 ~이라고 주장한다

On top of that, the professor asserts[contends] that S+V

On top of that, the professor asserts that in fighting against Rome, Spartacus sought to liberate all Roman slaves.

게다가 교수는 스파르타쿠스가 로마와 맞서 싸우면서 모든 로마 노예를 해방시키려 했다고 주장한다.

6 마지막으로 교수는 ~이라고 주장한다

Lastly[Finally], the professor claims[contends] that S+V

Lastly, the professor contends that some asteroids are rich in valuable elements and precious metals that are relatively rare on Earth.

마지막으로 교수는 일부 소행성에는 지구상에서 상대적으로 희귀한 가치 있는 원소와 귀금속이 풍부하다고 주장한다.

본론에서 근거에 대한 세부사항을 서술할 때 쓰는 패턴

7 이는 ~하기 때문이다

This is because S+V

This is because elderly elephants wander away from their herds to look for soft vegetation that's easier to eat.

이는 늙은 코끼리들이 먹기 쉬운 부드러운 초목을 찾기 위해 무리를 떠나 돌아다니기 때문이다.

8 ~하기 때문에 …이다

Since[Because, As] S+V, S+V

Since the Egyptian deserts are arid regions, the wall paintings have retained vivid colors for over 2,000 years.

이집트 사막이 건조한 지역이기 때문에 벽화들이 2,000년 넘도록 선명한 색상을 유지해왔다.

본론에서 읽기 지문을 반박할 때 쓰는 패턴

9 교수는 ~라는 읽기 지문의 의견[주장]을 반박한다

The professor refutes[counters, rebuts] the reading passage's idea[claim, assertion] that S+V

The professor refutes the reading passage's idea that no other coins have been found at the Canadian sites that were inhabited by the Norse.

교수는 노르웨이인이 거주했던 캐나다 유적지에서 다른 동전이 발견되지 않았다는 읽기 지문의 의견을 반박한다.

The professor counters the reading passage's claim that strict new regulation would result in a significant increase in disposal costs.

교수는 엄격한 새로운 규제로 인해 폐기 비용이 크게 증가할 것이라는 읽기 지문의 주장을 반박한다.

The professor rebuts the reading passage's assertion that sea cows may have been overhunted by a group of native Siberian people.

교수는 바다소가 시베리아 원주민 집단에 의해 남획되었을 수 있다는 읽기 지문의 주장을 반박한다.

EXERCISE

▶ 정답 및 해설 p.98

제시된 우리말의 파란색 글자 부분에 해당하는 빈칸을 채워 영어로 작성하시오.

1 읽기 지문의 저자는 올멕 문명이 사라진 이유를 설명할 수 있는 몇 가지 주장이 있다는 것을 논증한다.

_____ possible claims to explain why Olmec civilization disappeared.

2 읽기 지문에 따르면 다양한 나무와 관목의 뿌리를 공격하는 기생 곰팡이인 아밀라리아 멜레아의 확산을 억제하기 위한

몇 가지 전략이 있다. 기생하는 **parasitic** 균류, 곰팡이류 **fungus**

_____ strategies to curb the spread of Armillaria mellea, a parasitic fungus that attacks the roots of various trees and shrubs.

3 우선 교수는 낯선 소음이 사실 구애 의식 중 수컷과 암컷 범고래의 울음소리였다고 주장한다. 구애 의식 **courtship ritual**

_____ strange noises were actually the calls of male and female Orca whales during a courtship ritual.

4 게다가 교수는 화경이 배에 불을 붙이는 데에는 오랜 시간이 걸렸을 것이라고 주장한다.

_____ the burning mirror would have taken a long time to set the ships on fire.

5 마지막으로 교수는 에드몬토사우루스의 골격이 같은 장소에서 발굴됐다고 주장한다. 파내다, 찾다 **unearth**

_____ Edmontosaurus skeletons have been unearthed from the same sites.

6 화산 폭발로 발생한 화산재가 대기를 덮어 지구 온도를 떨어뜨리기 때문에 지구 냉각을 초래할 수 있다.

결과적으로 ~이 되다, ~을 초래하다 **result in**

_____ the ash from volcanic eruptions can blanket the atmosphere, causing a drop in global temperatures, _____.

7 교수는 기생 곤충, 특히 삼나무 좀에 의해 황삼목의 감소가 초래될 수 있다는 읽기 지문의 의견을 반박했다.

나무좀 **bark beetle**

_____ the yellow cedar decline may be caused by insect parasites, specifically the cedar bark beetle.

8 교수는 보이니치가 직접 고대 문서를 위조하는 데 개입했다는 읽기 지문의 주장에 반박한다. 위조하다 **forge**

_____ Voynich himself got involved in forging the ancient manuscript.

WRITING

QUESTION 1

노트테이킹

UNIT 04

Writing 1번 문제에서도 읽기와 듣기 노트테이킹을 각각 수행해야 한다. 먼저 지문을 읽으며 글의 주제 및 글쓴이의 견해와 각 단락에서 이를 뒷받침하는 근거 및 세부사항을 노트테이킹한다. 다음으로, 강의를 들으며 읽기 지문에 대한 반박과 그 반박을 뒷받침하는 세부사항을 노트테이킹해야 문제에서 요구하는 요약문을 잘 작성할 수 있다.

읽기 지문 노트테이킹

❯ 작성 요령

1. 주제 적기
읽기 지문의 제목과 첫 번째 단락에 제시되는 주제를 찾아 간단히 적는다.

2. 근거 및 세부사항 적기
주제를 뒷받침하는 근거가 지문의 두 번째 단락부터 등장한다. 이를 단락별로 찾아 그 내용을 간단히 적고, 각 근거에 대한 세부사항도 함께 적는다.

노트 구성

- 주제
- 근거 1
  └ 세부사항
- 근거 2
  └ 세부사항
- 근거 3
  └ 세부사항

Sample

❯ 읽기 지문

Challenges of Canal Building in the USA

The construction of canals in the United States, particularly during the 19th century, was a monumental task that promised to revolutionize transportation and commerce. These waterways aimed to connect remote areas, such as the Midwest, with more populated and developed regions, thereby facilitating trade and settlement. Despite the optimistic projections, these endeavors faced numerous challenges.

One of the primary obstacles encountered during canal construction was the physical challenge of clearing the land. The process involved removing dense forests, which were prevalent in the paths of many proposed canals. Stump trees and roots presented a significant hindrance, requiring considerable human labor and ingenuity to overcome. This aspect of construction was not only labor-intensive but also time-consuming, delaying the completion of canal projects and increasing their costs.

The scarcity of workers willing to endure the harsh conditions of canal construction further complicated the projects. Despite the demand for labor, the combination of health risks, the strenuous

노트

주제
challenges of construction of canal in USA

근거 1
clearing land
└ 세부사항
 - hindrance = stump trees & roots
 - labor & time ↑

근거 2
workers ↓
└ 세부사항
 health risks, strenuous work, remote location → X recruit & retain workers

nature of the work, and the remote locations of many canal sites made it difficult to recruit and retain a sufficient workforce. This shortage of labor was a critical factor that delayed many canal projects, increasing their costs and diminishing their eventual utility.

The economic viability of canal construction was another significant challenge. The astronomical costs associated with building the canals were not always matched by the profits generated from their operation. Although these waterways were designed to connect the Midwest with other regions, thereby encouraging settlement and development, many people were initially reluctant to move to the Midwest. This reluctance limited the amount of goods and trade that could be transported via the canals, reducing their profitability and causing people to question the wisdom of such massive investments in infrastructure.

근거 3
economic viability
ㄴ 세부사항
- $ of building canals ↑
  ≠ profits
- ppl reluctant to move
  to Midwest

미국 내 운하 건설의 어려움

특히 19세기 동안의 미국 내 운하 건설은 교통과 상업에 대변혁을 일으킬 조짐을 보인 기념비적인 과업이었다. 이 수로들은 중서부같이 멀리 떨어진 지역들을 인구가 더 많고 발전된 지역들과 연결함으로써, 상거래와 정착을 용이하게 하는 것을 목적으로 했다. 낙관적인 예상에도 불구하고, 이러한 노력들은 수많은 어려움에 직면했다.

운하 건설 중에 맞닥뜨리게 된 주요 장애물들 중 하나는 땅을 개간하는 물리적 어려움이었다. 이 과정은 제안된 많은 운하들이 지나는 경로마다 일반적으로 나타나 있었던, 빽빽한 삼림을 없애는 일을 수반했다. 나무 그루터기들과 뿌리들이 아주 큰 저해 요소가 되면서, 극복하는 데 상당한 인력과 기발함을 필요로 했다. 공사의 이러한 측면은 노동 집약적이었을 뿐만 아니라 시간 소모적이었기 때문에, 운하 프로젝트의 완수를 지연시키고 그 비용을 증가시켰다.

운하 건설의 가혹한 환경을 견딜 의지가 있는 노동자들의 부족 문제는 이 프로젝트를 한층 더 복잡하게 만들었다. 노동력에 대한 수요에도 불구하고, 건강상의 위험 요소들과 아주 힘든 작업 특성, 그리고 많은 운하 현장의 먼 위치들이 어우러지면서 충분한 인력을 모집하고 유지하기 어려웠다. 이러한 노동력 부족 문제는 많은 운하 프로젝트를 지연시키면서, 비용은 증가시키고 그 궁극적인 유용성은 약화시킨 중대 요소였다.

운하 건설의 경제적 실행 가능성은 또 다른 커다란 어려움이었다. 운하 건설과 연관된 천문학적인 비용이 항상 그 운영을 통해 창출된 수익과 일치하지는 않았다. 이 수로들이 중서부와 다른 지역들을 연결함으로써, 정착과 발전을 촉진하기 위해 고안되기는 했지만, 많은 사람들이 처음에는 중서부로 이주하기를 주저했다. 이러한 주저함이 운하들을 통해 수송될 수 있는 상품과 거래의 양을 제한하면서 수익성을 감소시켰고, 사람들은 사회 기반 시설에 대한 그러한 막대한 투자가 지니는 현명함에 의문을 갖게 되었다.

주제
미국 내 운하 건설의 어려움

근거 1
토지 개간
ㄴ 세부사항
- 저해 요소 = 나무 그루터기 & 뿌리
- 인력 & 시간 ↑

근거 2
노동자 ↓
ㄴ 세부사항
건강 위험, 힘든 작업, 먼 위치
→ 인력 모집 & 유지 x

근거 3
경제적 실행 가능성
ㄴ 세부사항
- 운하 건설 비용 ↑ ≠ 이윤
- 사람들은 중서부로 이주 꺼림

어휘 canal 운하　monumental 기념비적인　revolutionize 대변혁을 일으키다　populated 사람이 사는　settlement 정착(지)　optimistic 낙관적인　projection 예상　endeavor 노력　obstacle 장애물　dense 빽빽한, 밀집된　prevalent 일반적인, 널리 퍼진　stump 그루터기　hindrance 저해, 방해　ingenuity 기발함　labor-intensive 노동 집약적인　strenuous 아주 힘든　retain 유지하다　shortage 부족　astronomical 천문학적인　associated with ~와 연관된　massive 막대한　infrastructure 사회 기반 시설

WRITING

QUESTION 1

강의 노트테이킹

▶ 작성 요령

1. 강의자의 입장 적기

읽기 지문에 주제에 대해 반박하는 강의자의 입장을 밝힌 문장을 찾아 간단히 적는다.

2. 반박 및 세부사항 적기

이미 읽기 지문의 각 단락이 제시하는 근거들을 통해 강의에서 어떤 반박이 나올지 충분히 예상할 수 있으므로 강의를 노트테이킹할 땐 반박 문장보다는 세부사항을 더 꼼꼼히 적는다.

노트 구성

- **강의자의 입장**
- **반박 1**
  └ 세부사항
- **반박 2**
  └ 세부사항
- **반박 3**
  └ 세부사항

Sample

▶ 듣기 지시문 (음성으로만 제공)

🎧 W 01

Now listen to part of a lecture on the topic you just read about.

이제 방금 읽은 내용의 주제에 관한 강의 일부를 들으시오.

▶ 강의

Hello, class. Today, we're going to look at some common misconceptions regarding the construction of canals in the 19th century. While there were indeed challenges, technological, social, and economic developments provided solutions that are often overlooked.

Firstly, let's talk about clearing the land for the canals, a task which was initially thought to be back-breaking and time-consuming due to dense forests. However, technological advancements in the form of steam-powered machinery made it much easier to remove tree stumps and roots than most people realize. This machinery could pull out stumps and move earth far more quickly than manual labor, significantly accelerating the canal construction process and reducing its overall cost.

Next, as for labor shortages, it's important to remember that the United States was a land of immigrants. There was a steady influx of workers from foreign countries, especially from Europe, where industrialization was displacing many traditional jobs.

노트

- **강의자의 입장**
  misconceptions
- **반박 1**
  clearing land → tech. advancement
  └ 세부사항
  - steam-powered machine → remove tree stumps & roots
  - quick > manual labor → canal construction ↑ & $ ↓
- **반박 2**
  labor ↓ → immigrants from foreign countries
  └ 세부사항
  - eager for work & be recruited to build canals

These immigrants were eager for work and were recruited to build the canals. They brought with them their expertise and willingness to work in tough conditions, which mitigated the labor shortage problem quite effectively.

Finally, regarding the profitability of the canals and the reluctance to settle in the Midwest, the canals actually played a pivotal role in changing this sentiment. Prior to the canals, it was indeed difficult and expensive to move to the Midwest. But once the canals were completed, they provided an efficient and cost-effective way to transport goods and people. This made moving to the Midwest far more attractive and feasible, resulting in increased settlement and, consequently, more trade and profit generated through the use of the canals. So, the canals were not just a pathway for existing commerce; they created new economic opportunities that hadn't existed before.

- expertise & willingness to work in tough condition → mitigate labor ↓

반박 3
canals change sentiment abt. $ of canal & reluctance to settle in Midwest

└ **세부사항**
- canals → transport goods & ppl → settlement ↑ & trade & $ ↑
- pathway for commerce & new economic opportu.

안녕하세요, 여러분. 오늘은, 19세기의 운하 건설과 관련된 몇몇 일반적인 오해를 살펴볼 예정입니다. 실제로 어려움들이 존재하기는 했지만, 기술적, 사회적, 그리고 경제적 발전이 해결책들을 제공해 주었는데, 이는 흔히 간과되고 있죠.

첫 번째로, 운하를 위해 땅을 개간한 것에 관해 이야기해 볼 텐데, 이는 처음에 빽빽한 삼림으로 인해 허리가 휠 정도로 힘이 들고 시간 소모적인 것으로 생각되었던 일이었죠. 하지만, 증기로 동력을 얻는 기계의 형태로 나타난 기술 발전으로 인해 대부분의 사람들이 인식하고 있는 것보다 나무 그루터기와 뿌리를 제거하는 일이 훨씬 더 쉬워졌습니다. 이 기계로 육체 노동보다 훨씬 더 빠르게 그루터기를 뽑아내고 흙을 옮기면서, 운하 건설 과정을 상당히 가속화하고 전반적인 비용을 감소시킬 수 있었습니다.

다음으로, 노동력 부족 문제와 관련해서는, 미국이 이민자의 나라라는 점을 기억하는 것이 중요합니다. 산업화가 많은 전통적인 일자리를 대체하고 있었던 여러 해외 국가에서, 특히 유럽에서 노동자들이 지속적으로 유입되었습니다. 이 이민자들은 일자리를 간절히 바라고 있었고, 운하를 건설하는 데 모집되었습니다. 이들은 각자 전문 지식을 제공하고 까다로운 환경에서도 일하고자 하는 의향을 보였기 때문에, 꽤 효과적으로 노동력 부족 문제를 완화시켜 주었습니다.

마지막으로, 운하의 수익성 및 중서부 지역에서의 정착을 꺼린 부분과 관련해서는, 운하들이 실제로 이러한 정서를 변화시키는 데 있어 중추적인 역할을 했습니다. 운하가 생기기 전에는, 중서부 지역으로 이주하는 것이 실제로 힘들고 많은 비용이 들었습니다. 하지만 운하들이 완공되자, 상품과 사람들을 이동시키는 데 있어 효율적이면서 비용 효과가 높은 방법을 제공해 주었죠. 이로 인해 중서부 지역으로의 이전이 훨씬 더 매력적이고 실현 가능한 일이 되면서 더 많은 정착을 초래했으며, 결과적으로, 운하의 이용을 통해 더 많은 상거래와 수익이 발생되었습니다. 따라서, 운하는 기존의 교역을 위한 통로였을 뿐만 아니라, 전에 존재하지 않았던 새로운 경제적 기회도 창출했습니다.

강의자의 입장
오해

반박 1
토지 개간 → 기술 발전

└ **세부사항**
- 증기 동력 기계 → 나무 그루터기 & 뿌리 제거
- 빠름 > 육체 노동 → 운하 건설 ↑ & 비용 ↓

반박 2
노동력 부족 → 여러 해외 국가에서 이민

└ **세부사항**
- 일자리 희망 & 운하를 건설하는 데 모집
- 전문 지식 & 까다로운 환경 근무 의향 → 노동력 부족 완화

반박 3
운하가 수익성 & 중서부 정착 꺼리는 정서를 변화시킴

└ **세부사항**
- 운하 → 상품 & 사람 운송 → 정착 ↑ & 상거래 & 수익 ↑
- 교역 통로 & 새로운 경제적 기회

어휘 misconception 오해 back-breaking 허리가 휠 정도로 힘든, 등골 빠지게 하는 steam-powered 증기로 동력을 얻는 manual labor 육체 노동 accelerate 가속화하다 influx 유입 industrialization 산업화 displace 대체하다, 쫓아내다 mitigate 완화하다 settle in ~에 정착하다 sentiment 정서 cost-effective 비용 효과가 높은 feasible 실현 가능한 commerce 교역, 상업

EXERCISE

제시된 지문과 강의에 대한 노트를 작성하시오.

1 Reading Time: 3 minutes

W 02

Three Possible Reasons for Declining Population of Chinook Salmon

The Chinook salmon, also known as the king salmon, is an essential species both ecologically and economically. However, recent years have seen a troubling decline in their populations. Scientists have proposed several hypotheses to explain this decrease.

One theory suggests that the decline in Chinook salmon numbers may be due to increased competition for food with pink salmon. Pink salmon populations have been on the rise, and the overlap in their feeding grounds with Chinook salmon has led to intense competition. Given that both species consume similar prey, the abundance of pink salmon could be reducing the food availability for the slower-growing Chinook, thus impacting their survival rates.

Another contributing factor could be the rise in water temperatures, which affects salmon in various stages of their life cycle. Warmer waters can lead to altered river flow patterns, impact the availability of prey, and increase the vulnerability of salmon to diseases. In addition to these ongoing temperature changes, the phenomenon known as "the Blob"—a large mass of unusually warm water in the Pacific Ocean—has been associated with ecological disruptions that adversely affect Chinook salmon.

Finally, predation is another factor that has been implicated in the decline of Chinook salmon. The population of certain predators, such as seals and sea lions, has increased, partly due to legal protections. These predators have a significant impact on salmon populations, as they prey on both juvenile and adult Chinook. The rise in predation pressure could be contributing to the observed decrease in their numbers.

Now listen to part of a lecture on the topic you just read about.

읽기 지문 노트

주제
reasons for chinook salmon population ↓

근거 1
_____

└, 세부사항
  - pink salmon ↑ → competition ↑ →
    food availability ↓ → survival rate ↓

근거 2
_____

└, 세부사항
  - warm water → river flow → availability
    of prey & disease ↑
  - the Blob(mass of warm water) →
    Chinook salmon ↓

근거 3
predation
└, 세부사항

_____
_____
_____

강의 노트

강의자의 입장
weaknesses

반박 1
_____

└, 세부사항
  - thrive in diff. region
  - diff. migration pattern & hunt same
    place X → competition ↓
  - Chin. salmon: versatile in diet &
    adjust diff. prey

반박 2
_____

└, 세부사항
  - cycles of ocean temp. fluctuation
  - cool water(favorable salmon) but
    ssalmon # ↓ during cool period

반박 3
predation: invalid
└, 세부사항

_____
_____

Egyptian Board Games

The ancient Egyptian civilization, renowned for its monumental architecture and sophisticated culture, also developed various forms of leisure, including board games. Contrary to what might be expected, these games did not become widely popular in neighboring countries. Several factors have been identified to explain this phenomenon.

First, the religious significance of Egyptian board games, such as Senet, limited their appeal beyond Egypt, as neighboring cultures with differing beliefs did not resonate with their specific religious connotations, constraining their adoption outside of Egypt.

Second, the limited spread of Egyptian board games in nearby cultures can mainly be linked to their intricate design, which closely combined complex strategies with deep religious meanings. These games included aspects of Egyptian myths and spiritual beliefs, likely making them difficult for wider acceptance. Their particular religious themes and complex rules may not have been easily understood or attractive to people from different cultural backgrounds. This specific nature might have made these games less appealing to societies without similar cultural and religious values.

Third, the manner in which the Egyptian Empire expanded its influence did not facilitate the spread of Egyptian board games. Despite engaging in conquests and establishing trade routes with neighboring regions, the dissemination of cultural artifacts such as board games was not a primary objective. The interactions of the Egyptian Empire with neighboring societies were primarily focused on political dominance, resource acquisition, and security concerns, rather than cultural exchange. Cultural artifacts like board games often spread through trade and cultural exchanges, areas not prioritized by the Egyptians in their external relations. This pragmatic approach to empire-building further limited the reach of Egyptian board games beyond their native soil.

Now listen to part of a lecture on the topic you just read about.

주제

reasons for widespread X of Egyptian
board game

근거 1

religious significance → appeal ↓
ㄴ 세부사항
  - cultures w/ diff.
    beliefs → constraining adoption

근거 2

_____

ㄴ 세부사항

_____

_____

근거 3

manner Egyptian Empire expand
influence
ㄴ 세부사항
  - board game: primary objective X
  - focus: political dominance, resource
    acquisition & security

강의자의 입장

deserve further examination

반박 1

_____

ㄴ 세부사항

_____

_____

반박 2

historical evidence X
ㄴ 세부사항
  - neighboring cultures:
    admire & embrace
    intricate & meaningful games
  - scholars & elites: board
    game → intellectually
    stimulating & culturally
    enriching → adoption & adaptation of
    board games
  - complexity & spiritual
    depth → enhance appeal

반박 3

_____

ㄴ 세부사항

_____

_____

WRITING

QUESTION 1

단계별 답안 쓰기

UNIT 05

간략하게 적은 노트를 보면서 답안으로 요약문을 작성한다. 먼저, 요약문의 서론에서는 읽기 지문의 주제를 제시하면서 이를 반박하는 강의자의 입장을 밝힌다. 읽기 지문에서 근거로 내세운 것들을 요약문의 본론에서 하나하나 반박해야 하고 그 근거를 강의에서 가져온다. 이렇게 요약문을 모두 작성하는 데 주어지는 시간은 20분이다.

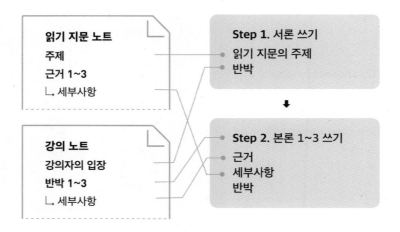

Step 1. 서론 쓰기

요약문의 주제를 밝히는 부분으로 먼저 읽기 지문의 주제를 기술한 후 이것에 대한 강의자의 반박 입장을 적는다.

Sample

▶ **문제** (텍스트와 음성으로 제공)

> Summarize the points made in the lecture, being sure to explain how they respond to the specific concerns presented in the reading passage.
>
> 강의에서 언급된 내용을 요약하고, 읽기 지문에서 제시된 구체적인 문제에 어떻게 대응하는지 설명하시오.

읽기 지문 노트

> 주제
> challenges of construction
> of canal in USA

답안 쓰기

읽기 지문의 주제
According to the reading, there were several potential difficulties associated with constructing canals in the USA.
독해 지문에 따르면, 미국 내 운하 건설과 연관된 여러 잠재적 어려움들이 존재했다.

강의 노트

강의자의 입장
misconceptions

반박

However, the professor challenges the reading's misconceptions by presenting point-by-point counterarguments.

하지만, 교수는 요점별로 반론을 제시하면서 독해 지문의 잘못된 견해에 이의를 제기하고 있다.

Step 2. 본론 1~3 쓰기

본론은 강의자의 반박에 대한 근거와 세부사항을 밝히고 각 단락의 마지막에 이것이 강의 지문에서 제시한 각 근거와 어떤 관계를 갖는지 보여준다. 따라서 읽기 지문의 단락별 내용과 강의의 단락별 내용을 1:1로 대응하며 요약문을 작성하면 된다.

Sample

본론 1

읽기 지문 노트

근거 1
clearing land
└ 세부사항
 - hindrance = stump trees & roots
 - labor & time ↑

강의 노트

반박 1
clearing land → tech. advancement
└ 세부사항
 - steam-powered machine → remove tree stumps & roots
 - quick > manual labor → canal construction ↑ & $ ↓

답안 쓰기

근거

First of all, the professor claims that advancements in technology, particularly the introduction of steam-powered equipment, significantly simplified the task of removing tree stumps and roots.

가장 먼저, 교수는 기술의 발전, 특히 증기로 동력을 얻는 장비의 도입이 나무 그루터기와 뿌리를 제거하는 일을 상당히 간소화해 주었다고 주장한다.

세부사항

This equipment was capable of uprooting stumps and relocating soil much faster than human workers, greatly speeding up the process of building canals and decreasing the total expense.

이 장비가 노동자들보다 훨씬 더 빨리 그루터기를 뿌리째 뽑고 흙을 옮길 수 있었기 때문에, 운하 건설 과정의 속도를 크게 높이고 전체 비용은 감소시켜 주었다.

반박

The professor, therefore, refutes the reading passage's idea that removing thick woodlands for canal building presented a major difficulty, necessitating a great deal of work and creativity to extract the obstructive tree stumps and roots.

따라서, 교수는 운하 건설을 위해 울창한 삼림 지대를 없애는 일이 주된 어려움을 제기해, 방해가 되는 나무 그루터기와 뿌리를 뽑아 내는 데 많은 작업과 창의성을 필요로 하게 되었다는 독해 지문의 의견에 반박하고 있다.

QUESTION 1

UNIT 05_단계별 답안 쓰기 **157**

본론 2

읽기 지문 노트

근거 2

workers ↓

└. 세부사항

health risks, strenuous
work, remote location
→ X recruit & retain
workers

강의 노트

반박 2

labor ↓ → immigrants from
foreign countries

└. 세부사항

- eager for work & be
  recruited to build
  canals
- expertise & willingness
  to work in tough
  condition → mitigate
  labor ↓

답안 쓰기

근거

On top of that, the professor asserts that when it comes to the issue of labor shortages, it is crucial to acknowledge that the United States has historically been a nation built by immigrants, benefiting from a consistent flow of labor from abroad.

그뿐만 아니라, 교수는 노동력 부족 문제와 관련해서, 미국이 역사적으로 이민자들에 의해 건설된 국가였기 때문에, 해외에서 지속적으로 흘러 들어오는 노동력의 덕을 봤다는 사실을 인식하는 것이 아주 중요하다고 주장한다.

세부사항

These immigrants played a key role in alleviating labor shortages in the U.S. by providing their skills and labor, often under difficult conditions, to construct canals.

이 이민자들은 흔히 힘겨운 조건 하에서도, 운하를 건설하는 데 필요한 기술과 노동력을 제공함으로써 미국 내 노동력 부족 문제를 완화하는 데 핵심적인 역할을 했다.

반박

The professor, thus, counters the reading passage's claim that the shortage of laborers ready to face the demanding conditions of canal building added further challenges to these projects.

이에 따라, 교수는 운하 건설의 까다로운 조건에 직면할 준비가 된 노동자들의 부족 문제가 이 프로젝트에 추가적인 문제를 더해 주었다는 독해 지문의 주장을 반박하고 있다.

본론 3

읽기 지문 노트

> **근거 3**
>
> *economic viability*
>
> └ 세부사항
>   - $ of building canals ↑
>   ≠ profits
>   - ppl reluctant to move
>   to Midwest

강의 노트

> **반박 3**
>
> *canals change sentiment
> abt. $ of canal & reluctance
> to settle in Midwest*
>
> └ 세부사항
>   - canals → transport
>   goods & ppl →
>   settlement ↑ & trade &
> $ ↑
>   - pathway for commerce
>   & new economic
>   opportu. ↑

답안 쓰기

근거

Lastly, the professor contends that in terms of the canals' economic impact and the initial hesitance to move to the Midwest, the canals significantly altered these views.

마지막으로, 교수는 운하의 경제적 영향 및 초기에 주저했던 중서부 지역으로의 이주와 관련해서, 운하가 이러한 관점들을 상당히 바꿔 놓았다고 주장하고 있다.

세부사항

The completion of the canals made relocation to the Midwest more appealing and practical by offering an economical method for transporting goods and people, spurring increased settlement and commerce. These waterways not only facilitated existing trade but also opened up new economic possibilities previously unavailable.

운하의 완공이 상품과 사람을 이동시키는 경제적인 방법을 제공함으로써 중서부 지역으로의 이주를 더욱 매력적이고 현실적이게 만들어 주면서, 정착과 교역의 증가에 박차를 가하게 되었다. 이 수로는 기존의 상거래를 용이하게 해 주었을 뿐만 아니라, 이전에는 얻을 수 없었던 새로운 경제적 기회의 장을 마련해 주었다.

반박

As such, the professor rebuts the reading passage's assertion that another major hurdle was the financial feasibility of constructing canals, as the high costs involved did not always match the money they made.

따라서, 교수는 수반되는 높은 비용이 벌어들이는 돈과 항상 일치하지는 않기 때문에, 또 다른 주요 장애물이 운하 건설의 금전적 실현 가능성이었다는 독해 지문의 주장을 반박하고 있다.

EXERCISE

제시된 지문과 강의에 대한 노트와 요약문을 작성하시오.

1 Reading Time: 3 minutes

W 04

The Doctor Shortage Issue in the USA

In recent years, the United States has encountered a troubling trend that poses a significant challenge to its healthcare system: a noticeable decline in the number of practicing doctors. This shortage threatens to impact not just the quality of patient care but also the accessibility of medical services across the country. Several key factors are driving this decline, each interwoven with the systemic pressures and expectations placed upon the medical profession.

First, the towering student loan debt facing medical students acts as a formidable barrier to entry into the medical field. The escalating costs of medical education in the United States saddle graduates with debt often exceeding hundreds of thousands of dollars. This financial burden not only discourages potential entrants but also compels existing doctors to migrate towards higher-paying, yet potentially less fulfilling, roles in other sectors. Additionally, this debt restricts doctors' ability to work in lower-paying specialties or serve in underserved communities, exacerbating the critical shortage where healthcare services are most needed.

Second, the prevalence of burnout and the struggle to achieve work-life balance are increasingly recognized as critical issues eroding the ranks of medical professionals. The intense demands of the medical profession, marked by long hours, high stress, and the emotional toll of patient care, contribute to a high rate of burnout among physicians. Manifesting through symptoms of emotional exhaustion, cynicism, and a diminished sense of personal accomplishment, burnout not only affects doctors' well-being but also diminishes their engagement and satisfaction with their work. Consequently, many doctors are compelled to cut back on their clinical responsibilities or abandon their careers in medicine altogether.

Lastly, the bottleneck created by the limited availability of residency programs stands as a significant obstacle. Residency training, a requirement for practice in many medical specialties, varies in duration from three to seven years. The mismatch between the growing number of medical graduates and the stagnant number of residency slots, largely due to insufficient federal funding, hampers the transition of new doctors into the workforce. This scarcity of residency positions delays the entry of new physicians into practice and curtails the overall availability of doctors, especially affecting primary care and rural areas where they are needed most.

Now listen to part of a lecture on the topic you just read about.

Summarize the points made in the lecture, being sure to explain how they respond to the specific concerns presented in the reading passage.

읽기 지문 노트

주제
factors of doc. # ↓ in USA

근거 1

└ 세부사항
- high $ of medical education → debt → enter into medical field X
- debt ↑ → restrict lower paying specialty & underserved regions

근거 2

└ 세부사항
- demanding: work hrs ↑, stress ↑ & emotional strain → burnout
- impact personal welfare & job satisfaction

근거 3
limited availability of residency programs
└ 세부사항

_____
_____
_____

강의 노트

강의자의 입장
challenge

반박 1

└ 세부사항
- offset high $ of medical school
- financial burden ↓ → medical profession: accessible & attractive

반박 2

└ 세부사항
- expanded responsibilities & primary health cares
- collaboration b/t docs. & nurses → burnout ↓ & patient care

반박 3
residency program ↓ → sole reason X
└ 세부사항

_____
_____
_____

답안 쓰기

서론

읽기 지문의 주제

_____ primary factors contributing to the shortage of

doctors in the USA.

독해 지문에 따르면, 미국 내 의사 부족 문제의 원인이 되는 여러 주된 요인들이 존재한다.

반박

However, _____.

하지만, 교수는 요점별로 반론을 제시하면서 이러한 아이디어에 이의를 제기하고 있다.

본론 1

근거

_____ several scholarship policies are available to offset

the high tuition costs of medical school, aiming to reduce the financial burden on aspiring

doctors.

가장 먼저, 교수는 여러 장학금 정책이 의대의 높은 등록금을 상쇄하는 데 이용 가능하며, 이는 장차 의사가 되려는 학생들에 대한

금전적 부담을 줄여 주는 것이 목적이라고 주장한다.

세부사항

These scholarships make the profession more accessible and attractive by providing financial

assistance.

이 장학금은 금전적 지원을 제공함으로써 이 직종을 더욱 접근 가능하고 매력적으로 만들어 준다.

반박

_____ the

substantial student loan debt accrued by medical students acts as a significant deterrent.

따라서, 교수는 의대생들에 의해 축적된 상당한 학자금 대출 부채가 중요한 억제 요소의 역할을 한다는 독해 지문의 의견을 반박하고

있다.

본론 2

근거

On top of that, the professor asserts that burnout and work-life balance challenges among

medical professionals are notable concerns, _____

_____ in addressing healthcare needs.

그뿐만 아니라, 교수는 의료 전문가들 사이에서 나타나는 번아웃 및 일과 삶의 균형 문제가 주목할 만한 우려 사항이기는 하지만, 의료

서비스 필요성을 해결하는 데 있어 간호사의 기여 증가를 인식하는 것이 중요하다고 주장한다.

세부사항

Nurses are assuming more significant roles in providing primary care services, thereby reducing the workload on doctors. Improved collaboration between doctors and nurses in healthcare organizations can alleviate burnout and enhance patient care delivery.

간호사들이 1차 의료 서비스를 제공하는 데 있어 중요한 역할을 더 많이 맡으면서, 의사들에 대한 업무량이 줄어들고 있다. 의료기관 내에서 의사와 간호사 사이의 협업이 개선되면 번아웃을 완화하고 환자 관리 서비스 제공 체계를 향상시킬 수 있다.

반박

The professor, thus, counters the reading passage's idea that _____
_____ and are recognized as key factors in the declining number of doctors.

따라서, 교수는 번아웃 및 일과 삶의 균형 문제가 의료 전문가들 사이에서 흔하며 의사 숫자 감소의 핵심 요인으로 인식되고 있다는 독해 지문의 의견을 반박하고 있다.

본론 3

근거

Lastly, the professor claims that the shortage of doctors can't solely be blamed on limited residency program spots; _____
_____.

마지막으로, 교수는 의사 부족 문제가 오로지 제한적인 수련의 프로그램 자리의 탓으로만 돌릴 수 없으며, 인력으로 유입되는 불충분한 의대 졸업생이 주된 문제라고 주장한다.

세부사항

Despite rising healthcare demands, medical schools face challenges in accommodating enough students due to resource and faculty shortages. Even with more residency program openings, the shortage of doctors would persist due to this underlying problem.

늘어나는 의료 서비스 수요에도 불구하고, 의과 대학들은 자원 및 교수진 부족 문제로 인해 충분한 학생들을 수용하는 데 있어 어려움에 직면해 있다. 심지어 수련의 프로그램의 자리가 더 많이 있다 하더라도, 의사 부족 문제는 이러한 근본적인 문제로 인해 지속될 것이다.

반박

As such, the professor rebuts the reading passage's assertion that _____
_____.

따라서, 교수는 의사 부족 문제가 수련의 프로그램 부족 문제에서 비롯되고 있다는 독해 지문의 주장을 반박하고 있다.

Potential Measures to Stop the Spread of Cashew Nut Fungi in America

The cultivation of cashew nuts in America is currently under significant threat from fungal infections. These infections lead to substantial economic losses and degrade the quality of the nuts. In response, researchers and agriculturists are diligently exploring various strategies to effectively combat this pressing issue. Three innovative measures have been proposed to halt the spread of fungi in American cashew nut cultivation.

The first measure is the selective removal of fungi-infested cashew nuts. This proactive approach involves removing infected nuts before the fungus can spread to healthy counterparts. Through meticulous inspection at different stages of growth and processing, cashews contaminated by mold are identified and removed from the batch. The goal of this method is to significantly reduce the fungal load within the crop, thereby minimizing the risk of a widespread infection.

Another proposed measure is the injection of a virus specifically designed to target and inhibit fungi growth on cashew nuts. This biocontrol method employs a benign virus that combats the fungi responsible for the infections, thus safeguarding the nuts without resorting to chemical fungicides. The deployment of such a virus represents a sustainable and environmentally friendly approach to managing fungal infections in cashew nut crops.

The final measure involves grafting cashew trees with species that exhibit resistance to the specific fungi plaguing cashew nuts. Grafting is a technique that merges parts of two plants, allowing them to grow as a single entity. By choosing a rootstock from a tree species naturally resistant to the target fungi and grafting it onto a cashew tree, it's feasible to bolster the cashew tree's defense against fungal infections. This innovative method holds the promise of developing more resilient cashew nut varieties, thereby diminishing the incidence of fungal infestation.

Now listen to part of a lecture on the topic you just read about.

Summarize the points made in the lecture, being sure to explain how they respond to the specific concerns presented in the reading passage.

읽기 지문 노트

주제
measures to halt spread of cashew nuts fungi in US

근거 1
selective removal of fungi-infested
ㄴ 세부사항
_____
_____
_____

근거 2
_____
ㄴ 세부사항
 - use a benign virus → combat fungi
 - protect nut w/o use of chemical
   fungicide

근거 3
_____
ㄴ 세부사항
_____
_____
_____

강의 노트

강의자의 입장
feasibility & envi. impact

반박 1
selectively removing → fully address X fungal ecology
ㄴ 세부사항
_____
_____
_____

반박 2
_____
ㄴ 세부사항
 - labor-intensive & guarantee long-term
   success X
 - uncertain impact on
   eco. & unintended consequences

반박 3
_____
ㄴ 세부사항
_____
_____
_____

답안 쓰기

서론

읽기 지문의 주제

The author of the reading argues that _____

in American cashew nut cultivation.

독해 지문의 글쓴이는 미국 캐슈넛 재배 분야에서 균류 감염 문제를 해결하는 데 여러 전략이 존재한다고 주장한다.

반박

However, _____

by presenting point-by-point counterarguments.

하지만, 교수는 요점별로 반론을 제시하면서 이러한 전략들의 실현 가능성 및 환경적 영향에 이의를 제기하고 있다.

본론 1

근거

First of all, the professor claims that simply removing infected nuts might not fully resolve the

issue _____.

가장 먼저, 교수는 단순히 감염된 캐슈넛을 제거하는 것이 균류 증식의 더 폭넓은 생태학적 맥락으로 인해 온전히 문제를 해결해 주지
못할 수도 있다고 주장한다.

세부사항

_____

_____, this could continue to pose a threat to cashew plants.

균류가 캐슈넛 농장 내외의 다양한 식물과 나무 속에 서식하면서 영향을 미칠 수 있기 때문에, 이는 캐슈넛 식물에 지속적으로 위협을
가할 수도 있다.

반박

_____ that selectively removing

cashew nuts infected with fungi is a way to prevent the spread of the fungus to healthy nuts.

따라서, 교수는 균류에 감염된 캐슈넛을 선별적으로 제거하는 것이 건강한 캐슈넛에 확산되는 균류를 막을 수 있는 한 가지 방법이라는
독해 지문의 의견을 반박하고 있다.

본론 2

근거

On top of that, the professor asserts that _____

_____.

그뿐만 아니라, 교수는 효과적으로 생물학적 방제 방식을 적용하는 것이 상당한 어려움에 직면해 있다고 주장한다.

세부사항

_____.

Additionally, there are uncertainties about the long-term effectiveness of the virus and its

ecological impact.

이 전략은 광범위한 과수원의 각 나무에 수작업으로 주입하는 작업을 수반한다. 게다가, 바이러스의 장기적인 효과 및 그 생태학적 영향에 대한 불확실성도 존재한다.

반박

The professor, thus, counters the reading's assertion that _____

_____ and inhibit fungal growth on cashew nuts.

이에 따라, 교수는 바이러스 주입이 캐슈넛에서 성장하는 균류를 목표로 삼아 억제하는 효과적인 수단이라는 독해 지문의 주장을 반박하고 있다.

본론 3

근거

Lastly, the professor contends that grafting cashew trees with other tree varieties has potential

benefits, _____ involved in adapting

these hybrid trees to various environmental conditions.

마지막으로, 교수는 캐슈 나무를 다른 나무 종과 접목하는 것이 잠재적 이점을 지니고 있기는 하지만, 이 접근법은 이 교배종 나무를 다양한 환경 조건에 적응시키는 것과 관련된 예측 불가능성과 복합성도 수반한다고 주장한다.

세부사항

_____ of developing

and implementing these grafts.

더욱이, 이 전략은 이러한 접목 방식을 개발하고 시행하는 시간 집약적이고 고된 과정을 필요로 한다.

반박

As such, the professor rebuts the reading passage's assertion that grafting cashew trees with

_____ affecting cashews presents a viable solution to

combat the proliferation of fungal infections in cashew nuts.

따라서, 교수는 캐슈에 영향을 미치는 특정 균류에 저항성이 있는 다른 나무 종과 캐슈 나무를 접목하는 것이 캐슈넛의 균류 감염 확산에 맞설 수 있는 실행 가능한 해결책이 된다는 독해 지문의 주장을 반박하고 있다.

주제별 실전 문제

앞에서 학습한 노트테이킹 요령과 답안 쓰기 단계를 적용하여 1번 문제에 자주 등장하는 4가지 주제별 실전형 문제의 답안을 작성해보자.

생물학

1 Reading Time: 3 minutes

W06

The Functions of Tree Knees

Tree knees, peculiar structures protruding from the soil around certain tree species like cypresses and mangroves, have captivated scientists, leading to several hypotheses about their functions.

Firstly, tree knees are believed to facilitate respiration in waterlogged environments. Rising above water, these structures may enable gas exchange with the atmosphere, especially oxygen intake for root respiration. This hypothesis is supported by the observation of trees with knees in areas where submerged roots would otherwise experience low oxygen levels.

Additionally, tree knees may contribute to a tree's resilience or regeneration. Although not a primary means of reproduction, in some cases, knees showing root-like or shoot-like growths suggest they could help sustain new tree growth if the original tree is compromised. This indicates their potential role in aiding the tree's recovery from damage or environmental stress.

Lastly, it has been hypothesized that tree knees play a role in mitigating methane emissions. In methane-rich swampy environments, knees might help release methane from the saturated soil, acting as a natural mechanism to reduce greenhouse gas emissions. Studies indicating lower methane levels around tree knees than in areas without them support this theory, suggesting an environmental benefit of these unique structures.

Summarize the points made in the lecture, being sure to explain how they respond to the specific concerns presented in the reading passage.

읽기 지문 노트

주제
_____

근거 1
_____
ㄴ 세부사항
_____
_____
_____

근거 2
_____
ㄴ 세부사항
_____
_____
_____

근거 3
_____
ㄴ 세부사항
_____
_____
_____

강의 노트

강의자의 입장
_____

반박 1
_____
ㄴ 세부사항
_____
_____
_____

반박 2
_____
ㄴ 세부사항
_____
_____
_____

반박 3
_____
ㄴ 세부사항
_____
_____
_____

WRITING

QUESTION 1

답안 쓰기

서론
읽기 지문의 주제

The author of the reading argues that _____

_____.

반박

However, _____ by presenting point-by-point counterarguments.

본론1
근거

_____, there are additional factors to take into account.

세부사항

Recent studies indicate that _____

_____. This suggests that _____ of tree knees for all tree species, _____.

반박

_____ tree knees are believed to aid in tree respiration in waterlogged environments where the root systems are submerged.

본론 2
근거

_____

_____

세부사항

Tree knees may occasionally grow shoots or roots, _____,
with seed dispersal remaining the predominant propagation method.

반박

The professor, thus, counters the reading's claim that _____.

본론 3

근거

Lastly, the professor contends that _____
_____, there is limited evidence to support this
hypothesis.

세부사항

_____
_____. Furthermore, methane can be absorbed and metabolized by
trees or soil microbes.

반박

As such, _____
_____.

W 07

The Presence of Pikas in Certain Ecosystems

The presence of pikas in certain ecosystems has drawn increasing attention from environmental scientists due to their potential impacts on local wildlife and contributions to global warming. These small mammals, closely related to rabbits and hares, inhabit cold alpine environments and play unique roles in their ecosystems. Yet, their behaviors and ecological roles carry significant implications for biodiversity, soil and vegetation health, and even climate change.

Firstly, pikas' competition with native herbivores for food resources can disrupt local ecosystems and decrease biodiversity. As vigorous foragers, pikas consume a variety of plant species and gather large amounts to create haypiles for winter. This behavior may lead to competition with and potential displacement of native species, resulting in shifts in species composition. Such ecological shifts can have cascading effects, impacting not only the displaced species but also predators and other wildlife that rely on a diverse and balanced ecosystem.

Secondly, pikas' foraging habits and haypile creation significantly affect soil composition and plant growth, potentially harming ecosystem stability and resilience. These actions can notably influence plant community dynamics and alter soil nutrient distribution. When pikas are introduced or become too numerous in an environment, they can exacerbate soil erosion, reduce soil fertility, and decrease vegetation cover, affecting the habitat and food sources of various species and the broader ecological balance.

Thirdly, pikas have indirect effects on global warming. Their alteration of vegetation through feeding habits can influence the carbon cycle, as vegetation acts as a significant carbon sink. Overgrazing by pikas can reduce an ecosystem's ability to sequester carbon dioxide, potentially contributing to increased atmospheric CO_2 levels. Furthermore, changes in soil and vegetation can alter the earth's albedo, affecting local and global temperature regulation. However, it's essential to contextualize these impacts within the broader scope of global climate change drivers.

Summarize the points made in the lecture, being sure to explain how they respond to the specific concerns presented in the reading passage.

읽기 지문 노트

주제
_____

근거 1
_____
ㄴ 세부사항
_____
_____
_____

근거 2
_____
ㄴ 세부사항
_____
_____
_____

근거 3
_____
ㄴ 세부사항
_____
_____
_____

강의 노트

강의자의 입장
_____

반박 1
_____
ㄴ 세부사항
_____
_____
_____

반박 2
_____
ㄴ 세부사항
_____
_____
_____

반박 3
_____
ㄴ 세부사항
_____
_____

서론

읽기 지문의 주제

The author of the reading argues that there are several possible theories to explain _____
_____.

반박

However, _____.

본론 1

근거

Firstly, the professor claims that when assessing competition with native herbivores, _____
_____.

세부사항

These species significantly compete with native herbivores and disrupt local ecosystems.
_____, suggesting their unique
ecological niche minimizes direct competition.

반박

The professor, therefore, refutes the reading passage's idea that _____
_____.

본론 2

근거

On top of that, the professor asserts that there is a lack of evidence supporting the idea that
_____, given their beneficial effects on soil and vegetation.

Studies indicate that pikas play a valuable role in nutrient distribution, _____

_____ .

반박

The professor, thus, counters the reading passage's claim that _____

_____, posing potential

threats to the stability and resilience of ecosystems.

본론 3

근거

Lastly, the professor contends that _____

_____ through vegetation alteration and its impact on the carbon cycle.

세부사항

_____

due to their role in maintaining permafrost integrity. This role, in turn, _____

_____ .

반박

As such, the professor rebuts the assertion that _____

_____ .

3   Reading Time: 3 minutes

∩ W 08

The Roman Legacy in Britain

Roman rule in Britain, which lasted for about 400 years from 43 AD to the early 5th century, had a significant impact on British society, culture, and infrastructure that lasted a long time. There are three key ways in which the Roman legacy has had a lasting impact on Britain, suggesting a profound and enduring influence that extends far beyond the empire's physical presence in the British Isles.

First of all, the Romans were instrumental in the urbanization of Britain, establishing towns and cities that laid the foundation for modern British urban centers. Roman contributions to architecture and urban planning are evident in the remnants of Roman walls, roads, and buildings scattered across Britain today. The construction of a network of Roman roads, some of which are still in use in some form, facilitated trade and communication across Britain. The layout of certain British towns, including their street grids, can be traced back to Roman designs, illustrating the lasting impact of Roman urban planning.

Next, the Roman occupation introduced a structured legal and administrative system to Britain, aspects of which have been integrated into the British legal system over the centuries. The Romans brought with them a codified system of laws and governance, establishing administrative practices that would influence British administrative and legal frameworks in the ensuing centuries. This system included the concept of legal representation and the use of written contracts, which are foundational to modern British legal practices.

Finally, the Romans contributed to the cultural and social fabric of Britain through the integration of Roman customs, beliefs, and lifestyle. The introduction of Roman baths, theaters, and other social structures facilitated the assimilation of Roman culture into British society. Moreover, the spread of Christianity, which was officially adopted by the Roman Empire in the 4th century, was significantly accelerated under Roman rule in Britain. This had a lasting religious and cultural impact on British society.

Summarize the points made in the lecture, being sure to explain how they respond to the specific concerns presented in the reading passage.

읽기 지문 노트

주제
_____
_____

근거 1
_____

└, 세부사항
_____
_____
_____

근거 2
_____

└, 세부사항
_____
_____
_____

근거 3
_____

└, 세부사항
_____
_____
_____

강의 노트

강의자의 입장
_____

반박 1
_____

└, 세부사항
_____
_____
_____

반박 2
_____

└, 세부사항
_____
_____
_____

반박 3
_____

└, 세부사항
_____
_____
_____

WRITING

QUESTION 1

답안 쓰기

서론
읽기 지문의 주제

_____

_____

반박

_____

_____

본론 1
근거

_____

_____

_____

세부사항

_____

_____

_____

반박

_____

_____

본론 2
근거

_____

_____

_____

세부사항

_____

_____

_____

_____

_____

반박

_____

_____

_____

본론 3
근거

_____

_____

_____

_____

세부사항

_____

_____

_____

_____

_____

_____

반박

_____

_____

_____

W09

Van Gogh's Creation of *The Night Café*

The authenticity of Vincent van Gogh's authorship of *The Night Café*, painted in 1888 during his residency in Arles, France, has been a subject of debate among scholars and art historians. While the painting is widely attributed to Van Gogh, questions have arisen regarding the certainty of his involvement in its creation. There are several claims supporting Van Gogh's direct authorship of *The Night Café*.

One point is based on Van Gogh's personal letters and stated artistic goals. In correspondence with his brother Theo and other artists, Van Gogh expressed his desire to capture the atmosphere of the café and convey his emotional response to it. He described his vision for the painting, highlighting his use of bright colors and lively brushwork to capture the café's nightlife. Advocates of this view believe that Van Gogh's own words offer strong evidence of his direct involvement in creating *The Night Café*, giving insight into his artistic process and intentions.

Another point emphasizes the consistency of style and technical skill seen in the painting. The bold colors, expressive brushstrokes, and dynamic composition in *The Night Café* are typical of Van Gogh's work. Supporters of this idea argue that the painting's formal qualities reflect Van Gogh's artistic sensibility and show his ability to translate his vision onto canvas. Further analysis of the painting's materials and techniques also suggests similarities to other works by Van Gogh, adding weight to the argument for his authorship of *The Night Café*.

A final point relies on historical documents and records of ownership. Contemporary accounts and archival evidence confirm that Van Gogh was in Arles when *The Night Café* was painted. Additionally, records tracing the painting's ownership back to Van Gogh's lifetime directly link the artist to the artwork. Advocates of this perspective argue that the combination of historical evidence and ownership records strongly supports Van Gogh's direct involvement in creating *The Night Café*, reinforcing its status as an authentic work by the artist.

Summarize the points made in the lecture, being sure to explain how they respond to the specific concerns presented in the reading passage.

읽기 지문 노트

주제
_____
_____

근거 1
_____

ㄴ 세부사항
_____
_____
_____

근거 2
_____

ㄴ 세부사항
_____
_____
_____

근거 3
_____

ㄴ 세부사항
_____
_____
_____

강의 노트

강의자의 입장
_____

반박 1
_____

ㄴ 세부사항
_____
_____
_____

반박 2
_____

ㄴ 세부사항
_____
_____
_____

반박 3
_____

ㄴ 세부사항
_____
_____
_____

답안 쓰기

서론
읽기 지문의 주제
_____
_____

반박
_____
_____

본론 1
근거
_____
_____
_____

세부사항
_____
_____
_____

반박
_____
_____
_____

본론 2
근거
_____
_____
_____

세부사항

_____

_____

_____

_____

_____

반박

_____

_____

_____

본론 3
근거

_____

_____

_____

세부사항

_____

_____

_____

_____

_____

반박

_____

_____

_____

YBM TOEFL 80+
WRITING

QUESTION

2

Writing for an Academic
Discussion Task

토론형 쓰기

문제 유형 미리보기

iBT TOEFL Writing 2번 문제는 토론 상황에서의 언어 구사 능력을 평가하는 유형으로, 주어진 질문에 대한 자신의 의견과 이를 뒷받침할 수 있는 적절한 근거를 제시하는 답안(100단어 이상)을 작성해야 한다.

시험화면 미리보기

Direction

• 2번 문제에 대한 전반적인 설명

쓰기

• 좌측 화면: 문제에 관한 디렉션과 토론 주제에 대한
  교수의 설명 + 과제 제시
• 우측 화면 상단: 두 학생의 서로 다른 의견
• 우측 화면 하단: 답안 작성 공란
• 답안 구성 단어 수: 100자 이상
• 답안 작성 시간: 10분

문제 미리보기

Your professor is teaching a class on urban planning. Write a post responding to the professor's question.

In your response, you should do the following:

• Express and support your opinion.
• Make a contribution to the discussion in your own words.

An effective response will contain at least 100 words.

2번 문제에서는 위와 같이 특정 주제에 관한 강의 중 교수가 제시하는 질문에 대해 시험 화면에 나오는 두 학생의 토론 내용을 참고하여 마치 내가 토론의 참여자인 것처럼 답변 게시물을 작성해야 한다. 답안에는 나의 의견을 표현하고 이를 뒷받침하는 내용이 포함되어야 하며, 최소 100단어 이상으로 작성해야 한다.

문제풀이 전략

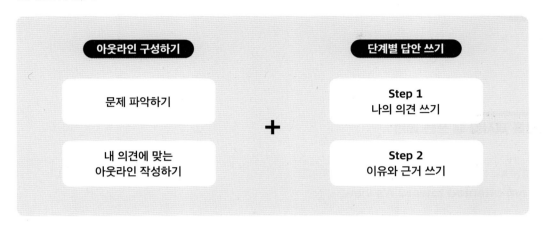

아웃라인 구성하기	단계별 답안 쓰기

아웃라인 구성하기

문제 파악하기

내 의견에 맞는
아웃라인 작성하기

+

단계별 답안 쓰기

Step 1
나의 의견 쓰기

Step 2
이유와 근거 쓰기

토론 주제 및 교수가 제시하는 과제 내용을 정확히 파악한 뒤, 두 학생의 토론 내용을 참고해 자신의 의견과 이를 뒷받침할 이유와 근거를 아웃라인으로 작성해야 한다. 이후 아웃라인 내용을 바탕으로 한 자신의 의견, 그리고 그 의견에 대한 근거나 예시를 논리적으로 써서 답안을 입력한다. 시간이 남는다면 자신의 의견을 다시 재차 강조하는 맺음말을 덧붙여도 좋다.

빈출 주제

- 기업 내 인사 관리
- 기업의 이윤 추구 vs. 사회적 책임
- 기술이 사회에 미치는 영향
- 산업자동화가 일자리에 미치는 영향
- 리더십의 요건
- 기업 채용 과정 중 AI 활용
- 환경을 위한 산업 규제
- 플라스틱 사용을 줄이기 위한 방안

- 심층 분석 보도 vs. 신속 보도
- 미디어의 영향
- 자원봉사의 장려책
- 대학생들의 지역사회 지원활동
- 학교의 재정 지출 우선순위
- 교육의 질 향상을 위한 정부의 조치
- 현재와 과거의 자녀 양육 비교
- 인터넷이 학생들에게 미치는 영향

답안 쓰기 필수 패턴

UNIT 02

2번 문제에 대한 답안 작성 시, 교수가 제시한 주제에 대한 자신의 의견을 밝히고 두 가지 이유와 각각의 이유를 뒷받침하는 근거를 제시할 때 사용할 수 있는 패턴을 배워보자.

내 의견을 제시할 때 쓰는 패턴

1 나는 A의 의견에 마음이 기운다 (내 의견은 A쪽이다)
I am oriented toward A's view.

I am oriented toward Paul**'s view.**
나는 폴의 의견에 마음이 기운다.

2 내 생각에, ~이 가장 효과적인[실행 가능한, 실용적인] 전략[대안, 접근법]이다
As far as I'm concerned, ~ is the most effective[feasible, viable, practical] strategy[tactic, option, approach]

As far as I'm concerned, if governments aim to attract more inhabitants to rural areas, significantly improving infrastructure **is the most effective strategy.**
내 생각에, 정부가 농촌 지역에 더 많은 주민을 유치하고자 한다면, 인프라를 대폭 개선하는 것이 가장 효과적인 전략이다.

이유를 제시할 때 쓰는 패턴

3 나의 관점을 입증할[뒷받침할] 두 가지 이유가 있다
There are two reasons to validate[substantiate, support] my vantage point.

There are two reasons to validate my vantage point.
나의 관점을 입증할 두 가지 이유가 있다.

4 우선[게다가], (주어)는 (목적어)로 하여금 ~하게 해준다
First of all[On top of that], S enables[allows] O to V

First of all, field trips **enable** students **to** see concepts come alive in different educational environments.
우선, 현장학습은 학생들이 다양한 교육 환경에서 개념이 실제로 적용되는 것을 볼 수 있게 해준다.

5 게다가[뿐만 아니라], (주어)는 ~에 있어 핵심적인 역할을 한다
On top of that[Not only that], S plays a key[crucial, pivotal] role in ~

On top of that, street art **plays a key role in** depicting social issues, reflecting culture, or simply beautifying the urban landscape.
게다가 거리 예술은 사회적 문제를 묘사하고, 문화를 반영하거나, 그저 도시 경관을 아름답게 만드는 데 핵심적인 역할을 한다.

근거를 제시할 때 쓰는 패턴

6 구체적으로 말하면, ~하다
To be specific, S+V

To be specific, the fear of openly sharing one's opinion can lead to self-censorship.
구체적으로 말하면, 자신의 의견을 공개적으로 표현하는 것에 대한 두려움은 자기 검열로 이어질 수 있다.

7 설명하자면, ~
To explain, S+V

To explain, the addictive nature of social media platforms can reduce real-life social interactions and physical activities.
설명하자면, 소셜 미디어 플랫폼의 중독성은 현실 세계의 사회적 상호작용과 신체 활동을 줄일 수 있다.

8 예를 들어, ~하다

For example[instance], S+V

For example, the other day I came across a town newspaper report that the local government plans to prohibit the use of plastic packaging.

예를 들어, 얼마 전 지역 신문에서 지방 정부가 플라스틱 포장 사용을 금지할 계획이라는 보도를 접했다.

의견을 재차 강조하며 마무리할 때 쓰는 패턴

9 결론적으로, 나는 ~라고 생각한다

In conclusion, I hold[believe, think] that S+V

In conclusion, I hold that working for a large company can be a great way for new graduates to gain valuable skills.

결론적으로, 나는 대기업에서 일하는 것이 갓 졸업한 신입들이 소중한 기술을 습득하는 훌륭한 방법이 될 수 있다고 생각한다.

EXERCISE

▶ 정답 및 해설 p.129

제시된 우리말의 파란색 글자 부분에 해당하는 빈칸을 채워 영어로 작성하시오.

1 나는 샐리의 의견에 마음이 기운다.

_____ Sally's _____.

2 내 생각에, 신입생을 위한 멘토링 프로그램을 제공하는 것이 대학생활에 적응하는 가장 실용적인 방법이다.

~에 적응하다 **adjust to**

_____, providing mentoring programs for freshmen _____

_____ to adjusting to college life.

3 우선, 디지털 리터러시 프로그램을 시행하는 것은 모든 사람들이 효과적으로 디지털 기술을 사용하는 것을 가능하게 한다.

_____, implementing digital literacy programs _____ everyone _____ leverage digital technology effectively.

4 게다가, 저렴한 주택을 제공하는 것은 지역사회 내의 경제적 안정을 촉진하는 데 중요한 역할을 한다.

촉진하다, 장려하다 **foster** 안정성 **stability**

_____, providing affordable housing _____

within communities.

5 구체적으로 말하면, 많은 사람들은 매일 신문을 읽을 시간이 없다.

_____, _____ to read the news every day.

6 설명하자면, 기업이 경쟁 우위를 차지할 수 있도록 직원들은 더 긴 시간 일하도록 강요받는다. 우위, 유리함 **edge**

_____, _____ so that companies can gain

a competitive edge.

7 예를 들어, 내겐 힘들 때 지속적으로 정서적으로 도움을 준 진정한 친구가 한 명 있었다. 진짜의, 진실한 **genuine**

_____, _____ who consistently provided emotional support during

challenging times.

8 결론적으로, 나는 도시 계획에 녹지 공간을 통합하는 것은 생태 보존과 사회 복지의 균형 유지를 가능하게 해준다고 생각한다.

통합 **integration** 생태의 **ecological** 사회의 **societal**

_____, _____ the integration of green spaces into urban planning

_____ecological preservation and societal well-being.

아웃라인 구성하기

UNIT 03

먼저 교수가 제시한 토론 주제 및 과제를 정확히 파악한 뒤, 두 학생의 의견을 참고해 자신의 의견을 정한다. 그리고 자신의 의견에 대한 구체적인 이유와 이를 뒷받침하는 근거나 예시를 구상하여 아웃라인으로 작성한다. 아웃라인은 영어가 아닌 한국어로 작성해도 무방하다.

▶ 작성 요령

1. 주제 및 과제 파악하기
교수는 주제에 대한 배경을 설명하고 마지막에 과제를 제시한다. 여기서 토론 주제와 답안에 포함해야 할 과제의 내용을 확인한다.

2. 나의 의견 정하기
우측 화면에 제시되는 두 학생의 상반되는 의견을 토대로 자신의 의견을 정한다. 이때 답안 작성 시 아이디어를 정리하기 좋은 방향으로 의견을 정하는 것이 좋다.

3. 이유와 근거를 제시하는 아웃라인 쓰기
내가 정한 의견에 대한 이유와 그 이유를 뒷받침하는 근거는 토론 지문에서 가져오는 것이 아니라 스스로 구상하여 아웃라인을 작성한다. 근거는 일반적인 진술과 구체적인 사례를 함께 드는 것이 좋다.

아웃라인 구성

- 나의 의견
- 이유 1
  - └ 근거
- 이유 2
  - └ 근거

Sample

교수의 설명(좌측 화면)   **주제 및 과제 파악하기**

Dr. Cruz

Some cities are confronted with a dilemma regarding the best utilization of a significant vacant building within their urban landscape. They must decide between converting the building into affordable housing for low-income individuals or demolishing it to establish a public park. Both affordable housing and green spaces play pivotal roles in urban environments, making this decision complex. In your opinion, which option do you think would be more advantageous for residents of the city? Why do you think the option is more advantageous?

— 주제에 대한 배경

— 주제 및 과제

크루즈 박사

어떤 도시들은 도시 풍경 내에서 의미 있는 빈 건물에 대한 최선의 활용 방법과 관련해 딜레마에 직면해 있습니다. 그 건물을 저소득층 사람들을 위한 저렴한 주택으로 개조하는 것과 철거해서 공원을 설립하는 것 사이에서 반드시 결정해야 합니다. 저렴한 주택과 녹지 공간은 모두 도시 환경 속에서 중추적인 역할을 하기 때문에, 이러한 결정은 복잡한 문제입니다. 여러분 생각에, 어느 선택이 도시 주민들에게 더 이로울 것 같은가요? 왜 그 선택이 더 이롭다고 생각하나요?

주제에 대한 배경

주제 및 과제

192 YBM TOEFL 80+ Writing

두 학생의 토론(우측 화면)

아웃라인 작성하기

Elaine

While green spaces offer residents a place for recreation and can positively impact mental wellbeing, I believe the immediate need in most cities is affordable housing. With increasing urbanization and rising rents, providing housing for low-income residents can alleviate some of the socio-economic challenges cities face. By repurposing the building, the city can address this pressing concern.

David

Although affordable housing is crucial, a public park can offer numerous benefits. It can serve as a communal space for residents, potentially increasing the quality of life and promoting community bonding. Additionally, green spaces can improve air quality and provide habitats for local wildlife. Given these ecological and social benefits, I would advocate for the creation of a park.

나의 의견
Elain: affordable housing

이유 1
social equality & inclusivity
└ 근거
   - challenge of low income ppl to secure affordable housing
   - invest in affordable housing → unified & cooperate society

이유 2
long-term economic benefit for cities
└ 근거
   - stable housing → homeless ↓ & creation of jobs & eco. growth
   - property value ↑ & tax revenue ↑ → eco. prosperity

일레인

녹지 공간이 주민들에게 여가를 위한 공간을 제공해 주고 정신적 행복에 긍정적으로 영향을 미칠 수 있지만, 저는 대부분의 도시에서 즉각적으로 필요한 건 저렴한 주택이라고 생각합니다. 늘어나고 있는 도시화와 높아지는 집세로 인해, 저소득층 주민들을 위해 주택을 제공하면 도시들이 직면하고 있는 일부 사회 경제적 어려움들을 완화할 수 있습니다. 그 건물을 용도 변경함으로써, 그 도시가 이 긴급한 우려 사항을 해결할 수 있습니다.

데이빗

저렴한 주택이 중대하긴 하지만, 공원은 수많은 이점을 제공해 줄 수 있습니다. 주민들을 위한 공용 공간의 역할을 할 수 있기 때문에, 잠재적으로 삶의 질을 높여 주고 공동체 유대감 형성을 촉진합니다. 게다가, 녹지 공간은 공기 질을 개선해 주고 지역 야생 동물에게 필요한 서식지도 제공할 수 있습니다. 이러한 생태학적, 사회적 이점을 감안할 때, 저라면 공원 조성을 지지할 것 같습니다.

나의 의견
일레인: 저렴한 주택

이유 1
사회적 형평성과 포용성
└ 근거
- 저렴한 주택 확보는 저소득층에게 어려움
- 저렴한 주택에 대한 투자 → 통합적이고 협력적인 사회

이유 2
도시에 장기적인 경제적 이점
└ 근거
- 안정적인 주거 → 노숙자 ↓ & 일자리 창출 & 경제 성장
- 부동산 가치 ↑ & 세수 증가 → 경제적 번영

WRITING

QUESTION 2

EXERCISE

제시된 토론 지문에 대한 아웃라인을 작성하시오.

1

Dr. Diaz	**Stella**
Water pollution is a pressing environmental concern with detrimental effects on aquatic life and human health. Efforts to combat this issue require collaborative action from various stakeholders. While governments have historically enacted regulations to curb water pollution, there is growing recognition that individuals and businesses also play crucial roles in addressing this challenge. In your opinion, which group should take the lead in addressing water pollution: individuals, businesses, or governments? Why do you think that group should take the lead?	I believe that governments should take the lead in addressing water pollution. They have the authority and resources to enforce strict regulations on industries and individuals, ensuring that pollution levels are kept in check. Without strong governmental intervention, businesses may prioritize profit over environmental concerns, leading to continued pollution of water bodies.
	Cindy
	While I agree that governments have a significant role to play, I also believe that businesses should take more responsibility for addressing water pollution. Many industries are major contributors to water pollution through their manufacturing processes and waste disposal practices. By implementing sustainable practices and investing in technologies to reduce their environmental footprint, businesses can make substantial strides in mitigating water pollution.

읽기 지문 노트

나의 의견

Cindy: businesses take the lead

이유 1

ㄴ 근거
  - adopt clean & efficient process → pollutant discharge ↓
  - e.g. investment in water treatment tech. → harmful chem. neutralized

이유 2

ㄴ 근거
  - creation of envi. friendly product & service → hazardous substance use ↓ & water conservation
  - influence supply chain to adopt sustainable practice

2

Dr. Diaz

In the realm of journalism, there is an ongoing debate about whether the field should be open to everyone or restricted to those who have received formal education in journalism. Some argue that journalism should be open to everyone, not just those who went to school for it. Others believe that a proper education in journalism is needed to make sure news is high-quality and trustworthy. What is your position in this argument? Do you agree that a formal education in journalism is essential for maintaining the quality and trustworthiness of news? Why or why not?

Alex

I believe people without formal journalism training should be allowed to create and share journalistic content. Digital media has democratized information, bringing diverse viewpoints to public discussion. Although professional training is beneficial, key journalistic qualities like truth-seeking and effective communication aren't limited to formally educated individuals.

Taylor

Journalism, in my view, requires professional training. It's not merely about reporting but also involves knowledge about ethics, legalities, and in-depth research that education provides. Without this, amateurs might unintentionally propagate misinformation, damaging media credibility. Investigative journalism exemplifies this need, seeking out knowledge and establishing sources — abilities refined through comprehensive academic and field training.

읽기 지문 노트

나의 의견

Taylor: requires professional training

이유 1

reliable news → understand & apply media ethics

└ 근거

_____

_____

이유 2

teach skills

└ 근거

_____

_____

단계별 답안 쓰기

자신이 작성한 아웃라인을 토대로 아래에 제시된 단계에 맞추어 주어진 문제에 대한 답안을 10분 안에 작성해야 한다.

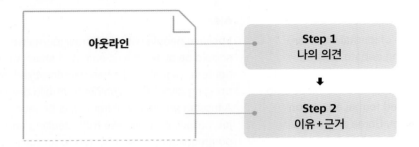

Step 1. 나의 의견 쓰기

아웃라인 내용을 기반으로 나의 의견을 한 문장으로 제시한다. 나의 의견을 밝힐 때에는 문제에서 제시된 표현을 그대로 이용하지 않고 일부분을 조금 다르게 바꿔 패러프레이징하는 것이 좋다.

Sample

아웃라인

> 나의 의견
> Elain: affordable housing

답안 쓰기

> 나의 의견
> **I am oriented toward** Elaine's **view. There are two reasons to** validate **my vintage point.**
> 저는 일레인의 의견에 마음이 기울어요. 제 관점을 입증할 두 가지 의견이 있습니다.

Step 2. 이유와 근거 쓰기

아웃라인 내용을 기반으로 내 의견에 대한 이유와 이를 뒷받침하는 근거를 쓴다. 이때 앞서 배운 패턴들을 활용하면 체계적인 답안 작성에 도움이 된다.

Sample

아웃라인

> 이유 1
> social equity & inclusivity

답안 쓰기

> 이유 1
> **First of all,** affordable housing fosters social equity and inclusivity within urban areas.
> 우선, 저렴한 주택은 도시 공간 내에서 사회적 형평성과 포용성을 촉진합니다.

└, 근거
- challenge of low
  income ppl to secure
  affordable housing
- invest in affordable
  housing → unified &
  cooperate society

이유 2
long-term *economic benefit*
for cities
└, 근거
- stable housing →
  homeless ↓ & creation
  of jobs & *eco. growth*
- property value ↑ &
  tax revenue ↑ → *eco.*
  prosperity

근거
To be specific, safe and stable housing is a basic human necessity, yet numerous low-income individuals and families encounter challenges in securing affordable residences in urban settings. Through investment in affordable housing initiatives, cities can guarantee that individuals from all socio-economic backgrounds have access to appropriate living arrangements. This cultivates a more unified and cooperative society, offering equal opportunities for individuals to flourish.

구체적으로 말해, 안전하고 안정적인 주택은 인간에게 기본적인 필수 요소이지만, 수많은 저소득층 사람들과 가정들이 도시 환경 속에서 저렴한 주택을 확보하는 데 있어 어려움에 직면해 있습니다. 저렴한 주택 계획에 대한 투자를 통해, 도시는 사회 경제적 배경이 다른 모든 사람들이 적절한 주거 형태를 이용할 수 있도록 보장해 줄 수 있습니다. 이는 더욱 통합적이고 협력적인 사회로 발전시켜, 사람들이 잘 살아갈 수 있는 동등한 기회를 제공하게 됩니다.

이유 2
Not only that, investing in affordable housing can have long-term economic benefits for cities.

뿐만 아니라, 저렴한 주택에 투자하면 도시에 장기적인 경제적 이점이 될 수 있습니다.

근거
To explain, stable housing reduces homelessness, which in turn decreases reliance on social services and emergency shelters. Additionally, affordable housing construction creates jobs and stimulates economic growth in the construction industry. Over time, this investment can lead to increased property values and tax revenues for the city, contributing to overall economic prosperity.

설명하자면, 안정적인 주택은 노숙자들을 줄여 주기 때문에, 결과적으로 사회 복지 사업과 비상 대피소에 대한 의존도를 낮춰 줍니다. 게다가, 저렴한 주택 건설은 일자리를 창출하고 건설업계의 경제적 성장을 자극합니다. 시간이 흐르면서, 이러한 투자는 도시의 부동산 가치 및 세수 증가로 이어져, 전반적인 경제적 번영에 기여할 수 있습니다.

맺음말
In conclusion, I hold that prioritizing affordable housing construction not only addresses immediate socioeconomic challenges but also promotes social equity and stimulates economic growth within urban communities.

결론적으로, 저는 저렴한 주택 건설을 우선시하는 것이 즉각적인 사회 경제적 어려움을 해결해 줄 뿐 아니라 사회적 형평성도 촉진하고 도시 공동체 내에서 경제적 성장도 이끌어 낼 수 있다고 생각합니다.

Tips
이유와 근거를 모두 작성한 후에도 시간이 남을 경우, 나의 의견 문장을 조금 변형하여 맺음말로 재진술하면 답안의 완성도를 높일 수 있다.

EXERCISE

제시된 문제에 대한 아웃라인을 작성한 후, 문제에서 요구하는 답안을 완성하시오.

1

Dr. Bloom	Emily
When starting a new business, entrepreneurs often struggle with the decision of whether to hire recent graduates or experienced workers. Some argue that recent graduates are better because they bring fresh perspectives and enthusiasm, while others prefer experienced workers due to the fact that they offer valuable expertise and skills. Do you believe that recent graduates are better suited for a new business? Why or why not?	I believe that when starting a new business, hiring recent graduates can be more beneficial. Recent graduates often possess innovative ideas and a willingness to learn, which can bring fresh perspectives and energy to the business. Additionally, they are likely to be more adaptable to new technologies and trends, which is crucial in today's rapidly changing business environment.
	Daniel
	I think hiring experienced workers is wiser when starting a new business. While recent graduates may bring fresh perspectives, experienced workers offer valuable expertise and skills that are essential for the success of a new venture. They have already honed their abilities through years of practical experience, minimizing the learning curve and potential mistakes that can occur in the early stages of a business.

읽기 지문 노트

나의 의견

Emily: recent graduate better

이유 1

∟ 근거

이유 2

∟ 근거

답안 쓰기

나의 의견

_____. _____

저는 에밀리의 의견에 마음이 기울어요. 저의 의견을 입증할 두가지 이유가 있습니다.

이유 1

_____, recent graduates _____

_____.

우선, 최근의 졸업생들은 새로운 관점과 최신 지식, 그리고 혁신적인 아이디어를 가져다 줍니다.

근거

They are often more open to learning new concepts and technologies, which can benefit a company looking to stay current and competitive in the market. By combining the expertise of experienced workers — those who have already been part of the company — with the enthusiasm and creativity of recent graduates, a company can cultivate a dynamic and well-rounded team that is poised for success.

그들은 흔히 새로운 개념과 기술을 배우는 데 더 열려 있기 때문에, 시장에서 최신 상태와 경쟁력을 유지하기를 바라는 회사에 유익할 수 있습니다. 이미 회사의 일원으로 존재해 온 경력자들의 전문 지식을 최근 졸업생들의 열정 및 창의성과 결합함으로써, 회사는 역동적이고 다재 다능한 팀을 양성해 성공을 향한 태세를 갖출 수 있습니다.

이유 2

_____, hiring recent graduates for a new business _____

_____.

뿐만 아니라, 새로운 사업을 위해 최근의 졸업생들을 고용하는 것이 성장과 충성심에 대한 잠재성을 높여 줍니다.

근거

Graduates are often eager to prove themselves and advance within a company, making them more likely to be long-term assets. By investing in their development and providing opportunities for advancement, you can foster a sense of loyalty and commitment that can lead to a strong and dedicated team for years to come.

졸업생들은 흔히 자신을 증명하고 회사 내에서 승진하기를 간절히 바라기 때문에, 장기적인 자산이 될 가능성이 더 큽니다. 그들의 발전성에 투자하고 승진을 위한 기회를 제공함으로써, 앞으로 다가올 수년 동안 튼튼하고 헌신적인 팀으로 이어질 수 있는 충성심과 책임감을 증진시킬 수 있습니다.

맺음말

_____ by integrating the fresh ideas and potential for growth that recent graduates offer with the seasoned expertise of workers already employed within the company,

_____.

결론적으로, 저는 최근의 졸업생들이 제공하는 새로운 아이디어와 성장 잠재성을 회사 내에 이미 고용되어 있는 직원들의 노련한 전문 지식과 통합함으로써, 새로운 사업을 장기적인 성공으로 이끌어 주는 강력한 팀이라는 역동성을 만들어 낼 수 있다고 생각합니다.

WRITING

QUESTION 2

2

Dr. Diaz

As technology evolves, digital art has become a prominent medium in the art world, sparking debate about its value compared to traditional art forms like painting, sculpture, or printmaking.
Some argue that digital art offers unique possibilities and deserves equal recognition, while others believe that traditional art forms hold more value due to their physical and historical qualities. Do you agree that digital art is equally valuable as traditional art forms? Why or why not?

Lena

I firmly believe that digital art holds equal value to traditional art forms. One advantage of digital art is its accessibility and democratization of the artistic process. Unlike traditional mediums that may require expensive materials and specialized training, digital art can be created using readily available software and tools, making it more inclusive and accessible to a wider range of artists.

Michael

Unlike Lena, I think that traditional art forms hold more value than digital art. One of the unique qualities of traditional art is its tangible and tactile nature, which establishes a deeper connection between the viewer and the artwork. Traditional mediums like painting and sculpture evoke a sense of craftsmanship and physical presence that cannot be replicated digitally.

읽기 지문 노트

나의 의견

Lena: equal value

이유 1

└ 근거

이유 2

└ 근거

답안 쓰기

나의 의견

_____ . _____

저는 레나의 의견에 마음이 기울어요. 저의 의견을 입증할 두가지 이유가 있습니다.

이유 1

_____

_____

우선, 디지털 아트는 미술가들에게 전통적인 표현 수단을 이용해 전달하기 어려울 수 있는 개념과 아이디어를 탐구하고 표현할 수 있게 해 줍니다.

근거

_____ ,

artists can create immersive and dynamic experiences that engage viewers in new and innovative ways. This flexibility allows for greater experimentation and expression, pushing the boundaries of artistic practice.

애니메이션과 가상 현실, 그리고 대화형 설치물 같은 디지털 도구의 이용을 통해, 미술가들은 관람객들을 새롭고 혁신적인 방식으로 사로잡는 몰입감 있고 역동적인 경험을 만들어 낼 수 있습니다. 이러한 유연성은 더 뛰어난 실험과 표현을 가능하게 해서, 미술 행위의 경계를 확장해 줍니다.

이유 2

_____

_____

게다가, 점점 더 디지털화되는 세상에서, 디지털 아트는 현대 관객들과 연결되는 방식으로 미술가들이 세계화와 감시, 정체성 같은 주제에 대해 견해를 밝힐 수 있는 플랫폼을 제공해 줍니다.

근거

_____ , we recognize its importance in shaping cultural discussions and its ability to spark serious thinking and conversations about important issues of our time.

디지털 아트를 받아들임으로써, 우리는 문화적 담론을 형성하는 데 있어 그것이 지니는 중요성과, 우리 시대의 중요한 문제들에 관한 진지한 사고 및 대화를 촉발시키는 그 능력을 인식합니다.

맺음말

_____

_____

결론적으로, 저는 디지털 아트의 유연성과 중요성이, 창의성 및 관람객을 사로잡는 데 대한 잠재성과 함께, 미술계의 한 가지 표현 수단으로서 지니는 가치를 강조해 준다고 생각합니다.

주제별 실전 문제

앞에서 학습한 아웃라인 작성 요령과 답안 쓰기 단계를 적용하여 2번 문제에 자주 출제되는 교육, 비즈니스, 기술, 환경, 사회적 이슈 주제에 각각 해당하는 실전형 문제의 답안을 작성해보자.

교육

1

Direction

Your professor is teaching a class on education. Write a post responding to the professor's question.

In your response, you should do the following:
- Express and support your opinion.
- Make a contribution to the discussion in your own words.

An effective response will contain at least 100 words.

Dr. Diaz

This week, our discussion will focus on the challenges faced by administrators in secondary schools that serve teenage students. A common issue is the transition of students between schools. Various factors prompt these changes, but family relocation remains the most frequent reason. What is the most effective strategy for students to adapt to new environments?

Paul

I think schools should implement a buddy system where an existing student helps newcomers adjust to their new surroundings. This student buddy could assist with tasks like finding the cafeteria or navigating to different classrooms. New students might find it easier and more comfortable to ask questions of a peer rather than a teacher or principal.

Claire

I suggest that new students be encouraged to participate in a school club or activity that occurs outside of regular classroom hours. This method offers new students a friendly setting to mingle with their peers and quickly establishes a social group for them to join right from the beginning.

아웃라인

나의 의견   *a school culture immersion program*

이유 1   이유 2

_____   _____

∟ 근거   ∟ 근거

_____   _____

_____   _____

_____   _____

답안 쓰기

나의 의견

_____

_____

_____

이유 1 + 근거

First of all, _____

_____.

By understanding the underlying principles and customs of the school, students are more likely to feel connected to the school and its community. This connection fosters a sense of belonging, which is crucial for students to feel secure and accepted in their new environment.

이유 2 + 근거

On top of that, _____

_____. These activities are designed to break down barriers between students and encourage friendships. Establishing these social connections early on helps new students build a supportive network, which can alleviate the feelings of isolation and stress that often accompany transitioning to a new school. By engaging directly with their peers in a structured yet relaxed setting, new students can integrate more smoothly into the student body.

맺음말

In conclusion, _____

_____

_____.

2

Direction

Your professor is teaching a class on business. Write a post responding to the professor's question.

In your response, you should do the following:
- Express and support your opinion.
- Make a contribution to the discussion in your own words.

An effective response will contain at least 100 words.

Dr. Bloom

In recent years, the gig economy has gained prominence, offering individuals opportunities for flexible work arrangements and income generation outside of traditional employment structures. Some argue that the gig economy offers more benefits than drawbacks for workers. However, others express concerns about the gig economy. What are your thoughts on this issue? Do you believe that the gig economy ultimately provides more advantages for workers? Why or why not?

Sarah

I believe that the gig economy ultimately provides more advantages than disadvantages for workers. One key benefit of the gig economy is the flexibility it offers. Individuals can choose when, where, and how much they work, allowing them to balance their job with other responsibilities such as family or education. This flexibility can be particularly beneficial for students or parents who need to work around their schedules.

John

However, I believe that the gig economy poses more disadvantages than advantages for workers. While flexibility may seem appealing, it often comes at the cost of stability and financial security. Gig workers lack benefits such as health insurance, retirement plans, and paid leave, leaving them vulnerable to economic instability and unforeseen expenses.

아웃라인

나의 의견 Sarah: advantages for workers

이유 1

_____

ㄴ 근거

_____

_____

_____

이유 2

_____

ㄴ 근거

_____

_____

_____

답안 쓰기

나의 의견

_____

이유 1 + 근거

First of all, _____

_____. Unlike traditional employment models, where individuals rely on a single

income stream, _____

_____. This adaptability enables

them to respond to fluctuations in demand and market conditions, thereby reducing the risk of

income instability.

이유 2 + 근거

On top of that, _____

_____.

By participating in gigs across different industries and projects, _____

_____, ultimately enhancing their career

prospects and professional growth.

맺음말

In conclusion, I believe that _____

_____

_____.

Direction

Your professor is teaching a class on technology. Write a post responding to the professor's question.

In your response, you should do the following:

- Express and support your opinion.
- Make a contribution to the discussion in your own words.

An effective response will contain at least 100 words.

Dr. Thompson

As concerns about environmental sustainability and the impact of traditional transportation methods continue to grow, there has been increasing interest in the importance and popularization of electric vehicle (EV) usage. What do you believe is the most effective method of promoting the widespread adoption of EVs?

Sophia

I believe that one of the most effective methods of promoting the widespread adoption of EVs is to increase government incentives and subsidies for EV purchases. Governments can offer tax credits, rebates, and other financial incentives to encourage consumers to switch to EVs. By reducing the upfront costs associated with purchasing an EV, more people may be inclined to make the transition.

Jake

In addition to government incentives, I believe that fostering innovation in battery technology is crucial for promoting the widespread adoption of EVs. Improvements in battery technology, such as increased energy density, faster charging times, and longer battery life, can address some of the key concerns that potential EV buyers may have. Investing in research and development to advance battery technology can lead to more affordable, efficient, and reliable EVs.

아웃라인

나의 의견 public awareness campaigns & educational efforts

이유 1	**이유 2**
_____	_____
∟ 근거	∟ 근거
_____	_____
_____	_____
_____	_____

답안 쓰기

나의 의견

As far as I'm concerned, _____

_____

_____. There are two reasons to substantiate my vantage point.

이유 1 + 근거

First of all, _____

_____. _____

_____ these campaigns shape consumer

perceptions and attitudes toward EVs.

이유 2 + 근거

Not only that, _____

_____.

_____, these initiatives empower

consumers to make informed decisions about transitioning to electric vehicles.

맺음말

In conclusion, _____

_____

_____.

4

Direction

Your professor is teaching a class on environmental science. Write a post responding to the professor's question.
In your response, you should do the following:
- Express and support your opinion.
- Make a contribution to the discussion in your own words.

An effective response will contain at least 100 words.

Dr. Bloom

With the escalating urgency of environmental issues such as climate change and habitat destruction, there has been considerable debate regarding the level of individuals' commitment to environmental protection. Some argue that individuals in the past were more committed to environmental conservation compared to those in the present day, while others believe that people today are more aware and proactive about protecting the environment. Do you agree that people in the past were more committed to environmental conservation than those today? Why or why not?

Sarah

I believe that individuals in the past were more committed to environmental conservation compared to those in the present day. In previous generations, there was less industrialization and consumerism, leading to fewer pollutants being emitted into the environment. People were more connected to nature and relied on it for their livelihoods, which fostered a deeper appreciation and respect for the environment.

Paul

I think that people today are more aware and proactive about protecting the environment. With advancements in technology and access to information, awareness of environmental issues has grown significantly. This heightened awareness has led to widespread activism, such as climate strikes and conservation efforts.

아웃라인

나의 의견   Paul: disagree

이유 1

＿＿＿＿＿＿＿＿＿＿＿＿＿＿＿＿＿＿＿＿

└ 근거

＿＿＿＿＿＿＿＿＿＿＿＿＿＿＿＿＿＿＿＿

＿＿＿＿＿＿＿＿＿＿＿＿＿＿＿＿＿＿＿＿

＿＿＿＿＿＿＿＿＿＿＿＿＿＿＿＿＿＿＿＿

이유 2

＿＿＿＿＿＿＿＿＿＿＿＿＿＿＿＿＿＿＿＿

└ 근거

＿＿＿＿＿＿＿＿＿＿＿＿＿＿＿＿＿＿＿＿

＿＿＿＿＿＿＿＿＿＿＿＿＿＿＿＿＿＿＿＿

＿＿＿＿＿＿＿＿＿＿＿＿＿＿＿＿＿＿＿＿

답안 쓰기

나의 의견

이유 1 + 근거

이유 2 + 근거

맺음말

사회적 이슈

5

Direction

Your professor is teaching a class on sociology. Write a post responding to the professor's question.

In your response, you should do the following:

- Express and support your opinion.
- Make a contribution to the discussion in your own words.

An effective response will contain at least 100 words.

Dr. Cruise

The decision whether to stay in one's hometown or to relocate to a different region is a significant life choice that individuals often contemplate. Considering the importance of this decision, individuals must weigh the pros and cons. Do you believe it is preferable for individuals to remain in their hometown for their entire lives? Why or why not?

Claire

I believe it is preferable for individuals to stay in their hometown for their entire lives. Remaining in one's hometown provides a sense of stability and familiarity that is invaluable for personal well-being. For example, staying in the same community allows individuals to maintain close relationships with family and friends, fostering a strong support network.

Jake

However, I think it is advantageous for individuals to relocate to a different region. Moving to a new area offers opportunities for personal growth and new experiences that cannot be found by staying in one's hometown. For instance, exploring different cultures and environments can broaden one's perspective and enhance adaptability.

아웃라인

나의 의견   *Jake: relocate*

이유 1

_____

ㄴ 근거

_____

_____

_____

이유 2

_____

ㄴ 근거

_____

_____

_____

답안 쓰기

나의 의견

_____

이유 1 + 근거

_____

_____

_____

_____

이유 2 + 근거

_____

_____

_____

_____

맺음말

_____

_____

YBM TOEFL 80⁺
WRITING

ACTUAL
TESTS

ACTUAL TEST 1

YBM TOEFL 80+ WRITING

Question 1 of 2

Directions: You have 20 minutes to plan and write your response. Your response will be judged on the basis of the quality of your writing and on how well your response presents the points in the lecture and their relationship to the reading passage. Typically, an effective response will be 150-225 words.

The Purpose of Eyes in Microorganisms

Recent research has uncovered an intriguing feature in some microscopic organisms: they possess structures similar to eyes. These structures aren't true eyes as seen in larger animals, but rather specialized components that allow these tiny beings to detect light. Experts believe these light-sensing elements serve multiple purposes.

One theory suggests that these microorganisms utilize their eye-like structures to locate and capture their prey. In their microscopic environment, the ability to detect light is a significant advantage. Predatory microorganisms, which feed on other small entities, use light variations as indicators of potential food nearby. This ability enables them to approach their next source of nourishment, enhancing their chances of survival. Research has observed that these organisms are drawn to areas with fluctuating light levels, interpreting it as movement from potential prey.

Another perspective is that these eye-like structures aid in harvesting sunlight for energy, similar to the process of photosynthesis in plants. By orienting themselves towards light sources, these microorganisms can maximize their sun exposure. This strategy is especially useful in environments where traditional food sources are scarce, making sunlight an invaluable energy resource.

Lastly, the eye-like structures provide a high degree of precision when capturing prey. It's not merely about detecting the presence of food but accurately pinpointing its location and distance. For microorganisms that rely on ejecting toxins or bodily extensions to ensnare their prey, accurate aiming facilitated by light detection is key to their hunting success. Experimental evidence has shown that certain microorganisms can adjust their orientation and attack strategy based on light direction, underscoring the critical role of these light-sensing structures in their predatory efficiency.

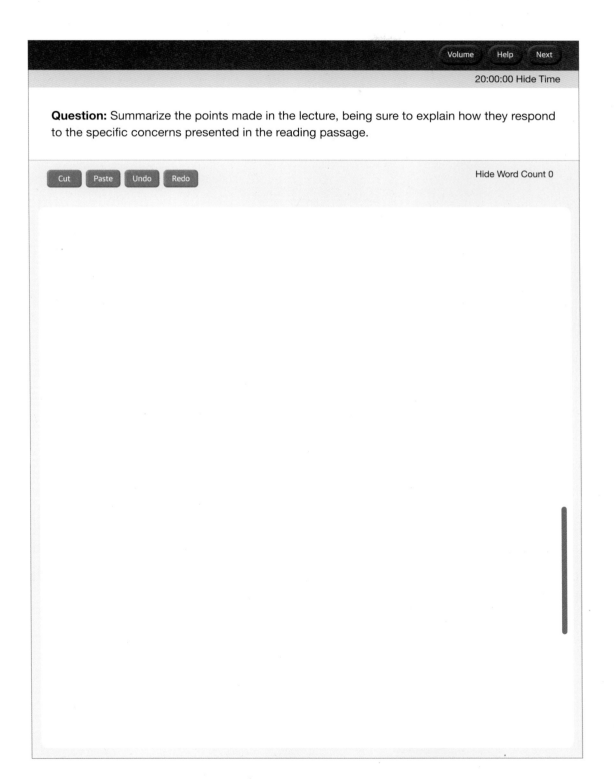

Your professor is teaching a class on education. Write a post responding to the professor's question.

In your response, you should do the following.
- Express and support your opinion.
- Make a contribution to the discussion in your own words.

An effective response will contain at least 100 words.

Dr. Mitchell

In recent years, educational institutions have been contemplating innovative approaches to structuring the school week. One such proposal gaining traction is the transition from the conventional five-day school week to a compressed schedule of four days, with each day extended by an additional 90 minutes. Proponents argue that this change could have a variety of benefits, including enhanced student productivity and improved work-life balance for both students and educators. Do you think adopting a four-day school week would be beneficial idea? Why or why not?

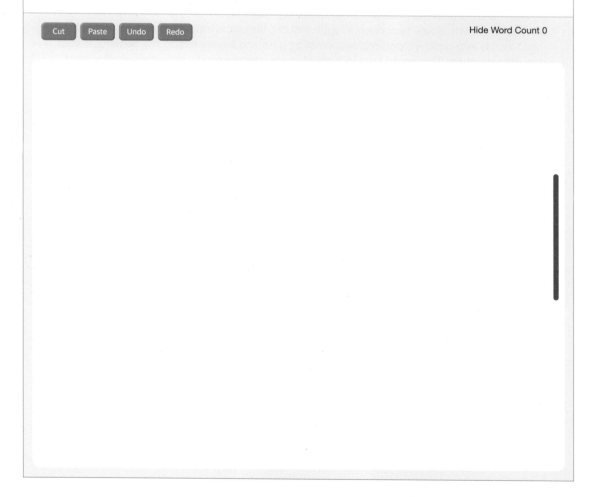

Sarah

I am in favor of the four-day school week. I believe that an extended weekend would provide students with more time for rest, extracurricular activities, and family interactions. Additionally, longer school days would allow teachers to delve deeper into topics, ensuring students grasp concepts fully.

John

Even though Sarah made some good points, I do not endorse the adoption of a four-day school week. Extending the school day by 90 minutes could prove to be overwhelming for younger students, who already find it challenging to sustain their concentration throughout the existing school day.

Cut Paste Undo Redo

Hide Word Count 0

WRITING

ACTUAL TESTS

ACTUAL TEST 2

Directions: You have 20 minutes to plan and write your response. Your response will be judged on the basis of the quality of your writing and on how well your response presents the points in the lecture and their relationship to the reading passage. Typically, an effective response will be 150-225 words.

Several Benefits of Extracting Oil from Tar Sand

The development of oil from tar sands is often presented as a significant economic opportunity with potential environmental benefits. Supporters of tar sands development highlight several advantages that could arise from this industry.

To begin with, one of the possible advantages of extracting oil from tar sands is to stimulate economic growth. Some proponents argue that the tar sands industry has the potential to inject vitality into undeveloped regions, creating jobs and necessitating the construction of new infrastructure. This could lead to a surge in economic activity, providing employment opportunities and stimulating local businesses.

Another benefit of extracting oil from tar sands is that it can generate significant government revenue. Profitable oil extraction operations would likely increase tax contributions from companies, thereby enhancing the government's ability to fund public services. This inflow of capital could reduce the financial pressure on individual citizens by potentially lowering their tax obligations.

Lastly, tar oil extraction presents a strategic advantage by reducing dependence on foreign oil imports, thereby enhancing energy security. By tapping into domestic tar oil resources, countries can lessen their reliance on uncertain international markets, mitigating the risks associated with geopolitical tensions and fluctuating oil prices. This increased energy independence fosters stability and resilience in the face of external disruptions, ensuring a more secure and sustainable energy supply for the nation.

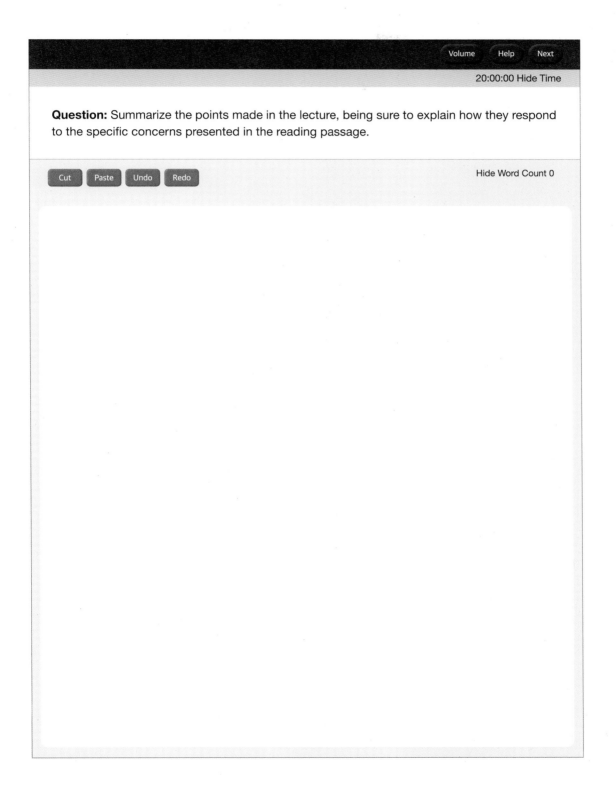

Question: Summarize the points made in the lecture, being sure to explain how they respond to the specific concerns presented in the reading passage.

Cut Paste Undo Redo

Hide Word Count 0

Volume Help Next

20:00:00 Hide Time

● 정답 및 해설 p.151

WRITING

ACTUAL TESTS

Your professor is teaching a class on travel. Write a post responding to the professor's question.

In your response, you should do the following.

- State your opinion and support it.
- Contribute meaningfully to the discussion.

An effective response will contain at least 100 words.

Dr. Cruise

In the age of digital connectivity, the advent of YouTube and other online video platforms has revolutionized the way individuals experience and interact with the world. With a vast array of travel-related content readily accessible at our fingertips, some argue that virtual exploration can rival the traditional notion of physical travel. Some people believe that experiencing foreign travel through YouTube or online video platforms can be just as rewarding as physically traveling abroad. Do you agree or disagree with this perspective?

Sophia

I advocate for the view that virtual travel experiences, as provided by platforms like YouTube, can indeed offer significant value that rivals physical travel. This perspective is rooted in the accessibility and breadth of experiences these platforms afford. Individuals who are unable to travel due to financial, health, or other constraints can still explore the world in a meaningful way.

Paul

Conversely, I argue that while online video platforms are valuable resources for learning and inspiration, they cannot fully replicate the benefits of physical travel. Experiencing a new culture firsthand involves more than just visual and auditory stimuli; it's about the tactile, olfactory, and even the taste sensations that can only be encountered in person.

Cut   Paste   Undo   Redo

Hide Word Count 0

YBM
TOEFL 80+

SPEAKING
& WRITING

정답 및 해설

SPEAKING Independent Task

UNIT 02 답변 말하기 필수 패턴

EXERCISE p.23

1 I <u>prefer</u> trying to do multiple things at once <u>to</u> working on one task at a time.
2 <u>I agree with the idea that</u> team-teaching by two professors <u>benefits students</u> in many ways.
3 <u>I disagree with the statement that</u> homework has no value in the educational process.
4 <u>First of all, working for an established company</u> allows me to earn a fixed and stable income.
5 <u>Additionally, taking photographs in the museum</u> can distract others.
6 <u>To be specific,</u> cooking and budgeting are just some of the basic skills that kids will need.
7 <u>For example,</u> the other day <u>I came across a news report</u> stating that preserving the natural landscape helps sustain biodiversity.
8 <u>For these reasons, I think technology can be a powerful learning tool</u> that can make anyone smarter.

UNIT 03 아웃라인 구성하기

EXERCISE p.26

1

문제

Some people prefer having friends who share the same beliefs and opinions, while others prefer having friends with different ideas and opinions. Which do you prefer? Explain why.

어떤 사람들은 같은 신념과 의견을 지닌 친구가 있는 것을 선호하는 반면, 다른 이들은 생각과 의견이 다른 친구가 있는 것을 선호한다. 어느 것을 선호하는가? 이유를 설명하시오.

아웃라인

나의 선택·의견
friends w/ diff. ideas & opinions

생각과 의견이 다른 친구 선호

이유 1
diverse perspectives → understanding of world ↑
ㄴ 부연 설명
  think critically & empathetically → stimulating conversation & outlook on life

이유 2
personal growth & adaptability
ㄴ 부연 설명
  open-minded & adptable → work & collab. in diver. envi.

다양한 관점 갖게 함 → 세상에 대한 이해 높임

비판적이고 공감하는 태도로 생각 → 흥미로운 대화 & 폭넓은 인생관

자기 성장 & 적응성

열린 마음과 적응성 갖게 해 → 다양한 환경에서 일하고 협업할 수 있게 도움

모범 답변

나의 선택·의견
I believe having friends with different ideas and opinions is more valuable. I feel this way for the following reasons.

이유 1
First of all, it exposes me to diverse perspectives, enhancing my understanding of the world.
ㄴ 부연 설명
  To explain, friends with varying viewpoints challenge my thoughts and beliefs, encouraging me to think critically and empathetically. This diversity leads to more stimulating conversations and a broader outlook on life.

이유 2
Additionally, it aids in personal growth and adaptability.
ㄴ 부연 설명
  To be specific, interacting with people who think differently teaches me to be open-minded and adaptable, skills that are crucial in our globally connected world. Such friendships prepare me to work and collaborate in diverse environments, making me more effective in both personal and professional settings.

맺음말
Therefore, I prefer having friends with different ideas, as it helps me learn and grow in a world full of different views.

생각과 의견이 다른 친구가 있는 것이 더 소중하다고 생각한다. 이렇게 생각하는 이유는 다음과 같다.

가장 먼저, 나를 다양한 관점에 노출시켜 세상에 대한 이해를 넓혀 준다.

설명하자면, 다양한 관점을 지닌 친구들은 내 생각과 신념에 도전 의식을 불어넣어, 비판적이고 공감적인 태도로 생각하게 만들어 준다. 이러한 다양성은 더욱 흥미로운 대화 및 더욱 폭넓은 인생관으로 이끌어 준다.

게다가, 이는 자기 성장과 적응성에도 도움이 된다.

구체적으로 말하면, 다르게 생각하는 사람들과의 교류는 열린 마음과 적응성을 지닌 사람이 되도록 깨닫게 해 주며, 이는 전 세계적으로 연결된 지금의 세상에서 아주 중요한 능력이다. 이러한 교우 관계는 다양한 환경에서 일하고 협업하는 데 대비하게 해 주어, 개인적인 그리고 전문적인 환경에서 모두 나를 더욱 유능한 사람으로 만들어 준다.

따라서, 다른 생각을 지닌 친구가 있는 것을 선호하는데, 다양한 관점들로 가득한 세상에서 배우고 성장하는 데 도움을 주기 때문이다.

어휘 valuable 소중한, 귀중한   expose 노출시키다   diverse 다양한   perspective 관점(= viewpoint)   enhance 넓히다, 향상시키다   challenge 도전하다, 이의를 제기하다   encourage A to + 동사원형 A에게 ~하게 해 주다   critically 비판적으로   empathetically 공감적으로   diversity 다양성   lead to ~로 이끌다   stimulating 흥미로운, 자극이 되는   outlook on life 인생관   aid 도움을 주다   adaptability 적응성   interact with ~와 교류하다   adaptable 적응성 있는   crucial 아주 중요한   collaborate 협업하다   effective 유능한   setting 환경

2

문제

Do you agree or disagree with the following statement? Why or why not? Use details and examples to explain your answer.
In order to have a successful life, we sometimes need a rival.

다음 의견에 동의하는가, 아니면 동의하지 않는가? 그 이유는 무엇인가? 세부 정보 및 예시를 활용해 설명하시오.
성공적인 삶을 살기 위해, 때로는 경쟁자가 필요하다.

아웃라인

나의 선택·의견
agree - driving force behind success

이유 1
push to exceed limits
ㄴ 부연 설명
   e.g. competition in workplace →
   personal & professional growth

이유 2
learn how to recover from challenges
ㄴ 부연 설명
   interactions w/ tough competitor & coworker
   → prep. to tackle future obstacles

동의 - 성공의 원동력

한계를 뛰어넘도록 함

예. 직장 내 경쟁 →
개인적 & 직업적 성장

어려움에서 회복하는 법 학습

까다로운 경쟁자나 직장 동료와의 교류
→ 미래의 어려움 극복을 대비하는 데 도움

모범 답변

나의 선택·의견
I think that having a rival can sometimes be the driving force behind our success. I feel this way for the following reasons.

이유 1
First of all, a rival can push us to exceed our limits.
ㄴ 부연 설명
   For instance, competition in the workplace can inspire innovation and hard work as we strive to outperform our counterparts. This can lead to personal and professional growth.

이유 2
Also, facing competitors helps us learn how to recover from challenges.
ㄴ 부연 설명
   To be specific, interactions with a tough competitor or coworker can strengthen our resilience and equip us with the ability to conquer challenges. These experiences are valuable, as they help us prepare to tackle future obstacles with confidence.

경쟁자가 있다면 때때로 성공을 뒷받침하는 원동력이 될 수 있다고 생각한다. 이렇게 생각하는 이유는 다음과 같다.

가장 먼저, 경쟁자는 한계를 뛰어넘도록 우리를 밀어붙이게 할 수 있다.

예를 들어, 직장 내 경쟁은 상대를 능가하기 위해 애쓰는 과정에서 혁신을 이루고 많은 노력을 기울이도록 영감을 줄 수 있다. 이는 개인적인 그리고 직업적인 성장으로 이어질 수 있다.

또한, 경쟁자들과 마주하는 것은 어려움으로부터 회복하는 법을 배우는 데 도움이 될 수 있다.

구체적으로 말하면, 까다로운 경쟁자 또는 동료와의 교류는 회복 탄력성을 강화해 어려움을 극복하는 능력을 갖출 수 있게 해 준다. 이러한 경험은 소중한데, 자신감 있게 향후의 장애물에 맞서도록 대비하는 데 도움을 주기 때문이다.

맺음말

Therefore, I think having a rival can lead us to achieve greater success.

따라서, 경쟁자가 있는 것이 더 큰 성공을 이루도록 이끌어 줄 수 있다고 생각한다.

어휘 driving force 원동력, 추진력   exceed 뛰어넘다, 초과하다   competition 경쟁   inspire 영감을 주다   innovation 혁신   strive to+동사원형 ~하려 애쓰다   outperform 능가하다, 더 나은 성과를 내다   counterpart (동등한 입장에 있는) 상대   lead to ~로 이어지다   face 마주하다, 직면하다   competitor 경쟁자   recover 회복하다   challenge 난관   equip A with B A에게 B를 갖추게 하다   ability to+동사원형 ~할 수 있는 능력   conquer 극복하다, 정복하다   valuable 소중한   tackle (문제 등에) 맞서다, 다루다   obstacle 장애물   confidence 자신감   lead A to+동사원형 ~하도록 A를 이끌다   achieve 이루다, 달성하다

3

문제

Some people think it's good for big companies to move to small cities to create jobs, while others believe this should be limited to protect the environment. Which view do you prefer and why?

어떤 사람들은 일자리 창출을 위해 큰 회사들이 작은 도시로 옮기는 것이 좋다고 생각하는 반면, 다른 이들은 환경을 보호하기 위해 이를 제한해야 한다고 생각한다. 어느 관점을 선호하는가, 그리고 그 이유는 무엇인가?

아웃라인

나의 선택·의견
should be limited to protect envi.

이유 1
corporate activities ↑ → envi. $
└ 부연 설명
  e.g. pollution, habitat destruction, carbon footprint ↑ b/c construction & transportation

이유 2
negative impact on commu.
└ 부연 설명
  new employees → housing & living $ ↑
  → push out small local business & change unique culture

환경보호를 위해 제한해야 함

기업 활동 증가 → 환경적 대가

예. 건설 및 교통으로 인한 오염, 서식지 파괴, 탄소 발자국 증가

지역사회에 부정적인 영향

신규 직원들 → 주거비 & 생활비 인상
→ 소규모 지역 사업체 방출 & 고유 문화 변화

모범 답변

나의 선택·의견
I support the idea that large companies should be cautious about relocating operations to small cities, primarily to protect the environment.

이유 1
First of all, large-scale corporate activities often come with environmental costs.

큰 회사들이 작은 도시로 사업체를 이전하는 것에 대해 신중해야 한다는 생각을 지지하며, 이는 주로 환경을 보호하기 위해서이다.

가장 먼저, 대규모 기업 활동은 환경적 대가를 수반한다.

└ 부연 설명
These include pollution, habitat destruction, and increased carbon footprint due to new construction and transportation needs.

이유 2
Also, such relocations can negatively impact local communities.

└ 부연 설명
To be specific, the arrival of new employees can increase housing and living costs, potentially pushing out small local businesses and changing the area's unique culture. This can disrupt the traditional social and economic structure of these communities.

맺음말
Therefore, I think big companies should not be allowed to move to small cities.

여기에는 새로운 건설 공사 및 교통에 대한 필요성으로 인한 환경 오염과 서식지 파괴, 탄소 발자국 증가가 포함된다.

또한, 이러한 이전들이 지역 사회에 부정적인 영향을 줄 수 있다.

구체적으로 말하면, 신규 직원들의 유입으로 인해 주거비와 생활비가 올라갈 수 있고, 이는 소규모 지역 사업체들을 밀어내고 지역의 고유 문화를 변화시킬 수 있다. 이러한 변화들은 지역 사회의 전통적인 사회적, 경제적 구조를 해칠 수 있다.

따라서, 큰 회사들이 작은 도시로 이전하는 것을 허용해서는 안 된다고 생각한다.

어휘 be cautious about ~에 대해 신중하다 relocate 이전하다 operation 사업(체) primarily 주로 large-scale 대규모의 corporate 기업 pollution 오염 habitat 서식지 destruction 파괴 carbon footprint 탄소 발자국(개인, 기업, 또는 국가가 발생시키는 온실 가스의 총량) due to ~로 인해 transportation 교통 impact 영향을 미치다 arrival 유입, 도착 living cost 생활비 push out 밀어 내다 disrupt 방해하다, 지장을 주다 be allowed to+동사원형 ~하도록 허용되다

4

문제

Some people say parents should use rewards to teach their kids, while others think discipline works better. Which method do you prefer and why?
어떤 사람들은 부모가 아이들을 가르치기 위해 보상을 이용해야 한다고 말하는 반면, 다른 이들은 훈육이 더 좋은 효과를 낸다고 생각한다. 어느 방식을 선호하는가, 그리고 그 이유는 무엇인가?

아웃라인

나의 선택·의견
rewarding children

이유 1
+reinforcement

└ 부연 설명
praise & tangible rwd for good behavior / achievement
→ childr. repeat → shape+behav.

이유 2
teach children set & achieve goals

└ 부연 설명
e.g. know they will receive rwd → more focused & driven

아이들에게 보상을 주는 것

긍정적 강화 효과

선행/성취에 대한 칭찬 & 실질적인 보상
→ 그러한 행동 반복 → 긍정적인 행동양식 형성

목표를 설정하고 달성하도록 교육

예. 보상을 받는다는 사실을 알면 더 집중하고 주도적이 됨

나의 선택·의견
I personally feel that rewarding children is a better way to teach them. I feel this way for the following reasons.

이유 1
First of all, rewards act as positive reinforcement.
　ㄴ **부연 설명**
　When children receive praise or tangible rewards for good behavior or achievements, it emphasizes the importance of those actions, making it more likely they'll repeat them in the future. This reinforcement helps shape their behavior in a positive manner.

이유 2
Also, rewards can teach children about setting and achieving goals.
　ㄴ **부연 설명**
　For instance, if they know they'll receive a reward after completing a task or getting a certain grade, they will become more focused and driven to meet that goal.

맺음말
For these reasons, I believe that reinforcing positive behavior and promoting goal setting are crucial to a child's development.

개인적으로 아이들에게 보상해 주는 것이 더 좋은 교육 방법이라고 생각한다. 이렇게 생각하는 이유는 다음과 같다.

가장 먼저, 보상은 긍정적 강화의 역할을 한다.

아이들이 좋은 행동 또는 성취에 대해 칭찬을 듣거나 실질적인 보상을 받을 경우 그러한 행동의 중요성을 강조하게 되어 나중에 반복할 가능성이 더 커진다. 이러한 강화는 긍정적인 방식으로 아이들의 행동을 형성하는 데 도움을 준다.

또한, 보상은 아이들에게 목표를 설정하고 달성하는 법에 대해 가르칠 수 있다.

예를 들어, 한 가지 일을 완수하거나 특정 점수를 받은 후에 보상을 받는다는 사실을 아는 경우, 아이들은 그 목표를 달성하기 위해 더욱 집중하고 주도적인 상태가 될 것이다.

이러한 이유들로 인해, 긍정적인 행동을 강화하고 목표 설정을 촉진하는 것이 아이들의 발달에 아주 중요하다고 생각한다.

어휘　reward 보상, 보상하다　discipline 훈육　method 방식, 방법　act as ~의 역할을 하다　positive 긍정적인　reinforcement 강화　praise 칭찬　tangible 실질적인, 실재하는　behavior 행동, 행실　achievement 성취, 달성　emphasize 강조하다　likely 가능성 있는　manner 방식　achieve 성취하다, 달성하다　receive 받다　complete 완수하다, 완료하다　task 일, 과제　grade 점수, 등급　focused 집중한　driven 주도적인　meet 충족하다　reinforce 강화하다　promote 촉진하다　crucial 아주 중요한　development 발달, 발전

UNIT 04　단계별 답변 말하기

EXERCISE　p.30

1
문제

Some people prefer to read reviews before they watch a movie, while others prefer to watch movies without reading reviews beforehand. Which do you prefer and why?

어떤 사람들은 영화를 관람하기 전에 후기를 읽어 보는 것을 선호하는 반면, 다른 이들은 미리 후기를 읽지 않고 영화를 관람하는 것을 선호한다. 어느 것을 선호하는가, 그리고 그 이유는 무엇인가?

아웃라인

나의 선택·의견
watch movie w/o reading reviews

이유 1
authentic personal reaction
└ 부연 설명
  preview & critique → set expectations

이유 2
more exciting
└ 부연 설명
  w/o knowing plot twist & character development
  → viewing exp. fresh & engaging

후기를 읽지 않고 보기

진정한 개인적 반응

예고편과 평론 → 기대치 형성

더 흥미진진

반전과 인물 이야기 전개에 대해 모르면
→ 더 생생하고 매력적인 관람 경험

답변 말하기

나의 선택·의견
I prefer to watch movies without reading reviews. I feel this way for the following reasons.

이유 1
First of all, experiencing a movie without preconceived notions allows for a more authentic personal reaction.
└ 부연 설명
  To be specific, previews and critiques can set expectations that may influence my own enjoyment and interpretation of the film.

이유 2
Also, it's more exciting when you watch a movie with an unexpected ending.
└ 부연 설명
  To explain, not knowing the plot twists or character development ahead of time keeps the viewing experience fresh and engaging.

맺음말
For these reasons, checking reviews before watching movies is not appealing to me.

후기를 읽지 않고 영화를 관람하는 것을 선호한다. 이렇게 생각하는 이유는 다음과 같다.

가장 먼저, 선입견 없이 영화를 경험해야 더 진정한 개인적 반응이 나타나게 된다.

구체적으로 말하면, 예고편과 평론은 자신만의 즐거움과 해당 영화에 대한 해석에 영향을 미칠 수도 있는 기대치를 만들어 낼 수 있다.

또한, 결말을 예상하지 못한 채로 영화를 관람할 때 더 흥미진진하다.

설명하자면, 반전이나 인물의 이야기 전개를 미리 알지 못하고 있어야 관람 경험이 생생하고 매력적이게 된다.

이러한 이유들로 인해, 영화 관람 전에 후기를 확인하는 것이 매력적이지 않다고 생각한다.

어휘 review 후기, 평가   beforehand 미리, 사전에(= ahead of time)   preconceived notion 선입견   allow for ~을 가능하게 하다
authentic 진정한, 진짜의   preview 예고편, 시사회   critique 평론   expectation 기대(치)   influence 영향을 미치다
interpretation 해석   unexpected 예기치 못한   plot twist 반전   development 발전, 전개   engaging 매력적인(= appealing)

2

문제

Do you agree or disagree with the following statement? Why or why not? Use details and examples to explain your answer.

Parents should dissuade their children from entering highly competitive fields due to the slim chances of success.

다음 의견에 동의하는가, 아니면 동의하지 않는가? 그 이유는 무엇인가? 세부 정보 및 예시를 활용해 설명하시오.

부모는 성공 가능성이 매우 낮은 경쟁이 심한 분야로 자녀가 진출하지 못하도록 설득해야 한다.

아웃라인

나의 선택 · 의견
disagree

이유 1
stifle children's genuine passion
└ **부연 설명**
　lifetime of regret & missed opportunity → lasting
　emotional implication

이유 2
constant discouragement → fear of failure
└ **부연 설명**
　away from challenges → avoid risks & miss out
　learning exp.

반대

아이들의 진정한 열정을 억누름

평생의 후회와 잃어버린 기회
→ 감정적으로 지속적인 영향

거듭되는 좌절 → 실패에 대한 두려움

도전을 멀리 함 → 위험을 피하게 되고 배움의
경험을 놓침

답변 말하기

나의 선택 · 의견
I personally feel that parents should not dissuade their children from entering highly competitive fields. I feel this way for the following reasons.

이유 1
First of all, it might stifle children's genuine passion.
└ **부연 설명**
　If children are deeply passionate about something, especially sports, arts, or any competitive domain, dissuading them can lead to a lifetime of regret and missed opportunities. And curbing their passion could have lasting emotional implications.

이유 2
Also, constant discouragement can cause a fear of failure in children.

개인적으로 부모가 경쟁이 심한 분야로 진출하지 못하도록 자녀를 설득해서는 안된다고 생각한다. 이렇게 생각하는 이유는 다음과 같다.

가장 먼저, 그렇게 하는 것은 아이들의 진정한 열정을 억누를지도 모른다.

아이들이 무언가에 대해, 특히 스포츠나 예술, 또는 그 외의 모든 경쟁적인 영역에 대해 진심으로 열정적일 경우, 아이들을 단념시키는 것은 평생을 후회하고 기회를 놓치는 것으로 이어질 수 있다. 그리고 그 열정을 억제하면 감정적으로 지속적인 영향을 미칠 수 있다.

또한, 거듭되는 좌절은 아이들에게 실패에 대한 두려움을 초래할 수 있다.

ㄴ 부연 설명
If they're always steered away from challenges, they
might grow up avoiding risks and missing out on valuable
learning experiences that come from facing and overcoming
challenges.

맺음말
For these reasons, I believe that discouraging children from
venturing into highly competitive fields can be detrimental.

항상 어려움을 멀리 하도록 유도된다면, 아이들은
위험 요소를 피하고 어려움에 직면해 극복함으로써
얻는 소중한 배움의 경험을 놓치면서 자라게 될지
도 모른다.

이러한 이유들로 인해, 경쟁이 심한 분야로 뛰어들
지 못하도록 아이들을 막는 것이 유해할 수 있다고
생각한다.

어휘 dissuade A from -ing ~하지 못하도록 A를 설득하다   competitive 경쟁적인   field 분야   slim chance 희박한 가능성   stifle
억누르다   genuine 진정한, 진짜의   passion 열정   passionate 열정적인   domain 영역   opportunity 기회   curb 억제하다
have implications 영향을 미치다   lasting 지속되는   constant 거듭되는   discouragement 좌절   steer A away from B
B를 멀리 하도록 A를 이끌다   avoid 피하다   risk 위험 (요소)   miss out on ~을 놓치다   valuable 소중한   overcome 극복하다
discourage A from -ing ~하지 못하도록 A를 막다   venture 과감히 하다   detrimental 유해한

3

문제

Do you agree or disagree with the following statement? Why or why not? Use details and examples to explain
your answer.
People with ordinary backgrounds can become good government leaders.
다음 의견에 동의하는가, 아니면 동의하지 않는가? 그 이유는 무엇인가? 세부 정보 및 예시를 활용해 설명하시오.
평범한 배경을 지닌 사람들이 좋은 정부 지도자가 될 수 있다.

아웃라인

나의 선택·의견
agree

이유 1
underline{*genuine desire to improve*}
ㄴ 부연 설명
   *understand needs & hopes of average person b/c
   life exp.*

이유 2
underline{*public trust*}
ㄴ 부연 설명
   X from elite circle → put ppl's needs 1st

동의

개선에 대한 진정한 열망

경험으로 보통 사람의 요구와 희망사항을
잘 이해함

일반 대중의 신뢰

특권층이 아니라서 일반 사람들의 요구를 최우선시함

답변 말하기

나의 선택·의견
I agree with the idea that individuals with common backgrounds
can become good government leaders. I feel this way for the
following reasons.

보통의 배경을 지닌 사람들이 좋은 정부 지도자가
될 수 있다는 생각에 동의한다. 이렇게 생각하는 이
유는 다음과 같다.

이유 1

First of all, they will likely have a genuine desire to improve things.

└ 부연 설명

　If they've lived through daily struggles, they will deeply understand the needs and hopes of the average person. This is because a strong wish to bring change often comes from our own life experiences.

이유 2

Also, the public tends to trust people with ordinary backgrounds more.

└ 부연 설명

　Since these leaders aren't from elite circles, many believe they will put the people's needs first instead of the interests of the wealthy or powerful.

맺음말

Therefore, I believe that people with common backgrounds often stand out as government leaders.

가장 먼저, 그들은 아마 무언가를 개선하고자 하는 진정한 열망을 지니고 있을 것이다.

일상적인 힘겨움을 겪으면서 살아왔다면, 보통 사람의 요구와 희망 사항을 깊이 이해할 것이다. 그 이유는 변화를 일으키고자 하는 강한 바람이 흔히 우리 자신의 인생 경험에서 비롯되기 때문이다.

또한, 일반 대중은 평범한 배경을 지닌 사람을 더 신뢰하는 경향이 있다.

이러한 지도자들은 특권 계층 출신이 아니기 때문에, 많은 사람들은 그들이 부자나 권력자들의 이익 대신 일반 사람들의 요구를 최우선시할 것이라고 생각한다.

따라서, 보통의 배경을 지닌 사람들이 흔히 정부 지도자로서 두각을 나타낸다고 생각한다.

어휘　ordinary 평범한, 보통의(= common)　individual 사람, 개인　likely 아마, 가능성 있는　genuine 진정한, 진짜의　desire 욕망, 열망　struggle 힘겨움, 힘든 일　average 보통의, 평균의　the public 일반 대중　tend to+동사원형 ~하는 경향이 이다　elite circle 특권 계층　put A first A를 최우선시하다　interests 이익　stand out 두각을 나타내다, 두드러지다

4

문제

Some students like teachers who check on them often, while others prefer teachers who let them work independently and check less frequently. Which type of teacher do you prefer and why?

어떤 학생들은 자신을 자주 확인해 주는 교사를 좋아하는 반면, 다른 학생들은 독립적으로 공부하게 해 주면서 덜 자주 확인하는 교사를 선호한다. 어느 유형의 교사를 선호하는가, 그리고 그 이유는 무엇인가?

아웃라인

나의 선택·의견

frequent teacher involvement

교사의 빈번한 관여

이유 1

immediate feedback → correct mistakes & understand concept

└ 부연 설명

　e.g. my math teacher's check → grasp algebraic conc.

즉각적인 피드백 → 실수 바로잡고 개념 이해

예. 수학 선생님의 주기적인 확인이 대수에 대한 이해에 도움

이유 2

working independently → understanding ↓ unnoticed

독립적으로 공부 → 이해 부족 문제를 인식하지 못할 가능성

└ 부연 설명
e.g. my case: spend many wks. on a project w/ incorrect assumption w/o regular guidance

예. 나의 사례: 주기적인 지도가 없어서 부정확한 추정을 바탕으로 한 프로젝트에 몇 주 소비

답변 말하기

나의 선택 · 의견
I prefer frequent teacher involvement in the learning process. I feel this way for the following reasons.

이유 1
First of all, regular teacher engagement provides students with immediate feedback. This is essential for correcting mistakes and understanding concepts correctly.

└ 부연 설명
For example, in my math class, my teacher regularly checks on all of her students, and this has helped me grasp complex algebraic concepts.

이유 2
Also, working independently with the teacher only occasionally checking on students creates the potential for a lack of understanding to go unnoticed.

└ 부연 설명
I remember once spending multiple weeks working on a project based on an incorrect assumption because I lacked regular guidance.

맺음말
For these reasons, I think that while autonomy in learning is important, if teachers do not engage with students regularly, students might misunderstand the material without realizing it.

학습 과정에 대한 교사의 빈번한 관여를 선호한다. 이렇게 생각하는 이유는 다음과 같다.

가장 먼저, 교사의 주기적인 관여가 학생에게 즉각적인 반응을 제공해 준다. 이는 실수를 바로잡고 개념을 정확히 이해하는 데 필수적이다.

예를 들어, 수학 시간에 우리 선생님께서는 주기적으로 모든 학생을 확인해 주셨고, 이는 내가 복잡한 대수의 개념을 이해하는 데 도움이 되었다.

또한, 교사가 학생들을 가끔씩만 확인하면서 독립적으로 공부하면 이해 부족 문제를 인식하지 못하고 넘어갈 가능성이 생긴다.

난 한때 부정확한 추정을 바탕으로 한 가지 프로젝트를 진행하면서 몇 주 동안 시간을 허비한 기억이 있는데, 주기적인 지도가 부족했기 때문이었다.

이러한 이유들로 인해, 학습에서 자율성이 중요하긴 하지만, 교사가 주기적으로 학생들에게 관여하지 않는다면, 학생들은 자신도 모르는 사이에 내용을 잘못 이해할 수도 있다.

어휘 independently 독립적으로   involvement 관여, 참여(= engagement)   process 과정   immediate 즉각적인   feedback 반응, 의견   essential 필수적인   correct 바로잡다, 고치다   correctly 정확하게   grasp 이해하다   complex 복잡한   algebraic 대수의   occasionally 가끔씩   potential 가능성, 잠재성   lack 부족; 부족하다   go unnoticed 인식하지 못하고 넘어가다   based on ~을 바탕으로   assumption 추정   autonomy 자율(성)   material 내용   realize 깨닫다

교육

1

문제

Many universities don't allow parents to access their children's grades without permission. Do you agree or disagree that universities should keep students' grades confidential unless they have their permission?

많은 대학들이 학부모에게 승인 없이 자녀의 성적을 열람하도록 허용하지 않는다. 학생들의 승인 없이는 대학이 성적을 비공개로 유지해야 한다는 것에 동의하는가, 반대하는가?

아웃라인

나의 선택 · 의견
X have access to children's grades w/o consent

이유 1
privacy & independence
ㄴ 부연 설명
　univ. stdts accountable for academic progress

이유 2
foster envi.: stdts have honest discussions w/ parents about academic achievements
ㄴ 부연 설명
　development into responsible & self-sufficient adults

동의 없이 자녀 성적 열람 안 됨

사생활과 독립성

대학생은 학업적 진전에 대한 책임을 짐

학생이 부모와 학업적 성취에 대해 솔직히 대화할 수 있는 환경 조성

책임감 있고 자립적인 성인이 되는 성장 과정

답변 말하기

나의 선택 · 의견
I believe that parents should not have access to their university-aged children's grades without consent. I feel this way for the following reasons.

이유 1
First of all, when it comes to respecting privacy and independence, preventing parents from having access to their children's grades is the best policy.
ㄴ 부연 설명
　As young adults, university students are held accountable for their own academic progress, and managing their grades is a part of this process.

학부모가 동의 없이는 대학생 나이대 자녀의 성적을 열람할 수 없어야 한다고 생각한다. 이렇게 생각하는 이유는 다음과 같다.

가장 먼저, 사생활 및 독립성 존중의 측면에 있어, 학부모가 자녀의 성적을 열람하지 못하도록 방지하는 것이 최선의 방책이다.

젊은 성인으로서, 대학생은 자신의 학업적 진전에 대한 책임을 지고 있으며, 성적 관리는 이러한 과정의 일환이다.

이유 2

Also, it fosters an environment where students are more inclined to have honest discussions with their parents regarding their academic achievements, instead of creating a situation where parents might overstep boundaries.

└ **부연 설명**

This autonomy is an important aspect of their development into responsible and self-sufficient adults.

맺음말

For these reasons, I believe that restricting parental access to their children's university grades without consent is a key step in nurturing self-reliance and responsibility.

또한, 이는 학부모가 선을 넘을 수도 있는 상황을 만드는 대신, 학생이 자신의 학업적 성취와 관련해 부모와 솔직하게 이야기를 나누는 경향이 더 큰 환경을 조성해 준다.

이러한 자율성은 책임감 있고 자립적인 성인이 되는 성장 과정의 중요한 측면이다.

이러한 이유들로 인해, 자녀의 대학 성적에 대해 동의 없는 학부모의 열람을 제한하는 것이 자립심과 책임감을 기르는 데 있어 중요한 단계라고 생각한다.

어휘 allow A to + 동사원형 A에게 ~하도록 허용하다 access 이용하다, 접근하다 grade 성적, 학점, 등급 permission 승인, 허락 have access to ~을 이용할 수 있다, ~에 접근할 수 있다 consent 동의 when it comes to ~의 측면에 있어, ~에 관해서라면 respect 존중하다 privacy 사생활 independence 독립성 prevent A from -ing A가 ~하지 못하도록 방지하다 policy 방책, 정책 be held accountable for ~에 대한 책임을 지고 있다 progress 진전, 진척(도) process 과정 foster 조성하다 be inclined to + 동사원형 ~하는 경향이 있다 achievement 성취, 업적 overstep 넘다, 넘어가다 boundary 경계(선) autonomy 자율성 aspect 측면, 양상 responsible 책임감 있는 self-sufficient 자립적인, 자급 자족하는 restrict 제한하다 nurture 기르다 self-reliance 자립심

비즈니스

2

문제

When companies fill open positions, some prefer hiring recent college graduates, while others prefer hiring experienced professionals. Which do you think is better and why?

회사가 공석을 충원할 때, 어떤 곳은 최근 대졸자 고용을 선호하는 반면, 다른 곳은 경력 있는 전문 인력 고용을 선호한다. 어느 것이 더 낫다고 생각하는가, 그리고 그 이유는 무엇인가?.

아웃라인

나의 선택·의견

hiring experienced professionals

경력 있는 전문 인력 고용

이유 1

knowledge & practical skills

지식 & 실무 능력

└ **부연 설명**

training T ↓ & efficiency ↑

교육 시간 감소 & 효율성 높임

이유 2

broad network

폭넓은 인맥

└ **부연 설명**

immediate impact & strategic advantage → company's growth & competitive edge

즉각적 영향력 & 전략적 이점 → 회사의 성장과 경쟁력 우위

답변 말하기

나의 선택 · 의견
I believe <u>hiring experienced professionals is the better option</u> <u>for companies</u>. I feel this way for the following reasons.

이유 1
First of all, <u>experienced workers bring a wealth of knowledge</u> <u>and practical skills to their roles, which they've developed over</u> <u>years of working in the field</u>.
└ 부연 설명
  <u>This can significantly reduce training time and increase</u> <u>efficiency</u>.

이유 2
Also, <u>they often possess a broad network of contacts that can</u> <u>be beneficial for business development and partnerships</u>.
└ 부연 설명
  <u>While recent graduates may offer fresh perspectives and</u> <u>enthusiasm, the immediate impact and strategic advantage</u> <u>provided by experienced professionals can be invaluable for</u> <u>a company's growth and competitive edge</u>.

맺음말
For these reasons, I believe that <u>hiring experienced workers is</u> <u>a better option</u>.

경력 있는 전문 인력을 고용하는 것이 회사를 위해 더 나은 선택이라고 생각한다. 이렇게 생각하는 이유는 다음과 같다.

가장 먼저, 그들은 풍부한 지식과 실무 능력을 각자의 역할에 제공해 주는데, 이는 그들이 해당 분야에서 수년 간에 걸쳐 종사하면서 발전시킨 것이다.

이로 인해 교육 시간은 상당히 줄이고 효율성도 높일 수 있다.

또한, 그들은 흔히 사업 개발 및 제휴 관계에 도움이 될만한 폭넓은 인맥을 보유하고 있다.

최근 졸업자들이 새로운 시각과 열정을 제공해 줄 수는 있지만, 경력 있는 전문 인력이 제공하는 즉각적인 영향력과 전략적인 이점은 회사의 성장과 경쟁력 우위에 있어 아주 귀중할 수 있다.

이러한 이유들로 인해 경력자를 고용하는 것이 더 나은 선택이라고 생각한다.

어휘 fill 충원하다, 채우다 position 직책, 일자리 hire 고용하다 recent 최근의 graduate 졸업생 experienced 경험 많은 professional 전문가 a wealth of 풍부한 practical 실용적인, 현실적인 develop 발전시키다, 개발하다 field 분야 significantly 상당히 reduce 줄이다, 감소시키다 training 교육 increase 높이다, 증가시키다 efficiency 효율성 possess 보유하다 broad 폭넓은 network of contacts 인맥 beneficial 유익한, 도움이 되는 partnership 제휴 관계 perspective 관점, 시각 enthusiasm 열정 immediate 즉각적인 impact 영향(력) strategic 전략적인 advantage 이점, 장점 invaluable 아주 귀중한 competitive edge 경쟁력 우위

기술

3
문제

Some people believe strict regulations are needed to stop cheating with AI tools in schools, while others think teaching ethics and critical thinking is better. Which do you think is better and why?

어떤 사람들은 학교에서 AI 툴로 부정 행위를 하는 것을 막기 위해 엄격한 규정이 필요하다고 생각하는 반면, 다른 이들은 윤리와 비판적 사고를 가르치는 것이 더 낫다고 생각한다. 어느 것이 더 낫다고 생각하는가, 그리고 그 이유는 무엇인가?

아웃라인

나의 선택 · 의견
develop ethical values & critical thinking abilities

윤리적 가치와 비판적 사고를 발전시키는 것

이유 1

<u>approach study w/ honesty & respect for academic standards</u>

ㄴ **부연 설명**

　e.g. group project → X use AI generated materials
　→ understand imp. of academic integrity & perform
　task creatively

이유 2

<u>critical thinking → deeply engage w/ study & appreciate learning process itself</u>

ㄴ **부연 설명**

　curiosity & love for learning → seek
　understanding & solution through own effort

학문적 기준에 대한 정직함과 존중하는 마음을
갖고 학업에 임함

예. 그룹 프로젝트 → AI 생성 자료 사용 안 함
→ 학문적 정직성 & 창의적 과제 수행 중요성
이해

비판적 사고 → 학업에 깊이 관여하고 학습
과정 자체를 올바르게 인식하게 함

호기심과 학습에 대한 애착 → 스스로 이해와
해결책 추구하도록 함

답변 말하기

나의 선택·의견

I believe that <u>developing ethical values and critical thinking abilities in students is the most effective way to curb the misuse of AI tools in schools.</u> I feel this way for the following reasons.

이유 1

First of all, <u>when the importance of ethics in education is emphasized, students are more likely to approach their studies with honesty and respect for academic standards.</u>

ㄴ **부연 설명**

<u>For example, during a group project in my ethics class, we chose not to use materials generated by AI for our presentation. This decision deepened our understanding of the importance of academic integrity and performing tasks creatively on our own.</u>

이유 2

Also, <u>nurturing critical thinking encourages students to engage deeply with their studies and appreciate the learning process itself, rather than solely focusing on outcomes.</u>

ㄴ **부연 설명**

<u>This promotes a genuine curiosity and a love for learning, driving students to seek understanding and solutions through their own efforts, rather than by using AI tools unethically.</u>

맺음말

Therefore, I think that <u>teaching ethics and critical thinking not only deters the misuse of AI tools but also prepares students for real-world challenges by teaching them to value their own intellectual effort and contributions.</u>

학생들의 윤리적 가치와 비판적 사고 능력을 발전시키는 것이 학교에서 AI 툴의 오용을 억제할 수 있는 가장 효과적인 방법이라고 생각한다. 이렇게 생각하는 이유는 다음과 같다.

가장 먼저, 교육에서 윤리의 중요성이 강조될 때, 학생들은 학문적 기준에 대한 정직함과 존중하는 마음으로 학업에 임할 가능성이 더 크다.

예를 들어, 윤리학 수업의 그룹 프로젝트 중에, 우리는 AI로 만든 자료를 발표에 사용하지 않기로 결정했다. 이 결정은 우리에게 학문적 정직성과 스스로 창의적으로 과제를 수행하는 것의 중요성에 대한 이해를 더욱 깊게 해주었다.

또한, 비판적 사고 능력을 기르는 것은 학생들에게 각자의 학업에 깊이 관여하게 만들어 주고, 오로지 결과에만 초점을 맞추는 대신 학습 과정 자체를 올바르게 인식하게 해 준다.

이는 진정한 호기심 및 학습에 대한 애착심을 촉진해, 비윤리적으로 AI 툴을 이용하는 대신, 스스로의 노력을 통해 이해와 해결책을 추구하도록 학생들에게 동기를 부여해 준다.

따라서, 윤리와 비판적 사고를 가르치는 것이 AI 툴의 오용을 억제할 뿐만 아니라, 학생들에게 스스로의 지적 노력과 기여를 소중히 여기도록 가르침으로써 현실 세계의 어려움에도 대비하게 해 준다고 생각한다.

어휘 strict 엄격한   regulation 규정, 규제   cheat 부정 행위를 하다   ethics 윤리   critical thinking 비판적 사고   ability 능력   effective 효과적인   way to+동사원형 ~하는 방법   curb 억제하다   misuse 오용, 남용   emphasize 강조하다   be likely to+동사원형 ~할 가능성이 있다   approach 접근하다   generate 생성하다   deepen 더 깊게 하다   perform 수행하다   task 과업, 과제   on one's own 스스로   nurture 기르다   encourage A to+동사원형 A가 ~하게 만들다   engage with ~에 관여하다   appreciate 올바르게 인식하다   process 과정   rather than ~ 대신, ~가 아니라   focus on ~에 초점을 맞추다   outcome 결과   promote 촉진하다   genuine 진정한, 진짜의   curiosity 호기심   drive A to+동사원형 A에게 ~하도록 동기를 부여하다   unethically 비윤리적으로   deter 억제하다, 저지하다   value 소중히 여기다   intellectual 지적인   contribution 기여, 이바지

환경

4
문제

Many students are interested in doing their part to help protect the environment. Which do you think is more effective, cutting down on single-use items or carpooling and using public transportation? Why do you feel that way?

많은 학생들이 환경 보호를 돕는 역할을 하는 데 관심이 있다. 일회용품을 줄이는 것 또는 카풀을 하고 대중 교통을 이용하는 것 중에서 어느 것이 더 효과적이라고 생각하는가? 그렇게 생각하는 이유는 무엇인가?

아웃라인

나의 선택·의견
minimize the use of single-use items

이유 1
waste reduction @ source → trash in landfills & oceans
└ 부연 설명
   reusable products → envi. pollution ↓

이유 2
foster a culture of sustainability & mindful consumption.
└ 부연 설명
   ppl rethink buying habit & choose prdct w/ envi. impact ↓

일회용품 사용 최소화하기

발생 근원지에서 쓰레기 감소
→ 매립지와 바다에 이르는 쓰레기 감소

재활용 가능한 제품 사용으로 환경 오염 감소

지속 가능성과 세심한 소비의 문화 조성

사람들이 구매 습관을 재고하고 환경 영향 적은 제품을 선택하게 함

답변 말하기

나의 선택·의견
I think that minimizing the use of single-use items is the most effective way to reduce our environmental footprint. I feel this way for the following reasons.

이유 1
First of all, this method addresses waste reduction at its source and significantly cuts down on the amount of trash that ends up in landfills and oceans.

일회용품 사용을 최소화하는 것이 우리의 환경 발자국을 줄일 수 있는 가장 효과적인 방법이라고 생각한다. 이렇게 생각하는 이유는 다음과 같다.

가장 먼저, 이 방식은 발생 근원지의 쓰레기 감소 문제를 다루게 되어, 매립지와 바다까지 오는 쓰레기의 양을 상당히 줄여 준다.

└ 부연 설명
Choosing reusable products over disposable ones can lead to a substantial decrease in environmental pollution.

이유 2
This approach also fosters a culture of sustainability and mindful consumption.

└ 부연 설명
It encourages people to rethink their buying habits and choose products with less environmental impact. This allows them to support businesses and practices that prioritize sustainability, which drives broader changes in the market.

맺음말
For these reasons, I believe that minimizing the use of single-use items not only benefits the planet but also promotes a more sustainable lifestyle.

일회용품 대신 재사용 가능한 제품을 선택하면 환경 오염이 크게 감소할 수 있다.

이러한 접근 방식으로 인해 지속 가능성 및 세심한 소비라는 문화도 조성된다.

그것은 사람들에게 각자의 구매 습관을 재고해 보도록 만들어 환경적 영향이 더 적은 제품을 선택하게 해 준다. 이로 인해 사람들이 지속 가능성을 우선시하는 업체와 관행을 지지하게 되어, 시장에서 더욱 폭넓은 변화를 일으키는 원동력이 된다.

이러한 이유들로 인해, 일회용품 사용을 최소화하면 지구에 이로울 뿐만 아니라 보다 지속 가능한 생활 방식도 촉진하게 된다고 생각한다.

어휘 effective 효과적인 cut down on ~을 줄이다 single-use items 일회용품 carpooling 카풀(자동차 함께 타기) public transportation 대중 교통 minimize 최소화하다 way to+동사원형 ~할 수 있는 방법 reduce 줄이다, 감소시키다 environmental footprint 환경 발자국 method 방식, 방법 address (문제 등을) 다루다, 처리하다 reduction 감소 at one's source 근원지에서부터 significantly 상당히 end up in (결국) ~에 이르다 landfill 매립지 reusable 재사용 가능한 disposable 일회용의 lead to ~로 이어지다 substantial 상당한 decrease in ~의 감소 pollution 오염 approach 접근 방식 foster 조성하다 sustainability 지속 가능성 encourage A to+동사원형 A가 ~하도록 만들다 impact 영향(력) allow A to+동사원형 A에게 ~하게 해 주다 prioritize 우선시하다 drive ~의 원동력이 되다 broad 폭넓은

사회적 이슈

5

문제

Some people think that the government should focus on supporting seniors over 70. Others believe that the government should focus on providing financial help to young families. Which do you think is better? Explain why.

어떤 사람들은 정부가 70세 이상의 노인들을 지원하는 데 초점을 맞춰야 한다고 생각한다. 다른 이들은 정부가 젊은 가정에 재정적 도움을 제공하는 데 초점을 맞춰야 한다고 생각한다. 어느 것이 더 낫다고 생각하는가? 이유를 설명하시오.

아웃라인

나의 선택·의견
help young couples w/ small children

어린 자녀가 있는 젊은 부부 돕기

이유 1
good nutrition, education, healthcare → groundwork for better future

좋은 영양, 교육, 의료 서비스 지원
→ 더 나은 미래를 위한 초석

└ 부연 설명
build a healthier & more educated generation

더 건강하고 더 좋은 교육을 받은 세대 구성

이유 2

$ stress on young parents ↓ → stable envi. for childr.'s growth

└ 부연 설명
  well-being of family & strengthen society

젊은 부모는 재정적 부담 줄어 자녀의 성장을 위한 안정적인 환경 제공 가능

가정의 행복과 튼튼한 사회 구성

답변 말하기

나의 선택·의견
I believe the government should focus on helping young couples with small children. I feel this way for the following reasons.

이유 1
First of all, supporting young families lays the groundwork for a better future by ensuring children have access to good nutrition, education, and healthcare.

└ 부연 설명
  This early investment pays off by building a healthier, more educated generation.

이유 2
It also relieves financial stress on young parents, allowing them to provide a stable environment for their children's growth.

└ 부연 설명
  This approach not only aids in the immediate well-being of families but also strengthens society.

맺음말
For these reasons, I think that prioritizing young families offers long-term benefits for the entire community.

정부가 어린 자녀를 둔 젊은 부부를 돕는 데 초점을 맞춰야 한다고 생각한다. 이렇게 생각하는 이유는 다음과 같다.

가장 먼저, 젊은 가정을 지원하는 것은 아이들이 좋은 영양과 교육, 그리고 의료 서비스를 이용할 수 있도록 보장함으로써 더 나은 미래를 위한 초석을 다지는 일이다.

이러한 조기 투자는 더 건강하고 더 좋은 교육을 받은 세대를 구성함으로써 결실을 맺게 된다.

이는 젊은 부부들이 짊어지는 재정적 부담도 완화해 주어, 자녀의 성장에 필요한 안정적인 환경을 제공할 수 있게 해 준다.

이러한 접근 방식은 가정의 즉각적인 행복에 도움을 줄 뿐만 아니라 사회까지 튼튼하게 만들어 준다.

이러한 이유들로 인해, 젊은 가정을 우선시하는 것이 사회 전체에 장기적인 혜택을 제공하는 일이라고 생각한다.

어휘 focus on ~에 초점을 맞추다　financial 재정적인　lay the groundwork 초석을 다지다　ensure 보장하다　have access to ~을 이용할 수 있다　nutrition 영양(물)　investment 투자　pay off 결실을 맺다, 성과를 내다　generation 세대　relieve 완화하다　allow A to+동사원형 A에게 ~하게 해 주다　stable 안정적인　approach 접근 방식　aid 도움을 주다　immediate 즉각적인　strengthen 튼튼하게 만들다　prioritize 우선시하다　long-term 장기적인　benefit 혜택, 이득　entire 전체의

과거 vs. 현재

6

문제

Some people believe that respect for teachers has declined, while others think they are still highly respected. Which view do you agree with and why?

어떤 사람들은 교사에 대한 존경심이 줄어들었다고 생각하는 반면, 다른 이들은 교사가 여전히 크게 존경받고 있다고 생각한다. 어느 관점에 동의하는가, 그리고 그 이유는 무엇인가?

아웃라인

나의 선택 · 의견
respect for teachers ↓

이유 1
access to online info. & influence of social media
→ stdts question tchers' authority
└ 부연 설명
respect ↓ as primary source of knowledge

이유 2
parents & school support ↓ → managing classroom
behavior more challenging
└ 부연 설명
tchers' auth. ↓ → X maintain discipline &
X the same lvl of regard

교사에 대한 존경심 낮아짐

온라인 정보 이용 & 소셜 미디어 영향력 →
학생들이 교사의 권위에 의문 갖게 됨

지식의 주요 원천(교사)에 대한 존경심 약화

부모와 학교의 지원 줄어 교실 내 행동 관리는
더 어려워짐

교사의 권위 약화되어 규율을 유지하고 과거와
같은 수준의 존경은 받기 어려움

답변 말하기

나의 선택 · 의견
I believe that the level of respect for teachers has diminished. I feel this way for the following reasons.

이유 1
First of all, widespread access to information online and the influence of social media have shifted perceptions, leading students to question their teachers' authority more often.
└ 부연 설명
This has weakened the traditional respect teachers received as the primary source of knowledge.

이유 2
Also, the task of managing classroom behavior has become more challenging, with less support from parents and school authorities.
└ 부연 설명
This situation erodes teachers' authority, making it harder for them to maintain discipline and command the same level of regard they once did.

맺음말
Therefore, we cannot say that today's teachers are as respected as they once were.

교사에 대한 존경심의 수준이 낮아졌다고 생각한다. 이렇게 생각하는 이유는 다음과 같다.

가장 먼저, 온라인상의 정보에 대한 광범위한 이용 및 소셜 미디어의 영향력이 인식을 변화시키면서, 학생들이 교사의 권위에 더 자주 의문을 갖게 되기에 이르렀다.

이는 지식의 주요 원천으로서 교사가 받았던 전통적인 존경심을 약화시켰다.

또한, 교실 내 행동을 관리하는 업무는 학부모와 학교 당국의 지원이 줄어들면서 더 어려워졌다.

이러한 상황이 교사의 권위를 약화시키면서, 교사들이 규율을 유지하고 과거에 받았던 것과 동일한 수준의 존경을 받기 더 어려워지고 있다.

따라서, 지금의 교사는 과거에 받았던 것만큼 존경받고 있다고 말할 수 없다.

어휘 respect 존경(심), 존중   decline 줄어들다, 떨어지다   widespread 광범위한, 폭넓은   access 이용, 접근   influence 영향(력)   shift 변화시키다, 바꾸다   perception 인식   lead A to+동사원형 A가 ~하기에 이르다   question 의문을 갖다 authority 권위, 당국   weaken 약화시키다   traditional 전통적인   primary 주요한   source 원천   task 업무, 일 behavior 행실, 행동   challenging 어려운, 힘든   erode 약화시키다, 무너뜨리다   maintain 유지하다   discipline 규율, 훈육 command 받다   regard 존경

SPEAKING Integrated Task (1)

UNIT 02 답변 말하기 필수 패턴

EXERCISE p.47

1 According to the reading, the university is going to implement a new peer mentoring program for first-year students.

2 According to the reading, the writer proposed that students establish a peer tutoring program to facilitate academic support.

3 According to the reading, the university decided to exempt seniors from final exams this academic year.

4 The man agrees with the proposal for two reasons.

5 On top of that, he mentions that professors would not be happy to have their teaching styles publicly criticized.

6 The second reason she mentions is that a lot of students eat at the snack bars or off-campus rather than using the dining hall.

7 This is particularly challenging for students who have never lived away from home before.

8 For these reasons, the woman is happy with the school's decision.

UNIT 03 짧은 지문 & 담화로 기초 훈련

짧은 지문 읽고 답변하기 p.48

1

지문 해석

무료 개인 교습 제공 프로그램	어휘
우리 대학교는 다음 학기부터 모든 신입생들이 입학 첫 해에 걸쳐 무료 개인 교습을 이용할 수 있을 것이라고 발표했습니다. 엘리자베스 존슨 학생처장님께서는 "우리 대학교는 1학년 학생들이 고등학교에서 대학 생활로의 변화에 대한 방향을 잡는 과정에서 흔히 맞닥뜨리는 학업적 장애물을 인식하고 있습니다."라고 밝히셨습니다. 학생처장님에 따르면, 새 개인 교습 프로그램 계획의 목적은 학업 과정에 추가 지원이 필요한 1학년 학생들을 돕는 것입니다.	free 무료의 tutoring 개인 교습 have access to ~을 이용할 수 있다, ~에 접근할 수 있다 recognize 인식하다 hurdle 장애물 encounter 맞닥뜨리다 navigate 방향을 잡다 shift 변화 initiative 계획

Q What was the university's announcement?

A Every new student will be eligible for <u>free tutoring service starting</u> in the upcoming semester.

🎤 According to the reading, every new student will <u>be eligible for free tutoring service starting in the upcoming semester.</u>

Q 대학교의 공지 내용은 무엇이었는가?

A 모든 신입생이 다가오는 학기부터 무료 개인 교습 서비스를 받을 수 있을 것이다.

🎤 읽기 지문에 따르면, 모든 신입생이 다가오는 학기부터 무료 개인 교습 서비스를 받을 수 있을 것이다.

2
지문 해석

오리엔테이션 프로그램에 변화를 주는 대학교	**어휘**
우리 노트르담 대학교가 신입생 대상 오리엔테이션 프로그램을 업데이트할 계획입니다. 이전에는, 오리엔테이션 프로그램의 일환으로 신입생들이 수업이 시작되기 전 주말에 동급생들과 함께 떠나는 이틀 간의 하이킹 및 캠핑 여행에 참여할 기회가 있었습니다. 학생들에게 편안한 환경에서 서로 교류하도록 장려하기 위해, 우리 대학교에서는 이제 다양한 활동 선택권을 제공할 것입니다.	previously 이전에 component 구성 요소 participate in ~에 참여하다 peer 동급생, 또래, 동료 engage with ~와 교류하다 relaxed 편안한 setting 환경, 배경 present 제공하다 a variety of 다양한

Q What does the university plan to do?

A The university plans to <u>make changes to its orientation program</u> for incoming students.

🎤 According to the reading, the university plans to <u>make changes to its orientation program for incoming students.</u>

Q 대학교가 무엇을 할 계획인가?

A 대학교가 입학하는 학생들을 위한 오리엔테이션 프로그램에 변화를 줄 계획이다.

🎤 읽기 지문에 따르면, 대학교가 입학하는 학생들을 위한 오리엔테이션 프로그램에 변화를 줄 계획이다.

3
지문 해석

교내 공사는 여름 중에 이뤄져야 합니다	**어휘**
저는 보도 및 주차 구역 수리 작업을 포함해, 교내의 사소한 공사 활동이 학년 중에 수업이 계속되는 동안 자주 진행된다는 사실을 알게 되었습니다. 저는 우리 대학교가 3개월 간의 여름 방학에 걸쳐 이러한 공사 활동이 이뤄지도록 계획해야 한다고 제안했습니다.	notice 알게 되다, 알아차리다 minor 사소한 repair 수리 ongoing 계속되는 effort 활동, 노력

Q What did the writer propose?

A The writer proposed that the university <u>should schedule minor construction projects</u> during the summer break.

🎤 According to the reading, the writer proposed that <u>the university should schedule minor construction projects during the summer break.</u>

Q 글쓴이는 무엇을 제안했는가?

A 글쓴이는 대학교가 여름 방학 중에 사소한 공사 프로젝트 일정을 잡아야 한다고 제안했다.

🎤 읽기 지문에 따르면, 글쓴이는 대학교가 여름 방학 중에 사소한 공사 프로젝트 일정을 잡아야 한다고 제안했다.

4
지문 해석

방학 중 운영하는 공항 버스	**어휘**
겨울과 봄 방학 중에 집으로 가는 학생들은 캠퍼스에서 공항으로 가는 30분 동안 이동할 방법을 찾아야 합니다. 저는 대학교에서 이 방학 기간 중에 공항을 오가는 학생들을 실어 나를 수 있는 무료 버스 서비스를 제공하면 유익할 것이라고 생각하며, 특히 두 지점을 오가는 대중 교통 선택권의 부족 문제를 고려해 볼 때 그렇습니다. 이 서비스는 학생들에게 상당히 도움이 될 것입니다.	navigate 길을 찾다 beneficial 유익한, 이로운 complimentary 무료의(= free) considering ~을 고려해 볼 때 lack 부족 public transit 대중 교통 significantly 상당히 aid 도움이 되다

Q What did the writer propose?

A The writer proposed that the university should <u>offer a free shuttle service</u> for students traveling <u>between the campus and the airport</u> during breaks.

🎤 According to the reading, the writer proposed that <u>the university should offer a free shuttle service for students traveling between the campus and the airport during breaks.</u>

Q 글쓴이는 무엇을 제안했는가?

A 글쓴이는 대학교가 방학 중에 캠퍼스와 공항 사이를 오가는 학생들을 위해 무료 셔틀 버스 서비스를 제공해야 한다고 제안했다.

🎤 읽기 지문에 따르면, 글쓴이는 대학교가 방학 중에 캠퍼스와 공항 사이를 오가는 학생들을 위해 무료 셔틀 버스 서비스를 제공해야 한다고 제안했다.

짧은 담화 듣고 답변하기   p.50

1
담화 스크립트 & 해석

I don't think that student committees would be the best choice for allocating university funds to student organizations. Given their direct involvement in these groups, the committee members might lack the objectivity and fairness that administrators could offer.

나는 학생 위원회들이 대학 자금을 학생 단체들에게 할당하는 데 있어 최고의 선택일 거라고 생각하지 않아. 이 단체들과의 직접적인 관련성을 감안할 때, 이 위원회 구성원들은 행정 담당자들이 제공할 수 있는 객관성과 공정성이 부족할지도 몰라.

어휘 committee 위원회   allocate 할당하다   fund 자금, 기금   organization 단체, 기관   given ~을 감안할 때   involvement 관련(성), 관여   lack 부족하다   objectivity 객관성   fairness 공정성   administrator 행정 담당자   suitable 적합한, 어울리는   distribute 분배하다   in charge of ~을 책임지고 있는   funding 자금 (제공)   neutral 중립적인   equitable 공정한

Q1 What does the woman think about the allocation of university funds to student organizations?

🎤 She believes that student committees may not be <u>the most suitable option for distributing university funds</u> to student organizations.

Q1 여자는 학생 단체들에 대한 대학 자금의 할당과 관련해 어떻게 생각하는가?

🎤 여자는 학생 위원회들이 대학 자금을 학생 단체들에게 분배하는 데 있어 가장 적합한 선택이 아닐 수 있다고 생각한다.

Q2 Why does the woman dislike the idea of student committees being in charge of allocating funding?

🎤 She is concerned that their members might not be able to <u>remain as neutral and equitable as administrators</u> because they are actively engaged in student organizations.

Q2 여자는 왜 학생 위원회들이 자금 할당을 담당하는 아이디어를 마음에 들어 하지 않는가?

🎤 여자는 그 구성원들이 행정 담당자들만큼 중립적이고 공정한 상태를 유지할 수 없을 것이라고 생각하는데, 그들이 학생 단체들에 적극적으로 관여하고 있기 때문이다.

2
담화 스크립트 & 해석

I believe that a ride share program for students could be very helpful. It would mean they could spend less on fuel. Plus, it also has the potential to reduce traffic congestion and parking difficulties in campus areas.

나는 학생들을 위한 이동 수단 공유 프로그램이 매우 유용할 수 있다고 생각해. 이건 학생들이 연료에 대한 소비를 줄일 수 있다는 의미일 거야. 게다가, 교내 여러 구역에서 교통 혼잡과 주차 문제를 줄일 수 있는 가능성도 있어.

어휘 ride share 이동 수단 공유   fuel 연료   potential 가능성, 잠재성   reduce 줄이다, 감소시키다   congestion 혼잡   beneficial 유익한, 이로운   cut 줄이다   expense (지출) 비용   alleviate 완화하다

Q1 What does the woman think about the proposed ride share program for students?

🎤 She thinks that <u>a ride share program for students could be highly beneficial</u>.

Q2 Why does the woman like the idea of starting a ride share program for students?

🎤 She likes the idea because she thinks it could <u>help cut fuel expenses</u> and <u>alleviate traffic and parking congestion on campus</u>.

Q1 여자는 학생들을 위해 제안된 이동 수단 공유 프로그램과 관련해 어떻게 생각하는가?

🎤 학생들을 위한 이동 수단 공유 프로그램이 대단히 유익할 수 있다고 생각한다.

Q2 여자는 학생들을 위한 이동 수단 공유 프로그램을 시작하는 아이디어를 왜 마음에 들어 하는가?

🎤 여자가 그 아이디어를 마음에 들어 하는 이유는 그것이 연료비를 줄이고 교내의 교통 및 주차 혼잡 문제를 완화하는 데 도움이 될 수 있을 것이라고 생각하기 때문이다.

3

담화 스크립트 & 해석

I don't think it's a good idea to do the final presentation with an assigned partner because it could lead to unequal work distribution and may result in communication issues that could affect the overall quality of the presentation.

나는 배정된 파트너와 함께 기말 발표를 하는 것이 좋은 아이디어라고 생각하지 않는데, 불공평한 작업 분담으로 이어질 수도 있고, 전반적인 발표 수준에 영향을 미칠 수 있는 의사 소통 문제를 초래할 수도 있기 때문이야.

어휘 assign 배정하다   lead to ~로 이어지다   unequal 불공평한   distribution 분담, 분배   result in ~을 초래하다   affect ~에 영향을 미치다(= impact)   overall 전반적인   collaborate 공동으로 일하다   approach (접근) 방식

Q1 What does the woman think about doing the final presentation with an assigned partner?

🎤 She thinks that <u>collaborating with an assigned partner on the final presentation</u> might not be the best approach.

Q2 Why does the woman dislike the idea of doing the final presentation with an assigned partner?

🎤 She doesn't like the idea because it might result in <u>an imbalance in the work distribution</u> and <u>communication problems</u>, possibly impacting the quality of the presentation.

Q1 여자는 배정된 파트너와 함께 기말 발표를 하는 것과 관련해 어떻게 생각하는가?

🎤 여자는 배정된 파트너와 함께 기말 발표를 하는 것이 최선의 방식이 아닐지도 모른다고 생각한다.

Q2 여자는 배정된 파트너와 함께 기말 발표를 하는 아이디어를 왜 마음에 들어 하지 않는가?

🎤 여자가 그 아이디어를 마음에 들어 하지 않는 이유는 작업 분담의 불균형 및 의사 소통 문제를 초래해, 발표 수준에 영향을 미칠 가능성이 있을지도 모르기 때문이다.

4

담화 스크립트 & 해석

I think offering a special summer program for environmental science majors is a fantastic idea. It would be an ideal form of preparation for both advanced studies and future careers in environmental science. Building practical skills during the summer can set us on a path to success.

나는 환경 과학 전공자들에게 특별 여름 프로그램을 제공하는 것이 훌륭한 아이디어라고 생각해. 환경 과학 분야의 상급 과목과 향후 직업에 모두 대비하는 이상적인 방식이 될 거야. 여름 동안 실용적인 능력을 키우는 것이 우리를 성공으로 가는 길로 인도할 수 있어.

어휘 major 전공자; 전공하다   ideal 이상적인   form 방식, 형태   advanced 고급의, 선진의   practical 실용적인   set A on a path to B A를 B로 가는 길로 인도하다

Q1 What does the woman think about the proposed special summer program?

🎤 She thinks it's a brilliant idea to have <u>a specialized summer program for those majoring in environmental science</u>.

Q2 Why does the woman like the idea of a special summer program for environmental science majors?

🎤 She likes the idea because the program would be a great way to <u>prepare for further studies</u> and <u>work in the field of environmental science</u>. <u>Getting hands-on experience during the summer</u> can help students succeed.

Q1 여자는 제안된 특별 여름 프로그램과 관련해 어떻게 생각하는가?

🎤 환경 과학을 전공하는 학생들을 위한 전문 여름 프로그램이 있는 것이 훌륭한 아이디어라고 생각한다.

Q2 여자는 환경 과학 전공자들을 위한 특별 여름 프로그램이라는 아이디어를 왜 마음에 들어 하는가?

🎤 여자가 그 아이디어를 마음에 들어 하는 이유는 그 프로그램이 환경 과학 분야의 더 깊이 있는 학업 및 일자리에 대비하는 아주 좋은 방법일 것이기 때문이다. 여름 동안 실무 경험을 얻는 것이 학생들에게 성공하도록 도움을 줄 수 있다.

UNIT 04 노트테이킹

EXERCISE p.56

1

지문 해석

The university is introducing a ban on playing soccer on the school's lawn. You will have 45 seconds to read a notice regarding this new policy. Begin reading now.

대학에서는 학교 잔디 구장에서 하는 축구 경기에 대해 금지 조치를 도입하려고 한다. 이 새 정책에 대한 공지를 읽을 시간이 45초 주어진다. 이제 읽기 시작하시오.

학교 잔디 구장 축구 경기에 대한 금지 조치	어휘
다음 달부터, 학생들은 더 이상 학교 잔디 구장에서 축구 경기를 하도록 허용되지 않을 것입니다. 이러한 결정은 이 구역 내의 축구 활동에 의해 제기되는 잔디 손상 및 안전 위험과 관련된 우려에 대응하기 위해 내려진 것입니다. 대학 행정팀은 학생들에게 이 새로운 정책을 존중하고 축구 경기용 대체 장소를 탐색해 보도록 촉구합니다. 이러한 금지 조치를 시행함으로써, 우리 대학은 온전한 잔디를 보존하고 캠퍼스 내 모든 학생들의 안전을 보장하는 것을 목표로 하고 있습니다.	prohibition 금지 be permitted to+동사원형 ~하도록 허용되다 in response to ~에 대응해 hazard 위험 pose (문제 등을) 제기하다 administration 행정 urge A to+동사원형 A에게 ~하도록 촉구하다 explore 탐색하다 alternative 대체하는, 대안의 enforce 시행하다 preserve 보존하다 integrity 온전함 ensure 보장하다

대화 스크립트 & 해석

Now listen to two students discussing the article.

이제 두 학생이 기사에 대해 이야기하는 것을 들으시오.

M Have you heard about the new rule starting next month? They're banning soccer on the school's lawn.

W Yes, I've heard about it. It's terrible, isn't it?

M Yeah, it is. Finding other places to play soccer won't be easy. The lawn was so convenient for us.

남 다음 달부터 시작되는 새 규칙에 관한 얘기 들었어? 학교 잔디 구장에서 축구를 금지한대.

여 응, 나도 그 얘기 들었어. 심하지 않아?

남 응, 맞아. 축구 경기를 할 다른 장소를 찾는 게 쉽지 않을 거야. 그 잔디 구장이 우리에겐 너무 편리했는데.

W	I know. It's going to be difficult to find a way to exercise with limited time between classes and restrictions on outdoor activities like soccer. We do have the gym and organized activities, but neither of those is convenient for all students.	여	내 말이. 수업 사이에 시간은 제한되어 있고 축구 같은 실외 활동에 대한 제약이 있는 채로 운동할 방법을 찾는 게 어려워지게 될 거야. 분명 체육관도 있고 조직되어 있는 활동들도 있지만, 어느 쪽도 모든 학생들에겐 편리하지 않잖아.
M	Exactly. As a soccer fan, I often played on the lawn during breaks. It was convenient and enjoyable.	남	맞아. 축구 팬으로서, 난 휴식 시간에 잔디 구장에서 자주 경기했거든. 편리하고 즐거웠는데.
W	And don't forget the social aspect of it. Soccer matches are a fun way for everyone to get together. It helped us build friendships and feel like we were part of the campus community.	여	그리고 그 사회적인 측면도 잊지 말아야 해. 축구 경기는 모든 사람이 함께 시간을 보낼 수 있는 즐거운 방법이잖아. 우리가 우정을 다지고 캠퍼스 공동체의 일원으로 느끼는 데 도움이 됐어.
M	You're right. The games were a great chance to socialize. It's unfortunate that we'll no longer have that opportunity.	남	그렇지. 축구 경기가 사람들과 어울릴 수 있는 아주 좋은 기회였어. 우리에게 더 이상 그럴 기회가 없을 거라는 점이 아쉬워.

어휘 ban 금지하다   terrible 심한, 끔찍한   way to + 동사원형 ~할 수 있는 방법   restriction 제약, 제한   organized 조직된   aspect 측면, 양상   get together 모이다, 만나다   community 공동체   socialize 사람들과 어울리다   unfortunate 아쉬운, 안타까운

문제

The woman expresses her opinion about the university's new policy. State her opinion and explain the reasons she gives for holding that opinion.

여자가 대학의 새로운 정책과 관련해 자신의 의견을 표현하고 있다. 여자의 의견을 말하고, 그러한 의견을 갖고 있는 것에 대해 여자가 언급하는 이유를 설명하시오.

읽기 지문 노트

중심 내용
soccer X @ sch. lawn

학교 잔디 구장에서 축구 금지

세부사항
respect new policy & explore locations for soccer

새 방침을 따를 것 & 축구 장소 탐색할 것

대화문 노트

화자의 입장
W - X

여자 — 반대

이유 1
difficult to exercise w/ time limit & restriction on outdoor activi.

시간 제약 & 야외 활동 제약 상황에서 운동 어려움

┗부연 설명
  gym & organized activi.: convenient X

체육관과 조직되어 있는 활동: 편리하지 않음

이유 2
social aspect

사회적 측면

└, 부연 설명
<u>soccer matches → together & friendship ↑</u>

축구 경기 → 사람들 함께하고 우정 ↑

모범 답변

중심 내용
According to the reading passage, students will be prohibited from playing soccer on the school's lawn.

화자의 입장
The woman doesn't like the school's decision for two reasons.

이유 1 + 부연 설명
First, she mentions that it is difficult for students to integrate physical activity into their schedules due to limited time between classes and restrictions on outdoor activities like soccer. She also mentions the shortcomings of using the school gym or taking part in organized activities.

이유 2 + 부연 설명
She also mentions that soccer matches are important for building friendships and teamwork among the students on campus. They also foster a sense of togetherness.

맺음말
For these reasons, the woman is unhappy with the school's decision.

읽기 지문에 따르면, 학생들은 학교 잔디 구장에서 축구 경기를 하는 게 금지될 것이다.

여자는 두 가지 이유로 학교의 결정을 마음에 들어 하지 않는다.

첫째, 여자는 학생들이 수업 사이의 제한된 시간 및 축구 같은 실외 활동에 대한 제약으로 인해 자신들의 일정에 신체 활동을 포함하는 게 어렵다는 점을 언급하고 있다. 여자는 또한 학교 체육관을 이용하거나 조직되어 있는 활동에 참여하는 것의 단점도 언급하고 있다.

여자는 또한 축구 경기가 캠퍼스의 학생들 사이에서 우정과 팀워크를 다지는 데 중요하다는 점을 언급하고 있다. 또한 유대감도 조성하게 된다.

이러한 이유들로, 여자는 학교의 결정에 불만스러워하고 있다.

어휘 be prohibited from -ing ~하는 것이 금지되다   integrate A into B A를 B에 포함하다, A를 B로 통합하다   due to ~로 인해   shortcoming 단점   take part in ~에 참여하다   foster 조성하다   sense of togetherness 유대감, 일체감

2

지문 해석

The university is launching silent spaces within its libraries. You will have 45 seconds to read an announcement about the establishment. Begin reading now.

대학에서는 도서관 내에 새로이 무음실을 마련하고자 한다. 이 시설 설립에 관한 공지를 읽을 시간이 45초 주어진다. 이제 읽기 시작하시오.

대학 도서관 내에 도입하는 무음실

우리 대학이 도서관 내에 무음실을 만들기로 결정했습니다. 이 지정 구역 내에서는 소음 규제가 엄격하게 시행되어, 학업을 위해 노력하는 학생들에게 차분하게 집중할 수 있는 환경을 제공하게 됩니다. 주변의 소음이 집중을 방해할 수 있는 기존의 도서관 구역들과 달리, 이 무음실은 뛰어난 집중력과 효율적인 공부에 도움이 되는 평온한 안식처를 제공할 것입니다. 무음실의 통합을 통해, 우리 대학은 다양한 학습 방식을 충족하고 학업적 성공을 촉진할 수 있기를 염원하고 있습니다.

어휘
introduce 도입하다   regulation 규정, 규제   strictly 엄격하게   enforce 시행하다   designated 지정된   concentrated 집중된   endeavor 노력   conventional 기존의   disrupt 방해하다   tranquil 평온한   refuge 안식처, 피난처   conducive to ~에 도움이 되는   concentration 집중(력)   efficient 효율적인   integration 통합   aspire to + 동사원형 ~하기를 염원하다   cater to ~을 충족하다   varied 다양한

Now listen to two students discussing the article.

이제 두 학생이 기사에 대해 이야기하는 것을 들으시오.

M Hey, have you heard about the university's plan to introduce silent spaces in the library?

W Yeah, I read about it. It sounds like a good way to address the noise issue in the library.

M Well, I have mixed feelings about it. On the one hand, it's true that the library can get really noisy, especially during busy times. It's hard to concentrate with all the distractions. For instance, last week when I was trying to study for my history exam, there were students talking loudly nearby, so I couldn't focus at all. It was really frustrating.

W Yeah, I totally get that. It's frustrating when you're trying to study and there's so much noise around you.

M Exactly. But, on the other hand, I'm a bit concerned about something. What if we need to use laptops for research or assignments in the silent library room? Will we have to pack up all our stuff and leave every time? That seems like it could be really inconvenient.

W Hmm, I hadn't thought about that. It could definitely be a hassle if we have to keep moving around just to use the internet.

M Yeah, exactly. So, while I think silent spaces could help with noise, I'm not sure if the inconvenience of having to leave them to use laptops is worth it.

남 있잖아, 우리 대학이 도서관에 무음실을 도입한다는 계획에 관한 얘기 들었어?

여 응, 읽어 봤어. 도서관 내의 소음 문제를 처리할 수 있는 좋은 방법인 것 같아.

남 그게, 난 복잡한 생각이 들어. 한편으로는, 도서관이 정말 시끄러워질 수 있다는 건 사실이야, 특히 붐비는 시간대에 말이야. 그 모든 방해 요소들이 있으면 집중하기 어렵잖아. 예를 들어서, 지난주에 내가 역사 시험 공부를 하려 하고 있었는데, 근처에서 크게 떠드는 학생들이 있어서 전혀 집중할 수 없었거든. 정말 불만스러웠어.

여 응, 전적으로 이해해. 공부하려는데 주변에 그렇게 소음이 많으면 불만스럽지.

남 맞아. 하지만, 다른 한편으로는, 좀 걱정되는 게 있어. 무음실에서 조사나 과제를 위해 노트북을 사용해야 한다면 어쩌지? 매번 모든 짐을 다 싸서 나가야 할까? 그렇게 되면 정말 불편할 수 있을 것 같아.

여 흠, 그건 생각해 보지 못했어. 단지 인터넷을 이용하려고 이리저리 계속 돌아다녀야 한다면 분명 귀찮은 일이 될 수 있을 거야.

남 응, 맞아. 그래서, 무음실이 소음 문제에는 도움이 될 수 있겠지만, 노트북을 사용하려고 거기서 나가야 하는 불편함이 그만한 가치가 있는 건지 잘 모르겠어.

어휘 address (문제 등을) 처리하다, 다루다   on the one hand 한편으로는   concentrate 집중하다   distraction 방해, 지장   frustrating 불만스러운, 좌절하게 만드는   on the other hand 다른 한편으로는   concerned 걱정하는   assignment 과제   pack up (짐 등을) 싸다, 꾸리다   seem like ~하는 것 같다   inconvenient 불편한   definitely 분명히   hassle 귀찮은 것   inconvenience 불편함   worth ~할 만한 가치가 있는

문제

The man expresses his opinion about the school's decision. Explain his opinion and the reasons he gives for holding that opinion.

남자가 학교의 결정과 관련해 자신의 의견을 표현하고 있다. 남자의 의견 및 그러한 의견을 갖고 있는 것에 대해 남자가 언급하는 이유를 설명하시오.

읽기 지문 노트

중심 내용
<u>create silent space in libraries</u>

도서관에 무음실 조성

세부사항

strict noise regulations → calm & concentrated
setting to stdts

엄격한 소음 규제 → 학생들에게 차분하고
집중할 수 있는 환경

대화문 노트

화자의 입장
M – O & X

이유 1
noisy during busy T
└ 부연 설명
　- hard to concentrate
　- e.g. study history exam

이유 2
use laptop
└ 부연 설명
　pack up every T → inconvenient

남자 — 복합적

바쁜 시간에 시끄러움

- 집중 어려움
- 예. 역사 시험 공부

노트북 사용

매번 짐 싸기 불편

모범 답변

중심 내용
According to the reading, the university has decided to add silent spaces to its libraries.

화자의 입장
The man expresses mixed feelings for two reasons.

이유 1 + 부연 설명
On the one hand, he mentions that the library can become excessively noisy, making it difficult to concentrate. This is particularly troublesome during busy times, such as when he was studying for his history exam.

이유 2 + 부연 설명
On the other hand, he expresses concern about the noise regulations that are soon to be enforced, specifically regarding laptop use. He points out that having to leave the silent area to use laptops could be quite a hassle.

맺음말
For these reasons, the man has mixed feelings about the decision.

읽기 지문에 따르면, 대학에서 도서관에 무음실을 추가하기로 결정했다.

남자는 두 가지 이유로 복잡한 심경을 표하고 있다.

한편으로, 남자는 도서관이 지나치게 시끄러운 상태가 되어, 집중하기 어렵게 만들 수 있다는 점을 언급하고 있다. 이는 남자가 역사 시험을 위해 공부하고 있었던 경우처럼, 붐비는 시간대에 특히 문제가 되는 부분이다.

다른 한편으로, 남자는 노트북 사용과 관련해, 곧 시행될 소음 규제에 대해 우려를 표하고 있다. 남자는 노트북 사용을 위해 무음 구역에서 나가야 하는 것이 꽤 귀찮은 일이 될 수 있다는 점을 지적한다.

이러한 이유들로 인해, 남자는 그러한 결정에 대해 복잡한 생각을 갖고 있다.

어휘　add A to B A를 B에 추가하다　excessively 지나치게　particularly 특히　troublesome 문제가 되는, 골치 아픈　concern 걱정
specifically 특히, 구체적으로　point out 지적하다　quite 꽤, 상당히

EXERCISE p.60

1

지문 해석

The university is initiating monthly conversations with the president for students. You will have 50 seconds to read an announcement about the new system. Begin reading now.

대학에서는 매월 학생들과 총장님의 대담회를 마련하고자 한다. 이 새 제도에 관한 공지를 읽을 시간이 50초 주어진다. 이제 읽기 시작하시오.

대학 총장님과 나누는 월간 대담회

우리 대학은 학생들이 다가오는 학기에 대학 총장님과의 월간 대담회에 참여하게 될 것이라고 발표했습니다. 이 계획의 목표는 학생들과 행정 관리자들 사이에서 열린 의사 소통 경로를 조성해, 학생들에게 우려 사항에 대해 목소리를 내고, 의견을 공유하며, 의사 결정 과정에 기여할 수 있는 기회를 제공하는 것입니다. 주기적인 대화 시간을 확립함으로써, 대학은 정보를 얻어 결정을 내리고, 공동체 참여를 강화하며, 협력적 학습 환경을 촉진하고자 합니다. 학생들은 이 시간에 적극적으로 참여해 우리 학교의 미래 방향을 설정하는 도움을 주시기 바랍니다.

어휘

engage in ~에 참여하다   upcoming 다가오는   semester 학기   channel 경로   administrator 행정 관리자   voice 목소리를 내다, 말로 표현하다   contribute to ~에 기여하다   decision-making 의사 결정   establish 확립하다   session (특정 활동을 위한) 시간   seek to+동사원형 ~하려 하다   informed 정보를 얻은, 잘 아는   strengthen 강화하다   engagement 참여, 관여   collaborative 협력적인   be encouraged to+동사원형 ~하도록 권장되다   actively 적극적으로   institution 기관, 단체

대화 스크립트 & 해석

Now listen to two students discussing the article.

이제 두 학생이 기사에 대해 이야기하는 것을 들으시오.

M Hey, have you heard about the new policy where we get to have monthly conversations with the university president?

W Yeah, I saw the announcement. I think it's a fantastic idea.

M Me too. I mean, it's a great opportunity to promote diversity and inclusion.

W Absolutely. Having conversations with the university president means we can discuss topics like diversity, equity, and inclusion. That could help raise awareness of the diversity within our university community.

M Exactly. And it's not just about diversity. Regular interactions with the university president could help build better relationships between students and administrators.

W That's so true. And a stronger sense of community would make it easier to work together to advance the university's mission and goals.

남 있잖아, 우리가 대학 총장님과 매달 대담회를 하게 된다는 새 정책에 관한 얘기 들었어?

여 응, 그 공지 봤어. 훌륭한 아이디어인 것 같아.

남 나도. 말하자면, 다양성과 포괄성을 증진할 수 있는 아주 좋은 기회잖아.

여 물론이지. 대학 총장님과 대화를 나눈다는 건 우리가 다양성과 공정성, 그리고 포괄성 같은 주제들을 이야기할 수 있다는 의미야. 그렇게 되면 우리 대학 공동체 내에서 다양성에 대한 인식을 높이는 데 도움이 될 수 있어.

남 맞아. 그리고 단순히 다양성에 관한 문제만은 아니야. 대학 총장님과의 주기적인 교류가 학생들과 행정 관리자들 사이에서 더 나은 관계를 구축하는 데 도움을 줄 수 있어.

여 정말 맞는 말이야. 그리고 더 튼튼한 공동체 의식으로 인해서 대학의 사명과 목표를 증진하기 위해 함께 노력하는 게 더 수월해질 거야.

M Definitely. I think these monthly conversations will strengthen our relationship with the school administration and give us a voice about the future direction of our institution.

W I agree. I'm really looking forward to these sessions!

남 물론이야. 난 이 월간 대담회가 학교 행정 관리 측과 우리의 관계를 강화하고 우리 학교의 미래 방향과 관련해서 우리에게 발언권을 제공해 줄 거라고 생각해.

여 동감이야. 난 이 시간을 정말 기대하고 있어!

어휘 policy 정책 get to+동사원형 ~하게 되다 opportunity to+동사원형 ~할 수 있는 기회 diversity 다양성 inclusion 포괄(성)
equity 공정(성) raise awareness of ~에 대한 인식을 높이다 regular 주기적인 interaction 교류 relationship 관계
advance 증진하다 mission 사명 strengthen 강화하다 voice 발언권 look forward to ~을 기대하다

문제

The woman expresses her opinion about the university's plan. State her opinion and explain the reasons she gives for holding that opinion.

여자가 대학의 새로운 정책과 관련해 자신의 의견을 표현하고 있다. 여자의 의견을 말하고, 그러한 의견을 갖고 있는 것에 대해 여자가 언급하는 이유를 설명하시오.

읽기 지문 노트

중심 내용
start monthly discussion w/ uni. president

세부사항
goal: open comm channels b/w stdts & admin

대학 총장과의 월간 대담회 시작

목표: 학생과 행정 관리자들 간 열린 의사 소통 경로

대화문 노트

화자의 입장
W - O

이유 1
discuss: diversity, equity & inclusion
└.부연 설명
  awareness diversity ↑

이유 2
sense of community ↑
└. 부연 설명
  work together: advance uni.'s mission & goal

여자 — 찬성

다양성, 공정성, 포괄성 논의

다양성 인식 높임

공동체 의식 높임

대학 사명 & 목표 증진 위해 협력

답변 말하기

중심 내용
According to the reading, the university announced that starting next semester, students will participate in monthly discussions

읽기 지문에 따르면, 해당 대학은 다음 학기부터 학생들이 대학 총장과 갖는 월간 담화 시간에 참여하게 된다고 발표했다.

with the university president.

화자의 입장
The woman likes this announcement for two reasons.

이유 1 + 부연 설명
First, she mentions that engaging in conversations with the university president will facilitate discussions on crucial topics such as diversity, equity, and inclusion. This will foster awareness and understanding of diverse perspectives and experiences within the university community.

이유 2 + 부연 설명
Next, she mentions that it will enhance the sense of community. This will encourage collaboration among individuals, simplifying the collective effort to push the university's mission and goals forward.

맺음말
For these reasons, the woman is happy with the school's announcement.

여자는 두 가지 이유로 이 발표를 마음에 들어 한다.

첫 번째로, 여자는 대학 총장과의 대화에 참여하는 것이 다양성과 공정성, 그리고 포괄성 같은 중대한 주제에 관한 논의를 용이하게 할 것이라고 언급한다. 이는 대학 공동체 내의 다양한 관점과 경험에 대한 인식 및 이해를 촉진할 것이다.

다음으로, 여자는 이것이 공동체 의식을 높일 것이라고 언급한다. 이는 개인 간의 협력을 고무시켜 대학의 사명과 목표를 추진하기 위한 집단적 노력을 단순화할 것이다.

이와 같은 이유들로, 여자는 학교의 발표에 기뻐하고 있다.

어휘 facilitate 용이하게 하다   crucial 중대한   perspective 관점   enhance 향상시키다   encourage 장려하다, 고무시키다   collaboration 협력, 공동 작업   individual 개인, 사람   simplify 단순화하다   collective 공동의   push forward 추진하다

2

지문 해석

The college is planning a major adjustment to the class timetable. You will have 50 seconds to read a notice about the adjustment. Begin reading now.

대학에서는 수업 시간표를 대대적으로 조정할 계획이다. 조정 사항에 대한 공지를 읽을 시간이 50초 주어진다. 이제 읽기 시작하시오.

주간 강의의 야간으로의 전환	어휘
다가오는 학기에는, 우리 대학의 수업 일정에 상당한 변화가 있을 것입니다. 대부분의 주간 강의가 이제 야간으로 변경됩니다. 이러한 변화는 주간에 직장 또는 집안일 같은 다른 책무가 있는 학생들에게 더 많은 유연성을 제공하기 위한 것입니다. 추가로, 캠퍼스 안전 조치도 야간 시간대에 강화되어 모든 학생들에게 안전한 학습 환경을 보장해 드릴 것입니다. 잊지 마시고 업데이트된 일정표를 확인하시기 바라며, 질문이나 우려 사항이 있을 경우에는 지도 교수님께 연락하시기 바랍니다. 저희가 전체 학생들의 다양한 요구를 충족하기 위해 애쓰는 과정에서 여러분의 협조에 감사 드립니다.	transition 전환하다 significant 상당한, 중요한 shift 변경하다 be designed to + 동사원형 ~하기 위한 것이다 flexibility 유연성, 탄력성 commitment 약속(된 일), 책무 responsibility 책임 measures 조치, 방안 enhance 강화하다 secure 안전한 reach out to ~에게 연락하다 advisor 지도 교수 cooperation 협조, 협력 strive 노력하다 meet 충족하다 diverse 다양한 student body 전체 학생들

대화 스크립트 & 해석

Now listen to two students discussing the article.

이제 두 학생이 기사에 대해 이야기하는 것을 들으시오.

M Did you hear about the change to our class schedule for next semester?	**남** 다음 학기 우리 수업 일정표 변동 사항과 관련된 얘기 들었어?
W Yeah, I did. It's a really big deal, isn't it?	**여** 응, 들었어. 정말 대단한 것 같지 않아?
M It is, but I'm not too thrilled about it, to be honest.	**남** 응, 근데 난 그게 그렇게 신나진 않아, 솔직히.
W Really? I thought it might offer more flexibility for students.	**여** 정말? 난 학생들에게 더 많은 유연성을 제공할지도 모른다고 생각했는데.
M Well, I understand that, but it could create a lot of problems for students who have jobs or family responsibilities in the evenings. Many of us already struggle to balance our academic responsibilities with our personal lives, and shifting classes to the evenings could make it even more challenging.	**남** 음, 이해는 되는데, 저녁 시간에 직장이나 집안일이 있는 학생들에겐 많은 문제가 생길 수도 있어. 우린 대부분 이미 학업적 책임과 개인적인 삶의 균형을 잡느라 힘든데, 수업을 저녁으로 옮기면 훨씬 더 어려워질 수 있어.
W That makes sense. I hadn't thought about it that way.	**여** 무슨 말인지 알겠어. 난 그런 식으로 생각해 보진 못했어.
M And what about safety? I've heard that campus security uses a smaller staff during the evening hours. For students who have to commute to and from campus after dark, this could be a real issue.	**남** 그리고 안전 문제는 또 어떻고? 교내 보안팀이 저녁 시간대엔 더 적은 인원을 활용한다고 들었어. 어두워진 후에 캠퍼스로 통학해야 하는 학생들에겐, 이게 정말 문제가 될 수 있거든.
W Yeah, safety is definitely something to consider. It's important for students to feel secure on campus, especially at night.	**여** 응, 안전은 분명 고려해야 하는 부분이야. 학생들이 캠퍼스에서, 특히 야간에 안전하다고 느끼는 게 중요하잖아.
M Exactly. I just think there are a lot of potential drawbacks to this change that haven't been fully addressed. I hope the administration takes these concerns into account and considers alternatives that better accommodate all students.	**남** 맞아. 난 그냥 이 변동 사항에 온전히 다뤄지지 않은 잠재적 결점이 많이 있다고 생각해. 행정팀에서 이 우려 사항들을 감안해서 모든 학생들의 의견을 더 잘 수용하는 대안을 고려해 보면 좋겠어.

어휘 big deal 대단한 것, 큰 일   thrilled 신이 난, 짜릿한   to be honest 솔직히   struggle to + 동사원형 ~하기 힘겨워하다   challenging 어려운, 까다로운   make sense 이해가 되다, 앞뒤가 맞다   that way 그런 식으로, 그렇게   commute 통학하다   issue 문제, 사안   definitely 분명히   consider 고려하다   drawback 결점, 문제점   address (문제 등을) 다루다, 처리하다   administration 행정   take A into account A를 감안하다, A를 고려하다   alternative 대안   accommodate (의견 등을) 수용하다

문제

The man expresses his opinion about the change described in the article. Briefly summarize the change. Then state his opinion about the change and explain the reasons he gives for holding that opinion.

남자가 기사에서 설명하는 변동 사항과 관련해 자신의 의견을 표현하고 있다. 해당 변동 사항을 간략히 요약하시오. 그런 다음, 변동 사항에 관한 남자의 의견을 말하고, 그러한 의견을 갖고 있는 것에 대해 남자가 언급하는 이유를 설명하시오.

읽기 지문 노트

중심 내용
daytime class →evening

세부사항
- *flexibility ↑ for stdts w/ other commitments @ day*
- *campus safety ↑ @ evening*

주간 수업 → 야간

- 주간에 다른 책무가 있는 학생들에게 유연성 높아짐
- 야간에 캠퍼스 안전 강화

대화문 노트

화자의 입장
M - X

이유 1
prb w/ jobs & fam responsibilities
└ 부연 설명
   - struggle academic & personal life balance
   - more challenging

이유 2
safety - security ↓ evening
└ 부연 설명
   commute after dark → real issue

남자 — 반대

일이나 집안일에 문제

- 학업과 개인 삶 균형 어려움
- 더 어려워질 것

안전 — 야간 보안 인력 더 적음

어두워진 후 통학 → 큰 문제

답변 말하기

중심 내용
According to the reading, the university is going to change daytime courses to evening sessions.

화자의 입장
The man doesn't like the school's announcement for two reasons.

이유 1 + 부연 설명
First of all, he mentions that it may create difficulties for students with work or family commitments in the evenings. This could exacerbate the challenge of balancing academic responsibilities with personal life.

이유 2 + 부연 설명
He also mentions that inadequate security measures during evening hours could pose risks. This is particularly concerning for students commuting after dark.

맺음말
For these reasons, the man is unhappy with the school's announcement.

읽기 지문에 따르면, 해당 대학교에서 주간 강의를 야간 시간으로 바꿀 예정이다.

남자는 두 가지 이유로 학교의 발표를 마음에 들어 하지 않는다.

우선, 남자는 저녁 시간대에 직장이나 집안일이 있는 학생들에게 어려움이 생길 수 있다고 언급한다. 이는 학업적 책임과 개인적인 삶의 균형을 잡는 어려움을 악화시킬 수 있다.

남자는 또한 저녁 시간대의 부족한 보안 조치가 위험 요소가 될 수 있다고 언급한다. 이는 특히 어두워진 후에 통학하는 학생들에게 우려를 끼치는 부분이다.

이러한 이유들로 인해, 남자는 학교의 발표에 불만스러워하고 있다.

어휘 exacerbate 악화시키다   inadequate 부족한, 불충분한   pose a risk 위험 요소가 되다   particularly 특히   concerning 우려를 끼치는

공지문 p.64

1

지문 해석

The university is introducing new printing restrictions for students next semester. You will have 45 seconds to read an announcement about these restrictions and their objectives. Begin reading now.

대학에서는 다음 학기부터 학생들을 대상으로 새로운 인쇄 제한 방침들을 도입하고자 한다. 이 제한 방침들과 그 목적에 관한 공지를 읽을 시간이 45초 주어진다. 이제 읽기 시작하시오.

인쇄 제한 방침 시행	어휘
다음 학기부터, 우리 대학은 모든 학생을 대상으로 새로운 인쇄 제한 방침을 시행할 것입니다. 각 학생은 월간 최대 300 페이지까지 인쇄하도록 제한될 것이며, 오직 양면 복사만 허용됩니다. 이 정책은 책임감 있는 용지 사용을 촉진하고, 종이 쓰레기를 줄이며, 대학의 지속 가능성 목표와 발 맞춰 가는 것을 목표로 합니다. 디지털 문서 공유 및 온라인 제출 같은 더 효율적인 인쇄 관행을 장려함으로써, 우리 대학은 환경 발자국을 최소화하고 전체 학생들 사이에서 자원 보존 문화를 조성하려 하고 있습니다.	implementation 시행 enforce 시행하다 be restricted to ~로 제한되다 double-sided copying 양면 인쇄 permit 허용하다 promote 촉진하다 responsible 책임감 있는 align with ~와 발 맞춰 가다, ~와 일치하다 sustainability 지속 가능성 practice 관행 sharing 공유 submission 제출 minimize 최소화하다 environmental footprint 환경 발자국 resource 자원, 자료 conservation 보존

대화 스크립트 & 해석

Now listen to two students discussing the article.

이제 두 학생이 기사에 대해 이야기하는 것을 들으시오.

M Hey, have you heard about the new printing restrictions the university is implementing next semester?

W Yeah, I saw the announcement. I think it's a step in the right direction.

M Definitely. Limiting printing to 300 pages will encourage students to think twice before hitting the print button.

W Exactly. It'll promote more efficient use of printing resources and help reduce paper waste on campus. This plan fits with the university's sustainability goals by encouraging students to use less paper in their daily activities.

M And allowing only double-sided copying is a smart move too. It'll reduce paper usage and further minimize environmental impact.

W Agreed. Plus, by encouraging digital document sharing and electronic submissions, the university is promoting technology integration among students. This will prepare students for the digital demands of the modern workforce.

M Absolutely. It will help us get used to a digital-centric work environment and will increase our technological literacy.

남 있잖아, 우리 대학에서 다음 학기에 시행하는 새로운 인쇄 제한 방침에 관한 얘기 들었어?

여 응, 그 공지 봤어. 올바른 방향으로 가는 단계인 것 같아.

남 물론이지. 인쇄 수량을 300 페이지로 제한하면 학생들이 인쇄 버튼을 누르기 전에 한 번 더 생각해 보게 해 줄 거야.

여 맞아. 그러면 더 효율적인 인쇄 자원 활용을 촉진해서 캠퍼스 내에서 종이 쓰레기를 줄이는 데 도움을 주게 될 거야. 이 계획은 학생들에게 일상 활동 중에 종이를 덜 쓰도록 장려하는 거라서 우리 대학의 지속 가능성 목표와 잘 어울려.

남 그리고 오직 양면 복사만 허용하는 것도 현명한 조치야. 용지 사용량을 줄여 줘서 더 나아가서는 환경적 영향을 최소화해 줄 거야.

여 동감이야. 게다가, 디지털 문서 공유와 온라인 제출을 장려함으로써, 우리 대학이 학생들 사이에서 기술 통합을 촉진하고 있어. 이건 현대 인력의 디지털 수요에 대해 학생들에게 대비하게 해 줄 거야.

남 물론이지. 우리가 디지털 중심 업무 환경에 익숙해지는 데 도움을 주고, 우리의 기술 활용 능력을 증진시켜 줄 거야.

W It's a win-win situation. We reduce paper waste, embrace technology, and prepare for the future all at once.

여 서로 윈윈하는 상황이네. 종이 쓰레기도 줄이고, 기술도 수용하고, 미래에도 대비하는 걸 한꺼번에 하잖아.

어휘 implement 시행하다   in the right direction 올바른 방향으로   limit A to B A를 B로 제한하다   fit with ~와 잘 어울리다   allow 허용하다   integration 통합   prepare A for B B에 대해 A를 대비시키다   demand 수요   workforce 인력   get used to ~에 익숙해지다   technological literacy 기술 활용 능력   win-win 서로 윈윈하는, 서로에게 이득이 되는   embrace 수용하다, 받아들이다   all at once 한꺼번에

문제

The woman expresses her opinion of the university's new policy. State her opinion and explain the reasons she gives for holding that opinion.

여자가 대학의 새 정책과 관련해 자신의 의견을 표현하고 있다. 여자의 의견을 말하고, 그러한 의견을 갖고 있는 것에 대해 여자가 언급하는 이유를 설명하시오.

읽기 지문 노트

중심 내용
new printing restrictions policy

새로운 인쇄 제한 정책

세부사항
print max. 300p/month for 1 stdt w/ only double-sided

한 학생당 월 최대 300페이지 양면 인쇄만

대화문 노트

화자의 입장
W - O

여자 - 찬성

이유 1
efficient use of resources & paper waste ↓
└ 부연 설명
  fit uni.'s sustain. goal

자원 효율적 사용 & 종이 낭비 줄임

대학의 지속 가능성 목표와 일치

이유 2
digit docu sharing & e-submission
→ tech. integration ↑
└ 부연 설명
  prepare stdt: digit demand

디지털 문서 공유 & 전자 제출 →
기술 통합 높임

학생들 디지털 수요 대비

답변 말하기

중심 내용
According to the reading, the university has decided to impose

읽기 지문에 따르면, 대학은 각 학생의 인쇄 허용량을 최대 300페이지로 제한하면서, 모든 학생을 대

new printing restrictions on all students, limiting each student's printing allowance to a maximum of 300 pages.

화자의 입장
The woman likes the school's decision for two reasons.

이유 1+부연설명
First of all, she mentions that it will encourage more efficient use of printing resources and reduce paper waste on campus. This fits with the university's sustainability goals.

이유 2+부연설명
She also mentions that by promoting digital document sharing and electronic submissions, the university is helping students get used to using technology. This will prepare them for the digital needs of the modern workforce.

맺음말
For these reasons, the woman is happy with the school's decision.

상으로 새로운 인쇄 제한 방침을 도입하기로 결정했다.

여자는 두 가지 이유로 학교의 결정을 마음에 들어 한다.

가장 먼저, 여자는 그 정책이 더욱 효율적인 인쇄 자원 활용을 장려하고 캠퍼스 내에서 종이 쓰레기를 줄이게 된다는 점을 언급한다. 이는 대학의 지속 가능성 목표와 잘 어울린다

그녀는 또한 디지털 문서 공유 및 온라인 제출을 촉진함으로써, 대학이 학생들을 기술 이용에 익숙해지도록 돕는다는 점을 언급한다. 이는 현대 인력의 디지털 수요에 대해 학생들에게 대비하게 해 줄 것이다.

이러한 이유들로 인해, 여자는 학교의 결정에 대해 만족한다.

어휘 impose 도입하다, 부과하다   allowance 허용(량)

편지   p.66

2

지문 해석

Read a student letter proposing enhancing bicycle rental services on campus. You will have 50 seconds to read the letter. Begin reading now.

교내 자전거 대여 서비스 개선을 제안하는 한 학생의 편지를 읽으시오. 이 편지를 읽을 시간이 50초 주어진다. 이제 읽기 시작하시오.

교내 자전거 대여 선택권 확대 제안	어휘
교내에서 이용 가능한 친환경 교통 수단에 대한 필요성이 증가함에 따라, 자전거 대여 선택권을 확대하면 대학 공동체에 상당히 유익할 수 있습니다. 현재, 이용 가능한 자전거 수가 제한적이라는 점이 학생들에게 어려움을 야기하고 있습니다. 따라서, 대학 측에서 교내 자전거 대여 선택권을 확대해야 한다고 생각합니다. 대여 선택권을 늘리면 지속 가능성을 촉진하고 교통 혼잡을 완화할 뿐만 아니라 수많은 건강상의 이점까지 제공해, 학생들의 신체적 건강과 정신적 행복을 향상시킬 것입니다. 자전거 대여 서비스를 확대하면 환경적 책임 및 학생 복지에 대한 대학의 헌신을 반영하게 될 것입니다. 이는 학생들에게 실용적이고 즐거운 교통 수단 대안을 제공함과 동시에 더욱 지속 가능한 교내 환경도 조성하게 될 것입니다. 에밀리 존슨 올림	expand 확대하다, 확장하다 accessible 이용 가능한, 접근 가능한 eco-friendly 친환경적인 significantly 상당히 benefit 유익하다 currently 현재 availability 이용 가능성 present (문제 등을) 야기하다 sustainability 지속 가능성 alleviate 완화하다 traffic congestion 교통 혼잡 numerous 수많은, 다수의 advantage 이점, 장점 physical fitness 신체적 건강 mental well-being 정신적 행복 reflect 반영하다 welfare 복지 provide A with B A에게 B를 제공하다 practical 실용적인 alternative 대안

대화 스크립트 & 해석

Now listen to two students discussing the letter.

이제 두 학생이 편지에 대해 이야기하는 것을 들으시오.

M Hey, have you seen the letter proposing that the university expand bike rentals on campus?

W Yeah, I read it. What do you think?

M I think it's a fantastic idea. It addresses the increasing demand for eco-friendly transportation options. By expanding bike rentals, the university would provide a practical solution to students' transportation needs while reducing our carbon footprint.

W That makes sense.

M Another benefit would be the positive impact on student health. Cycling is not only a convenient mode of transportation. It also promotes physical activity and mental well-being. With more bikes available, students could incorporate exercise into their daily routines, leading to healthier lifestyles.

W That sounds great. It would be a win-win for everyone.

M Exactly! By doing this, the university would be showing its commitment to sustainability and student welfare. It would be a step towards creating a greener and healthier campus community.

남 있잖아, 우리 대학이 교내 자전거 대여 서비스를 확대해야 한다고 제안하는 편지 봤어?

여 응, 읽어 봤어. 넌 어떻게 생각해?

남 훌륭한 아이디어인 것 같아. 친환경적인 교통 수단 선택권에 대한 수요 증가를 해결해 주는 거잖아. 자전거 대여 서비스를 확대함으로써, 대학이 학생들의 교통 수단 필요성에 대한 실질적인 해결책을 제공함과 동시에 탄소 발자국도 감소시키게 될 거야.

여 무슨 말인지 이해돼.

남 또 다른 이점은 학생들의 건강에 미치는 긍정적인 영향일 거야. 자전거 타기는 단순히 편리한 교통 수단만은 아니야. 신체적 활동과 정신적 건강도 증진시켜 주지. 이용 가능한 자전거가 더 많으면, 학생들이 각자의 일상 생활에 운동을 포함하면서, 더 건강한 생활 방식으로 이어질 수 있어.

여 아주 좋은 것 같아. 모두에게 윈윈하는 일이 될 거야.

남 맞아! 이렇게 하면, 우리 대학이 지속 가능성과 학생 복지에 대한 헌신을 보여 주게 될 거야. 더 친환경적이고 더 건강한 캠퍼스 공동체를 만들어 가는 단계가 되는 거지.

어휘 propose 제안하다 demand 수요 solution 해결책 carbon footprint 탄소 발자국 benefit 이점, 혜택 positive 긍정적인 impact 영향, 결과 convenient 편리한 available 이용 가능한 incorporate 포함하다 lead to ~로 이어지다 win-win 서로 윈윈하는, 서로에게 이득이 되는 commitment 헌신 green 친환경적인 community 공동체

문제

Briefly summarize the proposal in the letter. Then state the man's opinion about the proposal and explain the reasons he gives for holding that opinion.

편지에 쓰인 제안 사항을 간략히 요약하시오. 그런 다음, 그 제안에 관한 남자의 의견을 말하고, 그러한 의견을 갖고 있는 것에 대해 남자가 언급하는 이유를 설명하시오.

읽기 지문 노트

중심 내용
campus bicycle rental ↑

세부사항
limited bike availability → stdts' challenges

교재 자전거 대여 확대

제한적인 이용 가능한 자전거 수 → 학생들의 어려움

대화문 노트

화자의 입장
M - O

남자 - 찬성

이유 1
eco-friendly transportation demand ↑

ㄴ 부연 설명
　practical solution to stdts's need
　→ carbon footprint ↓

이유 2
+ impact on health

ㄴ 부연 설명
　phy. & mental well-beings ↑ → healthier lifestyle

친환경 교통 수단 수요 ↑

학생들 수요에 실질적 해결책
→ 탄소 발자국 ↓

건강에 긍정적 효과

신체 & 정신 건강 증진 → 더 건강한 삶의 방식

답변 말하기

중심 내용
According to the letter, the writer proposed that the university should increase the number of bicycle rental opportunities available on campus.

화자의 입장
The man agrees with the proposal for two reasons.

이유 1 + 세부사항
First of all, he mentions that expanding bike rentals would satisfy the rising demand for environmentally friendly transport options on campus. Additionally, he points out that this expansion would offer a sustainable commuting alternative for students and contribute to reducing the university's overall carbon emissions.

이유 2 + 세부사항
He also mentions that having more bicycles available for rent would promote physical activity among students. This increase in exercise would enhance mental well-being, contributing to a healthier lifestyle across the campus community.

맺음말
For these reasons, the man is happy with the proposal.

편지 내용에 따르면, 글쓴이는 해당 대학이 교내에서 이용 가능한 자전거 대여 기회의 횟수를 늘려야 한다고 제안했다.

남자는 두 가지 이유로 이 제안 사항에 동의한다.

우선, 남자는 자전거 대여 서비스를 확대하면 교내의 환경 친화적인 교통 수단 선택권에 대한 수요 증가를 충족할 것이라고 언급한다. 추가로, 남자는 이러한 서비스 확대가 학생들에게 지속 가능한 통학 대안을 제공하고 대학의 전반적인 탄소 배출물을 감소시키는 데 기여할 것이라고 지적한다.

남자는 또한 대여 서비스로 이용 가능한 자전거가 더 많아지면 학생들 사이에서 신체 활동을 증진할 것이라는 점도 언급한다. 이러한 운동량 증가는 정신적 행복을 향상시켜 캠퍼스 공동체 전반에 걸쳐 더 건강한 생활 방식에 기여할 것이다.

이러한 이유들로 인해, 남자는 이 제안 사항에 만족한다.

어휘 satisfy 충족하다　rising 증가하는　environmentally friendly 환경친화적인　point out that ~라는 점을 지적하다　expansion 확대, 확장　commuting 통학　contribute to ~에 기여하다　overall 전반적인　carbon emissions 탄소 배출물

SPEAKING Integrated Task (2)

UNIT 02 답변 말하기 필수 패턴

EXERCISE p.75

1 The professor talks about the concept of role conflict, which refers to a situation in which a person is expected to fulfill different roles.

2 The lecture is mainly about the concept of the Rashomon effect, which occurs when two or more people experience the same event but interpret it differently.

3 In order to better illustrate this concept, the professor gives two cases of companies.

4 First, the professor describes how the highlands of Papua New Guinea maintain traditional farming techniques.

5 Second, the professor explains that in order to adapt to the new environment, these seeds became smaller.

6 These efforts have also been crucial in maintaining the ecological balance of the savannah ecosystem.

7 This strategy helped QuickEats Co. accommodate various consumer tastes without forfeiting market share.

8 Through these examples, the professor explains how behavioral economics influences consumer decisions.

UNIT 03 짧은 지문 & 강의로 기초 훈련

짧은 지문 읽고 답변하기 p.76

1

지문 해석

사회적 촉진	어휘
사회적 촉진은 사회 심리학 개념의 하나로서, 다른 사람들의 존재가 단순하거나 잘 준비된 일에 대한 개인의 능력은 향상시키면서 복잡하거나 새로운 일에 대해서는 성과를 떨어뜨리는 양상을 설명한다.	facilitation 촉진, 조장 psychology 심리학 presence 존재(감) enhance 향상시키다 performance (수행) 능력, 실력, 성과 well-rehearsed 잘 준비된 task 일, 업무 impair (힘, 질 등을) 떨어뜨리다, 손상시키다 complex 복잡한 novel 새로운

Q According to the reading, what is the concept of social facilitation?

🎤 According to the reading, social facilitation is <u>a social psychology concept that explains how being around other people can improve performance on tasks that are easy or familiar, while making it harder to perform tasks that are complex or new.</u>

Q 읽기 지문에 따르면, 사회적 촉진의 개념은 무엇인가?

🎤 읽기 지문에 따르면, 사회적 촉진은 사회 심리학 개념의 하나로서, 주변에 다른 사람들이 있는 것이 쉽거나 익숙한 일에 대한 성과는 향상시키면서 복잡하거나 새로운 일을 수행하는 것은 더 어렵게 만드는 양상을 설명한다.

2
지문 해석

역효과	어휘
역효과는 신념을 바꾸려는 시도가 오히려 그 신념을 강화할 때 발생하는 현상이다. 이는 제시된 정보가 개인의 핵심 관점에 도전할 때 나타나며, 기존의 믿음을 조정하기보다는 강화시키는 결과를 초래한다. 이는 효과적인 설득과 사실 전달에 있어서의 어려움을 강조하고 있다.	backfiring effect 역효과 attempt ~을 시도하다 reinforce 강화시키다 strengthen 강화하다 pre-existing beliefs 기존의 믿음 adjustment 조정, 수정 highlight 강조하다 persuasion 설득 factual communication 사실 전달

Q According to the reading, what is the concept of backfiring effect?

🎤 According to the reading, the backfiring effect occurs when <u>attempts to change a person's beliefs with new information actually reinforce their existing beliefs. This happens when the presented information contradicts their core views, leading them to further strengthen their pre-existing beliefs rather than adjusting them.</u>

Q 읽기 지문에 따르면, 역효과의 개념은 무엇인가?

🎤 읽기 지문에 따르면, 역효과는 새로운 정보로 한 개인의 신념을 바꾸려는 시도가 오히려 그 신념을 강화할 때 나타난다. 이것은 제시된 정보가 개인의 핵심적인 관점과 모순될 때 발생하는데, 이로 인해 사람들이 그들의 기존 신념을 조정하기보다는 더욱 강화하게 된다.

3
지문 해석

그린워싱	어휘
그린워싱은 실제로 그런 것보다 더 환경 친화적으로 보이기 위해 자사 제품이나 서비스, 또는 관행의 환경적 이점과 관련해 과장되거나 거짓된 주장을 펼치는 회사 또는 단체의 기만적인 관행을 일컫는다.	greenwashing 그린워싱(친환경적인 것처럼 홍보하는 방식으로서, 위장환경주의라고도 부름) deceptive 기만적인 practice 관행, 실행 organization 단체, 기관 exaggerated 과장된 false 거짓된 benefit 이점, 혜택 in order to+동사원형 ~하기 위해

Q According to the reading, what is the concept of greenwashing?

🎤 According to the reading, greenwashing is <u>the misleading practice in which companies or organizations make exaggerated or false statements regarding the environmental advantages of their products, services, or practices, aiming to appear more environmentally conscious than they truly are.</u>

Q 읽기 지문에 따르면, 그린워싱의 개념은 무엇인가?

🎤 읽기 지문에 따르면, 그린워싱은 회사 또는 단체가 자사 제품이나 서비스, 또는 관행의 환경적 장점과 관련해 과장되거나 거짓된 주장을 하는 호도적인 관행으로서, 진정으로 그런 것보다 더 환경을 의식하는 것처럼 보이기 위한 목적을 지니고 있다.

4

지문 해석

<table>
<tr><th colspan="2">역멘토링</th><th>어휘</th></tr>
<tr><td colspan="2">역멘토링은 상호 멘토링 또는 반대 멘토링이라고도 알려진 것으로서, 더 젊거나 경험이 더 적은 사람이 나이가 더 많거나 경험이 더 많은 동료의 멘토가 되는 관행이다. 이 방식은 일반적으로 상급자 또는 경험이 더 많은 사람이 하급자 또는 경험이 더 적은 사람들의 멘토가 되는, 전통적인 멘토링의 역학을 뒤집는 것이다.</td><td>reversed 역으로 하는, 반대의　mentoring 멘토링(경험자나 선배 등이 조언을 제공하는 것) reciprocal 상호간의　colleague 동료 (직원) approach (접근) 방식　flip 뒤집다 traditional 전통적인　dynamic 역학 (관계) typically 일반적으로</td></tr>
</table>

Q According to the reading, what is the concept of reversed mentoring?

🎤 According to the reading, reversed mentoring, alternatively termed <u>reciprocal mentoring or reverse mentoring, involves younger or less experienced individuals providing mentorship to older or more experienced colleagues.</u>

Q 읽기 지문에 따르면, 역멘토링의 개념은 무엇인가?

🎤 읽기 지문에 따르면, 역멘토링은, 상호 멘토링 또는 반대 멘토링이라고도 달리 일컬어지는 것으로서, 더 젊거나 경험이 더 적은 사람이 나이가 더 많거나 경험이 더 많은 동료에게 멘토링을 제공하는 것과 관련된다.

짧은 강의 듣고 답변하기　p.78

1

강의 스크립트 & 해석

The major problem emerged from the introduction of acacia was that this plant grew too tall to allow other trees in its neighboring patches of land to be exposed to enough sunlight. As a result, many other small trees died.

아카시아의 유입으로 인해 발생한 주요 문제는 이 식물이 너무 높이 자라면서 주변 토지 구역의 다른 나무들이 햇빛에 충분히 노출되지 못하게 했다는 점이다. 그 결과, 많은 다른 작은 나무들이 죽었다.

....

어휘　emerge 발생하다, 떠오르다　introduction 도입, 소개　neighboring 주변의　patch (구획된 작은) 땅, 밭　be exposed to ~에 노출되다　as a result 그 결과

Q What was the main impact of introducing acacia on neighboring plants?

🎤 The primary impact of the introduction of acacia on neighboring plants was <u>that the plant grew excessively tall, depriving neighboring trees of sunlight and causing many smaller trees to die.</u>

Q 아카시아 유입이 주변 식물들에게 미친 주된 영향은 무엇이었는가?

🎤 아카시아 유입이 주변의 식물들에게 미친 주된 영향은 그 식물이 과도하게 높이 자라면서, 주변의 나무들에게서 햇빛을 빼앗고 많은 더 작은 나무들이 죽도록 초래했다는 점이다.

2

강의 스크립트 & 해석

Mites lack the ability to fly and their tiny size means moving from one flower to another by descending one and then scaling the next is an arduous journey for them. How, then, do they manage to reach a new flower? The answer involves a bird known as the hummingbird. Hummingbirds feed on the nectar of the very flowers inhabited by the mites.

진드기는 날 수 있는 능력이 없으며, 그들의 아주 작은 크기는 한 꽃에서 내려간 다음 옆에 있는 꽃에 오르는 방식으로 하나의 꽃에서 다른 꽃으로 이동하는 것이 몹시 힘든 여정임을 의미한다. 그럼, 어떻게 새로운 꽃에 도달하는 일을 해내는 것일까? 그 대답은 벌새라고 알려진 새와 관련되어 있다. 벌새는 진드기가 서식하는 바로 그 꽃의 꿀을 먹고 산다.

....

어휘 mite 진드기   lack ~이 없다   ability to+동사원형 ~할 수 있는 능력(↔ inability to+동사원형)   descend 내려가다   scale 오르다
arduous 몹시 힘든   manage to+동사원형 ~해내다   reach 도달하다   involve 관련되다, 수반하다   hummingbird 벌새
nectar (꽃의) 꿀   inhabit 서식하다   hitch a ride 얻어 타다   utilize 활용하다   a form of transportation 이동 수단   access
접근하다, 이용하다

Q How do mites manage to move to a new flower despite their inability to fly?

🎤 Mites manage to move to a new flower by <u>hitching a ride on hummingbirds, utilizing the birds as a form of transportation to access the nectar of the flowers they inhabit</u>.

Q 진드기는 날지 못하는 능력에도 불구하고 어떻게 새로운 꽃으로 이동하는 일을 해내는가?

🎤 진드기는 벌새를 타고 다니면서 새로운 꽃으로 이동하는 일을 해내는데, 자신들이 서식하는 꽃의 꿀에 접근하기 위해 새들을 이동 수단으로서 활용하는 것이다.

3
강의 스크립트 & 해석

Aridity, or the absence of moisture, is a key factor that stops bacteria from growing and aids in preserving artifacts. Since decay-causing bacteria struggle to thrive in dry conditions, artifacts are less likely to deteriorate quickly in environments with low humidity.

건조, 즉 수분이 없는 상태는 박테리아가 자라는 것을 막고 인공 유물을 보존하는 데 도움이 되는 핵심 요인이다. 부패를 초래하는 박테리아가 건조한 환경에서 번성하기 어렵기 때문에, 습도가 낮은 환경에서는 인공 유물이 빠르게 상할 가능성이 더 적다.

어휘 aridity 건조   absence 없음, 부재   moisture 수분, 습기   factor 요인, 요소   stop A from -ing A가 ~하는 것을 막다
aid 도움을 주다   preserve 보존하다   artifact 인공 유물   decay-causing 부패를 초래하는   struggle 애쓰다, 몸부림치다
thrive 번성하다   be less likely to+동사원형 ~할 가능성이 더 적다   deteriorate 악화되다, 질이 떨어지다   humidity 습도

Q What is the environmental condition that hinders bacterial growth and aids in the preservation of artifacts?

🎤 <u>Aridity, or the lack of moisture</u>, inhibits <u>bacterial growth</u> and helps <u>in preserving artifacts</u>.

Q 박테리아의 성장을 저해하고 인공 유물의 보존에 도움이 되는 환경 조건은 무엇인가?

🎤 건조, 즉 수분이 없는 상태는 박테리아의 성장을 억제하고 인공 유물을 보존하는 데 도움을 준다.

4
강의 스크립트 & 해석

Animal domestication gave early humans a steady supply of meat. Hunting wild animals was unpredictable, leading to inconsistent success in securing meat. Thus, wild animals were an unreliable source of meat.

동물의 가축화는 초기 인류에게 꾸준히 고기를 공급해 주었다. 야생 동물 사냥은 예측할 수 없기 때문에, 고기를 확보하는 데 있어 일관성 없는 성공률로 이어진다. 따라서, 야생 동물은 신뢰할 수 없는 고기 공급원이었다.

어휘 domestication 가축화   steady 변함없는, 안정적인   supply 공급   unpredictable 예측할 수 없는   lead to ~로 이어지다
inconsistent 일관성 없는(↔ consistent)   secure 확보하다   unreliable 신뢰할 수 없는(↔ reliable)   source 공급원, 원천

Q What benefit did early humans gain from the domestication of animals?

🎤 Early humans benefited from animal domestication by <u>gaining a consistent and reliable source of meat</u>.

Q 초기 인류는 동물의 가축화를 통해 어떤 혜택을 얻었는가?

🎤 초기 인류는 지속적이고 신뢰할 수 있는 고기 공급원을 얻음으로써 동물 가축화를 통해 혜택을 봤다.

5
강의 스크립트 & 해석

Scientists believe the ancient lake where the thunder bird discovered the bones was among the final freshwater reserves during the drought, attracting many birds to gather there. They managed to survive for a while, but as the lake eventually evaporated, their fate was sealed. When the drought finally ended, the species had already vanished.

과학자들은 천둥새가 뼈를 발견한 고대 호수가 가뭄 기간에 최후의 담수 보존지에 속해 있어서, 많은 새들을 끌어들여 그곳에 모이게 했다고 생각한다. 이들은 한동안 간신히 살아 남았지만, 그 호수가 결국 증발해 버리면서, 이들의 운명도 결정되었다. 마침내 가뭄이 끝났을 때, 그 종은 이미 사라진 상태였다.

어휘 ancient 고대의   thunder bird 천둥새   reserve 보존지, 보호 구역, 비축(물)   drought 가뭄   attract 끌어들이다   gather 모이다   manage to + 동사원형 간신히 ~하다   survive 살아 남다   for a while 한동안   eventually 결국, 마침내   evaporate 증발하다   fate 운명   seal 결정 짓다, 확정 짓다   species (동식물의) 종   vanish 사라지다

Q Considering the role of the ancient lake and the impact of the drought, what do scientists identify as the cause of the species' extinction?

🎤 Scientists believe the species went extinct primarily due to <u>the drying up of the ancient lake, which was among the last available sources of freshwater during the drought</u>.

Q 고대 호수의 역할 및 가뭄의 영향을 고려할 때, 과학자들은 무엇을 그 종(천둥새)의 멸종 원인으로 지목하는가?

🎤 과학자들은 그 종이 주로 고대 호수가 바싹 마름으로 인해 인해 멸종되었다고 생각하는데, 그 호수는 가뭄 기간에 이용 가능했던 마지막 담수 공급원이었다.

6
강의 스크립트 & 해석

Before the invention of the camera, capturing the realistic motion of an object in a painting was a significant challenge. However, with the advent of photography, it became possible to immortalize brief instances in time, providing painters with a reference for their artwork. Take, for instance, the precise positioning of a horse's legs while galloping; photography enabled the capture of such details mid-motion, allowing artists to depict the movement of horses more accurately in their paintings.

카메라의 발명 이전에는, 사물의 사실적인 움직임을 그림으로 담아내는 것이 상당한 어려움이었다. 하지만, 사진술의 출현으로 인해, 시간 속의 짧은 순간들을 영원히 전하는 것이 가능해지면서, 화가들에게 미술 작품에 필요한 참고 자료를 제공해 주었다. 예를 들어, 말이 전속력으로 달리는 동안 그 다리의 정확한 위치 변화를 담아낼 때, 사진술은 그런 세부 사항들을 움직이는 동안 포착하는 것이 가능하게 해 화가들이 말의 움직임을 그림 속에서 더욱 정확하게 묘사할 수 있게 해 주었다.

어휘 invention 발명   capture (사진, 그림 등으로) 담아내다   motion 움직임   object 사물, 물체   significant 상당한   advent 출현, 도래   immortalize 불멸의 상태로 만들다, 영원히 전하다   brief 짧은, 간단한   instance 순간   reference 참고 (자료)   precise 정확한   positioning 위치 (조정)   gallop 전속력으로 달리다; 전속력으로 달리기   mid-motion 움직이는 도중의   depict 묘사하다   accurately 정확하게

Q How did the invention of photography influence painters' ability to depict motion realistically in their artwork?

🎤 The invention of photography allowed painters to accurately capture and represent motion in their artwork by <u>using photographs as references for transient moments, such as a horse's legs in mid-gallop</u>.

Q 사진술의 발명이 미술 작품 속에서 움직임을 사실적으로 묘사하는 화가들의 능력에 어떻게 영향을 미쳤는가?

🎤 사진술의 발명은 전속력으로 달리고 있는 말의 다리처럼, 일시적인 순간에 대한 참고 자료로 사진을 활용함으로써 화가들이 미술 작품 속에 움직임을 정확히 담아내고 표현할 수 있게 해주었다.

EXERCISE p.84

1

지문 해석

Now read the passage about climate adaptation strategies. You will have 50 seconds to read the passage. Begin reading now.

이제 기후 적응 전략에 관한 지문을 읽으시오. 지문을 읽을 시간이 50초 주어진다. 이제 읽기 시작하시오.

기후 적응	어휘
기후 적응은 실제적인 또는 예상되는 기후 자극과 그 영향 또는 충격에 대응하는 생태학적, 사회적, 또는 경제적 시스템의 조정을 가리킨다. 이는 변화하는 기후 조건하에 놓인 사람들의 삶과 환경을 보호하고 향상시킬 수 있는 방법을 개발하는 일과 관련되어 있다. 적응이란 수방 시설을 짓고 가뭄에 강한 작물을 만들어 내는 것에서부터 지속 가능한 자원 활용을 촉진하는 정책 시행의 범위에까지 이를 수 있다. 기후 적응의 목적은 기후 변화의 영향에 단순히 반응하는 것이 아니라, 향후의 변화를 예측하고 그에 대비함으로써, 취약성을 줄이고 회복력을 향상시키는 것이다. 이러한 선제적 접근법은 인간 사회와 자연 생태계 모두의 장기적 지속 가능성에 필수적이다.	adaptation 적응 refer to ~을 가리키다, ~을 일컫다 adjustment 조정, 조절 ecological 생태학적인, 생태계의 in response to ~에 대응해 stimuli 자극 impact 충격, 영향 involve 관련되다, 수반하다 enhance 향상시키다(= improve) range from A to B A에서 B의 범위에 이르다 flood defense 수방 (시설) drought-resistant 가뭄에 강한 implement 시행하다 policy 정책 promote 촉진하다 sustainable 지속 가능한 anticipate 예측하다 reduce 줄이다, 감소시키다 vulnerability 취약(성) resilience 회복력 proactive 선제적인, 사전에 대처하는 essential 필수적인 long-term 장기적인 ecosystem 생태계

강의 스크립트 & 해석

Now listen to part of a lecture on this topic in a geography course.

이제 지리학 수업에서 이 주제에 대한 강의의 일부를 들어보시오.

Good morning, class. Today's lecture focuses on the concept of climate adaptation, a critical response to the ongoing challenges posed by climate change. This process involves making adjustments in our ecological, social, and economic systems to better cope with climatic changes and mitigate their impacts. By exploring real-world examples, we'll see how various communities and regions are actively implementing adaptation strategies.

Our first case study takes us to the Netherlands, a country at the forefront of innovative water management. A large part of the Netherlands is below sea level, making it particularly vulnerable to climate change. To address this, they've developed an advanced system of dikes, levees, and pumps, exemplifying climate adaptation by preparing for sea-level rise and extreme weather events.

안녕하세요, 여러분. 오늘 강의는 기후 적응, 즉 기후 변화에 의해 지속적으로 가해지는 여러 문제에 대한 중대한 대응의 개념에 초점을 맞춥니다. 이 과정은 우리의 생태학적, 사회적, 그리고 경제적 체계를 조정해 기후 변화에 더 잘 대처하고 그 영향을 완화하는 일과 관련되어 있습니다. 실제 예시를 살펴보면서, 다양한 공동체 및 지역에서 어떻게 적극적으로 적응 전략을 시행하고 있는지 알아보겠습니다.

첫 번째 사례 연구로 혁신적인 물 관리의 선두주자인 네덜란드를 이야기해 보겠습니다. 네덜란드의 많은 곳이 해수면보다 낮아서, 기후 변화에 특히 취약합니다. 이에 대처하기 위해, 수로와 제방, 그리고 펌프로 이뤄진 선진화된 시스템을 개발해, 해수면 상승 및 극단적인 기상 사태에 대비함으로써 기후 적응의 본보기가 되었죠.

Next, we move to sub-Saharan Africa, where agriculture faces significant challenges from climate change. Here, farmers are adopting drought-resistant crops and efficient irrigation methods to adapt to prolonged droughts and erratic rainfall. These changes are vital for maintaining food security and the livelihoods of communities in a region increasingly affected by climatic shifts.

다음으로, 사하라 사막 이남의 아프리카 이야기로 넘어가 볼 텐데, 기후 변화로 인해 농업이 상당한 어려움에 직면해 있는 곳입니다. 이곳에선, 농부들이 가뭄에 강한 작물과 효율적인 관개 방식을 택해 장기적인 가뭄과 불규칙한 강우에 적응하고 있습니다. 이러한 변화는 기후 변화에 영향을 점점 더 많이 받고 있는 지역에서 식량 안보 및 공동체 생계를 유지하는 데 필수적이죠.

어휘   critical 중대한   ongoing 계속되는   pose (위험 등을) 가하다, 초래하다   cope with ~에 대처하다   mitigate 완화하다   case study 사례 연구   at the forefront of ~의 선두에 있는   innovative 혁신적인   sea level 해수면   particularly 특히   vulnerable to ~에 취약한   advanced 선진화된, 진보한   dike 수로, 둑   levee 제방   exemplify 본보기가 되다   agriculture 농업   adopt 채택하다   efficient 효율적인   irrigation 관개   prolonged 장기적인   erratic 불규칙한   livelihood 생계   shift 변화

문제

Using points and examples from the lecture, explain the concept of climate adaptation.
강의의 요지와 예시들을 활용해서 기후 적응에 대한 개념을 설명하시오.

읽기 지문 노트

주제
climate adaptation

기후 적응

개념
adjustment in ecolgo. social, econo. systems ←
climatic stimuli, effect / impact

생태학적, 사회적, 경제적 시스템의 조정
← 기후 자극, 영향 / 충격

강의 노트

예시 1
Netherlands
∟ 부연 설명
  - innovative water manage
  - large of # N< sea lvl → vulnerable climate change
  - develop system (e.g. dike, leeve, pump): prp for sea lvl ↑ & weather event

네덜란드

- 혁신적인 물 관리
- 네덜란드 많은 부분 < 해수면 → 기후 변화에 취약
- 시스템 개발(예. 수로, 제방, 펌프): 해수면 상승 및 기상 이변 CHII

예시 2
sub-Sahara Africa
∟ 부연 설명
  - agri. challenge ← climate change
  - adopt drought-resis. crops & efficient irrigation method
  - vital for food security & livelihood of local

사하라 사막 이남의 아프리카

- 농업 어려움 ← 기후 변화
- 가뭄에 강한 작물 & 효율적인 관개 방식 채택
- 식량 안보 및 공동체 생계에 필수

주제

The lecture is mainly about the concept of climate adaptation, which is the change made within ecological, social, or economic systems to address the real or anticipated effects and consequences of climate variability and change. In order to better illustrate this concept, the professor gives two examples.

예시 1 + 부연 설명

First, the professor describes the Netherlands as a leader in innovative water management due to a significant portion of the country being below sea level, making it highly susceptible to the impacts of climate change. In response, the Dutch have implemented a sophisticated system of dikes, levees, and pumps as a means of climate adaptation, preparing for potential sea-level rise and extreme weather events.

예시 2 + 부연 설명

Next, the professor explains that agriculture in sub-Saharan Africa is significantly impacted by climate change, leading to serious challenges. To cope with these issues, such as prolonged droughts and unpredictable rainfall, farmers in the region are turning to drought-resistant crops and implementing more efficient irrigation techniques. These adaptations are crucial for ensuring food security and sustaining the livelihoods of local communities amidst the growing influence of climatic changes.

맺음말

Through these examples, the professor clarifies the concept of climate adaptation presented in the reading passage.

강의는 주로 기후 적응의 개념에 관한 것이며, 이는 기후 변동성과 변화에 따른 실제적 또는 예상되는 영향 및 결과에 대처하기 위해 생태학적, 사회적, 또는 경제적 체계 내에서 이뤄지는 변화이다. 이 개념을 더 잘 설명하기 위해, 교수가 두 가지 예시를 제공한다.

첫 번째로, 교수가 국가의 상당 부분이 해수면보다 낮아서, 기후 변화의 영향을 매우 쉽게 받음으로 인해 네덜란드를 혁신적인 물 관리의 선두주자라고 설명한다. 그에 대응해, 네덜란드 사람들은 기후 적응의 수단으로 수로와 제방, 그리고 펌프로 이뤄진 정교한 시스템을 시행해, 잠재적인 해수면 상승과 극단적인 기상 사태에 대비해 왔다.

다음으로, 교수가 사하라 사막 이남 아프리카 지역의 농업이 기후 변화에 상당히 영향을 받으면서, 여러 심각한 문제로 이어지고 있다고 설명한다. 장기적인 가뭄과 예측 불가능한 강우 같은 문제에 대처하기 위해, 이 지역의 농부들은 가뭄에 강한 작물로 눈을 돌리고 더욱 효율적인 관개 기술을 시행하고 있다. 이러한 적응은 기후 변화의 영향이 커지는 상황에서 식량 안보를 확실히 하고 지역 공동체의 생계를 지속하는 데 있어 매우 중요하다.

이러한 예시들을 통해 교수가 독해 지문에 제시된 기후 적응의 개념을 명확히 밝히고 있다.

어휘 variability 변동성 portion 부분, 일부 susceptible 영향받기 쉬운 in response 그에 대응해 sophisticated 정교한, 복잡한 means 수단 potential 잠재적인 unpredictable 예측 불가능한 turn to ~로 눈을 돌리다 sustain 지속하다 amidst ~하는 상황에서, ~하는 가운데

2

지문 해석

Now read the passage about the mere deadline effect in psychology. You will have 45 seconds to read the passage. Begin reading now.

이제 심리학의 단순 마감 기한 효과에 관한 지문을 읽으시오. 지문을 읽을 시간이 45초 주어진다. 이제 읽기 시작하시오.

단순 마감 기한 효과

단순 마감 기한 효과란 심리학적 개념의 하나로서, 마감 기한의 존재가 어떻게 일을 완수하는 사람의 동기에 중요하게 영향을 미칠 수 있는지 설명한다. 이 효과는 일의 특성 또는 마감 기한의 중요성과 상관없이 나타난다. 이는 마감 기한이 본질적으로 긴박감을 만들어 내기 때문에, 그로 인해 사람들이 어쩔 수 없이 당면한 일을 우선시하고 그에 초점을 맞추게 된다는 것을 의미한다. 이 현상은 심지어 임의적인 것이라 하더라도 마감 기한을 설정하면 생산성 및 시간 관리 능력을 향상시키는 효과적인 전략이 될 수

어휘

mere 단순한 deadline 마감 기한
psychological 심리학적인 presence 존재
motivation 동기 task 일, 과제 occur 나타나다
regardless of ~와 상관없이 nature 특성, 본질
significance 중요성 inherently 본질적으로
compel A to do A가 어쩔 수 없이 ~하게 만들다
prioritize 우선시하다 focus on ~에 초점을 맞추다
at hand 당면한, 가까이 있는 phenomenon 현상

있음을 시사한다. 이는 인지된 시간 제약이 인간 행동 및 과제 완수를 촉진하는 데 있어 영향력 있는 역할을 한다는 것을 강조한다.

arbitrary 임의적인   highlight 강조하다
influential 영향력 있는   perceived 인지된
constraint 제약   drive 촉진하다   behavior 행동
influence 영향을 미치다

강의 스크립트 & 해석

Now listen to a lecture on this topic in a psychology course.
이제 심리학 수업에서 이 주제에 대한 강의의 일부를 들어보시오.

Good morning, class. Today, let's discuss a practical application of the mere deadline effect, which we previously read about. This psychological phenomenon can be observed in various settings, and understanding it can help us in both academic and professional environments.

안녕하세요, 여러분. 오늘은, 단순 마감 기한 효과의 실제 적용에 관해 이야기해 볼 텐데, 앞서 그 내용을 읽어 봤죠. 이 심리학적 현상은 다양한 환경에서 볼 수 있으며, 이것을 이해하면 학업 및 직업 환경에서 우리에게 도움이 될 수 있습니다.

Let's start with a specific case in the corporate world. Imagine a marketing team at a tech company that has been tasked with launching a new product. Initially, progress is slow, with team members focusing on other projects and responsibilities. However, as the launch date draws closer, a remarkable shift occurs. The team's productivity skyrockets, and they work diligently to meet the impending deadline. Tasks that lingered for weeks are suddenly completed in days. This surge in efficiency and focus is a classic example of the mere deadline effect in action.

기업 세계의 구체적인 사례부터 시작해 보겠습니다. 한 기술 회사에서 신제품 출시 업무를 맡아 온 마케팅 팀이 있다고 상상해 보세요. 처음엔, 팀원들이 다른 프로젝트와 책무에 초점을 맞추면서 진행 상황이 더딥니다. 하지만, 출시 날짜가 더 바짝 다가오면서, 놀랄 만한 변화가 나타납니다. 이 팀의 생산성이 치솟으면서, 팀원들이 곧 닥칠 마감 기한을 충족하기 위해 부지런히 일합니다. 몇 주 동안 질질 끌었던 업무들이 갑자기 며칠 만에 완료됩니다. 이러한 효율성 및 집중력 급증은 단순 마감 기한 효과가 발휘되는 전형적인 예시이죠.

Now, why does this happen? Psychologically, deadlines create a sense of urgency that overrides other less immediate tasks. This urgency shifts our cognitive prioritization, making us more efficient at task management. Furthermore, as the deadline nears, the potential consequences of not completing the task become more tangible and immediate, providing an additional motivational push. This explains why the marketing team, which seemed sluggish initially, transformed into a highly productive group as the product launch deadline approached.

자, 이런 일이 왜 일어날까요? 심리학적으로, 마감 기한은 덜 당면해 있는 다른 업무들보다 우선시하게 되는 긴박감을 만들어 냅니다. 이 긴박감은 우리의 인지 우선 순위를 변화시켜, 업무 관리에 더 효율적이게 만들어 줍니다. 더욱이, 마감 기한이 가까워질수록, 해당 업무를 완수하지 못하는 것에 따른 잠재적인 결과가 더욱 가시적이고 즉각적인 상태가 되어, 추가적인 동기를 부여하는 추진력을 제공해 주죠. 이는 처음에 느릿느릿한 듯했던 이 마케팅 팀이 왜 제품 출시 마감 기한이 다가옴에 따라 매우 생산적인 집단으로 탈바꿈했는지 설명해 줍니다.

어휘 application 적용   previously 앞서, 이전에   phenomenon 현상   setting 환경, 배경   specific 구체적인, 특정한   corporate 기업의   be tasked with ~하는 업무를 맡다   launch 출시하다; 출시   initially 처음에   progress 진행 (상황)   responsibility 책무, 책임   draw close 바짝 다가오다   remarkable 놀랄 만한   skyrocket 치솟다   meet 충족하다   impending 곧 닥칠   linger 질질 끌다   surge 급증   efficiency 효율성   in action 발휘되는, 작용하는   override ~보다 우선시하다   cognitive 인지의   prioritization 우선 순위(화)   near 다가오다(= approach)   consequence 결과   tangible 가시적인, 실재적인   motivational 동기를 부여하는   push 추진력   sluggish 느릿느릿한   transform into ~로 탈바꿈하다

문제

Using points and examples from the lecture, explain the concept of the mere deadline effect.
강의의 요지와 예시들을 활용해서, 단순 마감 기한 효과의 개념을 설명하시오.

읽기 지문 노트

주제

mere deadline effect

단순 마감 기한 효과

개념

psys. concept: deadline → impact motivation 2 complete task

심리학 개념: 마감 기한 → 일을 완수하도록 동기에 영향

강의 노트

예시

market team of tech com.

└ 부연 설명 1
  - launching new product
  - 1st: progress slow
  - launch date close → productivity ↑ & task completed

└ 부연 설명 2
  - Why happen?
  - deadline → create sense of urgency
  - effi. task management & motivation ↑

기술 회사 마케팅팀

- 신제품 출시
- 처음: 진행 느림
- 출시일 다가오면 → 생산성 ↑ & 업무 완료

- 왜 일어날까?
- 마감 기한 → 긴박감 조성
- 효율적 업무 관리 & 동기 ↑

모범 답변

주제

The professor talks about the concept of the mere deadline effect, which is a psychological phenomenon in which the presence of a deadline greatly influences the drive to complete a task. In order to better illustrate this concept, the professor gives one example.

예시 + 부연 설명 1

First, the professor describes a scenario involving a marketing team at a tech company tasked with launching a new product. Initially, the team's progress is sluggish, but as the product launch date approaches, their productivity significantly increases, resulting in the completion of long-delayed tasks.

부연 설명 2

Then, the professor explains the psychological mechanisms behind this phenomenon. She emphasizes that deadlines create a sense of urgency, leading to improved task management and heightened motivation as the deadline becomes more imminent.

교수가 단순 마감 기한 효과의 개념에 관해 말하고 있으며, 이는 마감 기한의 존재가 업무를 완수하는 추진력에 크게 영향을 미치는 심리학적 현상이다. 이 개념을 잘 설명하기 위해서, 교수는 한 가지 사례를 제시한다.

첫 번째로 교수는 한 기술 회사에서 신제품 출시 업무를 맡은 마케팅 팀과 관련된 상황을 설명한다. 처음에, 이 팀의 진행 상황은 느릿느릿했지만, 제품 출시 날짜가 다가오면서, 이들의 생산성이 상당히 증가해, 오래 지연된 업무의 완수라는 결과를 낳는다.

다음으로, 교수가 이러한 현상 이면에 존재하는 심리학적 작용 방식을 설명한다. 교수는 마감 기한이 긴박감을 만들어 내어, 마감 기한이 더욱 임박한 상황이 되면 업무 관리 능력 향상 및 동기 부여 고조로 이어진다는 점을 강조한다.

어휘 presence 존재   influence 영향을 미치다   drive 추진력   illustrate 설명하다   work 작용하다   involve 관련되다, 수반하다
result in ~라는 결과를 낳다   long-delayed 오래 지연된   mechanism 작용 방식   emphasize 강조하다   lead to ~로 이어지다
improved 향상된   heightened 고조된, 높아진   motivation 동기 부여   imminent 임박한

UNIT 05 단계별 답변 말하기

EXERCISE p.88

1
지문 해석

Now read the passage about umbrella species in conservation biology. You will have 50 seconds to read the
passage. Begin reading now.

이제 보존 생물학의 우산종에 관한 지문을 읽으시오. 지문을 읽을 시간이 50초 주어진다. 이제 읽기 시작하시오.

우산종	어휘
우산종은 그 보존이 해당 생태계 내의 아주 다양한 다른 종에 대한 보호를 제공해 주는 생물체이다. 이 개념은 한 가지 커다란 종의 서식지를 보호함으로써, 동일 지역의 엄청나게 많은 다른 종이 간접적으로 혜택을 보게 된다는 생각에 전적으로 의존한다. 우산종은 일반적으로 넓은 서식지를 필요로 하거나 특정한 필요 조건이 있으며, 이러한 필요가 충족될 경우 다양한 생명체를 지탱해 주는 건강한 생태계를 만들어 낸다. 우산종에 초점을 맞춘 보존 노력은 전략적으로 효율적인데, 이것이 단일 종들에 초점을 맞추는 것보다는, 생태계 전체의 보존으로 이어질 수 있기 때문이다. 이러한 접근법은 생태계의 상호 연관된 특성 및 포괄적인 보존 전략의 중요성을 강조하는 것이다.	umbrella species 우산종(특정 생태계 먹이사슬의 최상위에 있는 종) organism 생물(체) conservation 보존 a wide range of 아주 다양한 ecosystem 생태계 hinge on (전적으로) ~에 의존하다, ~에 달려 있다 safeguard 보호하다 a plethora of 엄청나게 많은 strategically 전략적으로 efficient 효율적인 lead to ~로 이어지다 preservation 보존 entire 전체의 rather than ~이 아니라 underscore 강조하다 interconnected 상호 연관된 nature 특성 comprehensive 포괄적인 strategy 전략

강의 스크립트 & 해석

Now listen to part of a lecture on this topic in a biology course.
이제 생물학 수업에서 이 주제에 대한 강의의 일부를 들어보시오.

Let's examine the first case, which involves the northern spotted
owl in the Pacific Northwest of the United States. The conservation
of this owl has led to the protection of old-growth forests, which
are also crucial habitats for a variety of other species, including
the marbled murrelet and several amphibians. By focusing on the
owl, conservationists have safeguarded a rich biodiversity in these
forests.

첫 번째 경우를 함께 살펴볼 텐데, 미국 태평양 연안
북서부의 점박이 올빼미와 관련되어 있습니다. 이
올빼미의 보존이 노숙림의 보호로 이어졌으며, 이곳
은 알락쇠오리와 여러 양서류를 포함해 다양한 다
른 종에게 아주 중요한 서식지이기도 합니다. 이 올
빼미에게 초점을 맞춤으로써, 환경 보호 운동가들이
이 숲의 풍부한 생물 다양성을 보호해 왔습니다.

Our second example brings us to Africa, where the African elephant is found. These elephants are known as a keystone species due to their significant ecological impact. Conservation efforts aimed at protecting elephants have resulted in the preservation of vast landscapes across the continent. This has not only benefited other wildlife like antelopes and rhinoceroses but has also contributed to maintaining the balance of the entire savannah ecosystem.

두 번째 예시는 아프리카 코끼리가 발견되는 아프리카로 넘어갑니다. 이 코끼리는 그들의 중대한 생태학적 영향으로 인해 핵심종으로 알려져 있죠. 코끼리 보호를 목표로 하는 보존 노력이 이 대륙 전역에 걸친 광활한 풍경의 보존이라는 결과를 낳았습니다. 이는 영양과 코뿔소 같은 다른 야생 동물에게 유익했을 뿐만 아니라 사바나 생태계 전체의 균형 유지에도 기여했습니다.

어휘 examine 살펴보다 involve 관련되다 old-growth forest 노숙림(인위적 파괴 없이 보존된 원시림) crucial 아주 중요한 a variety of 다양한 amphibian 양서류 biodiversity 생물 다양성 keystone species 핵심종(생태계 내의 다른 종 다양성 유지에 결정적인 역할을 하는 종) significant 상당한, 중요한 ecological 생태학적인 aimed at ~을 목표로 하는 result in ~라는 결과를 낳다 vast 광활한, 광대한 landscape 풍경 continent 대륙 antelope 영양 rhinoceros 코뿔소 contribute to ~에 기여하다

문제

Using points and examples from the lecture, explain the concept of umbrella species.

강의의 요지와 예시들을 활용해서, 우산종의 개념을 설명하시오.

읽기 지문 노트

주제
umbrella species

개념
conservation of U.S. → protect other species in ecosystem

우산종

우산종 보존 → 생태계 다른 종 보호

강의 노트

예시 1
northern spotted owl in P.NW. of USA.
ㄴ 부연 설명
- protect old-growth forests
- crucial habitat 4 other species
- owl conservation → rich biodiversity of forest

예시 2
African elephant
ㄴ 부연 설명
- keystone species b/c ecological impact
- preservation vast landscape
- benefit wildlife & balance of Savannah ecosystem

미국 태평양 연안 북서부의 점박이 올빼미

- 노숙림 보호
- 다른 종들의 중요 서식지
- 올빼미 보존 → 숲의 풍부한 생물 다양성

아프리카 코끼리

- 생태학적 영향으로 인해 핵심종
- 광활한 풍경 보존
- 야생 & 사바나 생태계 균형에 기여

답변 말하기

주제
The lecture is mainly about the concept of umbrella species, which are species that, when conserved, offer protection to numerous other species in the same ecosystem. In order to better illustrate this concept, the professor gives two examples.

예시 1 + 부연 설명
First, the professor describes the conservation of the northern spotted owl in the Pacific Northwest of the United States. This has resulted in the protection of vital old-growth forests. These forests are essential habitats for species such as the marbled murrelet and various amphibians. Focusing on the owl has preserved the rich biodiversity of these woodlands.

예시 2 + 부연 설명
Second, the professor explains the conservation of the African elephant, a keystone species in Africa. This has led to the preservation of extensive natural habitats. This protection has positively impacted other wildlife, including antelopes and rhinoceroses. These efforts have also been crucial in maintaining the ecological balance of the savannah ecosystem.

맺음말
Through these examples, the professor clarifies the concept of umbrella species presented in the reading passage.

강의는 주로 우산종의 개념에 관한 것이며, 이 종은 보존될 경우 같은 생태계 내의 수많은 다른 종에 대한 보호를 제공해 준다. 이 개념을 더 잘 설명하기 위해, 교수가 두 가지 예시를 제공한다.

첫째, 교수는 미국 태평양 연안 북서부의 점박이 올빼미 보존에 대해서 설명한다. 이는 필수적인 노숙림의 보호라는 결과를 낳았다. 이 숲은 알락쇠오리와 다양한 양서류 같은 종에게 필수 서식지이다. 이 올빼미에게 초점을 맞춘 것이 이 삼림지의 풍부한 생물 다양성을 보존해 주었다.

둘째, 교수는 아프리카의 핵심종인 아프리카 코끼리의 보존에 대해서 설명한다. 이는 광범위한 자연 서식지의 보존으로 이어졌다. 이 보호는 영양과 코뿔소를 포함한 다른 야생 동물에게 긍정적으로 영향을 미쳤다. 이러한 노력은 사바나 생태계의 생태학적 균형을 유지하는 데에도 아주 중요했다.

이러한 예시들을 통해, 교수가 독해 지문에 제시된 우산종의 개념을 명확히 밝히고 있다.

어휘 vital 필수적인(= essential)　lead to ~로 이어지다　extensive 광범위한　positively 긍정적으로　including ~을 포함해

2
지문 해석

Now read the passage about the decoy effect in consumer behavior. You will have 50 seconds to read the passage. Begin reading now.
이제 소비자 행동의 미끼 효과에 관한 지문을 읽으시오. 지문을 읽을 시간이 50초 주어진다. 이제 읽기 시작하시오.

미끼 효과
미끼 효과란 행동 경제학의 한 가지 현상으로서, 두 가지 선택 대상 사이에서의 소비자 선호도가 세 번째이자 덜 매력적인 선택 대상이 소개되는 경우에 변화하는 것이다. 이 세 번째 선택 대상, 즉 "미끼"는 선택되기 위한 것이 아니다. 대신, 일반적으로 첫 두 가지 선택 대상들 중 하나를 비교 과정에서 더 나은 거래 조건인 것처럼 보이게 만들기 위해 그 가격을 책정하거나 배치한다. 이 효과는 결정이 내려지는 맥락을 조작함으로써 어떻게 소비자 선택이 영향을 받을 수 있는지 설명해 준다. 미끼 효과를 이해하는 것은 마케팅 담당자와 소비자 양측 모두에게 똑같이 아주 중요한데, 선택 구조가 의사 결정에 영향을 미칠 수 있는 미묘한 방식에 대한 실마리를 던져 주기 때문이다.

어휘 decoy 미끼　phenomenon 현상　behavioral economics 행동 경제학　preference 선호(도)　attractive 매력적인　be intended to do ~하기 위한 것이다　price 가격을 책정하다　position 배치하다　deal 거래 조건, 거래 제품　in comparison 비교하여　illustrate 설명하다　manipulate 조작하다　context 맥락　decision 결정　alike (둘 다) 똑같이　shed light on ~에 대한 실마리를 던져 주다, ~을 조명하다　subtle 미묘한, 교묘한　architecture 구조, 구성

Now listen to part of a lecture on this topic in a marketing course.
이제 마케팅 수업에서 이 주제에 대한 강의의 일부를 들어보시오.

Welcome, everyone. Today, we're going to explore the intriguing concept of the decoy effect, an important phenomenon in consumer behavior and decision-making. This effect plays a crucial role in how choices are presented and how they influence our preferences.

Let's start by examining a classic case in the entertainment industry. Consider the pricing strategy for popcorn in movie theaters. They often offer a small box of popcorn for $3, a large one for $7, and then introduce a medium size — the decoy — priced at $6.50. The medium size isn't really intended to be a good value; it's strategically priced to make the large option appear more appealing, encouraging customers to choose it over the small one.

Now, let's move to the field of electronics, specifically smartphones. A manufacturer may release three models: the basic, the plus, and the pro. The plus model, set at a price just slightly lower than the pro but with significantly fewer features, acts as the decoy. It's designed to steer customers towards the pro model, making it seem like a better deal in comparison, even if they initially considered the basic model.

안녕하세요, 여러분. 오늘은, 미끼 효과라는 아주 흥미로운 개념을 살펴보게 될 텐데, 이는 소비자 행동 및 의사 결정에 있어 중요한 한 가지 현상입니다. 이 효과는 선택 대상이 어떻게 제시되는지, 그리고 그것이 어떻게 우리의 선호도에 영향을 미치는지에 있어 중대한 역할을 합니다.

여가 산업의 전형적인 사례를 살펴보는 것으로 시작해 보죠. 영화관의 팝콘에 대한 가격 책정 전략을 생각해 보세요. 흔히 3달러에 팝콘 작은 상자 하나, 7달러에 큰 것 하나를 제공하면서, 그 다음으로 6.50달러에 가격이 책정된 중간 사이즈, 즉 미끼를 소개합니다. 이 중간 사이즈는 정말로 좋은 가치를 지니기 위한 것이 아니라, 큰 사이즈를 더 매력적으로 보이게 하도록 전략적으로 가격이 책정되어 작은 것 대신 큰 것을 고객들을 부추기게 됩니다.

자, 전자기기 분야, 특히 스마트폰의 경우로 넘어가 보겠습니다. 한 제조사에서 세 가지 모델, 즉 베이직, 플러스, 그리고 프로를 출시할 수 있습니다. 플러스 모델은 프로보다 그저 약간 더 낮게 가격이 설정되어 있지만 훨씬 더 적은 기능을 지니고 있어, 미끼의 역할을 합니다. 이는 고객들을 프로 모델로 몰아가기 위한 것으로서, 비교 과정에서 더 나은 거래 조건처럼 보이게 만듭니다, 설사 처음에 베이직 모델을 고려하고 있었다 하더라도 말이죠.

어휘 explore 살펴보다, 탐구하다   intriguing 아주 흥미로운   play a crucial role 중대한 역할을 하다   present 제시하다   strategy 전략   strategically 전략적으로   appealing 매력적인   field 분야   electronics 전자기기   specifically 특히, 구체적으로   release 출시하다   slightly 약간   significantly 훨씬, 상당히   feature 기능, 특징   act as ~의 역할을 하다   steer 몰아가다   initially 처음에

문제

Using points and examples from the lecture, explain the concept of the decoy effect.
강의의 요지와 예시들을 활용해서, 미끼 효과의 개념을 설명하시오.

읽기 지문 노트

주제
decoy effect

개념
phenomenon in behavioral econ.: consumer pref b/t 2 change ← less attractive 3rd intro.

미끼 효과

행동 경제학 현상: 2개 선택지 중 소비자 선호 변화 ← 덜 매력적인 제안 소개될 때

대화문 노트

예시 1

<u>entertainment industry (theater)</u>

└ 부연 설명

- popcorn: small $3 , medium(decoy) $6.5, large $7
- make large option appealing ↑ → choose large > small

예시 2

<u>electronics field (smartphone)</u>

└ 부연 설명

- 3 models: basic, plus (decoy), pro
- plus: feature↓↓ price little lower than pro → choose pro

여가 산업(영화관)

- 팝콘: 작은 상자 3달러, 중간 상자(미끼) 6.5달러, 큰 상자 7달러
- 큰 상자 매력↑ → 작은 것 아닌 큰 것 선택 유도

전자기기 분야(스마트폰)
- 3가지 모델: 베이직, 플러스(미끼), 프로
- 플러스: 기능은 훨씬 적고 가격은 프로보다 살짝 낮게 → 프로 선택

답변 말하기

주제

<u>The professor talks about</u> the concept of the decoy effect, <u>which</u> is part of behavioral economics. It occurs when a third option, which is less appealing, is used to alter consumer preference between two choices. <u>The professor gives two examples to better explain this concept.</u>

예시 1 + 부연 설명

<u>First, the professor describes a classic case from</u> the entertainment industry. In movie theaters, the pricing of popcorn is tactical: a small box costs $3, a large one costs $7, and a medium one costs $6.50. The medium popcorn is not a good value. <u>But it is priced to enhance</u> the attractiveness of the large size. This pricing strategy tends to lead customers to purchase the large popcorn over the other sizes.

예시 2 + 부연 설명

<u>Second, the professor explains the case from the field of</u> electronics. In the smartphone market, manufacturers often release a trio of models: basic, plus, and pro. The plus model is priced just below the pro and is less feature-rich, serving as a decoy. <u>This pricing strategy is meant to</u> make the pro model look more attractive, shifting customer preference away from the basic model.

맺음말

<u>Through these examples, the professor explains the concept of the decoy effect</u> presented in the reading passage.

교수가 미끼 효과의 개념에 관해 이야기하고 있으며, 이는 행동 경제학의 일부이다. 이는 세 번째 선택 대상, 즉 덜 매력적인 것이 두 가지 선택 대상 사이에서 소비자 선호도를 변화시키는 데 이용되는 경우에 나타난다. 교수가 이 개념을 더 잘 설명하기 위해 두 가지 예시를 제공한다.

첫째, 교수는 여가 산업의 전형적인 사례를 설명한다. 영화관에서는, 팝콘 가격 책정이 전략적인데, 작은 상자 하나는 3달러, 큰 것 하나는 7달러, 그리고 중간 크기의 것은 6.50달러이다. 이 중간 크기의 팝콘은 좋은 가치를 지닌 것이 아니다. 하지만 이는 큰 사이즈가 지닌 매력을 돋보이게 하도록 가격이 책정된다. 이러한 가격 책정 전략은 나머지 사이즈들보다 큰 팝콘을 구입하도록 고객들을 유도하는 경향이 있다.

둘째, 교수는 전자기기 분야의 사례를 설명한다. 스마트폰 시장에서, 제조사들이 흔히 세 종류의 모델, 즉 베이직과 플러스, 그리고 프로를 출시한다. 플러스 모델은 프로보다 가격이 약간 더 낮게 책정되고 기능은 덜 풍부해, 미끼의 역할을 한다. 이러한 가격 책정 전략은 프로 모델을 더 매력적으로 보이게 만들어, 베이직 모델에서 시선이 멀어지도록 고객 선호도를 변화시키기 위한 것이다.

이러한 예시들을 통해, 교수가 미끼 효과의 개념에 대해서 설명한다.

어휘 alter 변화시키다, 바꾸다 tactical 전략적인 enhance 강화하다, 향상시키다 attractiveness 매력(도) tend to + 동사원형 ~하는 경향이 있다 feature-rich 기능이 풍부한 serve as ~의 역할을 하다 be meant to + 동사원형 ~하기 위한 것이다, ~하기로 되어 있다 shift 변화시키다

생물학 p.92

1

지문 해석

Now read the passage about communal nutrition in social insects. You will have 45 seconds to read the passage. Begin reading now.

이제 사회성 곤충의 공동 영양에 관한 지문을 읽으시오. 지문을 읽을 시간이 45초 주어진다. 이제 읽기 시작하시오.

공동 영양 섭취	어휘
특정 사회성 곤충은 각 구성원이 특수한 역할을 하는 체계적인 집단 내에서 살아간다. 일부 구성원은 모두를 위해 먹이를 찾고 수집하는 역할을 한다. 공동 영양 섭취라고 부르는 이러한 행동은 서로 다른 종류의 먹이를 구한 다음, 보금자리로 가져가 나머지 모든 구성원과 공유하는 것을 의미한다. 이들은 자연스럽게 자신들이 수집하는 먹이의 종류에 변화를 주는데, 집단 내 다른 시기에 필요로 하는 영양분에 적합하도록 하기 위함이다.	communal 공동의, 공용의 nutrition 영양 (섭취) insect 곤충 organized 체계적인 pick up 구하다, 획득하다 share 공유하다 naturally 자연스럽게, 선천적으로 vary 변화를 주다 make sure (that) 반드시 ~하도록 하다 fit 적합하다, 어울리다 nutritional 영양의

강의 스크립트 & 해석

Now listen to part of a lecture on this topic in a biology course.

이제 생물학 수업에서 이 주제에 대한 강의의 일부를 들어보시오.

In social insect communities like those of termites, there are specialized workers known as foragers whose task is to seek out food sources. These termites venture out to collect a variety of sustenance such as plant fibers, decomposed wood, and other cellulose-rich materials, which they then transport back to their colony for communal consumption.

The forager termites are discerning in their collection, so they don't just return with random finds; instead, they target food that meets the current needs of their colony. Adult termites require carbohydrates for energy, which is necessary for the building and maintenance of their complex nest structures. When the colony's population is primarily adults, forager termites focus on retrieving cellulose-dense materials that act as a carbohydrate source for energy.

However, during breeding season, when termite nymphs are developing, the nutritional needs of the colony shift. The nymphs require protein for growth, prompting foragers to adapt their search to include more protein-laden substances, such as certain fungi or decomposed matter with a higher nutritional value. This strategic collection ensures that the young termites receive adequate protein to mature into contributing members of the termite society.

흰개미의 경우와 같은 사회성 곤충 공동체에는, 먹이 공급원을 찾아내는 일을 하는 채집꾼으로 알려진 전문 일꾼들이 있습니다. 이 흰개미들은 위험을 무릅쓰고 밖으로 나가 식물 섬유, 부패한 나무, 그리고 기타 셀룰로오스가 풍부한 물질 같은 다양한 자양물을 수집한 다음, 공동 소비를 위해 자신들이 속한 집단으로 옮겨다 놓습니다.

채집꾼 흰개미는 먹이 수집에 있어 분별력을 지니고 있기 때문에, 그저 무작위로 찾은 것을 갖고 돌아가지 않으며, 대신, 집단 내에서 현재 필요로 하는 것을 충족하는 먹이를 목표로 삼습니다. 성체 흰개미는 에너지를 얻기 위해 탄수화물을 필요로 하는데, 이는 복잡한 보금자리 구조물의 구축 및 유지 관리에 필수적이죠. 집단 내의 개체군이 주로 성체일 경우, 채집꾼 흰개미는 에너지를 얻는 데 필요한 탄수화물 공급원의 역할을 하는 고밀도 셀룰로오스 물질을 찾아 오는 데 초점을 맞춥니다.

하지만, 번식기에는, 흰개미 유충이 성장하는 시기이므로, 집단 내에서 필요로 하는 영양분이 달라집니다. 이 유충은 성장을 위해 단백질을 필요로 하며, 이로 인해 채집꾼들이 수색 방식을 조정해 영양가가 더 높은 특정 균류나 부패한 물질 같이 단백질로 더 가득 차 있는 물질을 포함합니다. 이러한 전략적 수집은 어린 흰개미들이 충분한 단백질을 얻어 흰개미 사회에 기여하는 구성원으로 자라도록 보장해 줍니다.

어휘 termite 흰개미   specialized 전문화된   forager 채집꾼, 수렵꾼   seek out 찾아내다   venture out 위험을 무릅쓰고 나가다
sustenance 자양물   fiber 섬유   decomposed 부패한, 분해된   cellulose-rich 셀룰로오스가 풍부한   colony 집단, 군집
consumption 소비   discerning 분별력이 있는, 안목을 지닌   carbohydrate 탄수화물   maintenance 유지 관리   complex
복잡한   nest 보금자리   structure 구조(물)   population 개체군, 개체수   primarily 주로   retrieve 찾아 오다, 회수하다   dense
밀도 높은   act as ~의 역할을 하다   breeding season 번식기   nymph 유충   prompt A to + 동사원형 A가 ~하게 만들다
adapt 조정하다, 적응시키다   laden 가득 찬   substance 물질(= matter)   fungi 균류   strategic 전략적인   adequate 충분한
mature 자라다, 성숙하다   contributing 기여하는

문제

Using the example of termites, explain the concept of communal nutrition.

흰개미의 예시를 활용해, 공동 영양 섭취의 개념을 설명하시오.

읽기 지문 노트

주제

communal nutrition

개념

pick up diff. food & bring home to share → fit the diff.
nutritional needs @ diff T.

공동 영양 섭취

다른 먹이를 구함 & 보금자리로 가져와
공유 → 서로 다른 시점에 다른 영양적 필요에
적합

강의 노트

예시 1

adult termites

└ 부연 설명
  - adult termite → carbohydrate 4 energy →
    necessary 4 building & maintenance struc.
  - colony's of adult population → retrieve cellulose-
    dense material 4 energy

예시 2

termite nymph

└ 부연 설명
  - breeding season → shift of nutritional needs
  - require protein for growth → search ↑ protein
    substance e.g. fungi or decomposed matter

성체 흰개미
- 성체 흰개미 → 에너지를 위한 탄수화물 →
  구조물의 구축 및 유지에 필수적
- 개체군이 성체 → 에너지를 위해 고밀도
  셀룰로오스 물질 찾아옴

흰개미 유충

- 번식기 → 영양분 필요 변동
- 성장을 위한 단백질 필요 → 단백질이 더
  포함된 물질 찾기 예. 균류 또는 부패 물질

답변 말하기

주제

The professor talks about the concept of communal nutrition,
which is social insect behavior in which certain individuals are

교수가 공동 영양 섭취의 개념에 관해 이야기하고
있으며, 이는 사회성 곤충 행동으로서 특정 개체가
여러 다른 종류의 먹이를 수집하고 분배해 집단 내

responsible for collecting and distributing different types of food to meet the varied dietary requirements of their group. In order to better illustrate this concept, the professor gives two examples.

예시 1 + 부연 설명
First, the professor describes how forager termites selectively gather food that suits their colony's current dietary requirements. She explains that adult termites specifically need carbohydrates to fuel the construction and maintenance of their intricate nests. Consequently, when the colony primarily consists of adults, the foragers prioritize collecting cellulose-rich materials as an energy source.

예시 2 + 부연 설명
Next, the professor explains that the termite colony's diet changes during the breeding season to support the growth of termite nymphs. The nymphs need protein to grow, leading foragers to seek out protein-rich sources such as fungi or decaying organic material. This deliberate foraging strategy ensures that the young termites get the protein they need to develop and become productive members of their society.

의 다양한 필수 먹이 조건을 충족하는 책임을 지는 것이다. 이 개념을 더 잘 설명하기 위해, 교수가 두 가지 예시를 제공한다.

우선, 교수는 채집꾼 흰개미들이 집단의 현재 필수 먹이 조건에 적합한 먹이를 선별적으로 수집하는 방식을 설명한다. 그녀는 성체 흰개미가 복잡한 둥지를 짓고 유지하는 데 연료를 공급하기 위해 특별히 탄수화물이 필요하다고 설명한다. 결과적으로, 군집이 주로 성체로 구성되면, 채집꾼 개미들은 셀룰로오스가 풍부한 물질을 에너지원으로 수집하는 것을 우선시한다.

다음으로, 교수는 흰개미 집단의 먹이가 번식기 중에 바뀌면서 흰개미 유충의 성장을 지원한다고 설명한다. 이 유충은 성장하는 데 단백질이 필요하며, 이로 인해 채집꾼들이 균류나 부패 유기 물질 같이 단백질이 풍부한 공급원을 찾아내기에 이른다. 이 의도적인 채집 전략은 어린 흰개미들이 성장해 그들 사회에서 생산적인 일원이 되는 데 필요한 단백질을 얻도록 보장해 준다.

어휘 be responsible for ~을 책임지다   distribute 분배하다, 나눠주다   varied 다양한   requirement 필수 조건   intricate 복잡한
prioritize 우선적으로 처리하다   decaying 부패하는   organic 유기물의   deliberate 의도적인, 신중한   strategy 전략
productive 생산적인

심리학 p.94

2
지문 해석

Now read the passage about the primacy effect in perception. You will have 45 seconds to read the passage. Begin reading now.
이제 지각의 초두 효과에 관한 지문을 읽으시오. 지문을 읽을 시간이 45초 주어진다. 이제 읽기 시작하시오.

초두 효과	어휘
초두 효과란 사람 또는 상황에 대한 첫 인식이 우리의 의견을 형성하는 데 크게 영향을 미치는 현상이다. 근본적으로, 우리가 무언가와 관련해 처음 얻는 정보가 나중에 접하게 되는 모든 정보보다 더 강력하게 우리에게 영향을 미치는 경향이 있다. 이러한 일이 발생하는 이유는 일단 우리가 초기 의견을 형성하고 나면, 그 의견을 확실히 뒷받침해 주는 세부 요소에는 주의를 기울이면서 그에 문제를 제기할 수도 있는 세부 요소는 무시하거나 간과할 가능성이 더 크기 때문이다.	primacy effect 초두 효과(처음에 제시되는 정보나 인상이 나중에 제시되는 것보다 더 큰 영향을 미치는 현상) initial 처음의, 초기의 perception 인식 shape (영향을 미쳐) 형성하다 essentially 근본적으로 encounter 접하다, 맞닥뜨리다 form 형성하다 pay attention to ~에 주의를 기울이다 confirm 확실히 뒷받침하다, 확인해 주다 ignore 무시하다 overlook 간과하다 challenge 문제를 제기하다, 도전하다

Now listen to part of a lecture on this topic in a psychology course.
이제 이 주제에 관한 심리학 수업의 강의 일부를 들으시오.

First impressions are powerful and often set the tone for future perceptions, a concept known as the primacy effect. This psychological principle shows just how much weight our initial interactions carry, influencing our ongoing views and opinions. Today we're going to look at how this plays out in real-world scenarios, in order to gain insight into the strength of our first encounters.

첫인상은 강력한 힘을 발휘하며, 흔히 향후의 인식에 대한 방향을 정하게 되는데, 이는 초두 효과라고 알려진 개념입니다. 이 심리학적 원리는 첫 교류가 앞으로 지속될 관점과 의견에 영향을 미칠 정도로 얼마나 많은 무게감이 있는 것인지 단적으로 보여 줍니다. 오늘은, 우리의 첫 만남이 지니는 힘에 대한 통찰력을 얻을 수 있도록, 이 현상이 실제 상황에서 어떻게 발생하는지 살펴보겠습니다.

Here's an example from my own life. Before my career in academia, I served as a research assistant in a laboratory for a year. In my initial week, I suggested a modification to the procedure used during an experiment, which proved to be successful, yielding excellent results. This single event led my supervisor to form a highly favorable opinion of me from the outset. He regarded me as an outstanding research assistant from that point forward, even though my subsequent performance was generally competent but not exceptional.

예를 하나 들어 볼 텐데, 제가 직접 겪은 일입니다. 학계에 종사하기 전에, 1년 동안 한 연구소에서 연구 보조로 근무한 적이 있습니다. 근무 첫 주에, 한 실험 중에 이용되었던 절차에 대해 변경을 제안했는데, 그것은 성공적인 것으로 드러나면서 훌륭한 결과를 만들어 냈습니다. 이 단 한 번의 일로 인해 상사가 처음부터 저에 대해 대단히 호의적인 의견을 형성하기에 이르렀죠. 그분은 그 시점 이후로 계속 저를 뛰어난 연구 보조로 여기셨습니다. 그 후의 제 성과가 전반적으로 만족할 만한 수준이었을 뿐, 아주 우수하지 않았음에도 불구하고 말이죠.

My colleague, on the other hand, wasn't as lucky. During her first week, she made a significant error resulting in the loss of crucial data. Despite the data being recovered later, the incident was costly in terms of time and resources. This early mistake caused our supervisor to view her as unreliable, and despite her strong performance later on, which was likely superior to mine, he continued to perceive her through the lens of that first error. He was prone to notice only her mistakes, underscoring the powerful and sometimes unfair influence of the primacy effect.

반면에, 제 동료는 그만큼 운이 따르진 않았습니다. 그 동료는 근무 첫 주에, 중대한 데이터의 손실을 초래하는 중요한 실수를 저질렀습니다. 그 데이터가 나중에 복구되었음에도 불구하고, 그 사건은 시간과 자원 측면에 있어 큰 대가가 따랐습니다. 이 초기의 실수로 인해 우리 상사는 그 동료를 신뢰할 수 없는 사람으로 여기게 되었고, 그 동료가 나중에 이룬 뛰어난 성과는, 제가 이룬 것보다 아마 더 우수했을 텐데도, 그 상사는 계속 그 첫 실수라는 색안경을 끼고 그 동료를 인식했죠. 그 상사는 오직 그 동료의 실수에만 주목하는 경향이 있었는데, 이는 초두 효과가 지닌 강력하면서도 때로는 부당한 영향력을 분명히 보여 주는 것이었습니다.

어휘 set the tone for ~에 대한 방향을 정하다, ~에 대한 분위기를 정하다 psychological 심리학적인 principle 원리, 원칙 interaction 교류, 상호 작용 carry weight 무게감이 있다, 중요한 의미를 갖다 ongoing 계속되는 view 관점 play out 발생하다 gain 얻다 insight 통찰력, 이해 encounter 만남 academia 학계 serve as ~로 근무하다 laboratory 연구소, 실험실 modification 변경, 수정 procedure 절차 experiment 실험 prove to be A A한 것으로 드러나다 yield 만들어 내다 supervisor 상사, 책임자 favorable 호의적인 from the outset 처음부터 regard A as B A를 B로 여기다 outstanding 뛰어난 from that point forward 그 시점 이후로 계속 subsequent 그 후의 competent 만족할 만한 exceptional 우수한, 이례적인 colleague 동료 significant 중요한, 상당한 crucial 중대한 costly 대가가 큰 in terms of ~의 측면에서, ~라는 점에서 resource 자원 view A as B A를 B한 것으로 여기다 unreliable 신뢰할 수 없는 superior to ~보다 더 우수한 perceive 인식하다 be prone to+동사원형 ~하는 경향이 있다 notice 주목하다 underscore 분명히 보여 주다, 강조하다 unfair 부당한 affect 영향을 미치다

문제

Using the example from the professor's lecture, explain what is meant by "the primacy effect" and how it can affect our opinions.

교수의 강의에 제시된 예시를 활용해, "초두 효과"가 무엇을 의미하는지, 그리고 그것이 어떻게 우리의 의견에 영향을 미칠 수 있는지 설명하시오.

읽기 지문 노트

주제

primacy effect

개념

initial perceptions of ppl or situations → shape our opinions

초두 효과

사람이나 상황에 대한 첫 인식 → 의견 형성

강의 노트

예시 1

example from my own life

└ 부연 설명
- served as research assistant in a lab
- initial week, suggested a procedure modification → excellent results
- supervisor regarded me outstanding research assistant forward

예시 2

my colleague

└ 부연 설명
- 1st week, made a significant error → loss of crucial data
- supervisor viewed her unreliable & continued to perceive w/ first error

내가 직접 겪은 예

- 연구소에서 연구보조로 근무
- 첫 주, 절차 변경 제안 → 뛰어난 성과
- 그 후로 계속 상사는 나를 뛰어난 연구보조로 여김

내 동료

- 첫 주, 중대한 실수 → 중요한 데이터 손실
- 상사는 그녀를 신뢰할 수 없다고 봄 & 계속해서 첫 실수로 인식

답변 말하기

주제

The professor talks about the concept of the primacy effect, which is a phenomenon where our first impressions of people or circumstances significantly influence our judgments. In order to better illustrate this concept, the professor gives two examples.

교수가 초두 효과의 개념에 관해 이야기하고 있으며, 이는 사람과 상황에 대한 첫인상이 우리의 판단력에 상당히 영향을 미치는 현상이다. 이 개념을 더 잘 설명하기 위해, 교수는 두 가지 예를 든다.

예시 1 + 부연 설명
First, the professor describes his personal experience in a laboratory where an early suggestion he made significantly improved an experiment. This led his supervisor to view him as an exceptional research assistant. Despite his later work being only competent, the initial impression shaped his supervisor's enduring perception of him.

예시 2 + 부연 설명
Next, the professor continues to describe the primacy effect by talking about a colleague who made a mistake early on by losing some data. This mistake caused their boss to see her as undependable. Even though she later did a great job, the boss still remembered her for that first mistake. This story shows how first impressions can stay with people and affect how we're seen later on.

맺음말
Through these examples, the professor clarifies the description of the primacy effect presented in the reading passage.

우선, 교수가 연구소에서 직접 제안한 초기 의견이 한 실험을 상당히 향상시킨 개인 경험을 설명하고 있다. 이로 인해 상사가 교수를 뛰어난 연구 보조로 여기는데 이르렀다. 나중의 작업이 그저 만족할 만한 것이었음에도 불구하고, 그 첫인상은 그 상사에게 교수에 대해 지속적으로 가지는 인식을 형성해 주었다.

다음으로, 교수가 초기에 일부 데이터를 분실함으로써 실수를 저지른 한 동료에 관해 이야기하는 것으로 초두 효과를 계속 설명하고 있다. 이 실수로 인해 상사가 그 동료를 신뢰할 수 없는 사람으로 여기게 되었다. 나중에 훌륭하게 일을 해내긴 했지만, 그 상사는 여전히 그 첫 실수로 그 동료를 기억했다. 이 이야기는 첫인상이 어떻게 사람들에게 남아 우리가 나중에 인식되는 방식에 영향을 미칠 수 있는지 보여 주는 것이다.

이 예시들을 통해, 교수가 독해 지문에 제시된 초두 효과를 명확히 설명하고 있다.

어휘 phenomenon 현상   impression 인상, 느낌   circumstance 상황, 환경   judgment 판단(력)   describe 설명하다   improve 향상시키다, 개선하다   enduring 오래 지속되는   undependable 신뢰할 수 없는

경제/경영학   p.96

3

지문 해석

Now read the passage about market cannibalization in business strategy. You will have 50 seconds to read the passage. Begin reading now.

이제 비즈니스 전략에서 자기 시장 잠식에 관한 지문을 읽으시오. 지문을 읽을 시간이 50초 주어진다. 이제 읽기 시작하시오.

자기 시장 잠식	어휘
자기 시장 잠식은 한 회사의 신제품 출시가 기존 제품의 판매량에 부정적으로 영향을 미치기 시작하는 현상이다. 이는 일반적으로 신제품과 구제품이 유사할 경우에 발생하는데, 고객들은 더 새로운 제공 상품에 이끌리게 된다. 일종의 내부 경쟁으로서, 업체에게는 도전 과제이자 전략적 기회 모두가 될 수 있다. 이것이 더 오래된 제품의 판매량 감소로 이어질 수는 있지만, 동시에 시장 추세를 선도하고 경쟁사들보다 앞서 있기 위한 선제적 접근법이 될 수도 있다. 이를 효과적으로 운영하려면, 회사들은 자사의 제품들을 차별화하고 전략적으로 기획하는 데 초점을 맞춰야 한다. 이 신중한 균형 잡기가 전반적인 시장 경쟁력 및 장수를 유지하는 데 있어 아주 중요하다.	market cannibalization 자기 시장 잠식 (동일 회사의 신제품이 기존 주력 제품의 판매량이나 수익성 등을 감소시키는 현상) phenomenon 현상 negatively 부정적으로 existing 기존의 similar 유사한 cause A to + 동사원형 A가 ~하도록 초래하다 gravitate towards ~에 끌리다 offering 제공(되는 것) internal 내부의 competition 경쟁 strategic 전략적인 reduced 감소된 proactive 선제적인, 앞서서 주도하는 approach 접근법 stay ahead 앞서 있다 competitor 경쟁사 effectively 효과적으로 differentiate 차별화하다 balancing act 균형 잡기 longevity 장수

Now listen to part of a lecture on this topic in a business course.
이제 비즈니스 수업에서 이 주제에 대한 강의의 일부를 들어보시오.

Good morning, everyone. As we explore the concept of market cannibalization, it's important to recognize it as a significant phenomenon in the business world. It occurs when a company's new product begins to eat into the sales of its existing offerings, often due to similarities between the products. Today, we will explore how businesses confront and creatively navigate this challenge through two real-world examples.

안녕하세요, 여러분. 우리가 자기 시장 잠식이라는 개념을 살펴볼 때, 비즈니스 세계에서 하나의 중대한 현상으로 인식하는 것이 중요합니다. 이는 한 회사의 신제품이 기존 제공 상품의 판매량을 잠식하기 시작하는 경우에 나타나며, 흔히 해당 제품들 사이의 유사성으로 인한 것입니다. 오늘은, 업체들이 어떻게 이러한 도전 과제를 직시하고 창의적으로 헤쳐 나가는지 두 가지 실제 예시를 통해 살펴보겠습니다.

First, let's look at ElecTech, a leading electronics manufacturer. They recently launched a new line of smart TVs featuring cutting-edge technologies like voice control and AI integration. This innovative move, however, started to diminish the demand for their existing range of standard LED TVs. But ElecTech didn't just watch their older models' sales decline. They repositioned these LED TVs in markets where the latest features were less crucial, effectively salvaging sales. This smart maneuver helped them retain their traditional customer base while reaching new segments.

첫 번째로, 선도적인 전자기기 제조사인 일렉테크 사를 한 번 보죠. 이곳은 최근 음성 제어 및 인공 지능 통합 같은 첨단 기술을 특징으로 하는 새 스마트 TV 제품 라인을 출시했습니다. 하지만, 이 혁신적인 움직임은 그곳의 기존 스탠다드 LED TV 제품군에 대한 수요를 떨어뜨리기 시작했습니다. 그런데 일렉테크 사는 더 오래된 자사 모델의 판매량이 감소하는 것을 그냥 지켜 보고만 있지 않았습니다. 이 LED TV들을 최신 기능이 그다지 중요하지 않은 시장으로 재배치해, 효과적으로 판매량을 회복했죠. 이 현명한 조치가 새로운 시장 부문으로 다가감과 동시에 기존의 고객층을 유지하는 데 도움을 주었습니다.

Now, consider a different sector and look at FastFoods Inc., a major fast-food chain. They introduced a line of gourmet burgers, targeting a more upscale demographic. Unexpectedly, this new addition began to undercut sales of their staple, budget-friendly burgers. FastFoods Inc. swiftly adopted a dual-brand strategy. They promoted the gourmet burgers in urban, high-income areas and intensified the marketing of their classic burgers in regions with an established customer base. This strategic differentiation enabled them to meet varied consumer tastes without losing ground in any segment.

자, 다른 분야도 생각해 보면서 주요 패스트푸드 체인인 패스트푸드 주식회사를 살펴보겠습니다. 이곳은 더 부유한 고객층을 대상으로 하는 고급 버거 제품 라인을 출시했습니다. 예기치 못하게, 이 신규 추가 제품이 그곳의 주요 제품이자 가격 친화적인 버거들의 판매량을 위태롭게 하기 시작했습니다. 패스트푸드 주식회사는 재빨리 이중 브랜드 전략을 택했습니다. 이곳은 도시의 고소득층 거주 지역에서는 고급 버거를 홍보했고, 기존 고객층이 있는 지역에서는 자사의 대표 버거에 대한 마케팅을 강화했죠. 이 전략적 차별화를 통해 어느 시장 부문에서도 입지를 잃지 않고 다양한 소비자 취향을 충족할 수 있었습니다.

어휘 explore 살펴보다, 탐구하다   recognize 인식하다   significant 중대한, 상당한   eat into ~을 잠식하다   existing 기존의
similarity 유사성   confront 직시하다, 맞서다   navigate (힘든 상황 등을) 헤쳐 나가다, 처리하다   launch 출시하다   feature
특징으로 하다, 특징, 기능   cutting-edge 첨단의   integration 통합   innovative 혁신적인   diminish 떨어뜨리다, 하락시키다
demand 수요   range 제품군, 범위   decline 감소하다   reposition 재배치하다   crucial 중요한   effectively 효과적으로
salvage 회복하다   maneuver (교묘한) 조치, 묘책   retain 유지하다   segment 부문, 분야(= sector)   upscale 부유한,
고소득층의   demographic 인구층   undercut 위태롭게 하다, 약화시키다   staple 주요한   budget-friendly 가격 친화적인
swiftly 재빨리, 신속히   adopt 채택하다   gourmet 고급의   urban 도시의   high-income 고소득층의   intensify 강화하다
established 기존의, 확립된   differentiation 차별화   meet 충족하다   lose ground 입지를 잃다

문제

Using points and examples from the lecture, explain the concept of market cannibalization.

강의의 요지와 사례를 이용해서, 자기 시장 잠식의 개념을 설명하시오.

읽기 지문 노트

주제
market cannibalism

개념
intro. new product → nega. impact sales of existing p.

자기 시장 잠식

신제품 출시 → 기존 제품 판매에 부정적 영향

강의 노트

예시 1
ElecTech = elec. manufacturer
└ 부연 설명
- launch new smart TV → demand 4 existing LED TV ↓
- reposition LED TV in market less impt. new feature
- retain tradi. customer & reach new segment

예시 2
FastFood Inc.
└ 부연 설명
- intro. gourmet burger → budget-friendly B. sales ↓
- dual-brand strategy: gourmet B. in high income area vs. classic B. in established market
- meet varied customer pref. w/o losing market segment

일렉테크 = 전자기기 제조사

- 새로운 스마트 TV 출시 → 기존 LED TV 수요 감소
- LED TV 최신 기능이 덜 중요한 시장으로 재배치
- 기존 고객층 유지 & 신규 시장 접근

패스트푸드 주식회사

- 고급 버거 출시 → 가격 친화적인 버거 판매 감소
- 이중 브랜드 전략: 고소득층 지역에는 고급 버거 vs. 기존 시장에는 기존 대표 버거
- 시장 잃지 않고 다양한 소비자 선호 충족

답변 말하기

주제
The lecture is about the concept of market cannibalization, which occurs when a company's new product starts to negatively affect the sales of its existing products. In order to better illustrate this concept, the professor gives two examples.

예시 1 + 부연 설명
First, the professor describes ElecTech, a leading electronics manufacturer. This company released new smart TVs, which impacted sales of their standard LED TVs. However, ElecTech repositioned the LED TVs in markets that did not require the

강의는 자기 시장 잠식의 개념에 관한 것으로서, 이는 한 회사의 신제품이 자사 기존 제품의 판매량에 부정적으로 영향을 미치기 시작할 때 나타난다. 이 개념을 더 잘 설명하기 위해, 교수가 두 가지 예시를 제공한다.

첫 번째로, 교수가 선도적인 전자기기 제조사인 일렉테크 사를 설명하고 있다. 이 회사는 새 스마트 TV를 출시했는데, 이것이 그곳 스탠다드 LED TV의 판매량에 영향을 미쳤다. 하지만, 일렉테크 사가 최신 기능을 필요로 하지 않는 시장으로 그 LED latest features, thus preserving sales. <u>This strategy allowed</u> ElecTech <u>to maintain</u> its traditional customer base while expanding into new segments.

예시 2 + 부연 설명
<u>Second, the professor explains</u> FastFoods Inc. This company introduced gourmet burgers, which began to <u>affect the sales of their budget-friendly burgers</u>. The company quickly adopted a dual-brand strategy to address this. They promoted gourmet burgers in affluent urban areas while reinforcing the presence of their classic burgers in their established markets. <u>This approach helped</u> FastFoods Inc. cater to different consumer preferences without losing market share.

맺음말
<u>Through these examples, the professor clarifies the concept of</u> market cannibalization <u>presented in the reading passage.</u>

TV들을 재배치함에 따라, 판매량을 지켰다. 이 전략으로 인해 일렉테크 사는 기존 고객층을 유지함과 동시에 새로운 시장 부문으로 확장할 수 있었다.

두 번째로, 교수가 패스트푸드 주식회사를 설명한다. 이 회사가 고급 버거를 출시했는데, 가격 친화적인 자사 버거들의 판매량에 영향을 미치기 시작했다. 이 회사는 빠르게 이중 브랜드 전략을 택해 이 문제를 처리했다. 부유한 도시 지역에서 고급 버거를 홍보하면서 기존 시장에 있던 대표 버거들의 존재를 강화했다. 이 접근법은 패스트푸드 주식회사가 시장 점유율은 잃지 않으면서 서로 다른 고객 선호도를 충족하는 데 도움을 주었다.

이러한 예시들을 통해, 교수가 독해 지문에 제시된 자기 시장 잠식의 개념을 명확히 밝히고 있다.

어휘 occur 나타나다, 일어나다　preserve 지키다, 보존하다　expand into ~로 확장하다　address (문제 등을) 처리하다, 다루다　affluent 부유한　reinforce 강화하다　presence 존재(감)　cater to ~을 충족하다, ~의 입맛에 맞추다　preference 선호(도)　market share 시장 점유율

SPEAKING Integrated Task (3)

UNIT 02 답변 말하기 필수 패턴

EXERCISE p.103

1 <u>The professor explains</u> how prairie plants adapt to dry environments.

2 <u>First, the professor describes</u> how lizards can capture prey through subsurface locomotion.

3 <u>Second, the professor explains</u> that animals living in groups increase their visibility, thereby heightening the risk of predation.

4 <u>In summary, the professor discusses</u> two ways that advertising can negatively affect the environment.

5 <u>The professor illustrates two ways that railroads affected</u> the United States in the 1800s.

6 <u>First, the professor describes how some insects use chemical defenses</u> to protect themselves from bats.

7 <u>Next, the professor explains that companies are embracing sustainable packaging</u> to lessen their environmental footprint.

8 <u>In summary, the professor discusses the various strategies employed by insects</u> during mating.

UNIT 03 노트테이킹

EXERCISE p.106

1
강의 스크립트 & 해석

Now listen to part of a lecture in a biology class.
생물학 수업의 강의 일부를 들으시오.

Today, we'll explore the fascinating world of insects and their evolutionary arms race with one of their primary predators: bats. Insects have developed a variety of ingenious defenses to protect themselves from these adept hunters. We will examine how these small but resourceful creatures employ both chemical and behavioral strategies to avoid detection and capture.

오늘은, 아주 흥미로운 곤충 세계 및 그들의 주요 포식자들 중 하나인 박쥐와 벌이는 진화적 병기 경쟁을 살펴 볼 것입니다. 곤충은 이 능숙한 사냥꾼들로부터 스스로를 보호하기 위해 기발한 방어 수단을 다양하게 개발해 왔습니다. 우리는 이 작지만 지략가인 생물체들이 어떻게 화학적, 행동적 전략 둘 모두를 활용해 탐지와 포획을 피하는지 살펴 볼 것입니다.

The first method involves chemical defenses; for example, some insects produce toxins or bad-tasting chemicals to deter bats after they are eaten, encouraging the bats to avoid them in the future. The monarch butterfly is a classic example. Monarch caterpillars feed on milkweed, which contains toxic compounds that make them unpalatable to predators like bats. These toxins remain in the butterflies as they mature, providing a protective mechanism that causes potential predators to think twice before snacking on them again.

Additionally, insects may also use physical maneuvers to escape, such as quick, erratic flying patterns that make it difficult for bats to catch them. For instance, tiger moths are known for their agility in flight. They employ unpredictable flying patterns to avoid bat echolocation. Additionally, some species of tiger moths can produce ultrasonic clicks that may jam bat sonar or warn of their unpalatability, further enhancing their chances of escape.

첫 번째 방법은 화학적 방어와 관련되어 있는데, 예를 들어, 일부 곤충은 먹힌 후에 독소 또는 맛이 이상한 화학 물질을 분비해 박쥐를 단념시킴으로써, 그 박쥐가 나중에 자신들을 피하게 만듭니다. 제왕 나비가 대표적인 예입니다. 제왕 나비의 애벌레는 유액 분비 식물을 먹고 사는데, 이는 박쥐 같은 포식자들의 입맛에는 맞지 않게 하는 상태로 만들어 주는 유독성 화합물을 포함하고 있죠. 이 독소는 성숙하는 과정에서 나비 몸 속에 남아 있으면서, 자신들을 다시 잡아 먹기 전에 잠재 포식자들에게 한 번 더 생각하도록 초래하는 방어 기제를 제공합니다.

게다가, 곤충은 박쥐가 잡기 힘들게 만드는 빠르고 불규칙한 비행 패턴 같은 물리적 도피 계략도 활용할 수 있습니다. 예를 들어, 불나방은 민첩한 비행으로 알려져 있죠. 이들은 예측 불가능한 비행 패턴을 활용해 박쥐의 반향 위치 측정을 피합니다. 추가로, 일부 불나방 종은 박쥐의 음파 탐지를 교란하거나 맛이 없음을 경고하는 초음파 딸깍 소리를 만들어 내, 도피 가능성을 한층 더 향상시킬 수 있습니다.

어휘 fascinating 아주 흥미로운, 매력적인   evolutionary 진화적인   arms race 병기 경쟁   primary 주요한   predator 포식자
ingenious 기발한, 독창적인   defense 방어 (수단)   adept 능숙한   resourceful 지략 있는, 꾀가 많은   creature 생물체
employ 활용하다   chemical 화학적인; 화학 물질   behavioral 행동의   avoid 피하다   detection 탐지   capture 포획   toxin
독소   bad-tasting 맛이 이상한   deter 단념시키다   caterpillar 애벌레   feed on ~을 먹고 살다   milkweed 유액 분비 식물
compound 화합물   unpalatable 입맛에 맞지 않는, 맛이 없는   mature 성숙하다, 자라다   protective mechanism 방어 기제
snack on (간식처럼) ~을 먹다   maneuver 계략, 묘책   erratic 불규칙한   agility 민첩함   unpredictable 예측 불가능한
echolocation 반향 위치 측정   ultrasonic 초음파의   jam 교란하다   sonar 음파 탐지   warn of ~을 경고하다

강의 노트

주제
2 ways insects defend themselves against bats

소주제 1
chemical defense
└ 부연 설명
  - toxic & bad tasting chem. → X desirable as food
  - e.g. monarch butterfly: consume milkweed as caterpillar & remain toxic into adult 2 deter predators → associate w/ unpleasant taste → avoid eating

소주제 2
physical maneuver
└ 부연 설명
  - quick & erratic flying pattern → bat catch X
  - e.g.tiger moth: ① agaile flight → unpredictable pattern to avoid bats ② ultrasonic click → interfere w/ bat sonar & signal palatable X

곤충이 박쥐로부터 스스로를 보호하는 2가지 방법

화학적 방어

- 독소 & 이상한 맛의 화학 물질 → 먹고 싶지 않음
- 예) 제왕 나비 → 애벌레 때 유액 분비 물질 먹음 & 성충이 되어서도 남아 포식자를 단념시킴 → 불쾌한 맛 연상 → 먹지 않음

물리적 회피 전략

- 빠르고 불규칙한 비행 → 박쥐가 잡지 못함
- 예) 불나방: ① 민첩한 비행 → 예측 불가능한 패턴으로 박쥐 따돌림 ② 초음파 딸깍 소리 → 박쥐의 음파 탐지 교란과 맛 없음 신호

문제

Using points and examples from the lecture, explain how insects defend themselves against bats using chemical and behavioral strategies.

강의에 제시된 요점과 예시를 활용해, 곤충이 어떻게 화학적, 행동적 전략을 이용해 박쥐를 상대로 스스로를 방어하는지 설명하시오.

모범 답변

주제
The professor illustrates two strategies insects use against bats by giving two examples.

소주제 1
First, the professor describes how some insects use chemical defenses to protect themselves from bats, producing toxins or foul-tasting chemicals that make them undesirable as food.

부연 설명
He uses monarch butterflies as an example of this. These insects consume toxic milkweed as caterpillars and retain these compounds into adulthood to deter predators. This defense strategy effectively teaches predators like bats to associate the unpleasant taste with monarchs and to avoid them.

소주제 2
Next, the professor explains that insects can evade bats through agile and unpredictable flying patterns. This makes it difficult for the bats to target them using echolocation.

부연 설명
The professor gives tiger moths as an example of this. These insects utilize rapid and irregular movements to escape bats. Furthermore, some tiger moths can produce ultrasonic clicks that interfere with bat sonar or signal their distastefulness, thereby improving their chances of avoiding predation.

맺음말
In summary, the professor discusses how insects protect themselves against bats.

교수가 두 가지 예시를 제공함으로써 곤충이 박쥐를 상대로 활용하는 두 가지 전략을 설명한다.

첫 번째로, 교수가 어떻게 일부 곤충이 박쥐로부터 자신을 보호하기 위해 화학적 방어 수단을 사용하는지 설명하는데, 그들은 독소나 맛이 불쾌한 화학 물질을 분비해 자신들을 먹이로서 원치 않는 대상으로 만든다.

교수는 이에 대한 예시로 제왕 나비를 이용한다. 이 곤충은 애벌레일 때 유독성 유액 분비 식물을 소비한 다음, 성체가 될 때까지 이 화합물을 유지해 포식자를 단념시킨다. 이 방어 전략은 불쾌한 맛을 제왕 나비와 연관짓게 하여 그들을 피하도록 박쥐 같은 포식자에게 효과적으로 가르쳐 준다.

다음으로, 교수는 곤충이 민첩하고 예측 불가능한 비행 패턴을 통해 박쥐를 피할 수 있다고 설명한다. 이로 인해 박쥐가 반향 위치 측정을 이용해 그들을 목표로 삼는 것이 어려워진다.

교수는 불나방을 이에 대한 예시로 제시한다. 이 곤충은 빠르고 불규칙적인 움직임을 활용해 박쥐에게서 도망 친다. 더욱이, 일부 불나방은 박쥐의 음파 탐지를 방해하거나 자신이 맛없는 존재임을 신호로 보내는 초음파 딸깍 소리를 만들어 낼 수 있으며, 그로 인해 포식을 피할 수 있는 가능성을 향상시킨다.

요약하자면, 교수가 어떻게 곤충이 박쥐를 상대로 스스로를 보호하는지 이야기한다.

어휘 foul-tasting 불쾌한 맛이 나는   undesirable 바람직하지 못한   consume 소비하다, 먹다   retain 유지하다   adulthood 성년기   effectively 효과적으로   associate A with B A를 B와 연관 짓다   unpleasant 불쾌한   evade 피하다   agile 민첩한   target 목표로 삼다   utilize 활용하다   irregular 불규칙적인   interfere with ~을 방해하다   distastefulness 맛없음   predation 포식

2
강의 스크립트 & 해석

Now listen to part of a lecture in an urban planning class.
도시 계획 수업의 강의 일부를 들으시오.

Linear parks are an innovative solution to urban development challenges, offering a plethora of benefits to cities and their inhabitants. They are designed to be longer than they are wide and often utilize underused or obsolete urban spaces like old rail lines or riverside corridors. Let's discuss a couple of benefits of having linear parks.

One of the primary advantages of linear parks is that they provide accessible green spaces in urban areas where traditional parks might not fit. These parks can link landmarks, open spaces, and other parks, creating continuous opportunities for both active and passive recreation. For instance, old transportation infrastructures have been transformed into these vibrant greenways, which not only serve as avenues for exercise and leisure but also breathe new life into previously unused lands. The High Line in New York City is a notable example, offering a public space that includes art installations and overlooks with impressive city views.

Linear parks also bring numerous social benefits by drawing people to different parts of the community and enhancing community bonds. Economically, they can increase land values and provide business opportunities along the park. Environmentally, they offer solutions for urban issues like flooding and run-off pollution, contributing to the overall health and sustainability of the city.

선형 공원은 도시 개발의 어려움에 대한 혁신적인 해결책으로서, 도시 및 거주자들에게 다양한 이점을 제공합니다. 이곳은 폭이 넓은 것보다 길이가 더 길어지도록 설계되며, 흔히 오래된 기차 노선이나 강변 회랑 지대 같이 유휴 도시 공간이나 더 이상 쓸모 없는 도시 공간을 활용합니다. 선형 공원이 존재하는 것의 두 가지 이점을 이야기해 보겠습니다.

선형 공원의 주요 장점들 중 하나는 전통적인 공원이 들어서기 어려울 수 있는 도시 구역에서 접근 가능한 녹지 공간을 제공해 준다는 점입니다. 이 공원은 명소와 개방 공간, 그리고 다른 공원들과 연결해, 능동적 여가 활동과 수동적 여가 활동을 위한 연속적인 기회를 만들어 낼 수 있습니다. 예를 들어, 오래된 교통 기반 시설이 이 활기 찬 녹지 도로로 탈바꿈되면서, 운동과 레저 활동을 위한 거리의 역할을 할 뿐만 아니라 이전에 쓰이지 않던 토지에 새로운 활기도 불어넣게 되죠. 뉴욕 시의 하이 라인은 주목할 만한 예시로서, 예술품 설치물을 포함하고 있으면서 인상적인 도시 경관을 조망할 수 있는 제공합니다.

선형 공원은 지역 내의 여러 다른 곳으로 사람들을 끌어들이고 공동체 유대감을 향상시킴으로써 다수의 사회적 이점도 가져다 줍니다. 경제적으로, 토지 가치를 높여 주고 공원을 따라 사업 기회도 제공해 줄 수 있습니다. 환경적으로는, 침수 피해와 유거수 오염 같은 도시 문제에 대한 해결책을 제공해, 도시의 전반적인 건강과 지속 가능성에 기여합니다.

어휘   linear 선형의   innovative 혁신적인   a plethora of 다양한, 넘치는   utilize 활용하다   underused 유휴의, 충분히 이용되지 않는   obsolete 더 이상 쓸모 없는, 구식의   corridor 회랑 지대(도로나 강 등을 따라 길게 이어지는 땅)   fit 적합하다, 어울리다   landmark 명소, 인기 장소   continuous 연속적인   active 능동적인   passive 수동적인   infrastructure (사회) 기반 시설   transform 탈바꿈시키다   vibrant 활기 찬   breathe (숨을) 불어 넣다   notable 주목할 만한   installation 설치(물)   overlook 내려다보다   impressive 인상적인   draw 끌어들이다   bond 유대(감)   economically 경제적으로   environmentally 환경적으로   run-off 유거수(지표면을 따라 흐르는 물)   pollution 오염   sustainability 지속 가능성

강의 노트

주제
benefits of linear parks in urban envi.

소주제 1
provide green space
└ **부연 설명**
  - link landmark & open space → create opportunities 4 active & relaxing activities
  - transform old transport infra. → path 4 exercise&leisure → revitalize unused land
    e.g. High Line in New York: nature&art → beautiful view of the city

도시 환경에서의 선형 공원의 이점

녹지 공간 제공

- 명소와 개방 공간 연결 → 능동적이고 편안한 활동 기회 창출
- 오래된 교통 인프라 → 운동과 여가를 위한 거리 → 사용되지 않던 토지에 활력
예) 뉴욕 시 하이 라인: 자연 & 예술품 → 아름다운 도시 경관

소주제 2
bring numerous social benefits
└ 부연 설명
  - draw ppl & enhance community bond
  - economically → land value ↑ & business opportunity ↑
  - environmentally → offer solutions (i.e. flooding & run-
    off pollution) → health & sustainability of the city

수많은 사회적 이점 가져옴

- 사람들 끌어들이고 공동체 유대감 형성
- 경제적으로는 토지 가치 ↑ & 사업 기회 ↑
- 환경적으로는 침수 피해와 유거수 오염에 대한
  해결책 제공 → 도시의 건강 & 지속 가능성

문제

Using points from the lecture, explain the benefits of linear parks in urban environments.

강의에 제시된 요점을 활용해, 도시 환경 속의 선형 공원이 지니는 이점을 설명하시오.

모범 답변

주제
The professor illustrates two benefits of linear parks in urban environments by giving two examples.

소주제 1
First, the professor describes linear parks as flexible green spaces that improve city areas, linking places of interest and offering opportunities for both active and relaxing activities.

부연 설명
Many of these parks transform old transportation routes into lively paths for exercise and leisure, revitalizing previously unused spaces. The High Line in New York City is highlighted as an outstanding example, blending nature with art and providing beautiful views of the city.

소주제 2
Next, the professor explains that linear parks foster social engagement by attracting people to different areas and strengthening community ties.

부연 설명
From an economic perspective, they can boost property values and create new commercial prospects adjacent to the parks. Environmentally, these parks address urban challenges like flooding and water pollution, contributing to the city's health and ecological sustainability.

맺음말
In summary, the professor discusses the advantages of linear parks within urban environments.

교수가 두 가지 예시를 제공함으로써 도시 환경 속의 선형 공원이 지니는 두 가지 이점을 설명한다.

첫 번째로, 교수는 도시 지역을 향상시키는 유연한 녹지 공간으로서 선형 공원을 설명하고 있는데 선형 공원은 흥미로운 장소들을 연결하고 능동적 활동 및 편안한 활동 모두에 대한 기회를 제공해 주기 때문이다.

이 공원들 중 많은 곳이 오래된 교통 경로를 운동 및 레저 활동을 위한 활기 넘치는 길로 탈바꿈시키면서, 이전에 쓰이지 않던 공간에 새롭게 활력을 불어 넣는다. 뉴욕 시의 하이 라인이 뛰어난 예시로서 강조되고 있는데, 자연과 예술을 조화시키고 아름다운 도시 경관을 제공해 주기 때문이다.

다음으로, 교수는 선형 공원이 사람들을 여러 다른 곳으로 끌어들이고 지역 유대감을 강화함으로써 사회적 참여 분위기를 조성한다고 설명한다.

경제적 관점에서 볼 때, 공원과 인접한 곳에서 부동산 가치를 높이고 새로운 상업적 전망을 창출할 수 있다. 환경적으로, 이 공원들은 침수 피해와 수질 오염 같은 도시 문제를 해결해, 도시의 건강과 생태계 지속 가능성에 기여한다.

요약하자면, 교수가 도시 환경 속의 선형 공원이 지니는 장점을 설명한다.

어휘 flexible 탄력적인, 유연한 revitalize ~에 새롭게 활력을 불어 넣다 highlight 강조하다 outstanding 뛰어난, 우수한 blend A with B A와 B를 조화시키다 social engagement 사회적 참여 strengthen 강화하다 perspective 관점 boost 높이다, 촉진하다 property 부동산, 건물 commercial 상업적인 prospect 전망, 가능성 adjacent to ~와 인접한 ecological 생태계의

EXERCISE p.110

1
강의 스크립트 & 해석

Now listen to part of a lecture in a biology class.
생물학 수업의 강의 일부를 들으시오.

Today, we'll explore the remarkable survival strategies of desert birds. Living in some of the harshest environments on Earth, these birds face extreme heat and limited water availability on a daily basis. To thrive in such conditions, they have evolved a fascinating array of physiological and behavioral adaptations to regulate their body temperature.

First of all, take the verdin, a desert-adapted bird. It takes advantage of the natural environment to cool its nest. By positioning its nests to face the wind, it can reduce the temperature inside, creating a more comfortable and survivable space for itself and its young. This strategic placement, combined with its habit of being active during the cooler parts of the day, helps the verdin avoid the harshest heat and maintain a stable body temperature.

Let's move on to the Namaqua sandgrouse, which has a unique physical adaptation. The sandgrouse has feathers that are specially designed to hold water, which it then carries back to its nest. This remarkable ability to transport water is vital for the survival of its chicks in the dry desert, where liquid is a precious resource.

오늘은, 사막 조류의 놀라운 생존 전략을 살펴볼 것입니다. 지구상에서 가장 가혹한 환경들 중의 일부인 곳에서 살아가면서, 이 새들은 매일같이 극도의 더위와 제한적인 물 이용 가능성에 직면합니다. 이러한 환경 속에서 번성하기 위해, 이들은 체온을 조절하기 위한 흥미로울 정도로 다양한 생리적, 행동적 적응 방식을 발달시켜 왔습니다.

가장 먼저, 사막에 잘 적응한 새의 하나인 오목눈이를 예로 들어 보죠. 이 새는 둥지를 식히기 위해 자연 환경을 이용합니다. 둥지를 바람 쪽으로 향하도록 위치시킴으로써, 내부의 온도를 낮춰, 자신과 새끼들에게 더욱 편안하고 생존 가능한 공간을 만들 수 있습니다. 이러한 전략적 배치는, 낮 동안의 더 시원한 시간대에 활동적인 습성과 어우러져, 오목눈이가 가혹한 더위를 피하고 안정적인 체온을 유지하는 데 도움을 줍니다.

독특한 신체적 적응 방식을 지니고 있는, 나마쿠아 사막꿩으로 넘어가 보겠습니다. 이 사막꿩은 물기를 머금고 있다가 둥지로 옮길 수 있도록 특별하게 만들어진 깃털을 지니고 있습니다. 이 놀라운 물 운반 능력은 액체가 귀중한 자원인 건조한 사막에서 새끼들의 생존에 필수적입니다.

어휘 remarkable 놀라운, 주목할 만한   strategy 전략   harsh 가혹한   availability 이용 가능성   on a daily basis 매일   thrive 번성하다   evolve 발달시키다, 진화시키다   an array of 다양한   physiological 생리적인   adaptation 적응   regulate 조절하다   desert-adapted 사막에 적응한   take advantage of ~을 이용하다   nest 둥지   position 배치하다   survivable 생존 가능한   young 새끼   strategic 전략적인   placement 배치   combined with ~와 어우러져, ~와 결합되어   maintain 유지하다   stable 안정적인   unique 독특한, 특별한   feather 깃털   transport 운반하다   chick 새끼 새   liquid 액체   precious 귀중한   resource 자원

강의 노트

주제
survival strategies of desert birds

소주제 1
verdin

사막 조류의 생존 전략

오목눈이

└ 부연 설명
  - position nests 2 the wind → cool nests
  - nest placement & activity pattern during cool time →
    avoid heat & maintain body tem.

소주제 2
Namaqua sandgrouse
└ 부연 설명
  - feather 2 hold water → back 2 the nest
  - essential 4 survival of chicks in arid envi. w/ water↓

- 둥지를 바람 쪽으로 위치시킴 → 둥지 식힘
- 둥지 배치 & 시원한 시간대에 활동 → 더위
  피하고 체온 유지

나마쿠아 사막꿩

- 깃털에 물기를 머금어 → 둥지로 돌아옴
- 물이 부족한 건조한 환경에서 새끼들이
  생존하는 데 필수적

문제

Using points and examples from the lecture, explain the adaptations that the verdin and Namaqua sandgrouse have developed to maintain their body temperature in desert environments.

강의에 제시된 요점과 예시를 활용해, 오목눈이와 나마쿠아 사막꿩이 사막 환경에서 체온을 유지하기 위해 발달시킨 적응 방식을 설명하시오.

답변 말하기

주제
The professor illustrates the unique adaptations desert birds have evolved to regulate their body temperature in harsh desert climates by giving two examples.

소주제 1
First, the professor describes how the verdin, a small desert bird, naturally cools its nest by orienting it to face the wind, thus lowering the internal temperature.

부연 설명
This intelligent nest placement, along with its activity patterns during cooler times, helps it avoid extreme heat. These behaviors are crucial for keeping the body temperature of both the verdin and its offspring stable in the desert heat.

소주제 2
Next, the professor explains that the Namaqua sandgrouse possesses a specialized physical trait: its feathers are adapted to absorb and retain water.

부연 설명
The bird uses this unique feature to carry water back to its nest, which is essential for the survival of its chicks in the arid desert environment. This adaptation provides a critical source of hydration, making water available to its young in a habitat where it is extremely scarce.

맺음말
In summary, the professor discusses how desert birds have developed unique adaptations to regulate their body temperature and thrive in harsh desert climates.

교수가 두 가지 예시를 제공함으로써 사막 조류가 가혹한 사막 기후 속에서 체온을 조절하기 위해 발달시킨 독특한 적응 방식을 설명한다.

첫 번째로, 교수는 사막의 작은 새인 오목눈이가 어떻게 자신의 둥지를 바람 쪽으로 향하도록 맞추어 자연적으로 둥지를 식히고 내부 온도를 낮추는 지를 설명한다. 이 지능적인 둥지 배치는, 더 시원한 시간대의 활동 패턴과 함께, 극도의 더위를 피하도록 도움을 준다. 이러한 행동들은 오목눈이 자신과 새끼 둘 모두의 체온을 사막의 더위 속에서 안정적으로 유지하는 데 아주 중요하다.

다음으로, 교수는 나마쿠아 사막꿩이 특수한 신체적 특징을 지니고 있다고 설명하는데, 그것은 바로 깃털이 물을 흡수해 물기를 유지하도록 적응되어 있다는 점이다. 이 새는 이 독특한 특징을 이용해 물을 둥지로 옮기며, 이는 매우 건조한 사막 환경 속에서 새끼들의 생존에 필수적이다. 이러한 적응 방식은 아주 중요한 수분 공급원을 제공해, 물이 대단히 부족한 서식지에서 그들의 새끼들이 물을 이용할 수 있게 만들어 준다.

요약하자면, 교수가 어떻게 사막 조류가 가혹한 사막 기후 속에서 체온을 조절하고 번성하기 위해 독특한 적응 방식을 발달시켰는지 설명한다.

2
강의 스크립트 & 해석

Now listen to part of a lecture in an archaeology class.
고고학 수업의 강의 일부를 들으시오.

Today, we're going to explore how modern technology has revolutionized the field of archaeology, particularly through the use of geographic information systems (GIS) and light detection and ranging (LiDAR). These technologies have significantly enhanced the accuracy and depth of archaeological studies.

Let's start with GIS. GIS technology has transformed archaeology by providing sophisticated tools for the recording, analysis, and storage of spatial data. This means that archaeologists can now map and analyze archaeological sites with incredible precision, better understanding the spatial relationships between different artifacts and features within a site. For instance, GIS can be used for site reconstruction, helping archaeologists to visualize how ancient communities might have looked based on the distribution of found artifacts.

Let's move on to LiDAR. LiDAR uses lasers to scan the Earth's surface and collect highly detailed terrain information. This technology is particularly valuable for archaeologists working in densely vegetated or otherwise inaccessible areas. With LiDAR, hidden features like ancient buildings, roads, and even entire settlements can be detected and mapped. This allows for a much richer understanding of ancient landscapes and the civilizations that inhabited them.

오늘은, 어떻게 현대 기술이, 특히 지리 정보 시스템(GIS)과 빛 감지 및 거리 측정 기술(LiDAR)을 통해 고고학 분야에서 대변혁을 일으켰는지 살펴 볼 예정입니다. 이 기술들은 고고학 연구의 정확성과 깊이를 상당히 향상시켜 주었습니다.

GIS부터 시작해 보죠. GIS 기술은 공간 데이터의 기록과 분석, 그리고 저장에 필요한 정교한 수단을 제공함으로써 고고학을 변모시켰습니다. 이것이 의미하는 바는, 고고학자들이 현재 믿을 수 없을 정도로 정교하게 고고학적 발굴 장소를 지도로 만들고 분석해, 한 장소 내의 여러 다른 인공 유물과 특징들 사이의 공간적 관계를 더 잘 이해할 수 있다는 점입니다. 예를 들어, GIS는 발굴 장소 재현에 이용되어, 고고학자들이 발굴된 인공 유물의 분포를 바탕으로 고대의 사회들이 어떤 모습이었을 지를 시각화하는 데 도움을 줄 수 있습니다.

LiDAR로 넘어가 보겠습니다. LiDAR는 레이저를 이용해 지표면을 정밀 검사하고 매우 상세한 지형 정보를 수집합니다. 이 기술은 특히 초목이 무성하거나 그 외 접근이 불가능한 지역에서 작업하는 고고학자들에게 가치가 있습니다. LiDAR를 통해, 고대의 건물과 도로, 그리고 심지어 전체 정착지 같은 감춰진 특징들이 감지되어 지도로 만들어질 수 있죠. 이는 고대의 풍경 및 그곳에 존재했던 문명 사회에 대한 훨씬 더 풍부한 이해를 가능하게 합니다.

강의 노트

주제
two types of archaeological mapping

두 종류의 고고학적 지도 제작 유형

소주제 1

GIS

└ 부연 설명

- transform archaeology → advanced tools 4 recording, analysis, and storage of spatial data b/t artifacts & features in site
- used 4 site reconstruction → visualization of ancient commu.

소주제 2

LiDAR

└ 부연 설명

- use laser 2 scan Earth's surface & collect terrain info.
- valuable 4 densely vegetated & X accessible area → reveal hidden structures → deep understanding of ancient landscape & civilization

GIS

- 고고학을 변모시킴 ← 한 장소 내의 유물과 특징들 사이의 공간 데이터를 기록, 분석, 저장

- 발굴 장소 재현에 이용 → 고대 사회 시각화

LiDAR

- 레이저로 지표면 스캔 & 지형 정보 수집

- 초목이 무성하거나 접근 힘든 지역에 유용 → 감춰진 구조들 발견 → 고대 풍경 & 문명에 대한 깊은 이해

문제

Using the example of GIS and LiDAR, explain two types of archaeological mapping.

GIS와 LiDAR의 예시를 활용해, 고고학적 지도 제작의 두 가지 유형을 설명하시오.

답변 말하기

주제

The professor explains two types of archaeological mapping.

소주제 1

First, the professor describes how GIS technology has revolutionized archaeology by offering advanced tools for the precise mapping, analysis, and storage of spatial data related to archaeological sites.

부연 설명

Archaeologists can now examine the spatial relationships of artifacts and features at a site with unprecedented accuracy. Additionally, GIS aids in site reconstruction, enabling the visualization of ancient communities through the spatial distribution of discovered artifacts.

소주제 2

Next, the professor explains that LiDAR technology employs lasers to measure and collect detailed topographical data from the Earth's surface, which has proved invaluable to archaeologists.

부연 설명

It is especially useful in areas that are overgrown with vegetation or otherwise difficult to access, where it can reveal

교수가 고고학적 지도 제작의 두 가지 유형을 설명한다.

첫 번째로, 교수는 어떻게 GIS 기술이 고고학 발굴 장소와 관련된 공간 데이터에 대한 정확한 지도 제작과 분석, 그리고 저장을 위해 진보한 수단을 제공함으로써 고고학에 대변혁을 일으켰는지 설명한다.

고고학자들은 현재 전례 없는 정확성으로 한 장소에 있는 인공 유물과 특징 사이의 공간적 관계를 살펴 볼 수 있다. 게다가, GIS는 장소 재현에도 도움을 주어, 발견된 인공 유물의 공간적 분포를 통해 고대 사회의 시각화를 가능하게 해 준다.

다음으로, 교수는 LiDAR 기술이 레이저를 활용해 지표면에서 얻은 상세 지형 데이터를 측정하고 수집하며 이는 고고학자들에게 매우 유용한 것으로 드러났다고 설명한다.

이는 특히 초목이 지나치게 무성하거나 그 외 접근하기 어려운 곳에서 유용한데, 건물과 도로, 심지어 전체 정착지 같이 이전에는 감춰져 있던 구조물을 드러낼 수 있다. 그 결과, LiDAR는 고대 지형 및 한때 그곳에서 번성했던 사회에 대한 더 깊이 있는 이해를 가능하게 해 준다.

previously hidden structures like buildings, roads, and even entire settlements. Consequently, LiDAR enables a deeper comprehension of ancient terrains and the societies that once thrived in them.

요약하자면, 교수가 두 가지 유형의 고고학적 지도 제작 기술을 이야기한다.

맺음말
In summary, the professor discusses two types of archaeological mapping technologies.

어휘 advanced 진보한, 발전된　precise 정확한　related to ~와 관련된　unprecedented 전례 없는　discover 발견하다 measure 측정하다　topographical 지형의　prove ~한 것으로 드러나다　invaluable 귀중한　overgrow 지나치게 무성해지다 vegetation 초목　reveal 드러내다　previously 이전에　structure 구조(물)　comprehension 이해　thrive 번성하다

UNIT 05 주제별 실전 문제

생물학 p.114

1
강의 스크립트 & 해석

Now listen to part of a lecture in a biology class.
생물학 수업의 강의 일부를 들으시오.

Today, we're going to talk about the fascinating adaptations animals have developed to protect their skin from the sun's harmful ultraviolet rays. You might be surprised to learn that animals have their own unique ways of dealing with sun exposure, much like the way humans use sunscreen. In our lecture, we will explore two of these natural protective strategies.

First of all, hippos produce a special kind of sweat that appears reddish-orange. This unique "sweat," often referred to as "blood sweat," not only provides sun protection but also helps regulate their body temperature. It's a critical adaptation for animals that spend a significant amount of time basking in the African sun. This oily secretion ensures that their skin remains hydrated and prevents overheating, which is vital for their survival in a hot and UV-intense environment.

Another interesting adaptation is found in giraffes. They have a sparse, short coat that allows for some sun exposure to the skin, which is rich in melanin. This melanin provides a degree of protection against the sun's rays, working as a natural sunscreen for these towering animals. Their height exposes them to more UV radiation than many other species, making the melanin in their skin a necessary shield.

오늘은, 동물들이 태양의 유해한 자외선으로부터 피부를 보호하게 위해 발달시켜 온 아주 흥미로운 적응 방식에 관해 이야기해 볼 예정입니다. 동물들이 태양에 대한 노출에 대처하는 그들만의 독특한 방식이 있고, 인간이 자외선 차단제를 사용하는 방식과 거의 흡사하다는 사실을 알게 되면 놀라워할지도 모르겠습니다. 오늘 강의에서는, 이 자연적인 보호 전략 두 가지를 살펴보겠습니다.

우선, 하마는 주황색처럼 보이는 특별한 종류의 땀을 분비합니다. 이 독특한 "땀"은, 흔히 "피땀"이라고 일컬어지는 것으로서, 태양에 대한 보호를 제공해 줄 뿐만 아니라, 체온을 조절하는 데에도 도움을 줍니다. 이는 아프리카의 태양 아래에서 일광욕을 하면서 상당한 시간을 보내는 동물들에게 아주 중요한 적응 방식이죠. 이 유분 분비물은 피부가 촉촉한 상태로 유지되도록 보장하고 과열을 방지해 주기 때문에, 뜨겁고 자외선이 강한 환경 속에서 생존하는 데 필수적입니다.

또 다른 흥미로운 적응 방식은 기린에게서 나타납니다. 이들은 햇빛이 피부에 어느 정도는 닿을 수 있도록 드문드문한 짧은 털을 지니고 있는데, 이 피부는 멜라닌이 풍부합니다. 이 멜라닌이 태양 광선에 대해 어느 정도의 보호를 제공해 주는데, 키가 높이 치솟아 있는 이 동물에게 천연 자외선 차단제로서 작용합니다. 기린은 키로 인해 많은 다른 종에 비해 자외선에 더 많이 노출되므로, 피부 속의 멜라닌이 필수 방어막이 됩니다.

어휘 fascinating 아주 흥미로운   harmful 유해한   ultraviolet rays 자외선   deal with ~에 대처하다   exposure 노출   strategy 전략   reddish-orange 주황색   referred to as ~라고 일컬어지는   regulate 조절하다   critical 아주 중요한   bask 일광욕을 하다   secretion 분비(물)   hydrated 촉촉한, 수분이 있는   prevent 방지하다, 막다   overheating 과열   UV-intense 자외선이 강한   sparse 드문드문한, 숱이 적은   coat 털가죽   a degree of 어느 정도의   towering 높이 치솟은   expose 노출시키다   shield 방어막   adapt 적응하다

문제

Using points and examples from the lecture, explain how hippos and giraffes have adapted to protect their skin from the harmful rays of the sun.

강의에 제시된 요점과 예시를 활용해, 하마와 기린이 어떻게 유해한 태양 광선으로부터 피부를 보호하기 위해 적응했는지 설명하시오.

강의 노트

주제
animal's two natural protective strategies to protect skin from sunlight

소주제 1
hippo
└ 부연 설명
  - special kind of sweat(blood sweat) → sun protection & regulation of body tem.
  - essential 4 animals spending time ↑ in African sun → skin hydration & X overheating

소주제 2
giraffe
└ 부연 설명
  - sparce & short coat → skin exposed 2 sun w/ melanin ↑
  - melanin → protect skin like natural sunscreen 4 towering animals → necessary 4 natural shield

동물들이 햇빛으로부터 피부를 보호하는 두 가지 자연적 방어 전략

하마

- 특별한 땀(피땀) → 태양으로부터 보호 & 체온 조절
- 아프리카 햇빛에 오래 노출되는 동물들에게 필수적 → 피부 보습 & 과열 방지

기린

- 드문드문한 짧은 털 → 멜라닌 풍부한 피부가 태양에 노출
- 멜라닌 → 키가 큰 동물들에게 천연 선크림처럼 피부 보호 → 필수적인 천연 방어막

답변 말하기

주제
The professor illustrates two ways animals protect their skins from the harmful rays of the sun by giving two examples.

소주제 1
First, the professor describes how hippos produce a unique reddish-orange "sweat," known as "blood sweat," that serves multiple functions, including sun protection and body temperature regulation.

교수가 두 가지 예시를 제공함으로써 동물들이 유해한 태양 광선으로부터 피부를 보호하는 두 가지 방법을 설명한다.

첫 번째로, 교수는 하마가 어떻게 "피땀"이라고 알려진 독특한 주황색 "땀"을 분비하는지 설명하고 있는데 이는 태양에 대한 보호 및 체온 조절을 포함한 다양한 기능을 제공한다.

부연 설명
부연 설명
This secretion is essential for animals that spend much of their time in the intense African sun, as it helps to keep their skin moist and prevents overheating. It's a vital adaptation for thriving in their hot, UV-intense habitat.

소주제 2
Next, the professor explains how giraffes have adapted to their environment with a sparse, short coat that allows sunlight to reach their skin, which is high in melanin, providing protection similar to sunscreen.

부연 설명
This melanin is crucial for giraffes, as their great height exposes them to more UV radiation compared to other species. Thus, the melanin acts as an essential shield against the sun's harmful rays.

맺음말
In summary, the professor discusses two strategies animals use to protect their skin from the harmful effects of the sun's rays.

이 분비물은 아프리카의 강렬한 태양 아래에서 많은 시간을 보내는 동물들에게 필수적인데, 피부를 촉촉하게 유지하고 과열을 방지하는 데 도움이 되기 때문이다. 이는 뜨겁고 자외선이 강한 서식지에서 번성하는 데 필수적인 적응 방식이다.

다음으로, 교수는 기린이 드문드문 난 짧은 털을 통해 햇빛이 멜라닌 성분이 높은 피부에 도달하게 하여, 자외선 차단제와 유사한 보호를 제공하도록 환경에 적응한 방식을 설명한다.

이 멜라닌은 기린에게 아주 중요한데, 큰 키로 인해 다른 종에 비해 자외선에 더 많이 노출되기 때문이다. 따라서, 멜라닌은 태양의 유해한 광선에 대한 필수 방어막의 역할을 한다.

요약하자면, 교수가 태양 광선의 유해한 영향으로부터 피부를 보호하기 위해 동물들이 이용하는 두 가지 전략을 이야기한다.

어휘 known as ~라고 알려진   multiple 다양한, 다수의   function 기능   regulation 조절   intense 강한, 강렬한   moist 촉촉한   thrive 번성하다   habitat 서식지   reach 도달하다   similar to ~와 유사한   compared to ~에 비해   act as ~의 역할을 하다   effect 영향

경제학   p.116

2
강의 스크립트 & 해석

Now listen to part of a lecture in a business class.
경영학 수업의 강의 일부를 들으시오.

· ·

Businesses change the packaging of their products for various reasons, encompassing both market-driven and operational considerations. Today, we're going to discuss a couple of reasons for these changes.

First of all, let's talk about marketing and branding. Packaging can make a product stand out on the shelf, appeal to new customers, and communicate product improvements or new features. This is crucial in today's competitive market, where visual appeal can greatly influence purchasing decisions. Moreover, keeping packaging designs up-to-date with current trends ensures that a product remains relevant and appealing to consumers.

기업들은 시장에 의해 주도되는 고려 사항 및 경영상의 고려 사항 둘 모두를 아우르는 다양한 이유로 자사 제품의 포장을 변경합니다. 오늘은, 이러한 변화에 대한 두 가지 이유를 이야기해 볼 예정입니다.

우선, 마케팅과 브랜드화에 관해 이야기해 보죠. 포장은 진열대에 놓인 제품을 돋보이게 만들 수 있고, 신규 고객의 마음을 끌어들일 수 있으며, 제품의 개선 사항 또는 새로운 특징을 전달할 수 있습니다. 이는 시각적 매력이 구매 결정에 크게 영향을 미칠 수 있는 오늘날의 경쟁적인 시장에서 아주 중요한 부분이죠. 더욱이, 현재의 추세와 어울리는 최신 포장 디자인으로 유지하는 것은 제품이 관련성 있으면서 소비자들에게 매력적인 상태로 남아 있도록 보장해 줍니다.

Now, let's shift our focus to environmental sustainability, an increasingly important consideration for companies worldwide. Businesses are adopting more sustainable packaging options to reduce their environmental impact. This includes using recyclable or biodegradable materials, reducing packaging size to minimize waste, and employing designs that require less material without compromising the protection of the product. Not only does sustainable packaging help the environment, but it also enhances a brand's image among consumers who prioritize ecological considerations.

자, 전 세계의 회사들에게 있어 점점 더 중요한 고려 사항이 되어 가고 있는 환경적 지속 가능성으로 초점을 바꿔 보겠습니다. 기업들이 환경적 영향을 줄이기 위해 지속 가능한 포장 옵션을 더 많이 채택하고 있습니다. 여기에 포함되는 것은 재활용 가능 재료 또는 생분해성 재료의 활용, 쓰레기를 최소화하기 위한 포장 규모 감소, 그리고 제품 보호 기능을 떨어뜨리지 않으면서 재료를 덜 필요로 하는 디자인의 활용입니다. 지속 가능한 포장은 환경에 도움이 될 뿐만 아니라, 생태학적 고려를 우선시하는 소비자들 사이에서 브랜드 이미지도 향상시킵니다.

어휘 packaging 포장(재) encompass 아우르다, 포함하다 market-driven 시장에 의해 주도되는 operational 경영의, 운영의 consideration 고려 stand out 돋보이다, 두드러지다 appeal to ~의 마음을 끌다, ~에게 매력적이다 crucial 아주 중요한 competitive 경쟁적인 visual appeal 시각적 매력 purchasing decisions 구매 결정 up-to-date 최신의 current 현재의 relevant 관련된 consumer 소비자 shift one's focus to ~로 초점을 바꾸다 sustainability 지속 가능성 increasingly 점점 더 adopt 채택하다 impact 영향 recyclable 재활용 가능한 biodegradable 생분해성의 minimize 최소화하다 employ 활용하다 compromise (품질 등을) 떨어뜨리다, 위태롭게 하다 enhance 향상시키다, 강화하다 prioritize 우선시하다 ecological 생태학적인

문제

Using points from the lecture, explain the two main reasons businesses might change their product packaging.

강의에 제시된 요점을 활용해, 기업들이 제품의 포장을 변경할 수 있는 두 가지 주된 이유를 설명하시오.

강의 노트

주제
two main reasons businesses change product packaging

기업들이 포장을 변경하는 두 가지 이유

소주제 1
marketing & branding
└ 부연 설명
   - product stand out & appeal 2 customers
    & communicate product impr. & new features
   - visual appeal → influence purchase decision
   - up 2 date package design w/ current trends →
    product relevance and appeal

마케팅 & 브랜드화

-제품을 돋보이게 & 고객 마음 사로잡음
 & 개선사항이나 새로운 특징 전달 용이
-시각적 매력 → 구매 결정에 영향
-트렌디한 최신 포장 디자인 → 제품을 관련성
 있고 매력적이게 함

소주제 2
envi. sustainability
└ 부연 설명
   - environmental impact ↓ (i.e. using biodegradable
    materials, reducing packaging size) → waste
    use & material use ↓
   - benefit planet & boost brand image

환경 지속성

-환경적 영향 ↓ (생분해성 재료 사용, 포장 크기
 줄이기) → 쓰레기 최소화, 재료 사용 최소화

-지구에 도움 & 브랜드 이미지 높임

답변 말하기

주제
The professor illustrates <u>why businesses may alter their product packaging</u> by giving two examples.

소주제 1
First, the professor describes <u>how packaging is pivotal in making a product stand out, attract new buyers, and highlight updates or new features.</u>

부연 설명
In a competitive marketplace, <u>the visual appeal of packaging can significantly sway consumer purchases.</u> Keeping the design current with trends is essential for maintaining a product's relevance and appeal.

소주제 2
Next, the professor explains <u>that companies are embracing sustainable packaging</u> to lessen their environmental footprint, <u>utilizing recyclable or biodegradable materials, and reducing packaging size.</u>

부연 설명
These efforts aim to decrease waste and material use without sacrificing product safety. Such <u>environmentally-friendly packaging not only benefits the planet but also boosts the brand's image among eco-conscious consumers.</u>

맺음말
In summary, the professor discusses <u>the reasons why businesses might change their product packaging.</u>

교수가 두 가지 예시를 제공함으로써 왜 기업들이 제품 포장을 변경할 수도 있는지 설명한다.

첫 번째로, 교수는 포장이 제품을 돋보이게 하고, 신규 구매자를 끌어들이며, 개선 사항이나 새로운 특징을 강조하게 만드는 데 있어 어떻게 중추적인 역할을 하는지 설명한다.

경쟁적인 시장에서, 포장의 시각적 매력은 소비자 구매를 상당히 좌우할 수 있다. 디자인을 현재의 추세에 맞게 유지하는 것은 제품의 관련성 및 매력을 유지하는 데 있어 필수적이다.

다음으로, 교수는 회사들이 각자의 환경 발자국을 줄이기 위해 지속 가능한 포장 방법을 받아들이고 있고, 재활용 가능한 재료 또는 생분해성 재료를 활용하고 있으며, 포장 규모를 줄이고 있다고 설명한다.

이러한 노력은 제품 안전성은 희생시키지 않으면서 쓰레기와 재료 사용을 감소시키는 것을 목표로 한다. 이와 같은 환경 친화적 포장은 지구에 유익할 뿐만 아니라 환경 의식이 강한 소비자들 사이에서 브랜드 이미지도 높이게 된다.

요약하자면, 교수가 기업들이 자사의 제품 포장에 변화를 줄 수도 있는 이유를 설명한다.

어휘 alter 변경하다, 바꾸다 pivotal 중추적인 highlight 강조하다 significantly 상당히 sway 좌우하다 current 현재의 essential 필수적인 maintain 유지하다 relevance 관련(성) embrace 받아들이다 lessen 줄이다 environmental footprint 환경 발자국 utilize 활용하다 decrease 감소시키다 sacrifice 희생시키다 boost 높이다, 촉진하다 eco-conscious 환경 의식이 강한

환경과학 p.118

3
강의 스크립트 & 해석

Now listen to part of a lecture in an environmental science class.
환경 과학 수업의 강의 일부를 들으시오.

Paved roads, while common and often perceived as a regular part of our surroundings, are not natural elements, and their construction can negatively affect the environment, impacting both fauna and flora.

포장 도로는, 흔히 볼 수 있고 우리 주변의 일상적인 일부분으로 인식되지만, 자연 요소는 아니며, 환경에 부정적으로 영향을 미쳐 동식물군 모두에게 충격을 줄 수 있습니다.

From an ecological standpoint, roads facilitate the spread of various plant species into new territories. This can lead to ecological imbalances, as the new species compete for water and nutrients with established local flora, often to the detriment of the native plants. An illustrative example of this is the invasive Scotch broom in the Pacific Northwest. The seeds of this plant, known for its vigorous growth, were transported via vehicles to new locations, where they began to outcompete local vegetation, disrupting the existing ecosystem.

Roads can also disrupt animal habitats, effectively partitioning continuous habitats into fragmented sections. Major highways are particularly problematic, as they create physical boundaries that many species, particularly large mammals, are reluctant to cross, leading to isolated populations with insufficient resources. A case in point involves the pronghorn antelope native to the plains of North America, which requires vast territories for foraging. With the introduction of extensive road networks, their roaming has been restricted, affecting their ability to find adequate food and leading to a decline in their populations.

생태학적 관점에서 볼 때, 도로는 새로운 영역에 대한 다양한 식물 종의 확산을 용이하게 합니다. 이는 생태학적 불균형으로 이어질 수 있는데, 새로운 종이 물과 영양분을 두고 기존의 지역 식물군과 경쟁하면서, 결국 토종 식물을 해치기 때문이죠. 이를 분명히 보여 주는 예시가 태평양 연안 북서부의 침입종인 양골담초입니다. 활발한 성장으로 알려져 있는 이 식물의 씨앗이 차량을 통해 새로운 장소로 옮겨져, 지역 초목과의 경쟁에서 앞서면서, 기존의 생태계에 지장을 주게 되었습니다.

도로는 동물 서식지에도 지장을 줄 수 있는데, 연속성을 지닌 서식지를 사실상 분열된 구역으로 분할시키죠. 주요 고속도로가 특히 문제가 많은데, 많은 종, 특히 대형 포유류가 가로지르기를 꺼려하는 물리적 경계를 만들면서, 자원이 불충분한 고립된 개체군으로 이어지기 때문입니다. 그 적절한 사례에 포함되는 것이 북미 지역 평원에 사는 토착종인 가지뿔 영양이며, 이들은 먹이를 찾아 다니는 데 광대한 영토를 필요로 합니다. 광범위한 도로망의 도입과 함께, 이들의 자유로운 이동이 제한되어, 적당한 먹이를 찾는 능력에 영향을 미치면서 개체수의 감소로 이어졌습니다.

어휘 paved (도로 등이) 포장된 perceived 인식된 surroundings 주변, 환경 element 요소, 원소 negatively 부정적으로 fauna and flora 동식물군 ecological 생태학적인 standpoint 관점 facilitate 용이하게 하다 spread 확산 territory 영역, 영토 imbalance 불균형 nutrient 영양분 to the detriment of (결국) ~을 해치는 illustrative 분명히 보여 주는 invasive 침입의 vigorous 활발한 outcompete 경쟁에서 앞서다 ecosystem 생태계 effectively 사실상, 실질적으로 partition 분할하다 fragmented 분열된 physical 물리적인 boundary 경계(선) be reluctant to do ~하기를 꺼리다 isolated 고립된 population 개체군, 개체수 insufficient 불충분한 a case in point 적절한 사례 pronghorn antelope 가지뿔 영양 native to ~의 토종인 plain 평원 foraging 먹이 찾아 다니기 roaming 이리저리 돌아 다니기 adequate 적당한, 충분한 decline in ~의 감소

문제

Using points and examples mentioned by the professor, describe two ways roads can affect the environment.

교수가 언급한 요점과 예시를 활용해, 도로가 환경에 영향을 미칠 수 있는 두 가지 방식을 설명하시오.

강의 노트

주제
two ways roads can affect the environment

소주제 1
spread of new plant species into new region
└ 부연 설명
- upset ecological balance b/c competition for resources w/ native species
- e.g. Scotch broom in the Pacific Northwest → moved by cars → grwth ↑ → outcompete w/ local species → disrupt local ecosystem

도로가 환경에 영향을 미치는 두 가지 방식

새로운 영역에 새로운 식물종 확산

- 토착종과 영양분을 두고 경쟁하여 생태계 불균형 초래
- 예) 태평양 연안 북서부의 양골담초 → 차량을 통해 이동 → 성장이 빠름 → 토착종 앞도 → 생태계 교란

소주제 2

cut through & break up animal habitats

└ 부연 설명

  - major highway → large animals cross the road
    X & find food X
  - e.g. pronghorn antelope in the plains of North
    America: need large areas for food but roads → get
    food X → # go down

동물 서식지를 관통하여 분할

- 주요 고속도로 → 대형 포유류 도로 건너지
  못함 & 먹이 찾지 못함
- 예) 북미 평원 토착종 가지뿔 영양: 먹이 탐색
  영역이 광대하지만 도로로 인해 먹이 찾지 못함
  → 개체수 감소

답변 말하기

주제

The professor illustrates how roads can affect the environment by giving two examples.

소주제 1

First, the professor describes how roads contribute to the spread of plant species into new areas. This can upset ecological balances, as these newcomers compete with native plants for resources.

부연 설명

This competition often harms local vegetation. The professor gives the spread of the invasive Scotch broom in the Pacific Northwest as an example of this, which was facilitated by vehicle movement. The aggressive growth of this non-native plant has led to the displacement of local species and the disruption of the area's ecosystems.

소주제 2

Next, the professor explains that roads can cut through and break up animal habitats into smaller pieces.

부연 설명

This makes it hard for wildlife, especially big animals, to move around and find what they need to survive. For example, the pronghorn antelope in the plains of North America, which needs large areas to find food, has been greatly affected. The building of many roads has limited where they can go, making it harder for them to get enough food and causing their numbers to go down.

맺음말

In summary, the professor discusses the impacts of roads on the environment.

교수가 두 가지 예시를 제공함으로써 도로가 어떻게 환경에 영향을 미칠 수 있는지 설명한다.

첫 번째로, 교수는 도로가 어떻게 새로운 지역에 대한 식물 종 확산의 원인이 되는지 설명한다. 이는 생태학적 균형을 어지럽힐 수 있는데, 이 새로 유입된 식물이 자원을 두고 토종 식물과 경쟁하기 때문이다.

이러한 경쟁은 흔히 지역 초목에 해를 끼친다. 교수는 태평양 연안 북서부의 침입종인 양골담초의 확산이 차량 이동에 의해 용이하게 된 사실을 이에 대한 예시로 제공하고 있다. 토종이 아닌 이 식물의 공격적인 성장이 지역 종의 밀려남과 해당 지역 생태계에 대한 지장으로 이어졌다.

다음으로, 교수는 도로가 동물 서식지를 관통해 지나가면서 더 작은 부분으로 나눠 놓을 수 있다고 설명한다.

이로 인해 야생 동물, 특히 대형 동물들이 곳곳으로 이동하면서 생존하는 데 필요한 것을 찾기 어려워진다. 예를 들어, 먹이를 찾는 데 넓은 지역을 필요로 하는 북미 지역 평원의 가지뿔 영양이 크게 영향을 받았다. 많은 도로의 건설은 그들이 갈 수 있는 곳을 제한해, 충분한 먹이를 구하기 더 어렵게 만들면서 그 숫자가 줄어들도록 초래했다.

요약하자면, 교수가 환경에 미치는 도로의 영향을 설명한다.

어휘 contribute to ~의 원인이 되다   competition 경쟁   aggressive 공격적인   displacement (쫓겨나는 듯한) 이동   disruption 지장, 방해   break up 나누다, 분해하다   survive 생존하다   cause A to do A가 ~하도록 초래하다

Q1

문제

Do you agree or disagree with the following statement? Why or why not? Use details and examples to explain your answer.

When you apply for a position at a company, you should include your photo with your résumé.

다음 의견에 동의하는가, 아니면 동의하지 않는가? 그 이유는 무엇인가? 세부 정보 및 예시를 활용해 설명하시오.

한 회사의 일자리에 지원할 때, 이력서에 사진을 포함해야 한다.

아웃라인

disagree – include photo w/ résumé

bias
influenced by appearance not qual. exp. → equal opportunity X

focus (skills, achieve, background)
distract imp. content → focus competencies X

비동의 — 이력서에 사진 포함

편견
자격과 경력이 아닌 외모에 영향 받음 →
동등한 기회 X

초점 (기술, 성과, 배경)
중요한 내용에서 시선을 돌림 → 역량에 초점 X

모범 답변

I disagree with the statement that we should include a photo with our résumé when applying for a position at a company. I feel this way for the following reasons.

First of all, including a photo can unintentionally introduce bias into the hiring process, as decisions may be influenced by appearance rather than qualifications and experience. This undermines the principle of equal opportunity.

Also, a résumé should focus on showcasing an individual's skills, achievements, and professional background. Adding a photo might distract from this important content, shifting the focus away from the applicant's competencies.

For these reasons, I feel that it's more professional and equitable to omit photos from résumé.

한 회사의 일자리에 지원할 때 이력서에 사진을 포함해야 한다는 의견에 동의하지 않는다. 이렇게 생각하는 이유는 다음과 같다.

가장 먼저, 사진을 포함하면 고용 과정에 뜻하지 않게 편견을 개입시킬 수 있는데, 자격과 경력이 아닌 외모에 의해 고용 결정이 영향받을 수 있기 때문이다. 이는 동등한 기회라는 원칙을 훼손하는 일이다.

또한, 이력서는 한 사람의 능력과 성과, 그리고 전문적 배경을 공개하는 데 초점을 맞춰야 한다. 사진을 추가하면 이 중요한 내용에서 시선을 돌리게 해, 지원자의 역량에 초점을 맞추지 못하게 만들 수도 있다.

이러한 이유들로 인해, 이력서에서 사진을 생략하는 것이 더 전문적이고 공정하다고 생각한다.

어휘　unintentionally 뜻하지 않게　bias 편견　appearance 외모　qualification 자격 (요건)　undermine 훼손하다, 약화시키다
principle 원칙　showcase 공개하다, 선보이다　achievement 성과, 업적　distract from ~에서 시선을 돌리게 하다
competency 역량, 능력　equitable 공정한

Q2

지문 해석

The university is launching library guide services next month. You will have 45 seconds to read an announcement about the new services. Begin reading now.

대학에서는 다음 달 도서관 가이드 서비스를 새로이 시행하려고 한다. 이 신규 서비스에 관한 공지를 읽을 시간이 45초 주어진다. 이제 읽기 시작하시오.

도서관 가이드 서비스 도입	어휘
다음 달부터, 우리 학교가 학생들을 대상으로 하는 도서관 가이드 서비스를 도입할 것입니다. 이 가이드는 도서관 내에서 이용 가능한 광범위한 자료의 위치를 찾는 데 있어 학생들에게 도움을 주기 위한 것입니다. 단계별 안내 사항, 효과적인 조사를 위한 팁, 그리고 도서관 데이터 베이스 활용에 관한 지침을 제공함으로써, 이 가이드는 학생들의 조사 능력 및 학업적 성공을 향상시키는 것을 목표로 합니다. 도서관 가이드는 온라인과 출력물로 모두 이용 가능하며, 도서관 자원 활용을 극대화하려는 학생들에게 편리하고 종합적인 공급원을 제공합니다.	navigate 위치를 찾다 resource 자료, 자원 instructions 안내, 설명 guidance 지침, 지도 utilize 활용하다 enhance 향상시키다, 강화하다 accessible 이용 가능한, 접근 가능한 comprehensive 종합적인

대화 스크립트 & 해석

Now listen to two students discussing the article.

이제 두 학생이 기사에 대해 이야기하는 것을 들으시오.

W Hey, have you heard about the new library guide services our school is introducing next month?

M Yes, I have! I think it's a fantastic plan.

W Absolutely! It will really improve students' access to resources in the library.

M Exactly. With the vast collection of materials available, it can be overwhelming for students to find what they need. But the guides will help them efficiently find relevant materials for their studies and research.

W And it's not just about finding resources. The guides will also promote information literacy.

M That's right. I heard they will include information on important skills like critically evaluating sources and understanding copyright and fair use.

W Definitely. By providing step-by-step instructions and guidance on utilizing library databases, these guides will enhance students' research skills.

M I couldn't agree more. I think this is a valuable resource that will benefit all the students at our school.

여 있잖아, 우리 학교가 다음 달에 도입하는 새 도서관 가이드 서비스에 관한 얘기 들었어?

남 응, 들었어! 환상적인 계획인 것 같아.

여 물론이지! 그게 도서관에 있는 자료에 대한 학생들의 이용 기회를 정말 개선해 줄 거야.

남 맞아. 이용 가능한 자료가 방대해서 학생들이 각자 필요로 하는 것을 찾는 게 압도적인 느낌일 수 있거든. 하지만 가이드가 공부와 조사에 필요한 관련 자료를 효율적으로 찾는 데 도움을 줄 거야.

여 그리고 단순히 자료를 찾는 것만의 문제는 아니야. 가이드가 정보 활용 능력도 높여 줄 거야.

남 맞는 말이야. 비판적으로 자료를 평가하고 저작권 및 공정한 이용을 이해하는 것 같은 중요한 능력에 관한 정보를 포함할 거라는 얘기를 들었어.

여 물론이지. 도서관 데이터베이스에 관한 단계별 안내와 지침을 제공함으로써, 이 가이드가 학생들의 조사 능력을 향상시켜 줄 거야.

남 전적으로 동의해. 난 이게 우리 학교의 모든 학생들에게 유익할 소중한 자원이라고 생각해.

어휘 access 이용 (기회) vast 방대한 overwhelming 압도적인 efficiently 효율적으로 relevant 관련된 information literacy 정보 활용 능력 include 포함하다 critically 비판적으로 evaluate 평가하다 copyright 저작권

문제

The man expresses his opinion about the university's plan. State his opinion and explain the reasons he gives for holding that opinion.

남자가 대학의 계획과 관련해 자신의 의견을 표현하고 있다. 남자의 의견을 말하고, 그러한 의견을 갖고 있는 것에 대해 남자가 언급하는 이유를 설명하시오.

읽기 지문 노트

introduce library guide services
assist stdts navigating extensive resources

도서관 가이드 서비스 도입
학생들 광범위한 자료 위치를 찾는 것 도움

대화문 노트

M - O

1. help stdts find relevant materials
   - materials ↑ → overwhelming to find

2. include info. on imp. skills
   - evaluate sources & understand copyright & fair use

남자 - 찬성

1. 학생들 관련 자료 찾는 것 도움
   - 자료 ↑ → 찾는 것 압도적인 느낌

2. 중요한 능력에 관한 정보 포함
   - 자료 평가 & 저작권 및 공정한 이용 이해

모범 답변

According to the reading, a university is going to implement library guide services with the objective of helping students navigate the library's resources, thereby enhancing their research abilities. The man agrees with the school's announcement for two reasons.

First of all, he mentions that the vast collection of materials available in the library can be overwhelming for students to navigate. However, with the help of these guides, students will be able to find relevant materials more efficiently for their studies and research.

He also mentions that these guides will include information on important skills like critically evaluating sources and understanding copyright and fair use. He adds this will greatly help students at his school.

For these reasons, the man is pleased with the announcement.

읽기 지문에 따르면, 대학교가 도서관 자료의 위치를 찾도록 학생들을 돕고, 그로 인해 학생들의 조사 능력을 향상시키는 것을 목적으로 하는 도서관 가이드 서비스를 시행하려 한다. 남자는 두 가지 이유로 이 학교의 발표에 동의한다.

우선, 남자는 도서관에서 이용 가능한 방대한 소장 자료가 학생들이 위치를 찾기에는 압도적인 느낌일 수 있다고 언급한다. 하지만, 이 가이드의 도움을 받아, 학생들이 공부와 조사를 위해 더욱 효율적으로 관련 자료를 찾을 수 있을 것이다.

남자는 또한 이 가이드가 비판적으로 자료를 평가하고 저작권 및 공정한 이용을 이해하는 것 같은 중요한 능력에 관한 정보도 포함할 것이라고 언급한다. 남자는 이것이 자신의 학교에 다니는 학생들에게 크게 도움이 될 것이라고 덧붙인다.

이러한 이유들로 인해, 남자는 이 발표에 기뻐하고 있다.

Q3

지문 해석

Now read the passage about social buzzing in animal behavior. You will have 45 seconds to read the passage. Begin reading now.

이제 동물 행동에서 소셜 버징에 관한 지문을 읽으시오. 지문을 읽을 시간이 45초 주어진다. 이제 읽기 시작하시오.

소셜 버징	어휘
소셜 버징은 소셜 미디어상의 트렌드와 혼동해서는 안되는데 동물 세계에서, 특히 벌과 개미 같은 사회성 곤충들 사이에서 나타나는 복잡한 의사 소통 및 교류 패턴을 일컫는다. 이 복잡한 행동은 그들 사회의 생존과 구성, 그리고 효율성에 있어 중대한 부분이다. 이 패턴을 이해하는 것은 자연의 경이로움을 조명하는 일일뿐만 아니라 사회적 협력의 진화적 의의에 대한 통찰력도 제공해 준다.	social buzzing 소셜 버징(동물 세계의 의사 소통 방법 중 하나, 또는 특정 주제나 브랜드 등이 소셜 미디어상에서 화두가 되는 것) intricate 복잡한(= complex) interaction 교류, 상호 작용 insect 곤충 behavior 행동 crucial 중대한 organization 구성, 조직 shed light on ~을 조명하다, ~을 밝혀내다 marvel 경이로움 insight 통찰력, 이해 evolutionary 진화적인

강의 스크립트 & 해석

Now listen to part of a lecture on this topic in a biology course.

이제 이 주제에 관한 생물학 수업의 강의 일부를 들으시오.

In the complex realm of the animal kingdom, effective communication is essential, particularly among insects, like bees and ants, that live in highly organized communities. Today's discussion will center on "social buzzing" — a term that captures the sophisticated ways these small but mighty creatures interact within their colonies to ensure survival and prosperity. Let's examine the behavior of honeybees and ants as prime examples of this phenomenon.

복잡한 동물 세계의 영역에서, 효과적인 의사 소통은 필수적이며, 특히 벌과 개미처럼 대단히 체계적인 공동체 내에서 살아가는 곤충들 사이에서 그렇습니다. 오늘 할 이야기는 "소셜 버징"에 중점을 둘 것이며, 이는 작지만 강력한 이 생물체들이 생존과 번성을 보장하기 위해 그들의 집단 내에서 교류하는 정교한 방식을 표현하는 용어입니다. 이 현상에 대한 대표적인 예시로 꿀벌과 개미의 행동을 살펴보겠습니다.

With honeybees, the expansion of a colony triggers a search for a new home, led by specialized scout bees. Their unique "waggle dance" is a critical form of social buzzing, as it communicates vital information about the new site to the other bees. This behavior is a demonstration of not only their remarkable communication skills but also their collective decision-making abilities, which are essential for the colony's success.

꿀벌의 경우, 집단의 확장이 새로운 보금자리에 대한 탐색을 촉발하며, 이는 전문 정찰 벌들이 주도합니다. 그들 특유의 "8자 모양 춤"은 대단히 중요한 소셜 버징 방식인데, 나머지 벌들에게 새로운 장소와 관련된 필수 정보를 전달하기 때문이죠. 이 행동은 그들의 놀라운 의사 소통 능력뿐만 아니라 공동 의사 결정 능력까지 보여 주는 것이며, 이러한 능력들은 집단의 성공에 필수적입니다.

Similarly, ants engage in social buzzing by laying down pheromone trails to locate food sources. These scent trails effectively guide other ants to the food and back to the colony. With collective reinforcement, ants ensure that the entire colony benefits from successful foraging endeavors. This coordinated effort demonstrates the essential role of cooperation in sustaining the colony's prosperity.

유사하게, 개미도 페로몬 흔적을 남겨 먹이 공급원의 위치를 찾는 것으로 소셜 버징에 동참합니다. 이 냄새 흔적은 다른 개미들이 먹이가 있는 곳까지 갔다가 다시 소속 집단으로 돌아가도록 효과적으로 안내합니다. 집단적 강화를 통해, 개미들은 반드시 소속 집단 전체가 성공적인 채집 노력으로부터 이익을 얻도록 합니다. 이 조직화된 활동은 집단의 번영을 지속하는 데 있어 필수적인 역할을 하는 협력이 무엇인지 보여 주는 것이죠.

어휘 realm 영역, ~계 capture (말 등으로) 표현하다 sophisticated 정교한 mighty 강력한 creature 생물체 prosperity 번성, 번영 phenomenon 현상 colony 집단 trigger 촉발하다 scout 정찰 waggle dance 8자 모양 춤(꿀벌이 꿀이 있는 꽃 등과 관련해 동료에게 정보를 전달하는 춤) demonstration 입증, 실증 collective 공동의, 집단적인 decision-making 의사 결정 lay down 남기다, 내려 놓다 pheromone trails 페로몬 흔적 reinforcement 강화 foraging 채집 endeavor 노력, 시도 coordinated 조직화된

문제

Using the examples of honeybees and ants, explain the concept of social buzzing.

꿀벌과 개미의 예시를 활용해, 소셜 버징의 개념을 설명하시오.

읽기 지문 노트

social buzzing

intricate patterns of communi. & interaction seen in the animal kingdom

소셜 버징

동물 세계에서 보여지는 복잡한 의사 소통 및 교류 패턴

강의 노트

1. expansion of honeybee colony by scout bee
   - waggle dance → information abt. new site to the others
   - remarkable communi. & collective decision-making abilities

2. ants: lay down pheromone trail
   - locate food sources
   - trail → guide ants to food & back to the colony
   - collective reinforcement → benefit entire colony

1. 정찰 벌에 의한 꿀벌 집단 확장
   - 8자 모양 춤 → 나머지 벌들에게 새로운 장소 관련 정보
   - 놀라운 의사소통 & 공동 의사 결정 능력

2. 개미: 페로몬 흔적 남김
   - 먹기 공급원 위치 찾음
   - 흔적 → 개미들 먹이가 있는 곳까지 갔다가 집단으로 돌아가도록 안내
   - 집단적 강화 → 전체 집단 이익

모범 답변

The professor talks about social buzzing, which refers to the complex methods of communication and interaction observed throughout the animal kingdom. In order to better illustrate this concept, the professor gives two examples.

First, the professor describes how scout bees are crucial to the expansion of a honeybee colony, as they search for a new place to live. When these scouts return, they do a special dance called the "waggle dance," which tells the other bees about a new location. This dance is an important way they share information and make decisions as a group. It's a

교수가 소셜 버징에 관해 이야기하고 있으며, 이는 동물 세계 전체에 걸쳐 관찰되는 복잡한 의사 소통 및 교류 방식을 일컫는다. 이 개념을 더 잘 설명하기 위해, 교수가 두 가지 예시를 제공한다.

우선, 교수는 정찰 벌들이 꿀벌 집단의 확장에 어떻게 중요한지 설명하고 있는데, 그들이 새로 살 곳을 찾기 때문이다. 이 정찰 벌들이 돌아올 때 "8자 모양 춤"이라고 부르는 특별한 춤을 추는데, 이것으로 나머지 벌들에게 새로운 장소와 관련해 알려 준다. 이 춤은 그들이 하나의 집단으로서 정보를 공유하고 결정을 내리는 중요한 방식이다. 이것이 바로 소속

strategy that's key to keeping the colony together and helping it thrive.

Next, the professor explains how ants display their own kind of social buzzing when they go looking for food. They create a trail with pheromones, which are chemical signals that guide other ants to the food. A scout ant that finds food marks the path back to the colony, and others follow, strengthening the trail for future foragers. This demonstrates the ants' collective effort and communication abilities, which ensure the colony's success and survival.

Through these examples, the professor clarifies the concept of social buzzing presented in the reading passage.

집단을 하나로 결속하고 번성하도록 돕는 데 있어 핵심적인 전략이다.

다음으로, 교수는 개미들이 먹이를 찾으러 갈 때 어떻게 그들 고유의 소셜 버징을 보여 주는지 설명한다. 이들은 페로몬으로 흔적을 만드는데, 이는 다른 개미들을 먹이가 있는 곳으로 안내하는 화학적 신호이다. 먹이를 발견하는 정찰 개미가 소속 집단으로 돌아가는 길을 표시하면, 다른 개미들이 따라가면서, 나중에 채집할 개미들을 위해 그 흔적을 강화한다. 이는 소속 집단의 성공과 생존을 보장하는 개미의 집단적 활동과 의사 소통 능력을 보여 주는 것이다.

이러한 예시들을 통해, 교수가 독해 지문에 제시된 소셜 버징의 개념을 명확히 밝히고 있다.

어휘 observe 관찰하다　thrive 번성하다　chemical 화학적인　strengthen 강화하다　forager 채집자

Q4
강의 스크립트 & 해석

Now listen to part of a lecture in a biology class.
생물학 수업의 강의 일부를 들으시오.

Insects exhibit a wide array of mating strategies, which can generally be categorized into locating and recognizing mates, courtship rituals, mating itself, and post-mating behavior. The process of locating and recognizing mates often involves chemical attractants like pheromones, visual signals such as light flashes in fireflies, and auditory cues like the humming of female mosquitoes' wings. So, let's focus on how insects find mates and the various strategies they use in the mating process.

First of all, courtship rituals are another crucial aspect of insect mating strategies, ranging from simple approaches where there are no discernible rituals, to complex dances, songs, and displays unique to specific species. These rituals are often necessary for mate recognition and to ensure mating success. For example, fireflies utilize bioluminescence for courtship, with males emitting unique light patterns to attract females of their species, who then respond to signal their interest. This visual communication is essential for mate recognition and finding compatible partners in the dark.

But what's really interesting is what we call alternative reproductive tactics, or ARTs. These strategies are prevalent across many insect species, with individuals sometimes adopting different strategies for mating based on their size, their

곤충은 아주 다양한 짝짓기 전략을 발휘하며, 일반적으로 짝짓기 상대 위치 파악 및 인식, 구애 의식, 짝짓기 자체, 그리고 짝짓기 후의 행동으로 분류될 수 있습니다. 짝짓기 상대 위치 파악 및 인식 과정은 흔히 페로몬 같은 화학적 유인 물질, 반딧불이의 반짝이는 불빛 같은 시각적 신호, 그리고 암컷 모기의 날개에서 나는 윙윙거림 같은 청각적 신호를 수반합니다. 따라서, 곤충이 짝짓기 상대를 찾는 방법과 짝짓기 과정에서 이용하는 다양한 전략에 초점을 맞춰 보겠습니다.

우선, 구애 의식은 곤충 짝짓기 전략의 또 다른 아주 중요한 측면으로서, 그 범위가 식별 가능한 의식이 없는 단순한 접근법에서부터, 특정 종 고유의 복잡한 춤과 노래, 그리고 표현에까지 이릅니다. 이러한 의식은 흔히 짝짓기 상대 인식을 위해, 그리고 짝짓기 성공을 보장하는 데 필수적입니다. 예를 들어, 반딧불이는 구애를 위해 생물 발광을 활용하는데, 수컷이 독특한 불빛 패턴을 발산해 같은 종의 암컷을 유혹하면, 그 후 관심 여부를 신호로 보내 반응합니다. 이러한 시각적 의사 소통은 어둠 속에서 짝짓기 상대를 인식하고 뜻이 맞는 파트너를 찾는 데 필수적이죠.

하지만 정말 흥미로운 점은 우리가 대체 번식 전략, 즉 ARTs라고 부르는 것입니다. 이 전략은 많은 곤충 종 사이에서 일반적인데, 개체마다 때때로 크기와 힘, 또는 짝짓기 상대의 가능성을 바탕으로 짝짓기를 위한 다른 전략을 택하는 것입니다. 이 전략은 짝짓기 상대 탐색과

strength, or the availability of mates. These tactics can include varying behaviors in the search for a mate, courtship, and even in the ways males compete for access to females. For example, in some species, smaller males might emerge earlier than larger males to gain a mating advantage or employ sneaky tactics to mate without directly competing with larger males.

구애 과정에서, 그리고 심지어 수컷이 암컷에 대한 접근을 위해 경쟁하는 방식에서 나타내는 다양한 행동을 포함할 수 있습니다. 예를 들어, 일부 종에서는, 크기가 더 작은 수컷이 짝짓기에서 우위를 점하기 위해 크기가 더 큰 수컷보다 더 일찍 모습을 드러내거나, 크기가 더 큰 수컷과 직접적으로 경쟁하지 않고 짝짓기하기 위해 교활한 전략을 활용할 수도 있습니다.

어휘 exhibit 발휘하다, 드러내다   mating 짝짓기   be categorized into ~로 분류되다   courtship 구애   ritual 의식   post-mating 짝짓기 후의   chemical 화학적인   attractant 유인 물질   auditory 청각의   cue 신호   humming 윙윙거림   discernible 식별 가능한   species (동식물의) 종   utilize 활용하다   bioluminescence 생물 발광   emit 발산하다   compatible 뜻이 맞는, 양립 가능한   alternative 대체의, 대안적인   reproductive 번식의   tactic 전략, 전술   prevalent 일반적인   adopt 채택하다   availability (이용) 가능성   emerge 모습을 드러내다   gain advantage 우위를 점하다   employ 활용하다   sneaky 교활한

문제

Using points and examples from the lecture, explain how insects use different strategies during the mating process.

강의에 제시된 요점과 예시를 활용해, 곤충이 짝짓기 과정에서 어떻게 다른 전략을 이용하는지 설명하시오.

강의 노트

two mating strategies of insects

1. courtship rituals
   - simple approaches, complex dances & songs → necessary for mate recognition & mating success
   - e.g. fireflies: unique light patterns → courtship in the dark → identify & select compatible mates

2. alternative reproductive tactics (ARTs)
   - adopting different strategies ← size, strength, or availability of mates
   - varying strategies (i.e. search for a mate, courtship & compete for access to females)
   - e.g. smaller males mature early → chance ↑

두 가지 곤충 짝짓기 전략

1. 구애 의식
- 단순한 접근, 복잡한 춤 & 노래 → 짝짓기 상대 인식 & 짝짓기 성공에 필수적
- 예) 반딧불이: 독특한 불빛 패턴 → 어둠 속 구애 → 뜻이 맞는 짝짓기 상대확인 & 선택

2. 대체 번식 전략(ARTS)
- 다른 전략 채택 → 크기, 힘, 또는 짝짓기 상대의 가능성
- 다양한 전략(예. 상대 탐색, 구애, 암컷 접근을 위해 경쟁)
- 예) 작은 수컷 일찍 성숙 → 가능성 ↑

모범 답변

The professor illustrates two mating strategies insects use by giving two examples.

First, the professor describes the wide range of courtship rituals in insect mating strategies, which vary from simple behaviors to intricate ones like dances and songs that are

교수가 두 가지 예시를 제공함으로써 곤충이 이용하는 두 가지 짝짓기 전략을 설명한다.

첫 번째로, 교수가 곤충 짝짓기 전략에 속하는 다양한 구애 의식을 설명하는데, 이는 단순한 행동에서부터 각 종에게 고유한 춤과 노래 같은 복잡한 것에 이르기까지 다양하다. 이러한 의식들은 짝짓기 상

unique to each species. These rituals serve as a crucial mechanism for recognizing mates and increasing the chances of successful mating. The professor uses fireflies as an example of this and explains how their unique light patterns facilitate courtship in the dark. This visual signaling is critical for fireflies to identify and select compatible mates.

Next, the professor explains that alternative reproductive tactics are interesting behaviors in insects, in which individuals engage in different mating strategies depending on their size, their strength, or the availability of mates. These strategies can affect how insects search for mates, engage in courtship, and compete for females. For instance, in certain species, smaller males might mature earlier than larger males to improve their chances of mating. They might also use stealthy methods to avoid direct competition with their larger counterparts for mating opportunities.

In summary, the professor discusses the various strategies employed by insects during mating.

대를 인식하고 성공적인 짝짓기 가능성을 높이는 데 있어 아주 중요한 방식으로서 역할을 한다. 교수는 이에 대한 예시로 반딧불이를 이용해 그 독특한 불빛 패턴이 어떻게 어둠 속에서 구애를 용이하게 하는지 설명한다. 이러한 시각적 신호는 반딧불이가 뜻이 맞는 짝짓기 상대를 확인하고 선택하는 데 대단히 중요하다.

다음으로, 교수가 선택적 번식 전략은 곤충이 하는 흥미로운 행동으로서, 개체마다 크기와 힘, 또는 짝짓기 상대의 가능성에 따라 다른 짝짓기 전략을 펼친다고 설명한다. 이러한 전략들은 곤충이 짝짓기 상대를 탐색하는 방식과 구애를 벌이는 방식, 그리고 암컷을 두고 경쟁하는 방식에 영향을 미칠 수 있다. 예를 들어, 특정 종에서는, 크기가 더 작은 수컷이 짝짓기 가능성을 높이기 위해 크기가 더 큰 수컷보다 더 일찍 성숙해진다. 이들은 짝짓기 기회를 위해 크기가 더 큰 상대와의 직접적인 경쟁을 피할 수 있는 은밀한 방식까지 이용할지도 모른다.

요약하자면, 교수가 짝짓기 기간에 곤충이 활용하는 다양한 전략을 이야기한다.

어휘 intricate 복잡한 mechanism (작용) 방식 identify 확인하다, 발견하다 engage in (활동 등) ~을 벌이다, ~에 관여하다 mature 성숙하다 stealthy 은밀한, 몰래 하는 method 방식, 방법 counterpart (동등한 입장에 있는) 상대

Q1

문제

Some parents prefer to guide their children towards financially stable careers, while others encourage their kids to follow their interests and passions. Which do you think is better for the children's future? Explain why.

어떤 부모들은 금전적으로 안정적인 경력을 쌓도록 자녀를 이끌기를 선호하는 반면, 다른 부모들은 아이들에게 관심사와 열정을 따르도록 권한다. 어느 것이 아이들의 미래를 위해 더 낫다고 생각하는가? 이유를 설명하시오.

아웃라인

children's interests & passions

higher job satisfaction & stronger dedication
e.g. me: envi. advocacy → gratification
financial: uncertain but sense of accomplishment & reward

happy & satisfied X
e.g. cousin: accounting → unhappy & miss passion (cooking)

아이들의 관심사와 열정

더 높은 직업 만족도 & 더 강한 헌신
예) 나: 환경 옹호 → 만족감
금전적: 불확실 그러나 성취감 & 보람

행복 & 만족 X
예) 사촌: 회계 → 불행 & 열정(요리) 그리워함

모범 답변

I firmly believe that parents should encourage their children to choose a career path based on their personal interests and passions. I feel this way for the following reasons.

First of all, choosing a career aligned with your passions often results in higher job satisfaction and a stronger dedication to the profession. For example, my decision to enter the field of environmental advocacy, fueled by a deep-seated concern for conservation, has brought me immense personal gratification. Even though the financial aspect was initially uncertain, the sense of accomplishment and the impact of my work provide a profound sense of reward.

Additionally, prioritizing financial stability when making a career choice can lead to drawbacks like not being happy at work and not feeling satisfied with your job. My cousin, for example, went into accounting because it seemed financially stable, but now he's unhappy and really misses the passion he used to feel for cooking.

부모가 자녀에게 개인적인 관심사와 열정을 바탕으로 한 진로를 선택하도록 권해야 한다고 굳게 믿는다. 이렇게 생각하는 이유는 다음과 같다.

가장 먼저, 열정에 맞춰 진로를 선택하면 흔히 더 높은 직업 만족도 및 직업에 대한 더 뛰어난 헌신이라는 결과로 이어진다. 예를 들어, 마음 속 깊이 자리 잡고 있던 보존에 대한 우려가 계기가 되어 환경 옹호 분야에 뛰어들기로 했던 내 결정으로 인해 개인적으로 엄청난 만족감을 얻게 되었다. 비록 금전적인 측면이 처음에는 불확실했지만, 성취감과 내 일의 영향력은 아주 큰 보람을 느끼게 해 준다.

게다가, 진로를 선택할 때 금전적 안정을 우선시하면 직장에서 행복하지 못하고 일에 만족감을 느끼지 못하는 것과 같은 문제점으로 이어질 수 있다. 예를 들어, 내 사촌은 금전적으로 안정적이게 보였다는 이유로 회계 분야에 발을 들였지만, 지금은 불행해 하고 있으며, 전에 요리에 대해 느꼈던 열정을 정말로 그리워하고 있다.

For these reasons, I firmly believe that parents should guide their kids toward choosing a career that matches their interests and what they really love doing.	이런 이유들로 인해 부모가 관심사와 어울리는 진로 및 정말로 하고 싶어 하는 일을 선택하도록 아이들을 이끌어야 한다고 굳게 믿는다.

어휘 stable 안정적인　aligned with ~에 맞춰진, ~와 연관된　satisfaction 만족(도)　dedication 헌신　advocacy 옹호, 지지　fueled by ~가 계기가 되어, ~에 의해 촉발되어　deep-seated 깊이 자리잡고 있는　conservation 보존　immense 엄청난　gratification 만족감　accomplishment 성취, 달성　reward 보람, 보상　prioritize 우선시하다　stability 안정(성)　drawback 문제점, 결점

Q2

지문 해석

Read a student letter requesting information about funding opportunities for studying abroad. You will have 50 seconds to read the letter. Begin reading now.

해외 유학에 필요한 자금 지원 기회에 관한 정보 제공을 요구하는 학생의 편지를 읽으시오. 이 편지를 읽을 시간이 50초 주어진다. 이제 읽기 시작하시오.

대학 행정 관리자들께,

해외 유학에 대한 관심이 늘어나는 상황에서, 학생들은 자금 지원 기회에 관한 정보를 이용하는 것이 점점 더 어려워지고 있습니다. 저는 대학 측에서 학생들에게 해외 유학에 필요한 자금 지원 기회와 관련된 정보를 제공해야 한다고 생각합니다. 학생들이 해외 유학 프로그램을 위해 이용 가능한 장학금과 보조금, 그리고 금전적 지원 선택권과 관련된 종합적인 상세 정보를 이용하는 것이 중요합니다. 그러한 정보를 제공함으로써, 대학 측이 학생들에게 금전적인 장벽 없이 해외에서 학업적 목표와 개인적 목표를 추구하도록 힘을 실어 주게 될 것입니다. 따라서, 저는 대학 측이 해외 유학 자금 지원과 관련된 정보의 유포를 우선시해서 모든 학생들이 이 소중한 기회를 동등하게 이용하도록 보장해 주시기를 촉구합니다.

안녕히 계십시오.

알렉스 존슨

어휘
crucial 중요한　comprehensive 종합적인, 포괄적인　scholarship 장학금　grant 보조금　empower 힘을 실어 주다　pursue 추구하다　barrier 장벽　prioritize 우선시하다　dissemination 유포, 전파

대화 스크립트 & 해석

Now listen to two students discussing the letter.

이제 두 학생이 편지에 대해 이야기하는 것을 들으시오.

- - - - - - - - - -

W Hey, did you happen to see the letter about funding info for studying abroad?

M Yes, I did. It's really important for students to have access to comprehensive details about scholarships, grants, and financial aid options for overseas study programs. Giving students this information can really help them to pursue their academic and personal goals abroad without worrying too much about money.

W Yeah, absolutely.

여 있잖아, 혹시 해외 유학에 필요한 자금 지원 정보와 관련된 편지 봤어?

남 응, 봤어. 학생들이 해외 유학 프로그램에 필요한 장학금과 보조금, 그리고 금전적 지원에 관한 종합적인 세부 정보를 이용하는 게 정말 중요해. 학생들에게 이런 정보를 제공하면 돈과 관련해서 너무 많이 걱정하지 않고 해외에서 학업적인 목표와 개인적인 목표를 추구하는 데 정말 도움이 될 수 있어.

여 응, 물론이지.

M Giving students information about funding for studying abroad can really ease their financial worries and enable them to go overseas with confidence, like my buddy John, who was able to get a scholarship to study in Japan because he had access to all the funding details.

W That's great. Having access to these resources can really help students from diverse backgrounds who are struggling financially.

M Definitely. It's crucial for the university to ensure that every student has an equal chance to study overseas. This helps create a fair and inclusive environment, where everyone can pursue their academic goals.

남 학생들에게 해외 유학에 필요한 자금 지원과 관련된 정보를 제공하면 정말로 금전적인 걱정을 덜어 줘서 자신감을 갖고 해외로 나갈 수 있게 해 줄 수 있어, 내 친구 존처럼. 자금 지원에 관한 모든 상세 정보를 이용했기 때문에 일본에서 공부하는 장학금을 받을 수 있었거든.

여 잘됐다. 이런 자료를 이용하면 금전적으로 힘겨워하고 있는 다양한 배경을 지닌 학생들에게 정말로 도움이 될 수 있어.

남 물론이지. 대학 측에서 모든 학생이 해외에서 공부할 동등한 기회를 갖도록 보장하는 게 중요해. 이렇게 하면 모두가 각자의 학업 목표를 추구할 수 있는 공평하고 포괄적인 환경을 만드는데 도움이 돼.

어휘 ease 덜어 주다, 완화하다 confidence 자신감 struggle 힘겨워하다 fair 공평한 inclusive 포괄적인

문제

Briefly summarize the proposal in the letter. Then state the man's opinion about the proposal and explain the reasons he gives for holding that opinion.

편지에 쓰인 제안 사항을 간략히 요약하시오. 그런 다음, 그 제안에 관한 남자의 의견을 말하고, 그러한 의견을 갖고 있는 것에 대해 남자가 언급하는 이유를 설명하시오.

읽기 지문 노트

uni. provide stdts w/ info. abt. $ oppor. for studying abroad

대학은 학생들에게 해외 유학을 위한 자금 지원 기회 정보를 제공해야 함

대화문 노트

M - O

1. imp. for stdts to access to details abt. $ aid for overseas study prgms.
   - pursue aca. & personal goals w/o worrying $

2. $ worries ↓ & go oversea w/ confidence
   - e.g. John get scholarship & study in Japan ← access to $ details

남 — 찬성

1. 학생들이 해외 유학 프로그램에 필요한 자금 지원에 관한 세부 정보를 이용하는 것 중요
- 돈 걱정 없이 학업적 & 개인적 목표 추구

2. 금전적 걱정 ↓ & 자신감을 갖고 해외로 나감
- 예. 존 장학금 받고 & 일본에서 공부 ← 자금 제공에 관한 상세 정보를 이용

According to the reading, the writer proposed that the university should prioritize providing students with information about funding opportunities for studying abroad. The man likes the proposal for two reasons.

First, he mentions that offering students comprehensive funding information for studying abroad is crucial because it can alleviate financial concerns and empower them to pursue academic and personal goals overseas confidently. He gives the example of his friend John, who secured a scholarship to study in Japan due to access to funding details.

Next, he mentions that fair access to information on overseas study funding is vital because it plays a key role in creating an inclusive environment for students from diverse backgrounds. This ensures that all students can pursue their academic goals without financial obstacles. Additionally, he highlights the importance of promoting equality in educational opportunities.

For these reasons, the man is pleased with the proposal.

글쓴이는 대학 측에서 학생들에게 해외 유학에 필요한 자금 지원 기회와 관련된 정보를 제공하는 것을 우선시해야 한다고 말한다. 남자는 두 가지 이유로 해당 제안 사항에 동의한다.

첫 번째로, 남자는 학생들에게 해외 유학에 필요한 종합적인 자금 지원 정보를 제공하는 것이 중요하다고 말하는데, 그것이 금전적 우려를 덜어 주고, 해외에서 자신감 있게 학업적 목표 및 개인적 목표를 추구하도록 힘을 실어 줄 수 있기 때문이다. 남자는 자신의 친구인 존을 예로 들고 있는데, 자금 제공 상세 정보를 이용한 것으로 인해 일본에서 공부할 장학금을 받았다.

다음으로, 남자는 해외 유학 자금 지원에 관한 정보의 공정한 이용이 필수적이라고 언급하는데, 그것이 다양한 배경을 지닌 학생들을 위해 포괄적인 환경을 만들어 주는 데 있어 중요한 역할을 하기 때문이다. 이는 모든 학생들이 금전적 장애물 없이 각자의 학업적 목표를 추구할 수 있도록 보장해 준다. 추가로, 남자는 교육 기회의 동등함을 증진하는 것의 중요성도 강조하고 있다.

이러한 이유들로 인해, 남자는 해당 제안 사항에 기뻐하고 있다.

어휘 alleviate 덜어 주다, 완화하다   confidently 자신감 있게   secure 얻다, 확보하다   vital 필수적인   obstacle 장애물   highlight 강조하다

Q3

지문 해석

Now read the passage about signaling in marketing. You will have 50 seconds to read the passage. Begin reading now.

이제 마케팅의 시그널링에 관한 지문을 읽으시오. 지문을 읽을 시간이 50초 주어진다. 이제 읽기 시작하시오.

시그널링

고객은 흔히 고품질 제품에 대해 기꺼이 더 높은 가격을 지불하려 하지만, 전문 지식 없이는, 특정 제품이 고품질인지 평가하기 어려울 수 있다. 고객이 제품의 품질이 높고 가격만큼의 가치가 있는지 확신하지 못하는 경우, 구매할 가능성은 낮아진다. 이러한 문제는 시그널링을 통해 해결할 수 있다. 제품 판매자는 구매자에게 해당 제품이 고품질이라는 신호를 보낼 방법, 즉, 그렇다는 사실을 보여 줄 방법을 찾는다. 한 가지 일반적인 시그널링 전략은 판매와 관련 없는 개인 또는 회사에 제품의 품질과 관련해 객관적이고 편견 없는 판단을 제공하게 하는 것이다.

어휘
evaluate 평가하다   be involved in ~에 관여하다, ~에 참여하다   objective 객관적인   unbiased 편견 없는, 공정한   judgment 판단(력)

Now listen to part of a lecture on this topic in a business course.
이제 이 주제에 관한 경영학 수업의 강의 일부를 들으시오.

In a marketplace where quality is king, customers are constantly on the lookout for the best products their money can buy. Yet, without the right knowledge, assessing true quality can be a challenge. This dilemma leads us to the concept of "signaling," a crucial strategy in business where sellers must effectively demonstrate the value of their high-quality products to potential buyers. Now, let's consider this scenario from a business.

So okay, here's a good example. A friend of mine runs a boutique specializing in artisan furniture, where each piece such as a chair, table, or cabinet is crafted from premium wood and priced accordingly due to its high quality and craftsmanship. Given the substantial investment involved with purchasing such furniture, customers naturally want assurance that the materials and craftsmanship are as advertised, but they typically lack the expertise to verify this on their own.

To address this, my friend invites a renowned furniture appraiser with decades of experience to evaluate the collection. After a thorough review, the appraiser confirms the authenticity and superior quality of the wood and craftsmanship. My friend then displays a certification from this respected authority in the boutique, clearly informing customers that an independent expert has verified the furniture's authenticity. This certification acts as a signal to potential buyers that the furniture is indeed worth the premium cost, and the appraiser's independent status adds credibility, as their assessment remains unbiased by the store's sales.

품질이 왕인 시장에서, 고객은 각자의 돈으로 구매할 수 있는 최고의 제품을 끊임없이 주시합니다. 하지만, 올바른 정보 없이는, 진정한 품질을 평가하기란 어려운 일일 수 있죠. 이 딜레마로 인해 "시그널링"이라는 개념으로 눈을 돌리게 되는데, 이는 판매자가 반드시 잠재 구매자에게 자사의 고품질 제품이 지닌 가치를 효과적으로 보여 줘야 하는 아주 중요한 비즈니스 전략입니다. 그럼, 한 업체를 통해 이러한 시나리오를 고려해 보겠습니다.

자, 그래서, 좋은 예시가 하나 있습니다. 제 친구 한 명이 장인 가구를 전문으로 하는 부티크를 하나 운영하고 있는데, 그곳에선 의자나 탁자, 또는 캐비닛 같은 각 제품이 고급 목재로 제작되고 있으며, 높은 품질 및 공예 기술로 인해 그에 맞춰 가격이 책정됩니다. 그런 가구의 구입과 관련된 상당액의 투자를 감안하면, 고객은 당연히 그 재료와 공예 기술이 광고대로라는 점을 보장받고 싶어 하지만, 일반적으로 직접 이를 검증하기엔 전문 지식이 부족하죠.

이를 해결하기 위해, 제 친구는 수십 년의 경력을 지닌 유명 가구 감정사에게 보유 제품들을 평가하도록 요청합니다. 철저한 평가를 거쳐, 이 감정사는 해당 목재 및 공예 기술의 진위 여부 및 우수한 품질을 확인해 줍니다. 제 친구는 그 후 부티크 내부에 이 높이 평가받는 권위자에게 받은 인증서를 진열해, 고객에게 독립적인 전문가가 가구의 진위 여부를 검증한 사실을 분명히 알립니다. 이 인증서는 가구가 실제로 고가의 가치가 있음을 잠재 고객에게 알리는 신호의 역할을 하며, 감정사의 독립적인 지위가 신뢰성을 더해 주게 되는데, 그 평가가 매장의 판매량에 의해 편견 없이 유지되기 때문입니다.

어휘 constantly 끊임없이 be on the lookout for ~을 주시하다 dilemma 딜레마, 진퇴양난 artisan 장인 craft 제작하다 craftsmanship 공예 기술, 장인 정신 assurance 보증 verify 검증하다 appraiser 감정사 thorough 철저한 authenticity 진품임, 진짜임 certification 인증(서) authority 권위자 independent 독립적인 credibility 신뢰성 assessment 평가

문제

Explain how the example used in the lecture illustrates the concept of signaling.
강의에 이용된 예시가 어떻게 시그널링의 개념을 보여 주는지 설명하시오.

읽기 지문 노트

signaling

seller of product → demonstrate to buyer: product = high quality

시그널링

제품 판매자 → 구매자에게 설명: 제품 = 고품질

강의 노트

1. friend
   - run a boutique: specialize in artisan furniture ← crafted by premium wood
   - priced ← quality & craftmanship
   - customers: expertise ↓ & want assurance

2. invite a renounced furniture appraiser
   - confirm authenticity & superior quality of wood & craftmanship
   - display certification ← authority → inform customers: experts → verify the authenticity of furniture → signal for potential buyers abt. the premium $ of the furniture

1. 친구
- 부티크 운영: 장인 가구 전문 ← 고급 목재로 제작
- 가격 책정 ← 품질 & 공예 기술
- 고객: 전문 지식 ↓ & 보장 원함

2. 유명 가구 감정사 요청
- 목재 & 공예 기술의 우수한 품질 & 진위 여부 확인
- 인증서 진열 ← 권위 → 고객에게 알림: 전문가 → 가구 진위 검증 → 가구의 높은 가격에 관해 잠재 고객에게 알리는 신표

모범 답변

The professor talks about signaling, which is a marketing strategy used by sellers to reliably communicate the quality of a product to potential buyers. In order to better illustrate this concept, the professor gives an example.

First, the professor describes a friend who owns a boutique that sells high-end, handcrafted artisan furniture made from premium wood. The furniture is expensive, reflecting its quality and craftsmanship. However, customers often don't have the knowledge to confirm the quality themselves and need some form of assurance.

The professor then explains that to assure customers of the quality, the boutique owner brings in a renowned furniture appraiser to evaluate the artisan collection. The appraiser's in-depth reviews confirm the high quality of both the materials and craftsmanship. A certification from this expert is then prominently displayed in the store, serving as a reliable indicator of the furniture's authenticity and value. This third-

교수가 시그널링에 관해 이야기하고 있으며, 이는 제품의 품질을 잠재 구매자에게 신뢰성 있게 알리기 위해 판매자가 이용하는 마케팅 전략이다. 이 개념을 더 잘 설명하기 위해, 교수가 한 가지 예시를 제공한다.

먼저 교수는 고급 목재로 만들어지는 고급 수공예 장인 가구를 판매하는 부티크를 소유한 친구에 관해 이야기한다. 그곳의 가구는 비싼데, 그 품질 및 공예 기술을 반영하기 때문이다. 하지만, 고객들은 흔히 그 품질을 확인할 수 있는 지식이 없어서 일종의 보증이 필요하다.

교수는 그 다음으로 고객들에게 품질을 보장하기 위해, 그 부티크 소유주가 유명 가구 감정사를 불러 장인 가구 보유 제품을 평가한다고 설명한다. 감정사의 심층적인 평가는 재료 및 공예 기술 모두에 대해 높은 품질을 확인해 준다. 이 전문가에게 받은 인증서는 그 후 매장 내에 눈에 잘 띄게 진열되어, 가구 제품의 진위 여부 및 가치에 대해 신뢰할 수 있는 지표의 역할을 한다. 이러한 제3자의 확인은 고객들

party validation provides the unbiased assurance customers need to trust that the furniture is worth its premium price.

Through this example, the professor clarifies the concept of signaling presented in the reading passage.

이 가구가 고가의 가치가 있다고 믿는 데 필요한 편견 없는 보증을 제공해 준다.

이 예시를 통해, 교수가 독해 지문에 제시된 시그널링의 개념을 명확히 밝히고 있다.

어휘 reliably 신뢰할 수 있을 정도로   high-end 고급의   handcrafted 수공예의, 수제의   assure A of B A에게 B를 보장하다
in-depth 심층적인, 깊이 있는   prominently 눈에 잘 띄게   indicator 지표   third-party 제3자의   validation 확인

Q4
강의 스크립트 & 해석

Now listen to part of a talk in a theater class.
연극학 수업의 강의 일부를 들으시오.

Today, we're exploring Broadway's transformative phase with the emergence of interactive and immersive theater. These avant-garde forms are redefining audience involvement in live performances, shifting from passive viewing to a more dynamic, participatory experience. Let's take a closer look at these two types of theater.

First of all, interactive theater is a form of performance that invites the audience to participate actively in the story, rather than just watching passively. In such shows, audience members may be given the opportunity to influence the outcome of the narrative, engage with the performers, or even take on roles within the play itself. This makes every show a distinct event because the audience's interactions can lead to a variety of narrative outcomes. Productions like *Tony and Tina's Wedding* and *The Mystery of Edwin Drood* on Broadway are noted for their pioneering interactive elements, where the audience's choices directly affect the unfolding of the story.

Let's move on to immersive theater. This type of theater further extends the concept of audience involvement by creating a multi-sensory environment that surrounds the attendees, often removing the traditional stage altogether. This genre can include the use of advanced technology like virtual reality, augmented reality, and 3D sound to enhance the immersive experience. Shows such as *Sleep No More* have become notable for transforming spaces into a world where the narrative envelops the audience, offering a new layer of storytelling that allows for a deeper exploration of themes and emotions.

오늘은, 교류형 연극 및 몰입형 연극의 출현으로 인한 브로드웨이의 변혁기를 살펴보겠습니다. 이 전위적인 형식은 수동적인 관람에서 더 역동적이고 참여적인 경험으로 전환되면서, 라이브 공연에 대한 관객 참여를 재정의하고 있습니다. 이 두 가지 유형의 연극을 더 자세히 한 번 살펴보죠.

우선, 교류형 연극은 단순히 수동적으로 관람하는 것이 아니라 관객에게 이야기에 적극적으로 참여하도록 요청하는 공연 형식입니다. 이러한 공연에서는, 관객이 서사의 결말에 영향을 미치고, 공연자들을 상대하거나, 심지어 연극 자체 내의 배역을 맡는 기회를 얻을 수 있습니다. 이는 모든 공연을 뚜렷이 다른 행사로 만들어 주는데, 관객의 교류가 다양한 서사적 결말로 이어질 수 있기 때문이죠. 브로드웨이의 <토니와 티나의 결혼식>과 <에드윈 드루드의 미스터리> 같은 작품이 교류형 요소를 개척한 것으로 유명하며, 관객의 선택이 이야기 전개에 직접적으로 영향을 미칩니다.

몰입형 연극으로 넘어가 보겠습니다. 이 연극 유형은 흔히 전통적인 무대를 완전히 없애, 참석자들을 둘러싸는 다중 감각적 환경을 만들어 냄으로써 관객 참여라는 개념을 한층 더 확장시킵니다. 이 장르는 가상 현실과 증강 현실, 그리고 3D 음향 같은 진보한 기술의 활용을 포함해 몰입 경험을 향상시킬 수 있죠. <슬립 노 모어> 같은 공연이 서사가 관객을 감싸는 세계로 공간을 탈바꿈시킨 것으로 유명해졌는데, 주제와 감정에 대한 더 깊이 있는 탐구를 가능하게 하는 한 층 더 새로운 이야기 전개를 제공하기 때문입니다.

어휘 transformative phase 변혁기   emergence 출현   interactive 교류의, 상호 작용의   immersive 몰입의   avant-garde 전위적인   redefine 재정의하다   participatory 참여하는   outcome 결말, 결과   narrative 서사, 서사의   engage with ~을 상대하다, ~와 맞물리다   pioneer 개척하다   element 요소   unfolding 전개   multi-sensory 다중 감각적인   virtual reality 가상 현실   augmented reality 증강 현실   storytelling 이야기 전개   exploration 탐구

문제

Using points and examples from the talk, explain how two forms of theater are changing audience engagement during live performances.

강의에 제시된 요점과 예시를 활용해, 두 가지 형식의 연극이 어떻게 라이브 공연 중에 관객 참여를 변화시키고 있는지 설명하시오.

강의 노트

two forms of theater

1. interactive theater
   - involve audience beyond observation → outcome of narrative, engage w/ performer & take role
   - e.g. shows like *Tony and Tina's Wedding* and *The Mystery of Edwin Drood* on Broadway: pioneers
   - audience decisions → narrative

2. immersive theater
   - creating multisensory envi. & removing traditional stage
   - use advanced tech. (i.e. virtual reality, augmented reality, & 3D) for immersive expe.
   - e.g. *Sleep No More*: transforming venues into interactive worlds → engage the audience directly in the storytelling

연극의 두 가지 유형

1. 교류형 연극
- 관찰 이상으로 관객 참여 → 서사 결말, 출연진과 교류 & 배역 부여
- 예. 브로드웨이 <토니와 티나의 결혼식>과 <에드윈 드루드의 미스터리> 같은 작품: 개척자
- 관객 선택 → 서사

2. 몰입형 연극
- 다중 감각적 환경 & 전통적 무대 제거
- 몰입형 경험 위해 진보한 기술 (예. 가상 현실, 증강 현실, 3D) 활용
- 예. <슬립 노 모어>: 장소를 상호 작용하는 세계로 탈바꿈 → 이야기 전개에 관객 직접 참여

모범 답변

The professor illustrates how theater performances are changing audience engagement by giving two examples.

First, the professor describes interactive theater as a performance style that actively involves the audience in the story, taking their role beyond mere observation. Audience members may alter the story's outcome, interact with the cast, or assume roles within the production. This format ensures that each performance is unique, shaped by audience participation. Shows like *Tony and Tina's Wedding* and *The Mystery of Edwin Drood* are highlighted as interactive theater pioneers on Broadway, with audience decisions impacting their narrative.

교수가 두 가지 예시를 제공함으로써 연극 공연이 어떻게 관객 참여를 변화시키고 있는지 설명한다.

첫 번째로, 교수는 관객을 이야기에 적극적으로 참여시켜, 그들의 역할을 단순한 관찰 이상으로 이끄는 공연 형식으로서 교류형 연극을 설명한다. 관객은 이야기의 결말을 바꾸고, 출연진과 교류하거나, 작품 내에서 역할을 맡을 수 있다. 이러한 구성 방식은 각 공연이 관객 참여에 의해 형성되어 독특해지도록 보장해 준다. <토니와 티나의 결혼식>과 <에드윈 드루드의 미스터리> 같은 공연이 브로드웨이에서 관객의 결정이 그 서사에 영향을 미치는 교류형 연극을 개척한 작품으로 강조되고 있다.

Next, the professor explains that immersive theater removes traditional boundaries, enveloping audiences in a multi-sensory environment where the stage is often nonexistent. This form of theater might utilize technologies like virtual reality, augmented reality, and 3D sound to deepen the sensory experience. Productions like *Sleep No More* are recognized for transforming venues into interactive worlds that engage the audience directly in the storytelling. This approach allows for a more profound engagement with the narrative, offering an exploration of themes and emotions in a dynamic, participative space.

In summary, the professor describes how two types of theater are altering audience interaction during live shows.

다음으로 교수는 몰입형 연극이 전통적인 경계를 허물어, 무대가 흔히 존재하지 않는 다중 감각적 환경 속에서 관객을 감싸게 된다고 설명한다. 이 연극 형식은 가상 현실과 증강 현실, 그리고 3D 음향 같은 기술을 활용해 감각적 경험을 더 깊이 있게 만들어 줄 수도 있다. <슬립 노 모어> 같은 작품이 공연장을 상호 작용하는 세계로 탈바꿈시켜 관객을 이야기 전개에 직접적으로 참여시킨 것으로 인정받고 있다. 이러한 접근 방식은 서사에 대한 더욱 깊이 있는 참여를 가능하게 하는데, 역동적이고 참여적인 공간 속에서 주제와 감정에 대한 탐구를 제공하기 때문이다.

요약하자면, 교수가 두 가지 유형의 연극이 어떻게 라이브 공연 중에 관객과의 상호 작용을 변화시키고 있는지 설명한다.

어휘 mere 단순한   observation 관찰   alter 바꾸다, 변화시키다   cast 출연진   assume (책임 등을) 맡다   pioneer 개척자, 선구자   boundary 경계(선)   nonexistent 존재하지 않는   utilize 활용하다   profound 깊은, 심오한

WRITING Integrated Writing Task

UNIT 02 패러프레이징 훈련

EXERCISE p.142

1 The discovery of the Rosetta Stone was pivotal in deciphering the ancient Egyptian hieroglyphs.
로제타석의 발견은 고대 이집트 상형문자를 해독하는 데 중추적인 역할을 했다.

유의어 ⇨ The findings of the Rosetta Stone was crucial in interpreting the old Egyptian hieroglyphs.
로제타석의 발견은 고대 이집트 상형문자를 해석하는 데 결정적인 역할을 했다.

2 The communication among dolphins is complex and involves a variety of vocalizations.
돌고래들 사이의 의사소통은 복잡하고 다양한 발성을 포함한다.

어형 ⇨ Dolphins communicate intricately through a range of vocalizations.
돌고래는 다양한 발성을 통해 복잡하게 소통한다.

3 It is not illegal in certain cultures to marry more than one woman at the same time.
특정 문화에서는 동시에 한 명 이상의 여성과 결혼하는 것이 불법이 아니다.

이중 부정 ⇨ In certain cultures, it is legal to have more than one wife at once.
특정 문화권에서는 한 번에 한 명 이상의 아내를 두는 것이 합법이다.

4 Women's suffrage in the United States was not achieved until 1920.
1920년까지는 미국에서 여성 참정권이 실현되지 못했다.

not ~ until … 구문 ⇨ It was not until 1920 that women's suffrage in the United States was achieved.
미국에서 여성 참정권이 실현된 것은 1920년까지는 아니었다.

5 Deforestation is reducing the world's biodiversity at an alarming rate.
삼림 벌채는 놀라운 속도로 세계의 생물 다양성을 감소시키고 있다.

동사의 태 ⇨ The world's biodiversity is being reduced at an alarming rate by deforestation.
삼림 벌채로 인해 세계의 생물 다양성이 놀라운 속도로 감소되고 있다.

6 The invention of the phonograph dramatically changed the public's access to and consumption of music.
축음기의 발명은 대중의 음악 접근 방식과 소비를 극적으로 변화시켰다.

유의어 ⇨ The creation of the phonograph significantly altered how the public accessed and consumed music.
축음기의 탄생은 대중이 음악에 접근하고 소비하는 방식을 크게 변화시켰다.

7 Penicillin became a revolutionary antibiotic used worldwide <u>after it was discovered in 1928 by Alexander Fleming</u>.

페니실린은 1928년 알렉산더 플레밍이 발견한 이후 전 세계적으로 사용되는 혁명적인 항생제가 되었다.

구/절 ⇨ <u>After Alexander Fleming's discovery of penicillin in 1928</u>, it became a revolutionary antibiotic used globally.

1928년 알렉산더 플레밍의 페니실린 발견 이후, 페니실린은 전 세계적으로 사용되는 혁명적인 항생제가 되었다.

8 Predators have an essential role in <u>maintaining</u> the balance of ecosystems.

포식자는 생태계의 균형을 <u>유지하는</u> 데 필수적인 역할을 한다.

어형 ⇨ Predators play a key role in the <u>maintenance</u> of ecological balance.

포식자는 생태학적 균형 <u>유지</u>에 핵심적인 역할을 한다.

9 The importance of diet in disease prevention was <u>not</u> recognized widely <u>until</u> the late 20th century.

20세기 후반<u>까지는</u> 질병 예방에 있어서 식습관의 중요성은 널리 인식되지 <u>않았다</u>.

not ~ until … 구문 ⇨ <u>It was not until</u> the late 20th century <u>that</u> the importance of diet in preventing diseases was widely recognized.

질병 예방에 있어서 식습관의 중요성이 널리 인식<u>된 것</u>은 20세기 후반<u>까지는</u> 아니었다.

10 Coniferous trees withstand frigid weather <u>because they have needle-like leaves and conical shape</u>.

침엽수는 바늘 모양의 잎과 원뿔형의 형태를 가지고 있기 때문에 혹독한 추위를 견딜 수 있다.

구/절 ⇨ Coniferous trees withstand frigid weather <u>due to their needle-like leaves and conical shape</u>.

침엽수들은 바늘 모양의 잎과 원뿔 형태 때문에 혹독한 추위를 견딜 수 있다.

UNIT 03 답안 쓰기 필수 패턴

EXERCISE p.147

1 <u>The author of the reading argues that there are several</u> possible claims to explain why Olmec civilization disappeared.

2 <u>According to the reading, there are several</u> strategies to curb the spread of Armillaria mellea, a parasitic fungus that attacks the roots of various trees and shrubs.

3 <u>First of all, the professor claims that</u> strange noises were actually the calls of male and female Orca whales during a courtship ritual.

4 <u>On top of that, the professor asserts that</u> the burning mirror would have taken a long time to set the ships on fire.

5 <u>Lastly, the professor contends that</u> Edmontosaurus skeletons have been unearthed from the same sites.

6 <u>Because</u> the ash from volcanic eruptions can blanket the atmosphere, causing a drop in global temperatures, <u>it can result in global cooling</u>.

7 <u>The professor refutes the reading passage's idea that</u> the yellow cedar decline may be caused by insect parasites, specifically the cedar bark beetle.

8 <u>The professor counters the reading passage's claim that</u> Voynich himself got involved in forging the ancient manuscript.

UNIT 04 노트테이킹

EXERCISE p.152

1

지문 해석

치누크 연어 개체 수 감소의 세 가지 가능성 있는 이유

왕연어라고도 알려진, 치누크 연어는 생태학적으로, 그리고 경제적으로 모두 필수적인 종이다. 하지만, 최근 몇 년 사이에 곤혹스러울 정도의 개체 수 감소가 나타났다. 과학자들은 이러한 감소를 설명하기 위해 여러 가설을 제시했다.

한 가지 이론은 치누크 연어 숫자의 감소가 곱사 연어와의 치열한 먹이 경쟁으로 인한 것일 수 있다고 주장한다. 곱사 연어의 개체 수가 계속 상승세에 있으며, 치누크 연어와 먹이 사냥 장소가 겹치면서 극심한 경쟁으로 이어졌다. 두 종 모두 유사한 먹이를 소비한다는 점을 감안하면, 풍부한 곱사 연어가 성장이 느린 치누크 연어의 먹이 이용 가능성을 감소시킴으로써, 그 생존율에 영향을 미치고 있을 수 있다.

원인으로 작용하는 또 다른 요소는 수온의 상승일 수 있는데, 이는 연어 수명 주기의 다양한 단계에 영향을 미친다. 더 따뜻한 물은 강물 흐름의 패턴 변화로 이어져 먹이 이용 가능성에 영향을 미치며, 연어의 질병 취약성을 높인다. 이러한 지속적인 온도 변화뿐만 아니라, 태평양에 이례적으로 따뜻한 물이 아주 많이 나타나는 "블롭"이라고 알려진 현상이 치누크 연어에게 부정적으로 영향을 미치는 생태학적 분열 요소와 연관되어 왔다.

마지막으로, 포식이 치누크 연어의 감소에 연루되어 온 또 다른 요인이다. 물개와 바다 사자 같은 특정 포식자들의 개체 수가 부분적으로 법적 보호 조치에 의해 증가해 왔다. 이 포식자들이 연어 개체 수에 상당한 영향을 미치고 있는데, 어린 치누크 연어와 성체 치누크 연어를 모두 잡아먹기 때문이다. 포식 압력의 증가가 관찰된 개체수 감소의 원인이 되고 있을 수 있다.

어휘

population 개체 수   species (동식물의) 종 ecologically 생태학적으로   troubling 곤혹스러운, 골치 아픈   hypothesis 가설 competition 경쟁   overlap 겹침, 공통 부분   intense 치열한, 극심한   consume 소비하다, 먹다   prey 먹이; 잡아먹다 abundance 풍부함   contributing 원인이 되는, 기여하는   alter 변화시키다, 바꾸다   vulnerability 취약성 phenomenon 현상   be associated with ~와 연관되다   disruption 분열, 방해 adversely 부정적으로   predation 포식 be implicated in ~에 연루되다 predator 포식자   juvenile 어린, 미숙한

강의 스크립트 & 해석

Now listen to part of a lecture on the topic you just read about.
이제 방금 읽은 내용의 주제에 관한 강의 일부를 들으시오.

In our previous class, we examined the factors contributing to the decline in Chinook salmon populations and considered various hypotheses. Today, let's take a look at the weaknesses of each of these hypotheses.

First, let's start with the hypothesis about competition with pink salmon for food. This idea is problematic. Some new studies show that Chinook and pink salmon generally thrive in different regions. They have different migration patterns and do not typically hunt for food in the same places. This lessens the likelihood of direct competition. Chinook salmon are more versatile in their diet and can adjust to different prey if needed, so the idea that pink salmon are outcompeting them for food might not hold water.

원인이 되는 요인들을 살펴보면서 다양한 가설을 고려해 봤습니다. 오늘은, 이 가설들의 각각이 지닌 취약점을 한번 살펴보겠습니다.

먼저, 곱사 연어와의 먹이 경쟁에 관한 가설부터 시작해 보죠. 이 아이디어는 문제가 있습니다. 몇몇 새로운 연구에 따르면 치누크 연어와 곱사 연어는 일반적으로 다른 지역에서 번성하는 것으로 나타납니다. 이들은 다른 이주 패턴을 지니고 있으며, 보통 동일한 장소에서 먹이를 사냥하지 않습니다. 이는 직접적인 경쟁 가능성을 줄여 줍니다. 치누크 연어는 먹이 측면에 있어 더 다방면의 성향을 지니고 있고 필요할 경우 다른 먹이에 적응할 수 있기 때문에, 곱사 연어가 먹이 경쟁에서 앞서고 있다는 아이디어는 이치에 맞지 않을 수 있습니다.

Now, regarding rising water temperatures, this theory is unconvincing. While it's true that global temperatures are rising, research has shown that there are actually cycles of ocean temperature fluctuations. During some periods, cooler waters prevail, which should be favorable for salmon. However, we've still seen a decline in salmon numbers during these cooler periods. So, it suggests that temperature alone isn't driving the decline. There must be other factors at play.

Finally, let's move on to the issue of predation. In my opinion, this idea is invalid. It's been found that some of the methods we use to study these fish, like attaching tracking tags, might be making them more vulnerable. These tags can hinder their swimming, making it difficult for them to escape predators or complete their migrations. Rather than an increase in predators, it's our research methods that are more significantly impacting their survival.

자, 수온 상승과 관련해서는, 이 이론은 설득력이 없습니다. 전 세계의 기온이 상승하고 있다는 건 사실이지만, 연구에 따르면 실제로 해수 온도 변동 주기가 존재하는 것으로 나타났습니다. 일부 기간 중에는, 더 차가운 물이 우세한데, 이는 연어에게 유리할 것입니다. 하지만, 우리는 여전히 이 더 차가운 기간에 연어 숫자의 감소를 확인한 바 있습니다. 따라서, 이는 온도 하나만으로는 그러한 감소를 촉진시키지 못한다는 점을 시사합니다. 다른 요인들이 작용하는 것이 틀림없습니다.

마지막으로, 포식 문제로 넘어가 보죠. 내 생각에, 이 아이디어는 근거 없는 이야기입니다. 추적 장치 부착과 같이 우리가 이 물고기를 연구하는 데 활용하는 몇몇 방법이 이들을 더욱 취약하게 만들고 있을 수 있는 것으로 밝혀졌습니다. 이 장치는 이들의 헤엄을 방해해, 포식자에게서 도망치거나 이동을 완수하기 어렵게 만들 수 있습니다. 포식자의 증가가 아니라, 이들의 생존에 더 크게 영향을 미치고 있는 것은 바로 우리의 연구 방법입니다.

어휘 thrive 번성하다 migration 이주 lessen 줄여 주다 versatile 다방면의, 다재 다능한 adjust to ~에 적응하다 outcompete 경쟁에서 앞서다 hold water 이치에 맞지 않다 unconvincing 설득력이 없는 fluctuation 변동 prevail 우세하다 favorable 유리한, 호의적인 at play 작용하는 invalid 근거 없는 tracking tag 추적 장치 vulnerable 취약한 hinder 방해하다

읽기 지문 노트

주제
reasons for Chinook salmon population ↓

근거 1
food competition w/ pink salmon
└ 세부사항
  - pink salmon ↑ → competition ↑ →
    food availability ↓ → survival rate ↓

근거 2
water temp. ↑
└ 세부사항
  - warm water → river flow → availability of
    prey & disease ↑
  - the Blob(mass of warm water) → Chinook salmon ↓

근거 3
predation
└ 세부사항
  - predator ↑ ← legal protection
  - prey young & adult Chinook → # ↓

치누크 연어 개체수 감소 이유

공사 연어와 먹이 경쟁

- 공사 연어 ↑ → 경쟁 ↑ → 먹이 이용
  가능성 ↓ → 생존율 ↓

수온 상승

- 따뜻한 물 → 강물 흐름 → 먹이 이용
  가능성 & 질병 ↑

- 블롭(대량의 따뜻한 물) → 치누크 연어 ↓

포식

- 포식자 ↑ ← 법적 보호
- 어린 & 성체 치누크 연어 포식 → 수 ↓

강의 노트

강의자의 입장
weaknesses

반박 1
food competition w/ pink salmon: problematic
└ 세부사항
- thrive in diff. region
- diff. migration pattern & hunt same place
  X → competition ↓
- Chin. salmon: versatile in diet & adjust diff. prey

반박 2
water temp. ↑ : unconvincing
└ 세부사항
- cycles of ocean temp. fluctuation
- cool water(favorable salmon) but salmon # ↓
  during cool period

반박 3
predation: invalid
└ 세부사항
- study methods (i.e. attaching tracking
  tags) → vulnerable ↑
- hinder swimming → escape predator X or
  complete migration X

취약

곱사 연어와 먹이 경쟁: 문제

- 다른 지역에서 번성
- 다른 이주 패턴 & 같은 장소 사냥 X →
  경쟁 ↓
- 치누크 연어: 식단 다양성 & 다른 먹이 적응

수온 ↑ : 설득력 없음

- 해수 온도 변동 주기
- 차가운 물(연어에 유리) 하지만 차가운
  시기에도 연어 수 ↓

포식: 근거 없음

- 연구 방법(예. 추적 장치 부착) → 취약성 ↑
- 수영 방해 → 포식자에게서 도망 X & 이동
  완수 X

모범 답안

서론
The author of the reading argues that there are several possible reasons for the decline of Chinook salmon in the USA. However, the professor challenges the reading's weaknesses by presenting point-by-point counterarguments.

본론 1
First of all, the professor claims that the theory of competition between Chinook and pink salmon for food seems problematic. Recent studies suggest that Chinook and pink salmon typically inhabit distinct regions and follow different migration patterns. As a result, direct competition for food is unlikely. Moreover, Chinook salmon's ability to eat different types of food suggests they can adapt if needed. The professor, therefore, refutes the reading passage's idea that the decrease in Chinook salmon populations could be attributed to heightened competition for food from pink salmon.

독해 지문의 글쓴이는 미국의 치누크 연어 감소에 대해 여러 가지 가능성 있는 이유가 존재한다고 주장한다. 하지만, 교수는 요점별로 반론을 제시하면서 독해 지문의 결점에 이의를 제기하고 있다.

첫 번째로, 교수는 치누크 연어와 곱사 연어 사이의 먹이 경쟁에 대한 이론이 문제가 있어 보인다고 주장한다. 최근의 연구에 따르면 치누크 연어와 곱사 연어가 일반적으로 뚜렷이 다른 지역에 서식하고 있고, 다른 이주 패턴을 따르는 것으로 나타난다. 그 결과, 직접적인 먹이 경쟁 가능성은 낮다. 더욱이, 다른 종류의 먹이를 먹을 수 있는 치누크 연어의 능력은 이들이 필요 시에 적응할 수 있음을 시사한다. 따라서, 교수는 치누크 연어 개체수 감소의 원인이 곱사 연어와의 고조된 먹이 경쟁일 수 있다는 독해 지문의 주장을 반박하고 있다.

본론 2

On top of that, the professor asserts that as for the theory on water temperatures, it can be unconvincing. Despite global temperature increases, research indicates cycles of ocean temperature fluctuations. Even during periods of cooler waters, which should benefit salmon, there has been a decline in their numbers. The professor thus counters the reading passage's claim that the increase in water temperatures impacts salmon throughout different stages of their life cycle.

본론 3

Lastly, the professor contends the theory of predation's impact. According to research, techniques like attaching tracking tags could unintentionally heighten the vulnerability of fish. These tags may hinder their swimming capabilities, thereby complicating their ability to avoid predators or complete migratory journeys, indicating broader impacts beyond natural predation. As such, the professor rebuts the reading passage's assertion that predation has been linked to the decrease in Chinook salmon numbers.

그뿐만 아니라, 교수는 수온에 관한 이론과 관련해, 설득력이 떨어질 수 있다고 주장한다. 전 세계의 기온 상승에도 불구하고, 연구에 따르면 해수 온도 변동 주기가 나타나고 있다. 심지어 물이 더 차가운 기간은 연어에게 유익할 텐데도, 그 숫자가 감소한 바 있다. 이에 따라 교수는 수온 상승이 연어 수명 주기의 여러 단계에 걸쳐 영향을 미치고 있다는 독해 지문의 주장을 반박하고 있다.

마지막으로, 교수는 포식의 영향 이론에도 반박하고 있다. 연구에 따르면, 추적 장치 부착과 같은 기술이 의도치 않게 물고기의 취약성을 높일 수 있다. 이 장치는 수영 능력을 방해함으로써, 포식자를 피하거나 이주 여행을 완수하는 능력을 악화시키며, 이는 자연의 포식을 뛰어넘는 더 광범위한 영향임을 나타낸다. 따라서, 교수는 포식이 치누크 연어 숫자의 감소와 연관되어 왔다는 독해 지문의 주장을 반박하고 있다.

어휘 challenge 이의를 제기하다 point-by-point 요점마다의 counterargument 반론 refute 반박하다(= rebut) unconvincing 설득력이 없는 unintentionally 의도치 않게, 무심결에 assertion 주장 be linked to ~와 연관되다

2
지문 해석

이집트 보드 게임

기념비적인 건축술과 세련된 문화로 유명한 고대 이집트 문명은 보드 게임을 포함해, 다양한 형태의 여가 활동도 발달시켰다. 예상할 수 있을 법한 것과 달리, 이 게임들은 여러 인접 국가에서 널리 인기를 얻지는 못했다. 이 현상을 설명할 수 있는 여러 요인이 확인되었다.

우선, 세넷 같은 이집트 보드 게임이 지니는 종교적 의의가 이집트를 벗어난 곳에서 그 매력을 제한했는데, 상이한 신념을 지닌 인접 문화권은 그 특정한 종교적 의미로 가득하지 못했기 때문에, 이집트 외의 지역에서 채택되는 데 제약이 있었다.

두 번째로, 이집트 보드게임이 주변 국가들에 널리 전파되지 않은 것은 게임의 복잡한 전략과 깊이 있는 종교적 의미가 서로 어우러진 독특한 구성 때문일 수 있다. 이 게임들은 이집트의 신화와 영적인 믿음을 담고 있어서, 다른 문화권에서 받아들이기에는 어려움이 있었을 것이다. 그들만의 종교적 주제와 복잡한 규칙은 다른 문화적 배경을 가진 사람들에게 쉽게 이해되거나 끌리지 않았을 수 있다. 이와 같은 고유한 특징 때문에 이집트와 다른 문화적, 종교적 가치를 가진 사회에서는 이 게임들의 매력을 느끼기 어려웠을 것이다.

세 번째로, 이집트 왕국이 그 영향력을 확대한 방식이 이집트 보드 게임의 확산을 촉진시키지 못했다. 정복 활동을 하고 인접 지역들과의 교역 경로를 확립했음에도 불구하고, 보드 게임 같은 문화 유물의 보급은 주된 목적이 아니었다. 이집트 왕국과 인접 사회들 사이의 교류는 문화 교류가 아니라, 주로 정치적 지배와 자원 획득, 그리고 안보 우려에 초점이 맞춰져 있었다. 보드 게임 같은 문화 유물은 흔히 교역과 문화 교류를 통해 확산되는데, 이는 대외 관계에 있어 이집트인들이 우선시했던 분야가 아니었다. 왕국 건설에 대한 이러한 실용적인 접근 방식이 자국을 넘어선 이집트 보드 게임의 확산 범위를 한층 더 제한했다.

어휘

ancient 고대의   civilization 문명 (사회) monumental 기념비적인   sophisticated 세련된, 정교한   phenomenon 현상 differing 상이한   resonate with (어떤 기운으로) 가득하다   connotation 의미, 함축 constrain 제약하다, 제한하다   spread 전파 be linked to ~와 밀접한 관계를 맺다 intricate 정교한   design 디자인, 구성 combine A with B A와 B를 합치다 strategy 전략   myth 신화   spiritual 영적인, 종교적인   acceptance 수용 theme 주제   cultural background 문화적 배경 nature 본질   appealing 매력적인   value 가치   conquest 정복   dissemination 보급   artifact (인공) 유물   dominance 지배   acquisition 획득   prioritize 우선시하다   pragmatic 실용적인   native soil 자국, 모국

Now listen to part of a lecture on the topic you just read about.
이제 방금 읽은 내용의 주제에 관한 강의 일부를 들으시오.

Hello, class. The reading I assigned provided insights into why ancient Egyptian board games might not have spread widely beyond Egypt, offering several reasons for their restricted popularity. However, some assertions made in the reading deserve further examination.

안녕하세요, 여러분. 읽어 보도록 지정해 준 글이 왜 고대 이집트 보드 게임이 이집트를 벗어나 널리 확산되지 못했을 지에 대한 통찰력을 제공해 주면서, 그 제한적이었던 인기에 대한 여러 이유를 제공해 주었습니다. 하지만, 독해 지문에 제시된 몇몇 주장은 추가적인 검토를 해 볼 만한 것들입니다.

First of all, the idea that the religious symbolism of Egyptian board games limited their appeal outside Egypt might overlook the diversity of religious beliefs and practices among neighboring cultures. The deep religious significance of games like Senet could have, in fact, attracted other civilizations, sparking curiosity and facilitating cultural exchange. The profound spiritual meaning embedded in these games might have been seen as an opportunity for intellectual and spiritual engagement.

가장 먼저, 이집트 보드 게임의 종교적 상징성이 이집트 외의 지역에서 그 매력을 제한했다는 아이디어는 인접한 여러 문화권 사이에 존재했던 종교적 신념과 관행의 다양성을 간과한 것일 수도 있습니다. 세넷 같은 게임의 깊은 종교적 의의는, 실제로 다른 문명 사회들을 끌어들이면서, 호기심을 촉발시키고 문화 교류를 용이하게 했습니다. 이 게임에 깃들어 있던 심오한 영적 의미가 지적이고 영적인 참여에 대한 기회로 여겨졌을 수도 있을 겁니다.

Next, the belief that the complexity and religious significance of Egyptian board games limited their spread is not fully supported by historical evidence. In fact, many neighboring cultures admired and embraced these intricate and meaningful games. Scholars and elites in particular found the strategic depth and religious connections of these games intellectually stimulating and culturally enriching. This admiration often led to the adoption and adaptation of Egyptian board games within these societies, indicating that their complexity and spiritual depth could actually have been factors that enhanced their appeal rather than deterring broader cultural acceptance.

다음으로, 이집트 보드게임의 복잡함과 종교적 의미가 그 전파를 제한했다는 주장은 역사적 증거로 충분히 입증되지 않습니다. 사실, 많은 주변 문화들이 이러한 복잡하고 의미 있는 게임들을 존중하고 수용했습니다. 특히 학자들과 엘리트층은 이게임들의 전략적 깊이와 종교적 연계성이 지적 호기심을 자극하고 문화적으로 풍요롭게 해주는 것이라고 생각했습니다. 이러한 존중은 종종 이집트 보드게임의 채택 및 개량으로 이끌었고, 이는 그들의 복잡성과 영적 깊이가 실제로는 보다 넓은 문화적 수용을 저해하는 요인이 아니라 매력을 높이는 요소가 될 수 있음을 나타냅니다.

Finally, the implication that the Egyptian Empire's practical focus in its interactions with neighboring regions limited the spread of board games simplifies the complex dynamics of cultural exchange. Historical evidence shows that cultural exchange frequently occurred alongside political and economic interactions. Despite the emphasis on governance and trade, the sharing of ideas, including games and forms of entertainment, likely took place within broader cultural interactions. Therefore, it's unlikely that practical concerns of empire-building entirely precluded the dissemination of cultural elements, including board games, potentially allowing them to find enthusiasts beyond Egypt's borders.

마지막으로, 인접한 지역들과의 교류에 있어 이집트 왕국의 현실적인 초점이 보드 게임의 확산을 제한했음을 암시하는 부분은 문화 교류의 복잡적인 역학 관계를 단순화시키는 것입니다. 역사적 증거에 따르면 문화 교류는 흔히 정치적, 경제적 교류와 함께 발생한 것으로 나타납니다. 지배와 교역에 중점을 두었음에도 불구하고, 게임 및 여러 형태의 오락을 포함한 아이디어의 공유가 더 폭넓은 문화 교류 내에서 일어났을 가능성이 있습니다. 따라서, 왕국 건설이라는 현실적인 관심사가 보드 게임을 포함한 여러 문화적 요소의 보급을 가로막았을 가능성은 없으며, 이집트 국경을 벗어난 곳에서 애호가들을 찾게 되었을 잠재성이 있었습니다.

어휘 insight 통찰력 restrict 제한하다 symbolism 상징성 overlook 간과하다 diversity 다양성 spark 촉발시키다 profound 심오한 embedded in ~에 깃들어 있는 complexity 복잡함 significance 의의, 의미 historical evidence 역사적 증거 neighboring 주변의 admire 존중하다 embrace 수용하다 intricate 정교한, 복잡한 stimulating 자극을 주는 enriching 풍요로운 adoption 채택 adaptation 적용, 활용 deter 억제시키다 implication 암시, 함축 dynamics 역학 관계 preclude 가로막다, 불가능하게 하다 element 요소 enthusiast 애호가, 열렬한 팬 border 국경, 경계

읽기 지문 노트

주제

reasons for widespread X of Egyptian board game

이집트 게임 널리 확산 X 이유

근거 1

religious significance → appeal ↓

└ 세부사항

  - cultures w/ diff. beliefs → constraining adoption

종교적 의의 → 매력 ↓

- 상이한 신념을 가진 문화 → 채택 제약

근거 2

limited spread of Egyptian board game ← intricate design (complex strategies + religious meaning)

└ 세부사항

  - Egyptian myths & spiritual beliefs → wider acceptance X

  - understood & attractive X to ppl from diff. cultures

이집트 보드게임의 확산 제한 ← 복잡한 설계 (복잡한 전략 + 종교적 의미)

- 이집트 신화 & 영적인 믿음 → 널리 수용 X

- 다른 문화권 사람들에게 이해와 끌림 X

근거 3

manner Egyptian Empire expand influence

└ 세부사항

  - board game: primary objective X

  - focus: political dominance, resource acquisition & security

이집트 왕국 영향력 확대 방식

- 보드 게임: 주된 목적 X

- 초점: 정치적 지배와 자원 획득 & 안보

강의 노트

강의자의 입장

deserve further examination

추가 조사 필요

반박 1

overlook diverse religious belief & practice

└ 세부사항

  - religious significance → attract other civilization & spark curiosity & help cultural exchange

다양한 종교적 신념과 관행 간과

- 종교적 의의 → 다른 문명 사회들을 끌어들임 & 호기심 촉발 & 문화 교류 도움

반박 2

historical evidence X

└ 세부사항

  - neighboring cultures: admire & embrace intricate & meaningful games

  - scholars & elites: board game → intellectually stimulating & culturally enriching → adoption & adaptation of board games

  - complexity & spiritual depth → enhance appeal

역사적 증거 X

- 주변 문화권들: 복잡 & 의미 있는 게임 존중 & 수용
- 학자 & 엘리트층: 보드 게임 → 지적 호기심 자극 & 문화적 풍요 → 보드게임 채택 & 개량
- 복잡성 & 영적 깊이 → 매력을 높임

반박 3

practical focus: simplify complex dynamics of cultural exchange

현실적인 초점: 문화 교류의 복합적인 역학 관계를 단순화

└ 세부사항
- historical evidence: political & economic
  interaction → cultural exchange
- focus: government & trade but broader cultural
  exchange(game)

- 역사적 증거: 정치적 & 경제적 교류 → 문화
  교류
- 중점: 지배 & 교역 그러나 더 폭넓은 문화
  교류(게임)

모범 답안

서론

The author of the reading argues that there are several reasons for the limited popularity of ancient Egyptian board games beyond Egypt. However, the professor challenges the reading's incomplete assertions by presenting point-by-point counterarguments.

본론 1

First of all, the professor claims that their religious symbolism in Egyptian board games limited their popularity beyond Egypt, potentially neglecting the diverse religious beliefs and practices of neighboring cultures. The spiritual depth of these games could have sparked interest and promoted sharing between cultures. He observes that neighboring cultures had diverse religious beliefs and practices. The professor, therefore, refutes the reading passage's idea that the religious significance of Egyptian board games like Senet didn't attract neighboring cultures, limiting their popularity outside Egypt.

본론 2

On top of that, the professor asserts that historical records don't support the notion that the complexity and religious aspects of Egyptian games hindered their dissemination. Neighboring cultures, particularly scholars and elites, valued and adopted Egyptian board games for their intellectual challenge and religious significance, finding them culturally enriching. This appreciation suggests that the games' complexity and spiritual depth may have actually increased their attractiveness across societies. The professor, thus, counters the reading passage's claim that the spread of Egyptian board games was likely limited due to their complex and religiously significant designs.

본론 3

Lastly, the professor contends that the assertion that the pragmatic approach of the Egyptian Empire limited the spread of board games oversimplifies how cultural exchange worked. Historical evidence indicates that cultural exchange often accompanied political and economic interactions, and this exchange encompassed the sharing of ideas like games and entertainment alongside governance and trade. As such, the professor rebuts the reading passage's assertion that the expansion of the Egyptian Empire did not contribute to the dissemination of Egyptian board games.

독해 지문의 글쓴이는 이집트를 벗어난 곳에서 고대 이집트 보드 게임의 제한적인 인기에 대해 여러 가지 이유가 존재한다고 주장한다. 하지만, 교수는 요점별로 반론을 제시하면서 독해 지문의 불완전한 주장에 이의를 제기하고 있다.

가장 먼저, 교수는 이집트 보드 게임이 지닌 영적 상징성이 이집트를 벗어난 곳에서의 인기를 제한하면서, 잠재적으로 인접 문화권의 다양한 종교적 신념과 관행을 도외시했을 것이라고 주장하고 있다. 이 게임들의 영적 깊이가 흥미를 촉발시키고 여러 문화권 사이에서 교류를 촉진했을 수 있다. 교수는 여러 인접 문화권이 다양한 종교적 신념과 관행을 지니고 있었다고 말한다. 따라서, 교수는 세넷 같은 이집트 보드 게임이 지니는 종교적 중요성이 인접 문화권을 끌어 들이지 못해, 이집트 밖에서의 인기를 제한했다는 독해 지문의 주장을 반박하고 있다.

그뿐만 아니라, 교수는 역사적 사료가 이집트 게임의 복잡성과 종교적 측면이 그들의 전파를 방해했다는 개념을 뒷받침하지 않는다고 주장했다. 주변 문화권에서는 특히 학자들과 엘리트층이 지적인 도전과 종교적 의미를 가진 이집트 보드 게임을 가치 있게 여겨 채택했으며 그들은 이 게임들이 문화적으로 풍요롭게 해주는 것이라고 생각했다. 이 평가는 게임의 복잡함과 영적 깊이가 사회 전반에 걸쳐 그들의 매력을 오히려 증대시켰다는 것을 시사한다. 따라서 교수는 이집트 보드 게임의 복잡하고 종교적으로 의미 있는 디자인 때문에 그 전파가 제한됐을 거라는 읽기 지문의 주장을 반박한다.

마지막으로, 교수는 이집트 왕국의 실용적인 접근 방식이 보드 게임의 확산을 제한했다는 설은 문화 교류가 작용하는 방식을 지나치게 단순화하는 것이라고 주장한다. 역사적 증거에 따르면 문화 교류는 흔히 정치적, 경제적 상호 작용을 동반했으며, 이러한 교류는 통치 및 교역과 함께 게임 및 오락 같은 아이디어의 공유를 아우른 것으로 나타난다. 따라서, 교수는 이집트 왕국의 확장이 이집트 보드 게임의 보급에 기여하지 못했을 것이라는 독해 지문의 주장을 반박하고 있다.

어휘 neglect 도외시하다, 무시하다 historical records 역사적 사료 notion 개념, 아이디어 hinder 방해하다 dissemination
전파 elite 권력층, 지배계층 intellectual challenge 지적 도전(자극) pragmatic 실용적인 oversimplify 지나치게
단순화하다 accompany 동반하다 encompass 아우르다, 포함하다

UNIT 05 단계별 답변 말하기

EXERCISE p.160

1
지문 해석

미국 내 의사 부족 문제

최근 몇 년 사이에, 미국은 자국 내 의료 서비스 시스템에 상당한 어려움을 초래하고 있는 곤혹스러운 경향에 직면해 왔는데, 그것은 바로 개업 의사 숫자의 현저한 감소이다. 이 부족 문제는 환자 관리의 수준뿐만 아니라 전국에 걸친 의료 서비스의 이용 가능성에도 영향을 미칠 우려가 있다. 여러 중요 요인들이 이 감소 사태를 촉진하고 있으며, 그 각각은 의료업에 가해지는 조직 압력 그리고 기대치와 서로 얽혀 있다.

첫 번째로, 의대생들이 직면하고 있는 하늘 높이 치솟는 학자금 대출 부채가 의료 분야로의 진출에 있어 무시무시한 장벽의 역할을 하고 있다. 미국 내에서 상승하고 있는 의학 교육 비용이 흔히 수십만 달러를 초과하는 부채에 대한 부담을 졸업생들에게 지우고 있다. 이러한 금전적 부담감은 잠재 신입생들을 낙담시킬 뿐만 아니라 기존의 의사들을 잠재적으로 성취감은 더 낮음에도 불구하고 급여는 더 높은 여러 다른 분야의 역할로 옮겨 가게 만들기도 한다. 게다가, 이 부채는 급여가 더 낮은 전문 분야에 종사하거나 의료 서비스가 충분하지 못한 지역 사회에 기여할 수 있는 의사의 능력을 제한해, 의료 서비스를 가장 필요로 하는 곳에서 중대한 부족 문제를 악화시킨다.

두 번째로, 번아웃의 만연 및 일과 삶의 균형을 이루기 위한 힘겨움이 의료 전문가들의 지위를 약화시키는 중대한 문제로 점점 더 크게 인식되고 있다. 장시간의 근무와 높은 스트레스, 그리고 환자 관리에 따른 정서적 피해로 특징 지어지는, 의료업에 대한 극심한 요구가 의사들 사이에서 높은 번아웃 비율의 원인이 되고 있다. 정서적 소모와 냉소, 그리고 낮아진 개인 성취감에 따른 증상들을 통해 나타나는 번아웃은 의사들의 행복에 영향을 미칠 뿐만 아니라 업무에 대한 참여도와 만족도까지 감소시킨다. 결과적으로, 많은 의사들이 어쩔 수 없이 진료상의 책임을 줄이거나 의료 분야에서의 경력을 완전히 포기한다.

마지막으로, 수련의 프로그램의 제한적인 이용 가능성으로 인해 발생하는 병목 현상이 상당한 장애물로 존재하고 있다. 수련의 교육은 많은 의료 전문 분야에서 개업의 필수 요건이며, 그 기간이 3년에서 7년에 이르기까지 다양하다. 점점 숫자가 늘어나는 의대 졸업생들과 정체된 수련의 자리 사이에 존재하는 부조화는, 대체로 불충분한 연방 자금 지원이 원인으로서, 새로운 의사들의 인력 전환을 방해하고 있다. 이 수련의 자리의 부족 문제는 새로운 의사들의 개업 활동 시작을 지연시키고 의사들에 대한 전반적인 이용 가능성을 축소시켜, 특히 그들을 가장 필요로 하는 1차 의료 및 시골 지역에 영향을 미친다.

어휘

encounter 직면하다(= face) post 초래하다, 가하다 practicing 개업하는 threaten to +동사원형 ~할 우려가 있다 accessibility 이용 가능성, 접근 가능성 drive 촉진하다 interwoven with ~와 얽혀 있는 systemic pressure 조직 압력 debt 부채, 빚 formidable 무시무시한, 가공할 만한 escalating 치솟는 saddle A with B A에게 B에 대한 부담을 지우다 burden 부담(감) entrant 신입생 compel A to +동사원형 A에게 ~하게 만들다 migrate towards ~로 옮겨 가다 fulfilling 성취감을 주는 specialty 전공 분야 underserved 서비스가 충분하지 못한 exacerbate 악화시키다 prevalence 만연, 팽배 struggle 힘겨움 erode 약화시키다 intense 극심한 marked by ~로 특징 지어지는 toll 피해, 희생 manifest 나타나다 symptom 증상 cynicism 냉소 engagement 참여, 관여 abandon 포기하다 bottleneck 병목 현상 residency 수련의 practice 개업 mismatch 부조화 stagnant 정체된 hamper 방해하다 scarcity 부족 curtail 축소시키다 primary care 1차 의료

강의 스크립트 & 해석

Now listen to part of a lecture on the topic you just read about
이제 방금 읽은 내용의 주제에 관한 강의 일부를 들으시오.

Now, let's talk about the reading. It presented several possible reasons for the declining number of doctors in the USA. Today in class, I'd like to challenge some of those reasons.

Firstly, the reading suggests that the burden of student loans deters individuals from pursuing a career in medicine or prompts practicing doctors to leave the profession. However, it's important to note that there are various scholarship policies offered to offset the high tuition costs of medical school. These scholarships aim to alleviate the financial burden on aspiring doctors, making the profession more accessible and attractive.

Secondly, the reading mentions burnout and work-life balance issues among medical professionals. While this is certainly a concern, it's worth considering the growing role of nurses in addressing healthcare needs. Nurses are increasingly taking on expanded responsibilities and providing primary care services, helping to alleviate the workload on doctors. By optimizing the collaboration between doctors and nurses, healthcare organizations can mitigate burnout and improve patient care delivery.

Lastly, the reading suggests that the scarcity of residency program placements is concerning. However, the shortage of doctors cannot be solely attributed to the limited availability of residency programs. One significant oversight is the inadequate number of medical school graduates entering the workforce. Despite an increasing demand for healthcare services, medical schools often struggle to accommodate a sufficient number of students due to resource constraints and faculty shortages. Consequently, even if more residency program placements were made available, there would still be a shortage of doctors entering the workforce.

자, 읽은 내용과 관련해 이야기해 보겠습니다. 그 내용이 미국 내 의사 숫자의 감소에 대한 여러 가지 가능성 있는 이유를 제공해 주었죠. 오늘 수업에서는, 몇몇 그 이유들에 대해 이의를 제기해 보려 합니다.

첫 번째로, 독해 지문은 학자금 대출에 대한 부담감으로 인해 사람들이 의료계에서의 경력을 추구하지 못하게 되거나 개업의들이 그 직종을 떠나도록 촉발하고 있음을 시사합니다. 하지만, 의대의 높은 등록금을 상쇄할 수 있도록 제공되는 다양한 장학금 정책이 존재한다는 점에 유의하는 것이 중요합니다. 이 장학금은 장차 의사가 되려는 학생들에 대한 금전적 부담을 완화해, 그 직종을 더욱 다가가기 쉽고 매력적인 것으로 만들기 위함입니다.

두 번째로, 독해 지문은 의료 전문가들 사이에서 나타나는 번아웃 및 일과 삶의 균형 문제를 언급하고 있습니다. 이것이 분명 우려 사항이기는 하지만, 의료 서비스의 필요성을 해결하는 데 있어 간호사의 역할이 확대되고 있다는 것을 고려해 볼 만합니다. 간호사들이 점점 더 많은 책임을 지고 1차 의료 서비스를 제공하고 있기 때문에, 의사들에 대한 업무량을 완화하는 데 도움이 되고 있습니다. 의사와 간호사 사이의 협업을 최적화함으로써, 의료 기관들이 번아웃을 완화하고 환자 관리 서비스 제공 체계를 개선할 수 있습니다.

마지막으로, 독해 지문은 수련의 프로그램 자리의 부족 문제가 우려되는 부분임을 시사합니다. 하지만, 의사 부족 문제는 오로지 수련의 프로그램의 제한적인 이용 가능성에만 기인할 수 없습니다. 한 가지 중요한 착오는 인력으로 유입되는 의대 졸업생들의 불충분한 숫자입니다. 의료 서비스에 대한 수요 증가에도 불구하고, 의과 대학들은 흔히 자원 제약 및 교수진 부족 문제로 인해 충분한 숫자의 학생들을 수용하는 것을 힘겨워하고 있습니다. 결과적으로, 설사 더 많은 수련의 프로그램 자리가 이용 가능하게 된다 하더라도, 여전히 인력으로 유입되는 의사의 부족 문제가 존재할 것입니다.

어휘 offset 상쇄하다 alleviate 완화하다(= mitigate) aspiring 장차 ~가 되려는 optimize 최적화하다 collaboration 협업, 협력 be attributed to ~에 기인하다, ~가 원인이다 oversight 착오, 간과 inadequate 불충분한, 부적당한 sufficient 충분한 constraint 제약 faculty 교수진

문제

Summarize the points made in the lecture, being sure to explain how they respond to the specific concerns presented in the reading passage.

강의에서 언급된 내용을 요약하고, 읽기 지문에서 제시된 구체적인 문제에 어떻게 대응하는지 설명하시오.

읽기 지문 노트

주제
factors of doc. # ↓ in USA

미국 내 의사 수 부족 요인

근거 1

significant amount of student loan

└ 세부사항
- high $ of medical education → debt → enter into medical field X
- debt↑ → restrict lower paying specialty & underserved regions

근거 2

burnout & struggle w/ work-life balance

└ 세부사항
- demanding: work hrs↑, stress↑ & emotional strain → burnout
- impact personal welfare & job satisfaction

근거 3

limited availability of residency programs

└ 세부사항
- # of residence programs < # of medical school graduates ← funding↓
- delay new doc. entering into medical field & limit supply of doc.

엄청난 양의 학자금 대출

- 높은 의학 교육비 → 부채 → 의료 분야 진출 X

- 부채↑ → 급여가 더 낮은 전문 분야 & 서비스가 충분하지 못한 지역 제한

번아웃 & 일과 삶의 균형 힘듦

- 요구가 많은: 근무 시간↑, 스트레스↑ & 정서적 피해 → 번아웃
- 개인 행복 & 직업 만족도 영향

수련의 프로그램의 제한적 이용 가능성

- 수련의 프로그램 수 < 의대 졸업생 수 ← 자금 지원
- 새로운 의사 의료계 진출 지연 & 의사 공급 제한

강의 노트

강의자의 입장

challenge

반박 1

various scholarship policy

└ 세부사항
- offset high $ of medical school
- financial burden↓ → medical profession: accessible & attractive

반박 2

role of nurse↑ : address healthcare need

└ 세부사항
- expanded responsibilities & primary health cares
- collaboration b/t docs. & nurses → burnout↓ & patient care↑

반박 3

residency program↓ → sole reason X

└ 세부사항
- # of medical school graduates↓
- resources & faculty↑ → accommodate sdts↑ X

이의 제기

다양한 장학금 정책

- 높은 의대 등록금 상쇄
- 금전적 부담↓ → 의사 직종: 더욱 다가가기 쉽고 매력적이게

간호사 역할↑ : 의료 서비스 수요 해결

- 더 많은 책임 & 1차 진료 서비스
- 의사와 간호사 협업 → 번아웃↓ & 환자 관리↑

수련의 프로그램↓ → 유일한 이유 X

- 의대 졸업생 수↓
- 자원 & 교수진↓ → 학생 수용↑ X

답안 쓰기

서론

According to the reading, there are several primary factors contributing to the shortage of doctors in the USA. However, the professor challenges this idea by presenting point-by-point counterarguments.

본론 1

First of all, the professor claims that several scholarship policies are available to offset the high tuition costs of medical school, aiming to reduce the financial burden on aspiring doctors. These scholarships make the profession more accessible and attractive by providing financial assistance. The professor, therefore, refutes the reading passage's idea that the substantial student loan debt accrued by medical students acts as a significant deterrent.

본론 2

On top of that, the professor asserts that burnout and work-life balance challenges among medical professionals are notable concerns, but it's important to acknowledge the increasing contribution of nurses in addressing healthcare needs. Nurses are assuming more significant roles in providing primary care services, thereby reducing the workload on doctors. Improved collaboration between doctors and nurses in healthcare organizations can alleviate burnout and enhance patient care delivery. The professor, thus, counters the reading passage's claim that burnout and work-life balance challenges are common among medical professionals and are recognized as key factors in the declining number of doctors.

본론 3

Lastly, the professor contends that the shortage of doctors can't solely be blamed on limited residency program spots; inadequate medical school graduates entering the workforce is a major issue. Despite rising healthcare demands, medical schools face challenges in accommodating enough students due to resource and faculty shortages. Even with more residency program openings, the shortage of doctors would persist due to this underlying problem. As such, the professor rebuts the reading passage's assertion that the scarcity of doctors arises from the scarcity of residency programs.

독해 지문에 따르면, 미국 내 의사 부족 문제의 원인이 되는 여러 주된 요인들이 존재한다. 하지만, 교수는 요점별로 반론을 제시하면서 이러한 아이디어에 이의를 제기하고 있다.

가장 먼저, 교수는 여러 장학금 정책이 의대의 높은 등록금을 상쇄하는 데 이용 가능하며, 이는 장차 의사가 되려는 학생들에 대한 금전적 부담을 줄여 주는 것이 목적이라고 주장한다. 이 장학금은 금전적 지원을 제공함으로써 이 직종을 더욱 접근 가능하고 매력적으로 만들어 준다. 따라서, 교수는 의대생들에 의해 축적된 상당한 학자금 대출 부채가 중요한 억제 요소의 역할을 한다는 독해 지문의 의견을 반박하고 있다.

그뿐만 아니라, 교수는 의료 전문가들 사이에서 나타나는 번아웃 및 일과 삶의 균형 문제가 주목할 만한 우려 사항이기는 하지만, 의료 서비스 필요성을 해결하는 데 있어 간호사의 기여 증가를 인식하는 것이 중요하다고 주장한다. 간호사들이 1차 의료 서비스를 제공하는 데 있어 중요한 역할을 더 많이 맡으면서, 의사들에 대한 업무량이 줄어들고 있다. 의료기관 내에서 의사와 간호사 사이의 협업이 개선되면 번아웃을 완화하고 환자 관리 서비스 제공 체계를 향상시킬 수 있다. 따라서, 교수는 번아웃 및 일과 삶의 균형 문제가 의료 전문가들 사이에서 흔하며 의사 숫자 감소의 핵심 요인으로 인식되고 있다는 독해 지문의 의견을 반박하고 있다.

마지막으로, 교수는 의사 부족 문제가 오로지 제한적인 수련의 프로그램 자리의 탓으로만 돌릴 수 없으며, 인력으로 유입되는 불충분한 의대 졸업생이 주된 문제라고 주장한다. 늘어나는 의료 서비스 수요에도 불구하고, 의과 대학들은 자원 및 교수진 부족 문제로 인해 충분한 학생들을 수용하는 데 있어 어려움에 직면해 있다. 심지어 수련의 프로그램의 자리가 더 많이 있다 하더라도, 의사 부족 문제는 이러한 근본적인 문제로 인해 지속될 것이다. 따라서, 교수는 의사 부족 문제가 수련의 프로그램 부족 문제에서 비롯되고 있다는 독해 지문의 주장을 반박하고 있다

어휘 accrue 축적하다, 모으다   deterrent 억제(하는 것)   enhance 향상시키다, 강화하다   be blamed on ~의 탓으로 돌리다   persist 지속되다   underlying 근본적인, 기저를 이루는   assertion 주장

2

지문 해석

미국 내 캐슈 균류의 확산 방지를 위한 잠재적 조치	어휘
미국 내 캐슈넛 재배가 현재 균류 감염으로 인해 상당한 위협을 받고 있다. 이 감	spread 확산 cultivation 재배, 경작

염은 상당한 경제적 손실로 이어지고 있으며, 캐슈넛의 품질을 저하시키고 있다. 이에 대한 대응으로, 연구가들과 농업 전문가들이 이 긴급한 문제에 효과적으로 맞설 수 있도록 부지런히 다양한 전략을 탐구하고 있다. 세 가지 혁신적인 조치가 미국 캐슈 재배 분야의 균류 확산을 중단시키기 위해 제안되었다.

첫 번째 조치는 균류가 들끓는 캐슈넛의 선별적 제거이다. 이 선제적인 접근법은 균류가 건강한 캐슈넛으로 확산될 가능성이 생기기 전에 감염된 것들을 제거하는 과정을 수반한다. 성장 및 처리 과정상의 여러 다른 단계에서 세심한 점검을 통해, 해당 분량 내에서 곰팡이에 오염된 캐슈넛을 확인하고 제거한다. 이 방법의 목적은 이 작물 내에 있는 균류의 양을 크게 줄임으로써, 광범위한 감염 위험성을 최소화하는 것이다.

제안된 또 다른 조치는 특히 캐슈넛에서 자라는 균류를 목표로 삼아 억제하도록 만들어진 바이러스의 주입이다. 이 생물학적 방제 방식은 감염의 원인인 균류에 맞서는 양성 바이러스를 활용함으로써, 화학 살균제에 의존하지 않고 캐슈넛을 보호해 준다. 이러한 바이러스의 배치는 캐슈넛 수확물 내의 균류 감염을 관리하는 지속 가능하고 환경 친화적인 접근법에 해당한다.

마지막 조치는 캐슈넛에 전염병을 옮기는 특정 균류에 대해 저항력을 발휘하는 종을 캐슈 나무와 접목하는 과정을 수반한다. 접목은 두 식물의 일부분을 합쳐, 하나의 개체로서 성장할 수 있게 해 주는 기술이다. 목표 균류에 대해 자연적으로 저항성을 지닌 나무 종의 뿌리 줄기를 선택하고 그것을 캐슈 나무에 접목함으로써, 균류 감염에 대한 캐슈 나무의 방어 능력을 강화할 수 있다. 이 혁신적인 방법은 회복력이 더 큰 캐슈종을 개발할 가능성을 지니고 있으며, 그에 따라 균류 침입 발생률을 감소시킨다.

fungal 균류의 infection 감염 degrade 저하시키다 combat ~와 맞서다 pressing 긴급한 halt 중단시키다 infested (해충 등의) 들끓는 proactive 선제적인 involve 수반하다 counterpart (동등한 입장에 있는) 상대, 대응물 meticulous 세심한 contaminate 오염시키다 mold 곰팡이 batch (물품 등의) 한 회분 injection 주입 inhibit 억제하다 biocontrol 생물학적 방제 employ 활용하다 benign 양성의 resort to ~에 의존하다 fungicide 살균제 deployment 배치, 전개 sustainable 지속 가능한 graft 접목하다 species (동식물의) 종 exhibit 발휘하다 resistance 저항(성) plague 전염병을 옮기다, 괴롭히다 merge 합치다 entity 개체 rootstock 뿌리 줄기 feasible 실현 가능한 bolster 강화하다 resilient 회복력이 있는 incidence 발생률 infestation 침입

강의 스크립트 & 해석

Now listen to part of a lecture on the topic you just read about.
이제 방금 읽은 내용의 주제에 관한 강의 일부를 들으시오.

Today, we'll explore innovative approaches to tackle fungal issues in American cashew nut cultivation. This problem has led to significant financial losses and a decrease in nut quality. The reading proposes strategies to mitigate these challenges, yet it's important to consider their feasibility and environmental impact.

The first strategy mentioned involves selectively removing fungi-infested cashew nuts. While aiming to control the spread of fungus at an early stage, this method may not fully address the complexity of fungal ecology. Fungi can inhabit various hosts, including other trees in proximity to cashew plantations. Thus, removing infected cashews alone might not eliminate the source of the infection, potentially allowing the problem to persist.

Introducing a virus to combat fungi presents an innovative, potentially eco-friendly alternative to chemical treatments. However, implementing this strategy presents significant obstacles. Manual application to each tree in extensive orchards would be labor-intensive and might not guarantee long-term success. The uncertainty surrounding the virus's impact on the ecosystem and its unintended consequences raises concerns about this approach's feasibility.

오늘은, 미국 캐슈넛 재배 분야에서 균류 문제에 맞서는 혁신적인 접근법을 살펴보겠습니다. 이 문제는 상당한 금전적 손실 및 캐슈넛의 품질 저하로 이어져 왔습니다. 독해 지문이 이 어려움을 완화하기 위한 여러 전략을 제안하고 있기는 하지만, 그 실현 가능성과 환경적 영향을 고려하는 것이 아주 중요합니다.

언급된 첫 번째 전략은 균류가 들끓는 캐슈넛을 선별적으로 제거하는 과정을 수반합니다. 초기 단계에서 균류의 확산을 제어하는 것을 목적으로 하고 있기는 하지만, 이 방법은 균류 생태의 복잡성을 온전히 해결해 줄 수 없습니다. 균류는 캐슈 농장 근처에 있는 다른 나무들을 포함해, 다양한 숙주에 서식할 수 있습니다. 따라서, 균류가 들끓는 캐슈넛을 제거하는 것 하나만으로는 감염의 근원을 없애지 못하기 때문에, 잠재적으로 문제가 지속되도록 할지도 모릅니다.

균류에 맞설 수 있는 바이러스를 도입하는 것은 화학적 처리 방식에 대한 혁신적이고 잠재적으로 친환적인 대안을 제공합니다. 하지만, 이러한 전략을 시행하는 데에는 상당한 장애물이 존재합니다. 광범위한 과수원에서 각 나무에 수작업으로 적용하는 것은 많은 노동력을 요하는 일일 것이며, 장기적인 성공을 보장하지 못할지도 모릅니다. 이 바이러스가 생태계 에 미치는 영향 및 의도치 않은 결과들을 둘러

Lastly, the idea of grafting cashew trees with varieties resistant to fungi, though scientifically sound, faces challenges when applied on a large scale. The unpredictable nature of hybrid trees' adaptation to their environment and the potential introduction of new problems highlights the complexity of this method. Additionally, the process of developing these hybrid trees is both labor-intensive and time-consuming.

싼 불확실성은 이 접근법의 실현 가능성과 관련된 우려를 제기하게 됩니다.

마지막으로, 캐슈 나무를 균류 저항성이 있는 다른 종들과 접목하는 아이디어는, 과학적으로 안전하기는 하지만, 대규모로 적용되는 경우에 여러 어려움에 직면하게 됩니다. 교배종 나무의 환경 적응성이 지닌 예측할 수 없는 특성과 새로운 문제들의 잠재적 유입이 이 방법의 복합성을 분명히 보여 줍니다. 또한 교배종 나무를 개발하는 과정은 노동 집약적일 뿐만 아니라 시간 소모적이기도 합니다.

어휘 tackle (문제 등에) 맞서다 cultivation 재배 mitigate 완화하다 feasibility 실현 가능성 complexity 복합성, 복잡성 ecology 생태 inhabit 서식하다 host 숙주 plantation 농장 eliminate 없애다 persist 지속되다 alternative 대안 implement 시행하다 obstacle 장애물 labor-intensive 많은 노동력을 요하는, 노동 집약적인 ecosystem 생태계 unintended 의도치 않은 consequence 결과 sound 안전한 hybrid 교배종, 잡종 adaptation 적응 time-consuming 시간 소모적인

문제

Summarize the points made in the lecture, being sure to explain how they respond to the specific concerns presented in the reading passage.

강의에서 언급된 내용을 요약하고, 읽기 지문에서 제시된 구체적인 문제에 어떻게 대응하는지 설명하시오.

읽기 지문 노트

주제
measures to halt spread of cashew nuts fungi in US

근거 1
selective removal of fungi-infested
└ 세부사항
- meticulous inspection → identify & eliminate
- fungal load & risk of infection ↓

근거 2
injection of virus
└ 세부사항
- use a benign virus → combat fungi
- protect nut w/o use of chemical fungicide

근거 3
graft cashew tree
└ 세부사항
- resistant to fungi affecting cashew
- development of resilient cashew varieties ↑

미국 내 캐슈넛 균류 확산 방지를 위한 조치

균류가 들끓는 캐슈 선별적 제거

- 세심한 점검 → 확인 & 제거
- 균류 양 & 감염 위험 ↓

바이러스 주입

- 양성 바이러스 사용 → 균류에 맞서기
- 화학 살균제 사용하지 않고 너츠 보호

캐슈 나무 접목

- 캐슈에 전염병을 옮기는 균류에 저항력이 있는
- 회복력 있는 캐슈종 개발 ↑

강의 노트

강의자의 입장
feasibility & envi. impact

반박 1
selectively removing → fully address X fungal ecology
ㄴ 세부사항
　　- inhabit various hosts → other trees in proximity
　　- eliminate the source X → persistent problems

반박 2
introducing virus → obstacles
ㄴ 세부사항
　　- labor-intensive & guarantee long-term success X
　　- uncertain impact on eco. & unintended consequences

반박 3
grafting cashew trees → faces challenges
ㄴ 세부사항
　　- unpredictable & potential new problems
　　- labor-intensive & time-consuming

실현 가능성 & 환경적 영향

선별적 제거 → 균류 생태계 온전히 해결 X

- 다양한 숙주에 서식 → 인접한 다른 나무
- 근원 제거 X → 문제 지속

바이러스 도입 → 장애물

- 노동 집약적 & 장기적인 성공 보장 X
- 환경 영향 불확실 & 의도치 않은 결과

캐슈 나무 접목 → 어려움 직면

- 예측할 수 없는 & 새로운 잠재적 문제
- 노동 집약적 & 시간 소모적

답안 쓰기

서론
The author of the reading argues that there are several strategies to address fungal infections in American cashew nut cultivation. However, the professor challenges the feasibility and environmental impact of these strategies by presenting point-by-point counterarguments.

본론 1
First of all, the professor claims that simply removing infected nuts might not fully resolve the issue due to the broader ecological context of fungal propagation. Since fungi can also reside in and affect various plants and trees within and beyond cashew plantations, this could continue to pose a threat to cashew plants. The professor, therefore, refutes the reading's ideas that selectively removing cashew nuts infected with fungi is a way to prevent the spread of the fungus to healthy nuts.

본론 2
On top of that, the professor asserts that effectively applying a biological control method faces significant challenges. This strategy involves manually injecting each tree in expansive orchards. Additionally, there are uncertainties about the long-term effectiveness of the virus and its ecological impact. The professor, thus, counters the reading's assertion that injecting a

독해 지문의 글쓴이는 미국 캐슈넛 재배 분야에서 균류 감염 문제를 해결하는 데 여러 전략이 존재한다고 주장한다. 하지만, 교수는 요점별로 반론을 제시하면서 이러한 전략들의 실현 가능성 및 환경적 영향에 이의를 제기하고 있다.

가장 먼저, 교수는 단순히 감염된 캐슈넛을 제거하는 것이 균류 증식의 더 폭넓은 생태학적 맥락으로 인해 온전히 문제를 해결해 주지 못할 수도 있다고 주장한다. 균류가 캐슈 농장 내외의 다양한 식물과 나무 속에 서식하면서 영향을 미칠 수 있기 때문에, 이는 캐슈 식물에 지속적으로 위협을 가할 수도 있다. 따라서, 교수는 균류에 감염된 캐슈넛을 선별적으로 제거하는 것이 건강한 캐슈넛에 확산되는 균류를 막을 수 있는 한 가지 방법이라는 독해 지문의 의견을 반박하고 있다.

그뿐만 아니라, 교수는 효과적으로 생물학적 방제 방식을 적용하는 것이 상당한 어려움에 직면해 있다고 주장한다. 이 전략은 광범위한 과수원의 각 나무에 수작업으로 주입하는 작업을 수반한다. 게다가, 바이러스의 장기적인 효과 및 그 생태학적 영향에 대한 불확실성도 존재한다. 이에 따라, 교수는 바이러스 주입이 캐슈넛에서 성장하는 균류를 목표로 삼아 억제하는 효과적인 수단이라는 독해 지문의 주장을 반박하고 있다.

virus is an effective measure to target and inhibit fungal growth on cashew nuts.

본론 3

Lastly, the professor contends that grafting cashew trees with other tree varieties has potential benefits, but this approach also carries unpredictability and complexity involved in adapting these hybrid trees to various environmental conditions. Additionally, this strategy requires the time-intensive and laborious process of developing and implementing these grafts. As such, the professor rebuts the reading passage's assertion that grafting cashew trees with other tree species resistant to the specific fungi affecting cashews presents a viable solution to combat the proliferation of fungal infections in cashew nuts.

마지막으로, 교수는 캐슈 나무를 다른 나무 종과 접목하는 것이 잠재적 이점을 지니고 있기는 하지만, 이 접근법은 이 교배종 나무를 다양한 환경 조건에 적응시키는 것과 관련된 예측 불가능성과 복합성도 수반한다고 주장한다. 더욱이, 이 전략은 이러한 접목 방식을 개발하고 시행하는 시간 집약적이고 고된 과정을 필요로 한다. 따라서, 교수는 캐슈넛에 영향을 미치는 특정 균류에 저항성이 있는 다른 나무 종과 캐슈 나무를 접목하는 것이 캐슈넛의 균류 감염 확산에 맞설 수 있는 실행 가능한 해결책이 된다는 독해 지문의 주장을 반박하고 있다.

어휘 propagation 증식   reside 서식하다, 살다   plantation 농장   pose (문제 등을) 가하다, 제기하다   manually 수작업으로   inject 주입하다   uncertainty 불확실성   ecological 생태학적인   assertion 주장   inhibit 억제하다   unpredictability 예측 불가능성   complexity 복합성   adapt 적응시키다   time-intensive 시간 집약적인   laborious 고된, 힘든   resistant 저항성 있는   viable 실행 가능한   combat 맞서다   proliferation 확산

UNIT 06 주제별 실전 문제

생물학   p.168

1
지문 해석

나무 슬근의 기능

나무 슬근은 사이프러스와 맹그로브 같은 특정 나무 종 주변의 토양에서 돌출되어 있는 기이한 구조물로서, 과학자들의 마음을 사로잡으면서, 그 기능과 관련된 여러 가지 가설로 이어져 왔다.

우선, 나무 슬근은 물에 잠겨 있는 환경에서 호흡을 용이하게 하는 것으로 여겨지고 있다. 물 위로 솟아 있는 이 구조물은 대기와의 기체 교환, 특히 뿌리 호흡에 필요한 산소 흡입을 가능하게 해 줄 수 있다. 이 가설은 물 속에 잠긴 뿌리로 인해 다른 곳보다 산소 수준이 낮을 수 있는 지역에서 슬근을 가진 나무들을 관찰함으로써 뒷받침되고 있다.

게다가, 나무 슬근은 나무의 회복 탄력성 또는 재생에도 기여할 수 있다. 주된 생식 수단은 아니지만, 일부 경우에 있어, 뿌리 또는 새순 같은 성장을 보이는 슬근은 원래의 나무가 위태로워지는 경우에 새 나무 성장을 지탱하는 데 도움을 줄 수 있다는 점을 시사한다. 이는 나무가 손상 또는 환경적 스트레스로부터 회복하도록 도움을 주는 데 있어 그 잠재적인 역할을 나타낸다.

마지막으로, 나무 슬근이 메탄 배출물을 완화하는 데 있어 한 가지 역할을 한다는 가설이 제기된 바 있다. 메탄이 많은 습지 환경에서, 슬근은 포화 상태의 토양으로부터 메탄을 방출시키는 데 도움을 주어, 온실 가스 배출물을 감소시키는 천연 장치의 역할을 할 수도 있다. 나무 슬근이 존재하지 않는 지역보다 나무 슬근 주변에서 메탄 수준이 더 낮다는 점을 보여 주는 연구가 이 이론은 뒷받침하고 있으며, 이는 이 독특한 구조물의 환경적 이점을 시사하는 것이다.

어휘

knee 슬근(무릎 뿌리라고도 부르며, 습지 환경에서 생육을 위한 버팀목 같은 역할을 함)
peculiar 기이한, 이상한   protrude 돌출되다, 튀어나오다   species (동식물의) 종
captivate 마음을 사로잡다   hypothesis 가설   respiration 호흡   waterlogged 물에 잠긴   atmosphere 대기   intake 흡입
observation 관찰   submerged 물 속에 잠긴   resilience 회복 탄력성   regeneration 재생   reproduction 생식, 번식   shoot 순, 싹   compromise 위태롭게 하다
hypothesize 가설을 제시하다   mitigate 완화하다   emission 배출(물)   swampy 습지의   saturated 포화된   mechanism 장치, 방법

Now listen to part of a lecture on the topic you just read about.
이제 방금 읽은 내용의 주제에 관한 강의 일부를 들으시오.

Last class, we discussed the concept of tree knees and were introduced to various hypotheses regarding their potential functions. However, the ideas mentioned in the reading all have weaknesses.

지난 수업 시간에, 우리는 나무 슬근의 개념을 이야기하면서 그 잠재적 기능과 관련된 다양한 가설을 소개했습니다. 하지만, 독해 지문에 언급된 아이디어들은 모두 결점을 지니고 있습니다.

Let's start with the aeration hypothesis. It's a logical assumption that these structures help with oxygen intake, especially since they are often found in waterlogged soils. However, there's more to consider. Recent studies have shown that not all tree knees are hollow or directly connected to the root system for gas exchange. So, while they might aid in aeration to some extent, it's not their primary function across all tree species.

통기 관련 가설부터 시작해 보죠. 이 구조물이 산소 흡입에 도움이 된다는 건 논리적인 추정인데, 특히 흔히 물에 잠긴 토양에서 발견되기 때문에 그렇습니다. 하지만, 그 이상으로 고려해 봐야 하는 부분이 있습니다. 최근의 연구에 따르면 모든 나무 슬근이 비어 있거나 기체 교환을 위해 뿌리 체계와 직접적으로 연결되어 있지는 않은 것으로 나타났습니다. 따라서, 어느 정도 통기에 도움을 줄 수 있을지도 모르지만, 그것이 모든 나무 종에 걸친 주된 기능은 아닙니다.

Moving on to the vegetative propagation hypothesis, this idea suggests that knees can sprout into new trees, which is an intriguing thought. However, in practice, this occurrence is quite rare. It turns out that these structures aren't primarily meant for reproduction. They may occasionally produce shoots or roots, but these don't typically result in the formation of new trees. The main method of propagation for these trees remains through seed dispersal.

영양 번식 가설로 넘어가 보면, 이 아이디어는 슬근이 새로운 나무가 되는 싹을 틔울 수 있음을 시사하며, 이는 아주 흥미로운 생각입니다. 하지만, 실제로는, 이러한 일은 상당히 드뭅니다. 이 구조물은 주로 생식을 위한 존재가 아닌 것으로 드러났습니다. 때때로 새순이나 뿌리는 만들어 낼 수는 있지만, 일반적으로 새로운 나무의 형성이라는 결과를 만들어 내지는 않습니다. 이 나무들의 주된 번식 방법은 여전히 종자 분산을 통한 것입니다.

Lastly, there's the methane hypothesis. While it's true that swampy areas are methane-rich, and the notion that tree knees could act as chimneys to release this gas is interesting, there's limited evidence to support this claim. Methane emissions in these areas are complex and influenced by numerous factors. It's not clear that tree knees play a significant role in methane management. In fact, methane can be absorbed and metabolized by the trees themselves or by microbes in the soil, further complicating the picture.

마지막으로, 메탄 가설이 있습니다. 습지 지역에 메탄이 많은 것이 사실인데다, 나무 슬근이 이 기체를 방출시키는 굴뚝 같은 역할을 할 수 있다는 개념이 흥미롭긴 하지만, 이러한 주장을 뒷받침할 수 있는 증거는 제한적입니다. 이러한 지역들의 메탄 배출은 복합적이며, 수많은 요소의 영향을 받습니다. 나무 슬근이 메탄 관리에 있어 중요한 역할을 하는지 명확하지 않습니다. 실제로, 메탄은 나무 자체에 의해, 또는 토양 속의 미생물에 의해 흡수되고 신진 대사될 수 있으므로, 그림을 한층 더 복잡하게 만듭니다.

어휘 aeration 통기　logical 논리적인　assumption 추정　hollow (속이) 비어 있는　vegetative propagation 영양 번식　sprout 싹을 틔우다　intriguing 아주 흥미로운　occurrence (발생하는) 일, 일어남　seed dispersal 종자 분산　chimney 굴뚝　absorb 흡수하다　metabolize 신진 대사시키다　microbe 미생물　complicate 복잡하게 만들다

문제

Summarize the points made in the lecture, being sure to explain how they respond to the specific concerns presented in the reading passage.
강의에서 언급된 내용을 요약하고, 읽기 지문에서 제시된 구체적인 문제에 어떻게 대응하는지 설명하시오.

읽기 지문 노트

주제
functions of tree knee

나무 슬근의 기능

근거 1
facilitate respiration
└, 세부사항
  - rise above water → gas exchange w/ atmosphere

호흡 용이

- 물 위로 솟아 → 대기와 기체 교환

근거 2
resilience or regeneration
└, 세부사항
  - help sustain new tree growth ← compromised
  - aid recovery ← damage / stress

회복 탄력성 또는 재생

- 새 나무 성장 유지 도움 ← 손상 시
- 회복 도움 ← 손상 / 스트레스

근거 3
methane gas emission ↓
└, 세부사항
  - help release methane ← saturated soil
  - study: areas w/ tree knee → methane gas ↓
    vs. areas w/o tree knee

메탄 가스 배출 ↓

- 메탄 방출 도움 ← 포화 상태 토양
- 연구: 나무 슬근 있는 지역 → 메탄 가스 ↓
  vs. 나무 슬근 없는 지역

강의 노트

강의자의 입장
weaknesses

결점

반박 1
helping O2 intake → more to consider
└, 세부사항
  - studies: X all tree knee → hollow or connected to
    root for gas exchange
  - aid aeration some but primary X

산소 흡입 도움 → 더 고려할 부분

- 연구: 모든 나무 슬근 X → 비어 있거나 기체
  교환을 위해 뿌리와 연결
- 통기 도움 일부 그러나 주 기능 X

반박 2
vegetative propagation → quite rare
└, 세부사항
  - structure: for reproduction X
  - occasion growth of shoots or root but primary
    propagation ← seed dispersal

영양 번식 → 상당히 드뭄

- 구조: 생식용 X
- 때로 새순이나 뿌리 성장 그러나 주된 번식
  방법 ← 종자 분산

반박 3
methane hypothesis → little evidence
└, 세부사항
  - complex & influenced by many factors
  - methane ← absorbed & metabolized by tree
    themselves or microbes in the soil

메탄 가설 → 증거 적음

- 복합적 & 수많은 요소 영향
- 메탄 ← 나무 자체 또는 토양 속의 미생물에
  의해 흡수 & 신진대사

서론

The author of the reading argues that there are several possible theories to explain the various functions of tree knees. However, the professor challenges the weaknesses of these theories by presenting point-by-point counterarguments.

본론 1

First of all, the professor claims that while tree knees might play a role in oxygen intake, there are additional factors to take into account. Recent studies indicate that not all tree knees are hollow or directly connected to the root system for gas exchange. This suggests that aeration may not be the primary function of tree knees for all tree species, although they may still contribute to it to some extent. The professor, therefore, refutes the reading passage's idea that tree knees are believed to aid in tree respiration in waterlogged environments where the root systems are submerged.

본론 2

On top of that, the professor asserts that while tree knees might generate new trees, such occurrences are rare. Tree knees may occasionally grow shoots or roots, but they seldom lead to new tree formation, with seed dispersal remaining the predominant propagation method. The professor, thus, counters the reading's claim that tree knees help trees reproduce without seeds.

본론 3

Lastly, the professor contends that while swampy areas are known for being methane-rich and knees act as chimneys for methane release, there is limited evidence to support this hypothesis. Methane emissions in such areas are affected by multiple factors, and the specific role of tree knees in this process is uncertain. Furthermore, methane can be absorbed and metabolized by trees or soil microbes. As such, the professor rebuts the reading passage's assertion that tree knees, especially, play a significant role in reducing methane gas emissions.

독해 지문의 글쓴이는 나무 슬근의 다양한 기능을 설명할 수 있는 여러 가지 가능성 있는 이론이 있다고 주장한다. 하지만, 교수는 요점별로 반론을 제시하면서 이러한 이론들의 결점에 이의를 제기하고 있다.

가장 먼저, 교수는 나무 슬근이 산소 흡입에 있어 한 가지 역할을 할 수도 있겠지만, 고려해야 하는 추가적인 요소들이 있다고 주장한다. 최근의 연구에 따르면 모든 나무 슬근이 비어 있거나 기체 교환을 위해 뿌리 체계와 직접적으로 연결되어 있지는 않은 것으로 나타난다. 이는 나무 슬근이 통기에 어느 정도는 기여할 수 있지만 모든 나무 종에게 있어 통기가 주된 기능이 아닐 수도 있다는 점을 시사한다. 따라서, 교수는 나무 슬근이 뿌리 체계가 수중에 있어 물에 잠긴 환경에서 나무의 호흡에 도움을 주는 것으로 여겨진다는 독해 지문의 주장을 반박하고 있다.

그뿐만 아니라, 교수는 나무 슬근이 새로운 나무를 만들어 낼 수는 있지만, 그러한 일이 드물다고 주장한다. 나무 슬근이 때때로 새순 또는 뿌리를 성장시키기는 하지만, 좀처럼 새로운 나무 형성으로 이어지지는 않으며, 종자 분산이 여전히 지배적인 번식 방법이다. 따라서 교수는 나무 슬근이 종자 없이도 나무의 번식을 돕는다는 독해 지문의 주장을 반박하고 있다.

마지막으로, 교수는 습지 지역이 메탄이 풍부한 것으로 알려져 있고 슬근이 메탄 방출용 굴뚝의 역할을 하기는 하지만, 이 가설을 뒷받침할 수 있는 증거가 제한적이라고 주장한다. 이러한 지역에서의 메탄 배출은 다양한 요소의 영향을 받으며, 이러한 과정에서 나무 슬근이 하는 특정한 역할은 불확실하다. 더욱이, 메탄은 나무 또는 토양 미생물에 의해 흡수되어 신진 대사의 대상이 될 수 있다. 따라서, 교수는 나무 슬근이 특히 메탄 가스 배출 감소에 있어 중요한 역할을 한다는 독해 지문의 주장을 반박하고 있다.

어휘 occurrence 일, 발생(되는 것)   formation 형성   predominant 두드러진, 우세한   absorb 흡수하다

환경 & 지구과학   p.172

2

지문 해석

특정 생태계 내 새양토끼의 존재	어휘
특정 생태계 내에서의 새양토끼의 존재는 그들이 지역 야생 동물에 미치는 잠재적 영향 및 지구 온난화에 대한 원인 제공으로 인해 환경 과학자들의 관심을 점	presence 존재 contribution 원인 제공 mammals 포유류 inhabit 서식하다 alpine 고산 지대의 implication 영향

점 더 많이 끌어왔다. 집토끼 및 산토끼와 아주 가까운 종류인 이 작은 포유류는, 추운 고산 환경에 서식하면서 그 생태계에서 독특한 역할을 한다. 하지만, 이들의 행동과 생태학적 역할은 생물 다양성, 토양 및 초목의 건강, 그리고 심지어 기후 변화에도 상당한 영향을 미치고 있다.

첫 번째로, 새양토끼와 토종 초식 동물 사이의 먹이 자원 경쟁이 지역 생태계에 지장을 주어 생물 다양성을 감소시킬 수 있다. 활발한 채집자인 새양토끼는 다양한 식물 종을 소비하고 겨울용 건초 더미를 만들기 위해 많은 양을 끌어 모은다. 이러한 행동은 토착종과의 경쟁 및 토착종의 잠재적 이동으로 이어져, 종 구성의 변화라는 결과를 낳을 수 있다. 이러한 생태학적 변화는 쫓겨난 종뿐만 아니라 다양하고 균형 잡힌 생태계에 의존하는 포식자와 다른 야생 동물에게도 영향을 미치는 연쇄효과를 초래할 수 있다.

두 번째로, 새양토끼의 먹이 채집 습성과 건초 더미 형성은 토양 구성 요소와 식물 성장에 상당히 큰 영향을 미쳐, 잠재적으로 생태계 안정성과 회복 탄력성에 해를 끼친다. 이러한 행동들은 특히 식물 공동체 역학 관계에 영향을 미치고 토양 영양분 분포를 바꿔 놓을 수 있다. 새양토끼가 하나의 환경 속에 유입되거나 너무 많아지는 경우, 토양 침식을 악화시키고, 토양의 비옥함을 떨어뜨리며, 식생 피복을 감소시켜, 다양한 종의 서식지와 먹이 공급원 및 더 폭넓은 생태계 균형에 영향을 미칠 수 있다.

세 번째로, 새양토끼는 지구 온난화에 간접적으로 영향을 미친다. 이들의 먹이 섭취 습성을 통한 초목의 변화는 탄소 순환에 영향을 미칠 수 있는데, 초목이 중요한 탄소 흡수대의 역할을 하기 때문이다. 새양토끼가 과도하게 풀을 뜯어 먹음으로써 생태계의 이산화탄소 격리 능력을 떨어뜨리게 되어, 잠재적으로 대기 속 이산화탄소 수준 증가의 원인이 될 수 있다. 더욱이, 토양과 초목의 변화는 지구의 반사 계수를 바꾸게 되어, 지역 및 전 세계의 온도 조절에 영향을 미칠 수 있다. 하지만, 지구 기후 변화의 요인이라는 더 폭넓은 범위 내에서 이러한 영향들의 맥락을 이해하는 것이 필수적이다.

biodiversity 생물 다양성 vegetation 초목 herbivores 초식 동물 disrupt 지장을 주다, 방해하다 vigorous 활발한 forager 채집자 haypile 건초 더미 displacement (쫓겨나는) 이동 composition 구성 (요소들) cascading 폭포수 같은, 연속적인 displace 쫓아내다, 이동시키다 predator 포식자 stability 안정성 resilience 회복 탄력성 dynamics 역학 관계 nutrient 영양(분) distribution 분포, 분배 exacerbate 악화시키다 erosion침식, 부식 fertility 비옥함 vegetation cover 식생 피복 (토지에 식물을 재배해 토양 침식을 방지함) carbon cycle 탄소 순환 carbon sink 탄소 흡수대 overgraze 과도하게 풀을 뜯어 먹다 sequester 격리시키다 atmospheric 대기의 albedo 반사 계수 regulation 조절 contextualize ~의 맥락을 이해하다 scope 범위 driver 요인, 동력

강의 스크립트 & 해석

Now listen to part of a lecture on the topic you just read about.
이제 방금 읽은 내용의 주제에 관한 강의 일부를 들으시오.

The reading passage highlighted several potential negative impacts of pikas on their ecosystems, emphasizing competition with native herbivores, detrimental effects on soil and vegetation, and contributions to global warming. However, it's important to re-evaluate these claims in the light of recent research and a broader ecological understanding.

독해 지문은 새양토끼가 생태계에 미치는 여러 가지 잠재적으로 부정적인 영향을 집중 조명하면서, 토착 초식 동물과의 경쟁, 토양 및 초목에 미치는 유해한 영향, 그리고 지구 온난화의 원인 제공을 강조했습니다. 하지만, 최근의 연구 및 더 폭넓은 생태학적 이해에 비추어 이러한 주장들을 재평가하는 것이 중요합니다.

Firstly, regarding the competition with native herbivores, it's crucial to consider pikas' unique ecological role. Pikas often inhabit areas where few other herbivores can survive, minimizing direct competition. Their foraging can actually promote plant diversity by preventing any single species from dominating, which supports a healthy, balanced ecosystem. Thus, the idea of pikas displacing native species might not capture the full complexity of their interactions within their habitats.

첫 번째로, 토착 초식 동물과의 경쟁과 관련해서, 새양토끼의 독특한 생태학적 역할을 고려해 보는 것이 아주 중요합니다. 새양토끼는 흔히 다른 초식 동물이 거의 살 수 없는 곳에 서식하기 때문에, 직접적인 경쟁이 최소화됩니다. 이들의 먹이 채집 활동은 어떤 것이든 단일 종이 지배하지 못하게 방지함으로써 실제로는 식물 다양성을 촉진해, 건강하고 균형 잡힌 생태계를 지탱해 줄 수 있습니다. 따라서, 새양토끼가 토착 종을 쫓아낸다는 아이디어는 서식지 내에서 그들이 하는 상호 작용의 모든 복합성을 담아내지 못하는 것일 수 있습니다.

Secondly, concerning the impact on soil and vegetation, pikas' behavior, including haypile creation, contributes positively to their ecosystems. These haypiles can protect soil from erosion,

두 번째로, 토양 및 초목에 미치는 영향과 관련해서는, 건초 더미 형성을 포함한 새양토끼의 행동이 그 생태계에 긍정적으로 기여하고 있습니다. 이 건초 더미들은 토양

trap moisture, and provide habitats for microorganisms, enriching soil fertility and promoting plant growth. Rather than degrading the ecosystem, pikas play a critical role in nutrient cycling and soil stabilization.

Lastly, the notion that pikas significantly contribute to global warming by altering vegetation and affecting the carbon cycle needs careful consideration. Pikas' activities might actually help sequester more carbon than the vegetation they consume, particularly in alpine and subalpine ecosystems where plant growth is slow, and soil carbon storage is high. Moreover, by maintaining permafrost integrity through their burrowing activities, pikas can help lock away carbon for longer periods, mitigating greenhouse gas emissions.

이 침식되는 것을 방지하고, 수분을 붙잡아 놓으며, 미생물에게 필요한 서식지를 제공해 주어, 토양의 비옥함을 향상시키고 식물 성장을 촉진할 수 있습니다. 생태계를 저하시키는 것이 아니라, 새앙토끼는 영양 순환 및 토양 안정화에 있어 아주 중요한 역할을 하고 있는 것입니다.

마지막으로, 새앙토끼가 초목을 변화시키고 탄소 순환에 영향을 미침으로써 지구 온난화에 상당히 큰 원인을 제공하고 있다는 개념은 신중히 고려할 필요가 있습니다. 새앙토끼의 활동은 실제로 이들이 소비하는 초목보다 더 많은 탄소를 격리하는 데 도움을 줄 수 있으며, 특히 식물 성장이 더디고 토양 탄소 저장량이 높은 고산대 및 아고산대 생태계에서 그렇습니다. 더욱이, 굴을 파는 활동을 통해 영구 동토층의 온전함을 유지시킴으로써, 새앙토끼는 더 오랫동안 탄소를 가둬 놓는 데 도움을 주어, 온실 가스 배출을 완화할 수 있습니다.

어휘 detrimental 유해한 re-evaluate 재평가하다 niche 역할, 지위 dominate 지배하다 capture 담아내다 complexity 복합성, 복잡성 trap 붙잡아 놓다, 가둬 두다 microorganism 미생물 enrich (질을) 향상시키다, 풍요롭게 하다 fertility 비옥함 degrade 저하시키다 nutrient 영양(분) stabilization 안정화 subalpine 아고산대의(고산대와 저산대의 사이) permafrost 영구 동토층 integrity 온전함 burrow 굴을 파다 emission 배출(물)

문제

Summarize the points made in the lecture, being sure to explain how they respond to the specific concerns presented in the reading passage.

강의에서 언급된 내용을 요약하고, 읽기 지문에서 제시된 구체적인 문제에 어떻게 대응하는지 설명하시오.

읽기 지문 노트

주제
pika rabbits → impacts on wildlife & global warming

근거 1
food competition w/ native herbivore → disrupt local ecosystem & biodiversity ↓
  └ 세부사항
  - vigorous forager → competition & displacement of native species
  - cascading effects: displaced species & predators & wildlife

근거 2
foraging habits & haypile creation → soil composition & plant growth → harm stability & resilience of ecosystem
  └ 세부사항
  - plant community dynamics & alter soil
  - soil erosion ↑ & soil fertility ↓ & vegetation cover ↓

근거 3
indirect effects on global warming

새앙토끼 → 야생 동물과 지구 온난화에 미치는 영향

토종 초식 동물과 먹이 경쟁 → 지역 생태계 지장 & 생물 다양성 ↓

- 활발한 채집자 → 경쟁 & 토착종 이동

- 연쇄 효과: 쫓겨난 종 & 포식자 & 야생 동물

먹이 채집 습성 & 건초 더미 형성 → 토양 구성 & 식물 성장 → 생태계 안전성 & 회복 탄력성 유해

- 식물 공동체 역학 & 토양 변화
- 토양 침식 ↑ & 토양 비옥함 ↓ & 식생 피복 ↓

지구 온난화 간접적 영향

└, 세부사항
- feeding habit → alteration of vegetation → carbon cycle
- ecosystem's ability to sequester CO2 ↑ → atmospheric CO2 ↑

- 먹이 섭취 습성 → 초목 변화 → 탄소 순환

- 생태계 이산화탄소 격리 능력 ↓ → 대기 속 이산화탄소 ↑

강의 노트

강의자의 입장
re-evaluate

반박 1
competition w/ native herbivore → pika's unique role
└, 세부사항
- inhabit area few other herbivore survive → competition ↓
- foraging → plant diversity ↑

반박 2
impact on soil & vegetation → positive to ecosystem
└, 세부사항
- haypile → protect soil, trap moisture & provide habitats for microorganism
- crucial role in nutrient cycling & soil stabilization

반박 3
global warming → careful consideration
└, 세부사항
- help sequester more carbon
- burrowing activity → maintain permafrost → greenhouse gas emission ↓

재평가

토착 초식 동물과 경쟁 → 새앙토끼 독특한 역할

- 다른 초식 동물이 거의 살 수 없는 곳에 서식 → 경쟁 ↓
- 먹이 채집 활동 → 식물 다양성 ↑

토양 & 초목에 미치는 영향 → 생태계에 긍정적

- 건초 더미 → 토양 보호, 수분 가두기 미생물 서식지 제공
- 영양 순환 & 토양 안정화에 중요한 역할

지구 온난화 → 신중한 고려

- 더 많은 탄소 격리 도움
- 굴을 파는 활동 → 영구 동토층 유지 → 온실 가스 배출 ↓

답안 쓰기

서론
The author of the reading argues that there are several possible theories to explain how pikas could negatively impact local wildlife and contribute to global warming trends. However, the professor challenges this idea by presenting point-by-point counterarguments.

본론 1
Firstly, the professor claims that when assessing competition with native herbivores, understanding the unique ecological role of pikas is essential. These species significantly compete with native herbivores and disrupt local ecosystems. Pikas

독해 지문의 글쓴이는 새앙토끼가 어떻게 지역 야생 동물에게 부정적으로 영향을 미치고 지구 온난화 경향의 원인이 될 수 있는지 설명할 수 있는 여러 가능한 이론이 존재한다고 주장한다. 하지만, 교수는 요점별로 반론을 제시하면서 이러한 이론들의 결점에 이의를 제기하고 있다.

첫 번째로, 교수는 토착 초식 동물과의 경쟁을 평가할 때, 새앙토끼의 독특한 생태학적 역할을 이해하는 것이 필수적이라고 주장한다. 이 종은 토착 초식 동물과 상당히 크게 경쟁하면서 지역 생태계에 지장을 준다. 새앙토끼는 다른 초식 동물이 서식할 수 없는 환경에 서식하는데, 이는 그 독특한 생태학적

often inhabit environments where other herbivores cannot, suggesting their unique ecological niche minimizes direct competition. The professor, therefore, refutes the reading passage's idea that competition for food resources between pikas and native herbivores could harm biodiversity and ecosystem balance.

본론 2

On top of that, the professor asserts that there is a lack of evidence supporting the idea that pikas cause soil erosion and decreased fertility, given their beneficial effects on soil and vegetation. Studies indicate that pikas play a valuable role in nutrient distribution, enhancing soil quality and aiding plant growth, thereby positively affecting the ecosystem and plant diversity. The professor, thus, counters the reading passage's claim that the foraging behavior and creation of haypiles by pikas have notable impacts on soil composition and plant growth, posing potential threats to the stability and resilience of ecosystems.

본론 3

Lastly, the professor contends that careful consideration is necessary regarding pikas' significant contribution to global warming through vegetation alteration and its impact on the carbon cycle. The impact of pikas on the carbon cycle is intricate and potentially advantageous due to their role in maintaining permafrost integrity. This role, in turn, helps prevent the release of greenhouse gases. As such, the professor rebuts the assertion that pikas exert a significant indirect influence on global climate change.

역할이 직접적인 경쟁을 최소화한다는 점을 시사하는 것이다. 따라서, 교수는 새양토끼와 토착 초식 동물 사이의 먹이 자원 경쟁이 생물 다양성과 생태계 균형에 해를 끼칠 수 있다는 독해 지문의 의견을 반박하고 있다.

그뿐만 아니라, 교수는 토양 및 초목에 미치는 유익한 영향을 감안할 때, 새양토끼가 토양 침식과 비옥함 감소를 초래한다는 아이디어를 뒷받침하는 증거가 부족하다고 주장한다. 연구에 따르면 새양토끼가 영양분 분배에 있어 소중한 역할을 하는데, 토양의 질을 향상시키고 식물 성장에 도움을 주며, 그로 인해 생태계와 식물 다양성에 긍정적으로 영향을 미치는 것으로 나타난다. 이에 따라 교수는 새양토끼의 먹이 채집 행동 및 건초 더미 형성이 토양 구성 및 식물 성장에 두드러진 영향을 미쳐, 생태계의 안정성과 회복 탄력성에 잠재적인 위협을 가한다는 독해 지문의 주장을 반박하고 있다.

마지막으로, 교수는 초목의 변화를 통한 지구 온난화에 새양토끼가 상당한 원인을 제공하고 탄소 순환에 영향을 미치는 것과 관련해서 신중한 고려가 필수적이라고 주장한다. 새양토끼가 탄소 순환에 미치는 영향은 영구 동토층의 온전함을 유지하는 데 있어 그들이 하는 역할로 인해 복잡하면서도 이로울 가능성이 있다. 이러한 역할은 결국 온실 가스의 방출을 방지하는 데 도움이 된다. 따라서, 교수는 새양토끼가 지구 기후 변화에 상당한 간접적인 영향을 발휘한다는 주장을 반박하고 있다.

어휘 beneficial 유익한, 이로운 pose (위험 등을) 가하다, 초래하다 contribution 원인 제공, 기여 intricate 복잡한 advantageous 이로운 exert 발휘하다

역사학 p.176

3
지문 해석

영국 내 로마의 유산

로마의 영국 통치는, 서기 43년부터 5세기 초까지 약 400년 동안 지속되었으며, 영국의 사회와 문화, 그리고 사회 기반 시설에 미친 상당한 영향은 오랫동안 지속되었다. 로마의 유산이 영국에 지속적인 영향을 미쳐 온 세 가지 주요 방식이 존재하는데, 이는 영국 제도에 남아 있는 그 왕국의 물리적 존재감을 훨씬 뛰어넘어서까지 확대되는 심오하고 영속적인 영향임을 시사한다.

가장 먼저, 로마인들은 영국의 도시화에 있어 중요한 역할을 했으며, 마을과 도시를 설립해 현대 영국 도심지들의 토대를 마련했다. 건축 및 도시 기획에 대한 로마인들의 기여는 오늘날 영국 곳곳에 흩어져 잔존하고 있는 로마식 벽과 도로, 그리고 건물에 분명히 나타난다. 일부가 여전히 어떤 형태로 이용되고 있는 로마의 도로망 건설은 영국 전역에 걸쳐 상거래와 소통을 용이하게 해 주었다.

어휘

legacy 유산 infrastructure 사회 기반 시설 profound 심오한 enduring 영속적인 presence 존재(감) be instrumental in ~에 있어 중요한 역할을 하다 urbanization 도시화 lay the foundation 토대를 마련하다 contribution 기여, 공헌 evident 분명한 remnant 잔존물 scatter 흩어지게 만들다 layout 구획 grid 격자 be traced back to (기원이) ~로 거슬러 올라가다 illustrate 분명히 보여 주다 occupation 점령

격자 모양의 거리를 포함해, 특정 영국 마을의 구획은 그 기원이 로마의 설계로 거슬러 올라가며, 이는 로마의 도시 기획이 미친 지속적인 영향을 분명히 보여주는 것이다.

다음으로, 로마의 점령으로 인해 영국에 체계적인 법률 및 행정 제도가 도입되었으며, 그 측면들이 수 세기 동안에 걸쳐 영국의 법률 제도에 통합되어 왔다. 로마인들이 성문화한 법률 및 통치 제도를 들여오면서, 행정상의 관행을 확립해 그 후 수 세기 동안 영국의 행정 및 법률 체계에 영향을 미치게 되었다. 이 제도는 법정 대리의 개념 및 문서화한 계약서의 활용을 포함했으며, 이는 현대 영국 법률 관행의 기초가 되는 부분이다.

마지막으로, 로마인들은 로마식 관습과 신념, 그리고 생활 방식의 통합을 통해 영국의 문화적, 사회적 구조에 기여했다. 로마식 대중 목욕탕과 극장, 그리고 기타 사회 구조들의 도입으로 인해 영국 사회로 로마 문화가 흡수되는 것이 용이해졌다. 더욱이, 4세기에 로마 제국에 의해 공식적으로 채택된 기독교의 확산은 영국 내 로마의 통치 하에 상당히 가속화되었다. 이는 영국 사회에 지속적인 종교적, 문화적 영향을 미쳤다.

administrative 행정의 structured 체계적인 integrate 통합하다 codified 성문화한 governance 통치, 지배(= rule) framework 체계 ensuing 그 후의, 뒤이은 representation 대리 foundational 기초가 되는 fabric 구조, 조직 assimilation 흡수, 동화

강의 스크립트 & 해석

Now listen to part of a lecture on the topic you just read about.
이제 방금 읽은 내용의 주제에 관한 강의 일부를 들으시오.

In our previous discussion, we examined the Roman legacy in Britain. Although the text suggested a number of significant effects, the claims made in the reading material are doubtful.

To begin with, when it comes to the idea that the Romans had a big impact on how cities were built, this claim can be doubtful. While the Romans undoubtedly built towns and cities, this idea oversimplifies the complex historical processes involved. Archaeological evidence shows that British people already had their own towns before the Romans came, so it's not like they started from scratch. Plus, while the Romans did influence how some areas were planned, many British towns grew on their own over time, with lots of different things shaping how they developed.

Additionally, regarding the claim about the extent of Roman influence on British legal and administrative systems, this idea is questionable. While the Romans did bring in a structured legal framework and ways of running things, some people argue about how much they really changed British law. They say that Roman ideas slowly mixed in with other legal traditions, like the Anglo-Saxon and Norman laws, which also had big impacts. So, while we recognize that the Romans did have some influence, it might not have been as big as we first thought.

Lastly, the assertion that the Romans significantly impacted British culture and society is invalid. While the Romans introduced aspects of their culture and religion to Britain, critics argue that

앞선 시간의 이야기에서, 우리는 영국 내 로마의 유산을 살펴봤습니다. 비록 그 글이 여러 상당한 영향력을 시사하고 있기는 했지만, 그 읽기 자료에 제시된 주장들은 의구심이 듭니다.

우선, 로마인들이 도시가 건설된 방식에 큰 영향을 미쳤다는 의견과 관련해서, 이 주장은 의심스러울 수 있습니다. 로마인들이 의심의 여지없이 마을과 도시들을 짓기는 했지만, 이 의견은 복잡한 역사적 과정이 관련되어 있는 것을 지나치게 단순화하고 있습니다. 고고학적 증거에 따르면 영국인들은 로마인들이 오기 전에 이미 자신들의 마을이 있었기 때문에, 이들이 맨땅에서 시작하지는 않았던 것으로 나타납니다. 게다가, 로마인들이 분명 일부 지역이 계획된 방식에 영향을 미치기는 했지만, 많은 영국 마을들은 시간이 흐르면서 자체적으로 성장했으며, 다른 많은 것들이 그 발전 방식을 구체화해 주었습니다.

또한, 로마가 영국의 법률 및 행정 제도에 영향을 미친 정도에 관한 주장과 관련해서, 이 의견은 의심스럽습니다. 로마인들이 분명 조직화된 법률 체계 및 그 운영 방식을 도입하기는 했지만, 어떤 사람들은 그들이 정말로 얼마나 많이 영국의 법률을 바꿔 놓았는지에 대해 논쟁하고 있습니다. 이 사람들은 로마의 사상이 앵글로 색슨족 및 노르만족의 법률과 같은 다른 법률 전통과 서서히 조화를 이루게 되었으며, 이들도 마찬가지로 큰 영향을 미쳤다고 말합니다. 따라서, 우리는 로마인들이 분명 어느 정도 영향을 미쳤다는 점은 인정하지만, 우리가 처음에 생각했던 것만큼 크지는 않았을지도 모릅니다.

their influence may have been more limited than commonly believed. While Roman baths, theatres, and social structures were introduced, their adoption and integration into British society were likely not as widespread or transformative as suggested. Additionally, the spread of Christianity in Britain may have been influenced by a variety of factors beyond Roman rule, including interactions with neighboring cultures and indigenous religious practices.

마지막으로, 로마인들이 영국의 문화와 사회에 상당히 큰 영향을 미쳤다는 주장은 타당하지 않습니다. 로마인들이 영국에 자신들의 문화와 종교가 지닌 여러 측면을 도입하기는 했지만, 비판론자들은 그 영향이 일반적으로 여겨지는 것보다 더 제한적이었을 수 있다고 주장합니다. 로마식 대중 목욕탕과 극장, 그리고 여러 사회적 구조가 도입되기는 했지만, 그 채택 및 영국 사회로의 통합은 주장되는 것만큼 폭넓거나 변혁적이지는 않았을 가능성이 있었습니다. 게다가, 영국 내 기독교의 확산은, 인접한 여러 문화권과의 교류 및 토착 종교의 관행을 포함해, 로마의 통치를 넘어선 다양한 요소들의 영향을 받았을 수도 있습니다.

어휘 undoubtedly 의심의 여지 없이 oversimplify 지나치게 단순화하다 involved 관련된, 수반된 archaeological 고고학적인 start from scratch 맨땅에서 시작하다, 아무것도 없이 시작하다 shape 구체화하다, 형성하다 extent 정도 bring in 도입하다 assertion 주장 invalid 타당하지 않은, 근거 없는 aspect 측면, 양상 adoption 채택 integration 통합 widespread 폭넓은, 광범위한 transformative 변혁적인 spread 확산 interaction 교류, 상호 작용 indigenous 토착의, 고유의

문제

Summarize the points made in the lecture, being sure to explain how they respond to the specific concerns presented in the reading passage.

강의에서 언급된 내용을 요약하고, 읽기 지문에서 제시된 구체적인 문제에 어떻게 대응하는지 설명하시오.

읽기 지문 노트

주제
Roman legacy lasting impact on Britain

영국에 지속적인 영향을 미치는 로마의 유산

근거 1
urbanization → establish towns & cities

도시화 → 마을과 도시 설립

  └ 세부사항
    - remnants of Romans: wall, roads, building
    - layout of certain Britain town ← Roman designs

- 로마의 잔존물: 벽, 도로, 건물
- 특정 영국 마을 구획 ← 로마 설계

근거 2
introduce structured legal & administrative system

체계적인 법률 & 행정 제도 도입

  └ 세부사항
    - codified system of law, governance
    - influence administrative & legal framework

- 성문화된 법률, 통치 제도
- 행정 & 법률 체계 영향

근거 3
cultural & social fabric ← Roman customs, beliefs & lifestyles

문화적 & 사회적 구조 ← 로마식 관습, 신념 & 생활 방식

  └ 세부사항
    - Roman bath, theatres, social structures → assimilation of Roman culture
    - spread of Christianity ↑ → religious & cultural impact

- 로마식 목욕탕, 극장, 사회 구조 → 로마 문화 흡수
- 기독교 확산 ↑ → 종교적 & 문화적 영향

강의 노트

강의자의 입장
doubtful

반박 1
big impact on building cities → doubtful
ㄴ 세부사항
　- archaeological evidence → British had own town b/f Roman come
　- many British town grow on their own → lots of diff. things shaping

반박 2
legal & administrative system → questionable
ㄴ 세부사항
　- argument how much they change British law
　- Roman idea mix w/ other tradition (Anglo-Saxon & Norman law)

반박 3
cultural & society → valid X
ㄴ 세부사항
　- Roman's influence → limited
　- introduction of baths, theatres, social structures → widespread & transformative X
　- spread of Christianity ← influence by variety factors beyond Roman rule

의심스러움

도시 건설에 큰 영향 → 의심스러움

- 고고학적 증거 → 로마인들이 오기 전 영국 이미 자체 마을 보유
- 많은 영국 도시 자체적으로 성장 → 여러 다른 요소들로 구성

법률 & 행정 제도 → 의심스러움

- 영국 법을 얼마나 많이 바꿨는지 논쟁
- 로마 사상 다른 전통과 통합(앵글로색슨 & 노르만 법률)

문화적 & 사회적 → 타당 X

- 로마의 영향 → 제한적
- 목욕탕, 극장, 사회적 구조 도입 → 폭넓음 & 변혁적 X
- 기독교 확산 → 로마 통치를 넘어선 다양한 요소 영향

답안 쓰기

서론
The author of the reading argues that there are several possible claims to explain that Romans had profound impacts on early British society. However, the professor challenges these claims by presenting point-by-point counterarguments.

본론 1
First of all, the professor claims that as for the assertion that the Romans were solely responsible for urban development in Britain, this idea overlooks the complexity of historical influences. Archaeological evidence suggests that urbanization in Britain had already commenced prior to the arrival of the Romans. While the Romans did influence urban planning in some areas, British towns mostly developed on their own over time, shaped by various factors. The professor, therefore, refutes the reading passage's idea that the Romans played a crucial role in Britain's urbanization by establishing towns and cities, which formed the basis of modern British urban centers.

독해 지문의 글쓴이는 로마인들이 초기 영국 사회에 깊은 영향을 미쳤다는 점을 설명할 수 있는 여러 가능성 있는 이론이 존재한다고 주장한다. 하지만, 교수는 요점별로 반론을 제시하면서 이러한 주장에 이의를 제기하고 있다.

가장 먼저, 교수는 로마인들이 영국 내 도시 발전의 유일한 원인이라는 주장과 관련해, 이 의견이 여러 역사적인 영향의 복합성을 간과하고 있다고 주장한다. 고고학적 증거에 따르면 영국 내 도시화는 로마인들이 도착하기 전에 이미 시작된 것으로 나타난다. 로마인들이 분명 일부 지역의 도시 기획에 영향을 미치기는 했지만, 영국 마을들은 대부분 시간이 흐르면서 자체적으로 발전했으며, 다양한 요인에 의해 구체화되었다. 따라서, 교수는 로마인들이 마을과 도시들을 세워 현대 영국 도심 지역들의 토대를 형성함으로써, 영국의 도시화에 있어 아주 중요한 역할을 했다는 독해 지문의 주장을 반박하고 있다.

본론 2

On top of that, the professor asserts that the claim about the extent of Roman influence on British legal and administrative systems is uncertain. Although the Romans introduced a structured legal framework and administrative methods, there is debate over the extent of their impact on British law. Roman legal concepts gradually blended with other legal traditions, such as Anglo-Saxon and Norman laws, which also had significant influences. The professor, thus, counters the reading passage's claim that the Roman occupation brought a structured legal and administrative system to Britain, elements of which have been assimilated into the British legal system throughout centuries.

본론 3

Finally, the professor contends that the assertion of the Romans' significant impact on British culture and society can be unconvincing. Critics argue that the Romans' impact on Britain may have been less extensive than commonly assumed. While they introduced amenities like baths, theaters, and social structures, their adoption and integration into British society might not have been as widespread or influential. Additionally, the spread of Christianity in Britain could have been influenced by various factors beyond Roman governance, including interactions with neighboring cultures and native religious practices. As such, the professor rebuts the reading passage's assertion that the Romans enriched the cultural and social landscape of Britain by incorporating their customs, beliefs, and way of life.

그뿐만 아니라, 교수는 로마가 영국의 법률 및 행정 제도에 영향을 미친 정도에 대한 주장이 불확실하다고 주장한다. 비록 로마인들이 구조화된 법률 체계 및 행정 방식을 도입하기는 했지만, 그들이 영국 법률에 영향을 미친 정도에 대해서는 논란이 있다. 로마의 법률 개념은 앵글로 색슨족 및 노르만족의 법률과 같은 다른 법률 전통과 점차적으로 융화되었으며, 이들도 마찬가지로 중요한 영향을 미쳤다. 따라서, 교수는 로마의 점령이 영국에 구조화된 법률 및 행정 제도를 가져다주면서, 그 요소들이 수 세기에 걸쳐 영국 법률 제도에 동화되었다는 독해 지문의 의견을 반박하고 있다.

마지막으로, 교수는 로마인들이 영국의 문화와 사회에 상당히 큰 영향을 미쳤다는 주장은 설득력이 떨어질 수 있다고 주장한다. 비판론자들은 로마인들이 영국에 미친 영향이 일반적으로 생각하는 것보다 덜 광범위했을 수도 있다고 주장한다. 이들이 대중 목욕탕과 극장, 그리고 여러 사회 구조 같은 편의시설을 도입하기는 했지만, 그 채택 및 영국 사회로의 통합은 그만큼 광범위하거나 영향력이 크지 않았을지도 모른다. 게다가, 영국 내 기독교의 확산은 인접한 여러 문화권과의 교류 및 토착 종교의 관행을 포함해, 로마의 통치를 넘어선 다양한 요인의 영향을 받았을 수도 있다. 따라서, 교수는 로마인들이 자신들의 관습과 신념, 그리고 삶의 방식을 포함함으로써 영국의 문화 및 사회적 풍경을 풍요롭게 해 주었다는 독해 지문의 주장을 반박하고 있다.

어휘 profound 깊은, 심오한   complexity 복합성   urbanization 도시화   commence 시작되다   gradually 점차적으로   blend with ~와 융화되다, ~와 조화를 이루다   occupation 점령   element 요소   be assimilated into ~에 동화되다, ~로 흡수되다   unconvincing 설득력이 떨어지는   amenities 편의시설   governance 통치   enrich 풍요롭게 하다   incorporate 포함하다

예술 & 건축 p.180

4
지문 해석

반 고흐의 <밤의 카페> 창작

빈센트 반 고흐가 프랑스의 아를에서 거주하던 1888년에 그린, <밤의 카페>의 원작자에 대한 진위 여부가 학자들과 미술 사학자들 사이에서 논란의 대상이 되어 왔다. 이 그림이 반 고흐의 작품으로 널리 여겨지고 있지만, 창작 과정에 그가 참여했는지의 확실성에 대한 의구심이 제기되었다. 반 고흐가 <밤의 카페>를 직접 그린 원작자임을 뒷받침하는 여러 주장이 존재한다.

한 가지 주장은 반 고흐의 개인 서신 및 예술적 목표가 언급된 내용을 바탕으로 한다. 동생인 테오 및 다른 미술가들과 서신을 주고받는 과정에서, 반 고흐는 그 카페의 분위기를 담아내고 그에 대한 자신의 감정적 반응을 전달하고자 하는 바람을 표현했다. 고흐는 이 그림에 대한 구상을 설명하면서, 그 카페의 밤 문화를 담아내기 위해 밝은 색

어휘

authenticity 진품임, 진짜임
authorship 원작자   residency 거주
be attributed to ~의 덕분으로 여겨지다, ~에 기인하다
in correspondence with ~와 서신을 주고 받는   capture (그림, 글 등으로) 담아내다, 포착하다   atmosphere 분위기   brushwork 화법   advocate 지지자   insight 통찰력, 이해
intention 의도   consistency 일관성

채와 생동감 있는 화법의 활용을 강조했다. 이러한 관점을 지지하는 사람들은 반 고흐 자신의 글이 <밤의 카페> 창작에 대한 직접적인 관여를 보여 주는 강력한 증거를 제공하고, 그의 예술적 과정과 의도에 대한 통찰력을 전해 주는 것이라고 생각한다.

또 다른 주장은 이 그림에 나타나는 양식과 기교의 일관성을 강조한다. <밤의 카페>에 담긴 대담한 색채, 표현적인 붓 놀림, 그리고 역동적인 구도는 전형적인 반 고흐의 작품이다. 이 아이디어를 지지하는 사람들은 이 그림의 양식적인 특징들이 반 고흐의 예술적 감수성을 반영하며, 자신의 구상을 캔버스로 옮기는 능력을 보여 주는 것이라고 주장한다. 이 그림의 재료 및 기법에 대한 더 심층적인 분석에 따르면 다른 반 고흐 작품들과의 유사성이 나타나는데, 이는 그가 <밤의 카페>의 원작자라는 주장에 무게를 실어 주는 것이다.

마지막 주장은 역사적 문서 및 소유권 기록에 의존하고 있다. 동시대의 이야기 및 문서 기록 증거를 통해 반 고흐가 <밤의 카페>를 그렸을 때 아를에 있었던 것으로 확인된다. 게다가, 이 그림의 소유권을 반 고흐의 생애 당시까지 거슬러 올라가면서 보여 주는 기록은 이 미술가와 이 그림이 직접적으로 관련되어 있음을 나타낸다. 이러한 관점을 지지하는 사람들은 역사적 증거와 소유권 기록의 조합이 <밤의 카페> 창작에 대한 반 고흐의 직접적인 관여를 강력하게 뒷받침해 주며, 이는 이 화가가 그린 진품으로서 이 작품의 위상을 강화해 주는 것이라고 주장한다.

bold 대담한   composition 구도, 구성   sensibility 감성   translate (다른 형태로) 옮기다, 바꾸다   contemporary 동시대의   account 이야기   archival 기록의   trace A to B A에 대해 B로 거슬러 올라 가면서 추적하다   perspective 관점   reinforce 강화하다   status 위상, 지위   authentic 진품인, 진짜인

강의 스크립트 & 해석

Now listen to part of a lecture on the topic you just read about.
이제 방금 읽은 내용의 주제에 관한 강의 일부를 들으시오.

Despite arguments supporting Vincent van Gogh's direct authorship of *The Night Café*, particularly those based on his personal correspondence, critical examination reveals several areas of contention.

First, while proponents argue that van Gogh's personal correspondence supports his authorship of *The Night Café*, there are reasons to question this claim. van Gogh's letters, while expressive of his artistic goals, do not conclusively prove his sole authorship of the painting. Moreover, the artistic process often involves collaboration, raising the possibility that others may have influenced van Gogh's vision or contributed directly to the painting alongside him.

On top of that, supporters of van Gogh's authorship point to the consistency of style and technical skill seen in *The Night Café* as evidence of his involvement. However, critics contend that while the painting shares similarities with van Gogh's other works, it also displays deviations that suggest alternative explanations. For instance, certain elements of the composition and brushwork may indicate the influence of other artists or collaborators, challenging the notion of van Gogh's sole authorship.

Finally, advocates of van Gogh's authorship rely on historical documents and records of ownership to bolster their claim. Skeptics also caution against overreliance on historical evidence, noting that it alone cannot definitively prove van Gogh's direct

반 고흐가 <밤의 카페>를 직접 그린 원작자라는, 특히 그의 개인 서신을 바탕으로 하는 주장에도 불구하고, 비판적인 조사를 통해 논쟁이 되는 여러 부분들이 드러나고 있습니다.

첫 번째로, 옹호자들은 반 고흐의 개인 서신이 그가 <밤의 카페>의 원작자임을 뒷받침해 준다고 주장하지만, 이러한 주장에 의구심을 갖게 하는 이유들이 있습니다. 반 고흐의 편지들이 그의 예술적 목표를 나타내기는 하지만, 그가 이 그림의 유일한 원작자임을 결정적으로 입증해 주지는 않습니다. 더욱이, 예술적 과정은 흔히 협업을 수반하므로, 다른 이들이 반 고흐의 구상에 영향을 미쳤거나 함께 이 그림에 직접적으로 기여했을 수 있다는 가능성을 제기합니다.

그뿐만 아니라, 반 고흐가 원작자임을 지지하는 사람들은 그의 관여에 대한 증거로 <밤의 카페>에 나타나는 양식 및 기교의 일관성을 지적합니다. 하지만, 비평가들은 이 그림이 다른 반 고흐 작품들과의 유사성을 공유하고 있기는 하지만, 다른 설명을 시사하는 편차도 보이고 있다고 주장합니다. 예를 들어, 구도 및 붓 놀림의 특정 요소들이 다른 미술가 또는 협업자들의 영향을 나타내는 부분일 수 있는데, 이는 반 고흐가 유일한 원작자라는 개념에 이의를 제기하는 것입니다.

마지막으로, 반 고흐가 원작자임을 지지하는 사람들은 그 주장을 강화하기 위해 역사적 문서 및 소유권 기록에 의존하고 있습니다. 회의론자들은 역사적 증

involvement. Gaps and potential inaccuracies in the records introduce a layer of uncertainty. Furthermore, the presence of conflicting accounts and inconsistencies raises doubts about the accuracy and reliability of historical records.

거에 대한 지나친 의존은 위험하다고 경고하면서, 그것 하나만으로는 반 고흐의 직접적인 관여를 결정적으로 입증할 수 없다고 언급합니다. 기록상의 공백과 잠재적 부정확성은 불확실성을 한층 더해 줍니다. 더욱이, 상충되는 이야기와 불일치의 존재는 역사적 기록의 정확성 및 신뢰성에 대한 의구심을 불러 일으킵니다.

어휘   contention 논쟁, 주장   proponent 지지자(= advocate)   conclusively 결정적으로(= definitively)   collaboration 협업, 공동 작업   contend 주장하다   deviation 편차, 벗어남   alternative 대체의   element 요소   collaborator 협업자   bolster 강화하다   overreliance 지나친 의존   inaccuracy 부정확성   conflicting 상충되는   reliability 신뢰성

문제

Summarize the points made in the lecture, being sure to explain how they respond to the specific concerns presented in the reading passage.

강의에서 언급된 내용을 요약하고, 읽기 지문에서 제시된 구체적인 문제에 어떻게 대응하는지 설명하시오.

읽기 지문 노트

주제
van Gogh's involvement in creation of *The Night Cafe*

〈밤의 카페〉 창작에서 반 고흐의 관여

근거 1
personal letters & artistic goals
└ 세부사항
- correspondence w/ Theo → desire to capture atmosphere of the cafe & convey his emotion
- use of bright color & lively brush work

개인 서신 & 예술적 목표

- 테오와의 서신 → 카페의 분위기를 담아내고 감정을 전달하고자 하는 바람
- 밝은 색채 & 생동감 있는 화법 사용

근거 2
consistency of style & technical skills
└ 세부사항
- bold colors, expressive brushstrokes & dynamic composition
- analysis of painting → similarities to other works by van Gogh

스타일 & 기교 일관성

- 대담한 색채, 표현적인 붓 놀림 & 역동적인 구도
- 그림 분석 → 반 고흐 다른 작품들과 유사성

근거 3
historical documents & records of ownership
└ 세부사항
- contemporary accounts & archival evidence
- records tracing ownership → link van Gogh to the artwork

역사적 문서 & 소유권 기록

- 동시대의 이야기 & 문서 기록 증거
- 소유권 추적 기록 → 반 고흐와 이 작품 관련

강의 노트

강의자의 입장
areas of contention

반박 1
personal letters & artistic goals → question
└ 세부사항
 - prove sole authorship X
 - artistic process involve collaboration → possibility:
  others influence or contribute

반박 2
consistency of style & technical skills → display deviation:
alternative explanation
└ 세부사항
 - e.g. certain elements & brushwork → influence of
  other artists or collaborator

반박 3
historical documents & records of ownership → prove
direct involvement X
└ 세부사항
 - gaps & potential inaccuracies → uncertainty
 - presence of conflicting accounts & inconsistencies

논쟁이 되는 부분들

개인 서신 & 예술적 목표 → 의구심

- 유일한 원작자 증명 X
- 예술적 과정 협업 수반 → 가능성: 다른 사람
 영향 또는 기여

스타일 & 기교 일관성 → 편차 보임: 다른 설명

- 예) 특정 요소 & 붓 놀림 → 다른 미술가 또는
 협업자 영향

역사적 문서 & 소유권 기록 → 직접 관여 입증 X

- 공백 & 잠재적 부정확성 → 불확실성
- 상충되는 이야기 & 불일치 존재

답안 쓰기

서론
The author of the reading argues that there are several possible claims to explain van Gogh was the sole creator of *The Night Café*. However, the professor challenges this idea by presenting point-by-point counterarguments.

본론 1
First of all, the professor claims that while some argue that van Gogh's personal letters support his authorship of *The Night Café*, there are reasons to doubt this assertion. Although the letters express his artistic goals, they don't irrefutably prove he was the sole artist behind the work. Considering the collaborative nature of art, it's possible that others influenced the painting or contributed alongside van Gogh. Therefore, the professor refutes the reading passage's idea that personal letters and artistic goals confirm van Gogh's sole authorship.

독해 지문의 글쓴이는 반 고흐가 <밤의 카페>의 유일한 창작자였음을 설명할 수 있는 여러 가능성 있는 이론이 존재한다고 주장한다. 하지만, 교수는 요점별로 반론을 제시하면서 이러한 의견에 이의를 제기하고 있다.

가장 먼저, 교수는 어떤 이들은 반 고흐의 개인 서신이 그가 <밤의 카페>의 원작자임을 뒷받침해 준다고 주장하지만, 이 주장에 의구심이 드는 이유들이 존재한다고 주장한다. 그 편지들이 그의 예술적 목표를 나타내고 있기는 하지만, 그가 이 작품의 이면에 존재하는 유일한 화가라는 점을 반박의 여지 없이 입증하지는 못한다. 예술의 협업적 특성을 고려할 때, 다른 이들이 이 그림에 영향을 미쳤거나 반 고흐와 함께 기여했을 가능성이 있다. 따라서, 교수는 개인 편지 및 예술적 목표가 반 고흐가 유일한 원작자임을 확인해 준다는 독해 지문의 의견을 반박하고 있다.

본론 2

On top of that, the professor asserts that the painting has similarities to van Gogh's other works, yet also displays differences that suggest alternative explanations. Critics argue that while there are similarities, deviations in composition and brushwork could suggest the influence or involvement of other artists. The professor, thus, counters the reading passage's claim that stylistic consistency confirms van Gogh as the creator.

본론 3

Lastly, the professor contends that depending solely on historical evidence may not definitively establish van Gogh's direct involvement. While such records are valuable, they are subject to interpretation, potential manipulation, and documentation gaps, introducing a layer of uncertainty. As such, the professor rebuts the reading passage's assertion that historical documents and ownership records indicate that van Gogh created *The Night Café*.

그뿐만 아니라, 교수는 이 그림이 반 고흐의 다른 작품들과 유사성을 지니고 있기는 하지만, 다른 설명을 시사하는 차이점들도 드러낸다고 주장한다. 비평가들은 유사성이 있기는 하지만, 구도 및 붓 놀림의 편차가 다른 미술가들의 영향 또는 관여를 시사하는 것일 수 있다고 주장한다. 이에 따라, 교수는 양식적 일관성이 반 고흐가 창작자임을 확인해 주는 것이라는 독해 지문의 주장을 반박하고 있다.

마지막으로, 교수는 역사적인 증거에만 의존하는 것이 반 고흐의 직접적인 관여를 결정적으로 확증해 주지 못할 수 있다고 주장한다. 그러한 기록이 가치 있는 것이기는 하지만, 해석과 잠재적 조작, 그리고 문서 작성상의 공백에 취약하기 때문에, 불확실성을 한층 더해 준다. 따라서, 교수는 역사적인 문서와 소유권 기록을 보면 반 고흐가 <밤의 카페>를 창작한 것으로 나타난다는 독해 지문의 주장을 반박하고 있다.

어휘 irrefutably 반박의 여지없이 definitively 결정적으로 interpretation 해석 manipulation 조작

WRITING   Writing for an Academic Discussion Task

UNIT 02   답안 쓰기 필수 패턴

EXERCISE   p.191

1 <u>I am oriented toward</u> Sally's view.

2 <u>As far as I'm concerned</u>, providing mentoring programs for freshmen <u>is the most practical approach</u> to adjusting to college life.

3 <u>First of all</u>, implementing digital literacy programs <u>allows</u> everyone <u>to</u> leverage digital technology effectively.

4 <u>On top of that</u>, providing affordable housing <u>plays a key role in fostering economic stability</u> within communities.

5 <u>To be specific</u>, <u>many people don't have time</u> to read the news every day.

6 <u>To explain</u>, <u>workers are pushed to work longer hours</u> so that companies can gain a competitive edge.

7 <u>For example</u>, <u>I had a genuine friend</u> who consistently provided emotional support during challenging times.

8 <u>In conclusion</u>, <u>I believe that</u> the integration of green spaces into urban planning <u>makes it possible to balance</u> ecological preservation and societal well-being.

UNIT 03   아웃라인 구성하기

EXERCISE   p.194

1

지문 해석

디아즈 박사	스텔라
수질 오염은 수중 생물과 인간의 건강에 해로운 영향을 미치는 긴급한 환경적 우려 사항입니다. 이 문제에 맞서기 위한 노력은 다양한 이해 당사자들의 협력적 조치를 필요로 합니다. 정부마다 수질 오염을 억제하기 위해 역사적으로 규제를 법제화해 오기는 했지만, 개인과 기업도 이 문제를 해결하는 데 있어 중대한 역할을 한다는 인식이 늘어나고 있습니다. 여러분의 의견으로는 개인과 기업, 또는 정부 중에서 어느 집단이 수질 오염을 해결하는 데 앞장서야 하나요? 왜 그 집단이 앞장서야 한다고 생각하나요?	저는 정부가 수질 오염을 해결하는 데 앞장서야 한다고 생각합니다. 산업계와 사람들에게 엄격한 규제를 시행할 수 있는 권한과 자원이 있기 때문에, 오염 수준이 억제되도록 보장해 줍니다. 정부의 강력한 개입 없이는, 기업들이 환경적 우려보다 이익을 우선시하면서, 지속적인 수역 오염으로 이어질 수 있습니다.

신디

정부가 맡는 상당한 역할이 있다는 데 동의하기는 하지만, 저는 기업들이 수질 오염 문제를 해결하는 데 더 많은 책임을 져야 한다고도 생각합니다. 많은 업계들이 제조 과정과 폐기물 처리 관행을 통해 수질 오염에 대한 주요 원인 제공자가 됩니다. 그들의 환경 발자국을 줄이기 위해 지속 가능한 관행을 실시하고 기술에 투자함으로써, 기업들은 수질 오염을 완화하는 데 있어 상당한 진전을 이룰 수 있습니다.

어휘 pollution 오염　pressing 긴급한　concern 우려　detrimental 해로운　aquatic 수생의　combat 맞서다　collaborative 협력적인, 공동의　stakeholder 이해 당사자　enact 법제화하다, 제정하다　regulation 규제, 규정　curb 억제하다　recognition 인식　authority 권한　enforce 시행하다, 집행하다　strict 엄격한　keep A in check A를 억제하다　intervention 개입　prioritize 우선시하다　water body 수역　contributor 원인 제공자　disposal 처리, 처분　implement 실시하다, 시행하다　sustainable 지속 가능한　environmental footprint 환경 발자국　make a stride 진전을 이루다　mitigate 완화하다

아웃라인

나의 의견
Cindy: businesses take the lead

이유 1
direct impact on water quality ← operation
└ 근거
- adopt clean & efficient process → pollutant discharge ↓
- e.g. investment in water treatment tech. → harmful chem. neutralized

이유 2
have innovation capacity & financial $
└ 근거
- creation of envi. friendly product & service → hazardous substance use ↓ & water conservation
- influence supply chain to adopt sustainable practice

신디: 기업이 앞장서야

수질에 직접적인 영향 ← 운영

- 깨끗하고 효율적인 과정 채택 → 오염 물질 방출 ↓
- 예) 물 처리 기술에 투자 → 유해 화학 물질 중화

혁신 능력 & 재정 자원 보유

- 환경진화적인 제품 & 서비스 생산 → 유해 물질 사용 ↓ & 수자원 보호
- 지속 가능한 관행을 채택하도록 공급망에 영향력

모범 답안

나의 의견
I am oriented toward Cindy's view. There are two reasons to validate my vantage point.

이유 1
First of all, businesses have a direct impact on water quality through their operations, making it essential for them to lead in implementing sustainable practices. By adopting cleaner, more efficient processes, companies can significantly reduce their pollutant discharge into water bodies. For instance, industries

저는 신디의 의견에 마음이 기울어요. 저의 의견을 입증할 두가지 이유가 있습니다.

우선, 기업들은 그 운영을 통해 수질에 직접적으로 영향을 미치기 때문에, 지속 가능한 관행을 실시하는 데 있어 앞장서는 것이 필수적입니다. 더 깨끗하고, 더 효율적인 과정을 채택함으로써, 회사들은 수역으로의 오염 물질 방출을 상당히 줄일 수 있습니다. 예를 들어, 업계마다 진보한 폐수 처리 기술에 투자해, 유해 화학 물질이 자연의 수자원에 이르기

can invest in advanced wastewater treatment technologies, ensuring harmful chemicals are neutralized before they reach natural water sources. This not only helps in mitigating pollution but also sets a standard for environmental responsibility in the corporate world.

이유 2
On top of that, businesses have the innovation capacity and financial resources to develop new solutions to water pollution. Through research and development, companies can create environmentally friendly products and services that reduce the use of hazardous substances and promote water conservation. Moreover, businesses can influence supply chains to adopt sustainable practices, amplifying their positive impact on water quality.

맺음말
In conclusion, I believe that businesses should play the lead role in combating water pollution. Through their operational decisions and innovative capabilities, they have the power to effect substantial environmental change, giving them the ability to become key players in the fight against water pollution.

전에 반드시 중화되도록 할 수 있습니다. 이는 오염을 완화하는 데 도움을 줄 뿐만 아니라 기업 세계에서 환경적 책임에 대한 기준도 정해 줍니다.

게다가, 기업들은 수질 오염에 대한 새로운 해결책을 발전시킬 수 있는 혁신 능력과 재정 자원을 보유하고 있습니다. 연구와 개발을 통해, 회사들은 위험한 물질의 사용을 줄이고 수자원 보존을 촉진하는 환경친화적인 제품과 서비스를 만들어 낼 수 있습니다. 더욱이, 기업들은 지속 가능한 관행을 채택하도록 공급망에 영향력을 발휘해, 수질에 미치는 긍정적인 영향을 증폭시킬 수 있습니다.

결론적으로, 저는 기업들이 수질 오염에 맞서는 데 선도적인 역할을 해야 한다고 생각합니다. 운영상의 결정과 혁신적인 능력을 통해, 기업들은 상당한 환경적 변화를 가져올 힘을 지니고 있으며, 이는 수질 오염과 싸우는 데 있어 주역이 될 수 있는 능력을 제공해 줍니다.

어휘 operation 운영, 영업 adopt 채택하다 pollutant 오염 물질 discharge 방출 advanced 진보한, 발전된 treatment 처리 chemical 화학 물질 neutralize 중화시키다 set a standard 기준을 정하다 innovation 혁신 capacity 능력 hazardous 위험한 substance 물질 conservation 보존 influence 영향력을 발휘하다 amplify 증폭시키다

2
지문 해석

디아즈 박사
저널리즘 세계에는, 그 분야가 모든 사람에게 열려 있어야 하는지, 아니면 정식 저널리즘 교육을 받은 사람들에게로 제한되어 있어야 하는지에 관해 지속되는 논쟁이 있습니다. 어떤 사람들은 저널리즘이 그저 그에 필요한 학교를 다닌 사람들이 아니라, 모두에게 열려 있어야 한다고 주장합니다. 다른 이들은 뉴스가 수준 높고 신뢰할 수 있는 것이 되기 위해서는 적절한 저널리즘 교육이 반드시 필요하다고 생각합니다. 이 주장에 대한 여러분의 입장은 어떤가요? 정식 저널리즘 교육이 뉴스의 수준과 신뢰성을 유지하는 데 필수적이라는 점에 동의하나요? 그런 이유, 또는 그렇지 않은 이유는 무엇인가요?

알렉스
저는 정식 저널리즘 교육을 받지 않아도 사람들이 언론 콘텐츠를 만들고 공유하도록 허용되어야 한다고 생각합니다. 디지털 미디어가 정보를 민주화하면서, 공공 토론에 다양한 관점을 제공해 오고 있습니다. 전문적인 교육이 유익하긴 하지만, 진실 추구와 효과적인 보도 같은 중요한 언론적 특징들은 정식으로 교육을 받은 사람들에게만 국한되어 있지 않습니다.

테일러
저널리즘은, 제가 볼 때, 전문적인 교육을 필요로 합니다. 단지 보도와 관련된 문제가 아니라, 교육이 제공하는 윤리와 적법성, 그리고 심층적인 조사와 관련된 지식까지 포함합니다. 이것이 없으면, 아마추어들이 무심결에 잘못된 정보를 전파해, 미디어 신뢰도를 손상시킬지도 모릅니다. 탐사 보도가 이러한 필요성의 좋은 예시에 해당하는데, 이는 지식을 추구하고 출처를 확고히 하는 것으로서, 종합적인 학문 및 현장 교육을 통해 갈고 닦는 능력입니다.

어휘 realm (한 부문의) 세계, ~계 ongoing 지속되는 democratize 민주화하다 merely 단지, 그저 ethics 윤리 legality 적법성 in-depth 심층적인 unintentionally 무심결에 propagate 전파하다 credibility 신뢰성 investigative journalism 탐사 보도 exemplify ~의 좋은 예가 되다 seek out 추구하다 refine 갈고 닦다, 개선하다 comprehensive 종합적인

아웃라인

나의 의견
Taylor: requires professional training

이유 1
reliable news → understand & apply media ethics
└ 근거
- challenges (i.e. bias X, protect privacy, public interest)
- equip ppl w/ necessary principle (i.e. integrity & informed decision)

이유 2
teach skills
└ 근거
- investigation, data analysis, & clearcommunication ← study & practice
- produce stories → inform, captivate, and educate audience

테일러: 전문 교육 필요

신뢰할 수 있는 뉴스 → 미디어 윤리 이해 & 적용

- 어려움(예. 편견 X, 개인 사생활 보호, 공익)
- 사람들에게 필수적인 원칙 갖추게 함(예. 진실성 & 정보에 입각한 결정)

기술 가르침

- 조사, 자료 분석, 명확한 보도 ← 학업과 실습
- 이야기 생산 → 대중에게 알리고, 마음을 사로잡으며, 교육함

모범 답안

나의 의견
I am oriented toward Taylor's view. There are two reasons to validate my vantage point.

이유 1
First of all, when it comes to producing reliable news, an education in journalism is essential for understanding and applying media ethics. Journalists face complex challenges such as avoiding bias, protecting privacy, and serving the public interest. A formal education equips them with the principles necessary to report with integrity and make informed decisions that respect the truth and consider the audience.

이유 2
On top of that, an education in journalism teaches skills such as investigation, data analysis, and clear communication, which are hard to learn without formal education. Such skills are developed through dedicated study and practice. Journalists with this training can produce stories that inform, captivate, and educate their audience. Without this foundation, the press might fail to fully perform its duty as the public's source of information.

맺음말
In conclusion, I think that a journalism education is essential for entering a field that has the important task of shaping public dialogue and understanding.

저는 테일러의 의견에 마음이 기울어요. 저의 의견을 입증할 두 가지 이유가 있습니다.

우선, 신뢰할 수 있는 뉴스의 생산이라는 측면에 있어, 저널리즘 교육은 미디어 윤리를 이해하고 적용하는 데 필수적입니다. 언론인들은 편견 방지, 개인 사생활 보호, 그리고 공익에 대한 기여 같은 복잡한 어려움에 직면합니다. 정식 교육은 진실성 있게 보도하는 데 있어, 그리고 진실을 존중하고 대중을 고려하면서 정보에 입각한 결정을 내리는 데 있어 필수적인 원칙을 갖게 해 줍니다.

게다가, 저널리즘 교육은 조사와 자료 분석, 그리고 명확한 보도 같은 능력을 가르쳐 주는데, 이는 정식 교육 없이는 배우기 어렵습니다. 이러한 능력은 특정 목적을 위한 학업과 실습을 통해 발전됩니다. 이런 교육을 받은 언론인은 대중에게 알리고, 마음을 사로잡으며, 교육할 수 있는 이야기를 만들어 낼 수 있습니다. 이러한 토대 없이는, 언론사가 대중의 정보 출처로서 그 임무를 온전히 수행하지 못할지도 모릅니다.

결론적으로, 저는 저널리즘 교육은 공공의 대화 및 이해 형성이라는 중요한 과업을 지닌 분야에 발을 들이는 데 있어 필수적이라고 생각합니다.

어휘 when it comes to ~라는 측면에 있어, ~와 관련해서는 reliable 신뢰할 수 있는 complex 복잡한 avoid 방지하다, 피하다 bias 편견 public interest 공익 equip A with B A에게 B를 갖춰 주다 principle 원칙, 원리 integrity 진실성 informed 정보에 입각한 audience 대중, 청중 investigation 조사 analysis 분석 dedicated 특정 목적의 practice 실습, 실행 captivate 마음을 사로잡다 foundation 토대

UNIT 04 단계별 답안 쓰기

EXERCISE p.198

1

지문 해석

블룸 박사	**에밀리**
새로운 사업을 시작할 때, 기업가들은 흔히 최근의 졸업생들을 고용할 것인지, 아니면 경력자를 고용할 것인지에 대한 결정으로 고심합니다. 어떤 사람들은 최근의 졸업생들이 새로운 관점과 열정을 제공해 주기 때문에 더 낫다고 주장하는 반면, 다른 이들은 소중한 전문 지식과 능력을 제공한다는 사실로 인해 경력자를 선호합니다. 여러분은 최근의 졸업생들이 새로운 사업에 더 적합하다고 생각하나요? 그런 이유, 또는 그렇지 않은 이유는 무엇인가요?	저는 새로운 사업을 시작할 때, 최근의 졸업생들을 고용하는 것이 더 유익할 수 있다고 생각합니다. 최근의 졸업생들은 흔히 혁신적인 아이디어와 배우고자 하는 의지를 지니고 있어서, 회사에 새로운 관점과 에너지를 가져다 줄 수 있습니다. 게다가, 새로운 기술과 트렌드에 더 잘 적응할 가능성이 있는데, 이는 오늘날의 빠르게 변화하는 비즈니스 환경에서 중대한 부분입니다.
	대니얼
	저는 경력자들을 고용하는 것이 새로운 사업을 시작할 때 더 현명한 일이라고 생각합니다. 최근의 졸업생들이 신선한 관점을 제공해 줄 수는 있지만, 경력자들은 새로운 사업의 성공에 필수적인 소중한 전문 지식과 능력을 제공해 줍니다. 이들은 이미 수년 간의 실무 경험을 통해 각자의 능력을 갈고 닦아 왔기 때문에, 사업 초기 단계에서 발생할 수 있는 학습 곡선 및 잠재적 실수를 최소화해 줍니다.

어휘 entrepreneur 기업가 struggle 고심하다, 힘겨워하다 graduate 졸업생 perspective 관점 enthusiasm 열정 expertise 전문 지식, 전문 기술 be suited for ~에 적합하다 beneficial 유익한, 이로운 possess 지니고 있다, 소유하다 adaptable 적응할 수 있는 crucial 중대한 venture (모험적) 사업 hone 갈고 닦다 practical experience 실무 경험 learning curve 학습 곡선(처음에 익숙하지 않아서 많은 시간이 필요했던 작업이 점점 숙달되면서 시간이 줄어드는 효과를 표현한 것) potential 잠재적인

아웃라인

나의 의견
Emily: recent graduate better

이유 1
bring fresh perspectives, up-to-date knowledge
& innovative ideas
 └ 근거
　　- learn new concepts & technologies → stay current
　　　& competitive in the market

에밀리: 최근 졸업생이 더 좋음

새로운 관점, 최신 지식, 혁신적인 아이디어 가져옴

- 새로운 개념 & 기술 배움→ 시장에서 최신 상태 & 경쟁력 유지

- expertise of experi. workers +
  enthusiasm & creativity of recent
  graduates → dynamic & well-rounded team

이유 2
increases potential for growth & loyalty
└ 근거
- eager to prove & advance → long-term asset
- invest in development & provide opportunities for
  advancement → loyalty & commitment ↑

- 경력자의 전문 지식 + 최근 졸업생의
  열정 & 창의성 → 역동적 & 다재 다능한 팀

성장과 충성심에 대한 잠재성 상승

- 증명 & 승진 열망 → 장기적 자산
- 발전성에 투자 & 승진 기회 제공 →
  충성심 & 책임감 ↑

답안 쓰기

나의 의견
I am oriented toward Emily's view. There are two reasons to substantiate my vantage point.

이유 1
First of all, recent graduates bring fresh perspectives, up-to-date knowledge, and innovative ideas to the table. They are often more open to learning new concepts and technologies, which can benefit a company looking to stay current and competitive in the market. By combining the expertise of experienced workers — those who have already been part of the company — with the enthusiasm and creativity of recent graduates, a company can cultivate a dynamic and well-rounded team that is poised for success.

이유 2
Not only that, hiring recent graduates for a new business increases their potential for growth and loyalty. Graduates are often eager to prove themselves and advance within a company, making them more likely to be long-term assets. By investing in their development and providing opportunities for advancement, you can foster a sense of loyalty and commitment that can lead to a strong and dedicated team for years to come.

맺음말
In conclusion, I think that by integrating the fresh ideas and potential for growth that recent graduates offer with the seasoned expertise of workers already employed within the company, you can create a powerful team dynamic that drives a new business toward long-term success.

저는 에밀리의 의견에 마음이 기울어요. 저의 의견을 입증할 두가지 이유가 있습니다.

우선, 최근의 졸업생들은 새로운 관점과 최신 지식, 그리고 혁신적인 아이디어를 가져다 줍니다. 그들은 흔히 새로운 개념과 기술을 배우는 데 더 열려 있기 때문에, 시장에서 최신 상태와 경쟁력을 유지하기를 바라는 회사에 유익할 수 있습니다. 이미 회사의 일원으로 존재해 온 경력자들의 전문 지식을 최근 졸업생들의 열정 및 창의성과 결합함으로써, 회사는 역동적이고 다재 다능한 팀을 양성해 성공을 향한 태세를 갖출 수 있습니다.

뿐만 아니라, 새로운 사업을 위해 최근의 졸업생들을 고용하는 것이 성장과 충성심에 대한 잠재성을 높여 줍니다. 졸업생들은 흔히 자신을 증명하고 회사 내에서 승진하기를 간절히 바라기 때문에, 장기적인 자산이 될 가능성이 더 큽니다. 그들의 발전성에 투자하고 승진을 위한 기회를 제공함으로써, 앞으로 다가올 수년 동안 튼튼하고 헌신적인 팀으로 이어질 수 있는 충성심과 책임감을 증진시킬 수 있습니다.

결론적으로, 저는 최근의 졸업생들이 제공하는 새로운 아이디어와 성장 잠재성을 회사 내에 이미 고용되어 있는 직원들의 노련한 전문 지식과 통합함으로써, 새로운 사업을 장기적인 성공으로 이끌어 주는 강력한 팀이라는 역동성을 만들어 낼 수 있다고 생각합니다.

어휘 bring A to the table A를 가져다 주다, A를 제시하다   up-to-date 최신의   competitive 경쟁력 있는   combine A with B A와 B를 결합하다   creativity 창의성   cultivate 양성하다, 기르다   dynamic 역동적인, 원동력   well-rounded 다재 다능한   be poised for ~할 태세를 갖추다   potential 잠재성   advance 승진하다   asset 자산   foster 증진시키다, 촉진하다   commitment 책임, 헌신, 전념   dedicated 헌신적인   integrate A with B A와 B를 통합하다   seasoned 경험 많은, 노련한

2

지문 해석

디아즈 박사

기술이 발전함에 따라, 디지털 아트가 미술계에서 한 가지 중요한 표현 수단이 되면서, 회화와 조각, 또는 판화 같은 전통적인 미술과 비교되는 그 가치에 관한 논쟁을 촉발시켜 왔습니다. 어떤 사람들은 디지털 아트가 독특한 가능성을 제공하며 동등한 인정을 받아야 마땅하다고 주장하는 반면, 다른 이들은 전통적인 미술 형식이 그 물리적, 역사적 특성으로 인해 더 높은 가치를 지니고 있다고 생각합니다. 여러분은 디지털 아트가 전통적인 미술 형식과 동일하게 가치 있다는 점에 동의하나요? 그런 이유, 또는 그렇지 않은 이유는 무엇인가요?

레나

저는 디지털 아트가 전통적인 미술 형식과 동등한 가치를 지니고 있다고 굳게 믿습니다. 디지털 아트의 한 가지 장점은 그 예술적 과정의 접근성 및 민주화입니다. 비싼 재료와 특수 교육을 필요로 할 수 있는 전통적인 표현 수단과 달리, 디지털 아트는 손쉽게 이용 가능한 소프트웨어와 도구들을 활용해 창작할 수 있어서, 더 포괄적이며 더 많은 미술가들이 접근할 수 있습니다.

마이클

레나와 달리, 저는 전통적인 미술이 디지털 아트보다 더 많은 가치를 지니고 있다고 생각합니다. 전통적인 미술의 특별한 특징들 중 하나는 실체적이고 촉각적인 성질로서, 보는 사람과 미술 작품 사이에서 더 깊은 관계를 확립해 줍니다. 회화와 조각 같은 전통적인 표현 수단은 장인 정신과 물리적 존재감을 불러 일으키며, 이는 디지털 방식으로 따라 할 수 없습니다.

어휘 evolve 발전하다, 진화하다 prominent 중요한, 두드러진 medium 표현 수단 spark 촉발시키다 sculpture 조각 printmaking 판화 recognition 인정, 인식 firmly 굳게 advantage 장점 accessibility 접근 가능성, 이용 가능성 democratization 민주화 inclusive 포괄적인 tangible 실체적인, 만질 수 있는 tactile 촉각의 nature 성질, 본질 evoke 불러 일으키다 sense of craftsmanship 장인정신 presence 존재(감) replicate 따라 하다, 복제하다

아웃라인

나의 의견
Lena: equal value

이유 1
explore & represent concepts & ideas ← traditional mediums convey X
└ 근거
  - digital tool (i.e. animation & virtual reality) → create immersive & dynamic experiences
  - experimentation & expression ↑ → push the boundaries of artistic practice

이유 2
provides a platform to comment on topics (i.e. globalization, surveillance)
└ 근거
  - connect w/ modern audience
  - recognize imp. in shaping cultural discussions & spark serious thinking about imp. issues

레나: 동등한 가치

개념 & 아이디어의 탐구 & 표현 ← 전통적인 표현 수단 전달 X

- 디지털 도구(예. 애니메이션 & 가상 현실) → 몰입감 & 역동적 경험 창조
- 실험 & 표현 ↑ → 미술 행위의 경계 확장

주제들에 견해를 밝힐 수 있는 플랫폼 제공 (예. 세계화, 감시)

- 현대 관람객들과 연결
- 문화적 담론 형성의 중요성 인식 & 중요 문제들에 관한 진지한 사고 촉발

답안 쓰기

나의 의견
I am oriented toward Lena's view. There are two reasons to validate my point.

이유 1
First of all, digital art enables artists to explore and represent concepts and ideas that may be difficult to convey using traditional mediums. Through the use of digital tools such as animation, virtual reality, and interactive installations, artists can create immersive and dynamic experiences that engage viewers in new and innovative ways. This flexibility allows for greater experimentation and expression, pushing the boundaries of artistic practice.

이유 2
On top of that, in an increasingly digitalized world, digital art provides a platform for artists to comment on topics such as globalization, surveillance, and identity in ways that connect with modern audiences. By embracing digital art, we recognize its importance in shaping cultural discussions and its ability to spark serious thinking and conversations about important issues of our time.

맺음말
In conclusion, I believe that the flexibility and importance of digital art, alongside its potential for creativity and engaging audiences, highlight its value as a medium in the art world.

저는 레나의 의견에 마음이 기울어요. 저의 의견을 입증할 두가지 이유가 있습니다.

우선, 디지털 아트는 미술가들에게 전통적인 표현 수단을 이용해 전달하기 어려울 수 있는 개념과 아이디어를 탐구하고 표현할 수 있게 해 줍니다. 애니메이션과 가상 현실, 그리고 대화형 설치물 같은 디지털 도구의 이용을 통해, 미술가들은 관람객들을 새롭고 혁신적인 방식으로 사로잡는 몰입감 있고 역동적인 경험을 만들어 낼 수 있습니다. 이러한 유연성은 더 뛰어난 실험과 표현을 가능하게 해서, 미술 행위의 경계를 확장해 줍니다.

게다가, 점점 더 디지털화되는 세상에서, 디지털 아트는 현대 관객들과 연결되는 방식으로 미술가들이 세계화와 감시, 정체성 같은 주제에 대해 견해를 밝힐 수 있는 플랫폼을 제공해 줍니다. 디지털 아트를 받아들임으로써, 우리는 문화적 담론을 형성하는 데 있어 그것이 지니는 중요성과, 우리 시대의 중요한 문제들에 관한 진지한 사고 및 대화를 촉발시키는 그 능력을 인식합니다.

결론적으로, 저는 디지털 아트의 유연성과 중요성이, 창의성 및 관람객을 사로잡는 데 대한 잠재성과 함께, 미술계의 한 가지 표현 수단으로서 지니는 가치를 강조해 준다고 생각합니다.

어휘 represent 나타내다 convey 전달하다 virtual reality 가상 현실 interactive 쌍방향의 immersive 몰입감 있는 dynamic 역동적인 engage 사로잡다 flexibility 유연성 allow for ~을 가능하게 하다 experimentation 실험 push the boundaries 경계를 확장하다 surveillance 감시 identity 정체성 cultural discussion 문화적 담론 creativity 창의성

UNIT 05 주제별 실전 문제

교육 p.202

1

지문 해석

지시문	풀
교수가 교육에 관한 수업을 가르치고 있다. 교수의 질문에 답하는 게시물을 작성하시오. 답변을 작성할 때, 다음 사항을 수행해야 한다. • 자신의 의견을 제시하고 뒷받침할 것. • 자신만의 글로 논의에 기여할 것. 효과적인 답변은 최소 100자의 단어를 포함한다.	저는 학교에서 기존 학생이 새로 온 학생들이 새 환경에 적응하도록 도와주는 버디 시스템을 도입할 것을 제안합니다. 이 버디 학생은 급식실 찾기나 각 교실로의 길 안내와 같은 일을 도울 수 있습니다. 새 학생들이 선생님이나 교장보다는 동급생에게 질문하는 것을 더 수월하고 편하게 느낄 수 있습니다.

디아즈 박사	클레어
이번 주에는 청소년을 대상으로 하는 중등학교 관리자들이 마주하는 도전들에 대해 토론할 예정입니다. 흔히 발생하는 문제 중 하나는 학생들이 다른 학교로 전학하는 것입니다. 이러한 변화를 일으키는 요인은 다양하지만, 가장 흔한 원인은 가족의 이주입니다. 학생들이 새로운 환경에 잘 적응할 수 있는 가장 효과적인 전략은 무엇일까요?	저는 새로운 학생들이 정규 수업 시간 이외에 운영되는 학교 동아리나 활동에 참여하도록 장려하는 것이 좋다고 생각합니다. 이 방식은 새로운 학생들에게 동료들과 쉽게 어울릴 수 있는 친근한 환경을 제공하고, 시작부터 사회적 그룹에 빠르게 통합될 수 있도록 해 줍니다.

어휘 administrator 관리자   secondary school 중고등학교   transition 전환   prompt 촉진시키다   relocation 이주
adapt to ~에 적응하다   buddy 친구   adjust to ~에 맞추다, 적응하다   assist with ~에 대해 도움을 주다   principal 교장
mingle with ~와 어울리다   establish 성립하다, 만들다   social group 사교 집단(무리)

아웃라인

나의 의견
a school culture immersion program

이유 1
intro. new stdts to tradition & values ← interactive session & events
└ 근거
   - feel connected to school & community
   - sense of belonging

이유 2
facilitate structure social interaction
└ 근거
   - barrier b/t stdts ↓ & friendship ↑
   - build supportive network → feeling of isolation & stress ↓

학교 문화 몰입 프로그램

새 학생들에게 전통 & 가치 소개 ← 상호 작용 세션 & 행사

- 학교와 커뮤니티에 유대감
- 소속감

구조화된 사회적 상호작용 장려

- 학생들 사이 장벽 ↓ & 우정 ↑
- 서로를 지지하는 네트워크를 구축 → 고립감 & 스트레스 ↓

답안 쓰기

나의 의견
As far as I'm concerned, the implementation of a school culture immersion program is the most effective strategy to help students who are new to a school adapt. There are two reasons to validate my vantage point.

이유 1
First of all, the immersion program would introduce new students to the school's traditions and values through a series of interactive sessions and participation in school events. By understanding the underlying principles and customs of the school, students are more likely to feel connected to the school and its community. This connection fosters a sense

제가 생각하기에는, 새 학생들이 학교에 잘 적응할 수 있도록 돕는 가장 효과적인 방법은 학교 문화 몰입 프로그램을 시행하는 것입니다. 저의 주장을 입증하는 두 가지 주요 이유가 있습니다.

우선, 이 프로그램은 일련의 상호 작용 세션과 학교 행사 참여를 통해 새로운 학생들에게 학교의 전통과 가치를 소개할 것입니다. 학교의 기본 원칙과 관습을 이해함으로써 학생들은 학교와 커뮤니티에 더 깊은 유대감을 느낄 수 있습니다. 이러한 감정이 소속감을 이끌어 내고, 그것은 학생들이 새로운 환경에서 안정감과 환영받는다고 느끼는 데 있어서 중요합니다.

of belonging, which is crucial for students to feel secure and accepted in their new environment.

이유 2
On top of that, <u>the program can facilitate structured social interactions, such as team-building activities and group projects that include both new and existing students.</u> These activities are designed to break down barriers between students and encourage friendships. Establishing these social connections early on helps new students build a supportive network, which can alleviate the feelings of isolation and stress that often accompany transitioning to a new school. By engaging directly with their peers in a structured yet relaxed setting, new students can integrate more smoothly into the student body.

맺음말
In conclusion, <u>I believe that the school culture immersion program not only fosters a deep connection with the school's culture and community but also actively supports the social integration of new students, ensuring a smoother and more positive transition.</u>

게다가, 이 프로그램은 새 학생들과 기존 학생들이 함께 참여하는 팀 빌딩 활동과 그룹 프로젝트 같은 구조화된 사회적 상호작용을 장려할 수 있습니다. 이러한 활동은 학생들 사이의 장벽을 없애고 우정을 돈독하게 하기 위해 만들어집니다. 이러한 사회적 관계를 초기에 구축하면 신입생들이 서로를 지지하는 네트워크를 구축하는 데 도움이 되며, 이는 새 학교로 전학을 왔을 때 경험할 수 있는 고립감과 스트레스를 완화할 수 있습니다. 체계적이면서도 편안한 환경에서 또래 친구들과 직접 교류함으로써 새 학생은 학생들 무리에 보다 원활하게 통합될 수 있습니다.

결론적으로, 저는 학교 문화 몰입 프로그램은 학교의 문화와 커뮤니티에 대한 깊은 연계를 촉진시킬 뿐만 아니라 새 학생들이 사회적으로 융합할 수 있도록 도와주며, 더욱 원활하고 긍정적인 변화를 가능하게 한다고 생각합니다.

어휘 implementation 시행 immersion program 몰입 프로그램 underlying 기본적인, 근본적인 sense of belonging 소속감 structured 구조화된 social interaction 사회적 교류 alleviate 완화시키다 feelings of isolation 고립감 accompany 수반하다 peer 또래 integrate A into B A가 B에 융화되다 student body 학생 집단, 학생회

비즈니스 p.204

2
지문 해석

지시문
교수가 비즈니스에 관한 수업을 가르치고 있다. 교수의 질문에 답하는 게시물을 작성하시오.
답변을 작성할 때, 다음 사항을 수행해야 한다.
- 자신의 의견을 제시하고 뒷받침할 것.
- 자신만의 글로 논의에 기여할 것.
효과적인 답변은 최소 100자의 단어를 포함한다.

블룸 박사
최근 몇 년 사이에, 임시직 선호 경제가 두드러진 모습을 보이면서, 전통적인 고용 구조에서 벗어나 유연 근로 제도 및 소득 창출 기회를 사람들에게 제공해 오고 있습니다. 어떤 사람들은 임시직 선호 경제가 근로자들에게 단점보다 더 많은 이점을 제공한다고 주장합니다. 하지만, 다른 이들은 임시직 선호 경제에 대해 우려를 나타냅니다. 이 문제에 대한 여러분의 생각은 어떤가요? 임시직 선호 경제가 궁극적으로 근로자들에게 장점을 더 많이 제공한다고 생각하나요? 그런 이유, 또는 그렇지 않은 이유는 무엇인가요?

새라
저는 임시직 선호 경제가 궁극적으로 근로자들에게 단점보다 장점을 더 많이 제공해 준다고 생각합니다. 임시직 선호 경계의 한 가지 중요한 이점은 그것이 제공하는 유연성입니다. 사람들이 언제, 어디서, 그리고 얼마나 많이 일하는지 선택할 수 있기 때문에, 일과 가족 또는 교육 같은 다른 책임들 사이에서 균형을 잡을 수 있습니다. 이러한 유연성은 각자의 일정을 중심으로 일해야 하는 학생이나 부모들에게 특히 유익할 수 있습니다.

존
하지만, 저는 임시직 선호 경제가 근로자들에게 장점보다 단점을 더 많이 야기한다고 생각합니다. 유연성이 매력적으로 보일 수는 있지만, 흔히 안정성과 금전적 보장을 희생시키는 것입니다. 임시직 근로자들은 건강 보험, 은퇴 계획, 그리고 유급 휴가 같은 혜택이 부족하기 때문에, 경제적 불안정과 예기치 못한 지출에 취약한 상태가 됩니다.

어휘 gig economy 임시직 선호 경제 *gain prominence* 두각을 나타내다 flexible 유연한, 탄력적인 work arrangement 근로 제도 income generation 소득 창출 drawback 단점, 결점 ultimately 궁극적으로 flexibility 유연성 pose 야기하다, 가하다 appealing 매력적인 at the cost of ~을 희생시켜 stability 안정성 financial security 금전적 보장 insurance 보험 vulnerable to ~에 취약한 instability 불안정 unforeseen 예기치 못한

읽기 지문 노트

나의 의견

Sarah: advantages for workers

이유 1

expand income sources

└ 근거

- engage in different jobs & switch b/t platforms to make $
- respond to fluctuations in demand & market conditions → income instability ↓

이유 2

develop & showcase skills in a dynamic & competitive marketplace

└ 근거

- participate in diff. industry & project → experience, portfolios & network ↑
- enhance career prospects & professional growth

새라: 직원들에게 장점

소득원 확대

- 여러 일에 종사 & 돈을 벌 수 있는 기반들 사이에서 전환
- 수요 변동 & 시장 상황에 대응 → 소득 불안정 ↓

역동적이고 경쟁적인 시장에서 능력을 발전시키고 선보임

- 다른 업계 & 프로젝트 참여 → 경험, 포트폴리오 & 교류 ↑
- 직업 전망 & 전문성 성장

답안 쓰기

나의 의견

I am oriented toward Sarah's view. There are two reasons to substantiate my vantage point.

이유 1

First of all, the primary benefit of the gig economy is its capacity to allow individuals to expand their income sources. Unlike traditional employment models, where individuals rely on a single income stream, gig workers have the flexibility to engage in several different jobs at the same time or switch between various platforms to make the most money. This adaptability enables them to respond to fluctuations in demand and market conditions, thereby reducing the risk of income instability.

이유 2

On top of that, the gig economy provides opportunities for individuals to develop and showcase their skills in a dynamic and competitive marketplace. By participating in gigs across different industries and projects, workers can gain valuable

저는 사라의 의견에 마음이 기울어요. 저의 의견을 입증할 두가지 이유가 있습니다.

우선, 임시직 선호 경제의 주요한 이점은 사람들에게 소득원을 확대할 수 있게 해 주는 능력입니다. 사람들이 단 하나의 수익 흐름에 의존하는 전통적인 고용 모델들과 달리, 임시직 근로자들은 동시에 여러 가지 다른 일에 종사하거나 돈을 최대한 많이 벌기 위해 다양한 기반들 사이를 전환할 수 있는 유연성을 갖게 됩니다. 이 적응성으로 인해 그 근로자들은 수요의 변동과 시장 상황에 대응할 수 있으며, 소득 불안정의 위험성을 줄일 수 있습니다.

게다가, 임시직 선호 경제는 사람들이 역동적이고 경쟁적인 시장에서 각자의 능력을 발전시키고 선보일 수 있는 기회도 제공해 줍니다. 서로 다른 업계와 프로젝트에 걸친 임시직에 참여함으로써, 근로자들은 소중한 경험을 얻고, 포트폴리오를 확대하며, 잠재 고객 또는 고용주들과 교류하면서, 궁극적으로는 직업 전망과 전문적 성장을 향상시킬 수 있습니다.

experience, expand their portfolios, and network with potential clients or employers, ultimately enhancing their career prospects and professional growth.

맺음말
In conclusion, I believe that by enabling individuals to diversify their income sources and develop their skills in a competitive marketplace, the gig economy presents opportunities for financial stability and professional growth in today's dynamic employment landscape.

결론적으로, 저는 사람들에게 경쟁적인 시장에서 소득원을 다각화하고 각자의 능력을 개발할 수 있게 함으로써, 임시직 선호 경제가 오늘날의 역동적인 고용 분야에서 금전적 안정과 전문적 성장을 위한 기회를 제공해 준다고 생각합니다.

어휘 capacity 능력 income source 소득원 income stream 수익 흐름 engage in ~에 종사하다 platform 기반, 토대 adaptability 적응성 fluctuation 변동 showcase 선보이다 dynamic 역동적인 competitive 경쟁적인 valuable 소중한 portfolio 포트폴리오(구직 시 제출하는 자료 모음집) prospect 전망 diversify 다각화하다 present 제공하다 landscape 분야

기술　p.206

3
지문 해석

지시문	소피아
교수가 기술에 관한 수업을 가르치고 있다. 교수의 질문에 답하는 게시물을 작성하시오. 답변을 작성할 때, 다음 사항을 수행해야 한다. 　• 자신의 의견을 제시하고 뒷받침할 것. 　• 자신만의 글로 논의에 기여할 것. 효과적인 답변은 최소 100자의 단어를 포함한다.	저는 EV의 폭넓은 채택을 촉진하는 가장 효과적인 방법들 중 하나가 EV 구매에 대한 정부 보상책과 보조금을 늘리는 것이라고 생각합니다. 정부가 세액 공제와 할인, 그리고 기타 금전적 보상책을 제공해 소비자들에게 EV로 바꾸도록 장려할 수 있습니다. EV 구매와 관련된 초기 비용을 감소시킴으로써, 더 많은 사람들이 이러한 전환을 이루고 싶어 할 수 있습니다.
톰슨 박사	**제이크**
환경적 지속 가능성 및 전통적인 교통 수단의 영향에 대한 우려가 지속적으로 늘어나면서, 전기 자동차(EV) 이용의 중요성과 대중화에 대한 관심이 계속 커지고 있습니다. EV의 폭넓은 채택을 촉진하는 가장 효과적인 방법이 무엇이라고 생각하나요?	정부 보상책 외에도, 저는 배터리 기술의 혁신을 증진하는 것이 EV의 폭넓은 채택을 촉진하는 데 있어 아주 중요하다고 생각합니다. 에너지 밀도 증가, 더 빠른 충전 시간, 그리고 더 긴 배터리 수명 같은 배터리 기술의 향상이 잠재적인 EV 구매자들이 갖고 있을 수 있는 몇몇 중요한 우려 사항을 해결해 줄 수 있습니다. 배터리 기술을 발전시킬 수 있는 연구 및 개발에 투자하면 더 저렴하고, 효율적이면서, 신뢰할 수 있는 EV로 이어질 수 있습니다.

어휘 sustainability 지속 가능성 popularization 대중화 widespread 폭넓은 adoption 채택 incentive 보상책 subsidy 보조금 tax credit 세액 공제 rebate 할인 upfront costs 초기 비용 associated with ~와 관련된 be inclined to + 동사원형 ~하고 싶어 하다 transition 전환 foster 증진하다, 촉진하다 innovation 혁신 crucial 아주 중요한 improvement 향상, 개선 density 밀도 charging 충전 affordable 저렴한 reliable 신뢰할 수 있는

아웃라인

나의 의견
public awareness campaigns & educational efforts

공공 인식 캠페인 & 교육 노력

이유 1

public awareness

└ 근거

    - educate abt. environmental, economic & societal +

    - emphasize emissions ↓, fuel $ ↓ & potential
      for energy independence → shape consumer
      perceptions & attitudes

이유 2

educational efforts

└ 근거

    - correct misunderstandings & address concerns

    - accurate info. (i.e. E.V tech. & charging
      infrastructure)→make informed decisions

공공 인식

- 환경적, 경제적 & 사회적 장점 교육
- 배기가스 배출↓, 연료비↓, & 에너지
  독립성에 대한 잠재성 강조 → 소비자
  인식 & 태도 형성

교육 노력

- 오해 바로잡기 & 우려 해결
- 정확한 정보(예. EV 기술 & 충전 시설) →
  정보에 입각한 결정

답안 쓰기

나의 의견

As far as I'm concerned, investing in public awareness
campaigns and educational efforts is the most feasible strategy
for promoting the benefits of electric vehicles (EVs) and their
widespread adoption. There are two reasons to substantiate
my vantage point.

이유 1

First of all, public awareness initiatives serve to educate
individuals about the environmental, economic, and societal
advantages of EVs. By emphasizing reduced emissions, lower
fuel costs, and the potential for energy independence, these
campaigns shape consumer perceptions and attitudes toward
EVs.

이유 2

Not only that, educational programs play a key role in
correcting misunderstandings and addressing concerns
surrounding EV adoption. By providing accurate information
about EV technology, charging infrastructure, and range
capabilities, these initiatives empower consumers to make
informed decisions about transitioning to electric vehicles.

맺음말

In conclusion, I hold that investing in public awareness
campaigns and educational initiatives fosters a deeper
understanding of EVs and encourages broader acceptance of
sustainable transportation options.

제가 생각하기에는, 공공 인식 캠페인과 교육적 노
력에 투자하는 것이 전기 자동차(EV)의 이점 및 그
폭넓은 채택을 촉진하는 가장 실현 가능성 높은 전
략입니다. 저의 의견을 입증할 두가지 이유가 있습
니다.

우선, 공공 인식 관련 계획은 EV가 지닌 환경적, 경
제적, 사회적 장점들에 관해 사람들을 교육하는 역
할을 합니다. 배기가스 배출 감소, 더 낮은 연료비,
그리고 에너지 독립성에 대한 잠재성을 강조함으로
써, 이 캠페인들은 EV를 향한 소비자 인식과 태도
를 형성해 줍니다.

뿐만 아니라, 교육적 프로그램은 EV채택을 둘러
싼 오해를 바로잡고 우려를 해결하는 데 있어 중대
한 역할을 합니다. EV 기술과 충전 기반 시설, 그리
고 주행 거리 능력에 관한 정확한 정보를 제공함으
로써, 이 계획들은 전기 자동차로 전환하는 것과 관
련해 소비자들에게 정보에 입각한 결정을 내리도록
힘을 실어 주게 됩니다.

결론적으로, 저는 공공 인식 캠페인과 교육적 계획
에 투자하면 EV에 대한 더 깊이 있는 이해를 촉진
하고 지속 가능한 교통 수단 선택권의 더 폭넓은 수
용을 장려하게 된다고 생각합니다.

어휘 public awareness 공공 인식 feasible 실행 가능한 initiative 계획 serve to+동사원형 ~하는 역할을 하다 emission 배출(물),
배기 가스 independence 독립(성) shape 형성하다 perception 인식 attitude 태도 accurate 정확한 infrastructure
(사회) 기반 시설 range 주행 거리 capability 능력 empower 힘을 실어 주다 informed 정보에 입각한 transition
전환하다 foster 촉진하다, 조성하다 acceptance 수용 sustainable 지속 가능한

환경   p.208

4
지문 해석

<table>
<tr><td>

지시문

교수가 환경 과학에 관한 수업을 가르치고 있다. 교수의 질문에 답하는 게시물을 작성하시오.

답변을 작성할 때, 다음 사항을 수행해야 한다.

- 자신의 의견을 제시하고 뒷받침할 것.
- 자신만의 글로 논의에 기여할 것.

효과적인 답변은 최소 100자의 단어를 포함한다.

블룸 박사

기후 변화와 서식지 파괴 같은 환경 문제에 대한 급박함이 고조되면서, 환경 보호에 대한 사람들의 헌신 수준과 관련된 상당한 논쟁이 있어 왔습니다. 어떤 사람들은 과거 사람들이 현재 사람들에 비해 환경 보존에 더 헌신적이었다고 주장하는 반면, 다른 이들은 현재 사람들이 환경을 보호하는 일과 관련해 더 잘 알고 있고 선제적이라고 생각합니다. 여러분은 과거 사람들이 현재 사람들보다 환경 보존에 더 헌신적이었다는 점에 동의하나요? 그런 이유, 또는 그렇지 않은 이유는 무엇인가요?

</td><td>

새라

저는 과거 사람들이 현재 사람들에 비해 환경 보존에 더 헌신적이었다고 생각합니다. 이전의 여러 세대에서는, 산업화와 소비 중심 주의가 덜 해서, 더 적은 오염 물질이 환경 속으로 배출되었습니다. 사람들은 자연과 더 많이 연결되어 있었고 생계를 위해 의존했는데, 이는 환경에 대한 더 깊이 있는 감사와 존중을 촉진했습니다.

폴

저는 현재 사람들이 환경을 보호하는 일과 관련해 더 잘 알고 있고 선제적이라고 생각합니다. 기술의 발전 및 정보에 대한 접근성으로 인해, 환경 문제에 대한 인식이 상당히 높아졌습니다. 이렇게 높아진 인식은 기후 파업과 보존 활동 같은 폭넓은 실천주의로 이어졌습니다.

</td></tr>
</table>

어휘 escalating 고조되는 urgency 급박함, 긴급함 destruction 파괴 commitment 헌신, 전념 be committed to ~에 헌신하다
conservation 보존 proactive 선제적인 industrialization 산업화 consumerism 소비 중심 주의 pollutant 오염 물질
emit 배출하다 livelihood 생계 appreciation 감사 advancement 발전, 진보 access 접근(성), 이용 awareness 인식
heightened 높아진, 고조된 activism 실천주의 climate strike 기후 파업(기후 변화에 대한 대응 조치를 요구하는 파업)

아웃라인

나의 의견
Paul: disagree

이유 1
access to info. → awareness ↑ abt. envi. issues
└ 근거
  - social media, documentaries & global
    conferences → educate public
  - propel to adopt greener practices

이유 2
tech. advancements → develop & implement solutions

폴: 동의하지 않음

정보 접근성 → 환경 문제 관련 인식 ↑

- 소셜 미디어, 다큐멘터리 & 세계적 컨퍼런스
  → 대중 교육
- 더 친환경적인 관행 채택 추진

기술 발전 → 해결책 개발 & 시행

└ 근거

- innovations (i.e. E.V & solar pannel) → envi. conservation in daily lives
- advancement in data analysis & monitoring system → accurate assessment of envi. impact → informed decision-making

- 혁신(예. 전기 자동차 & 태양열 전지판) → 일상 속 환경 보호
- 데이터 분석 & 모니터링 시스템의 발전 → 환경에 끼치는 여파를 정확하게 측정 → 정보를 고려한 의사 결정

답안 쓰기

나의 의견
I am oriented toward Paul's view. There are two reasons to validate my vantage point.

이유 1
First of all, access to information in the digital age has significantly raised awareness about environmental issues. Social media, documentaries, and global conferences on climate change are instrumental in educating the public about the importance of sustainable living. This widespread awareness has propelled individuals and communities to adopt greener practices, such as recycling, using renewable energy sources, and reducing plastic use.

이유 2
On top of that, technological advancements have enabled us to develop and implement solutions that were not available in the past. Innovations like electric vehicles, solar panels, and biodegradable materials are making it easier for individuals to contribute to environmental conservation in their daily lives. Additionally, advancements in data analytics and monitoring systems offer more accurate assessments of environmental impact, making possible to make informed decisions.

맺음말
In conclusion, I believe that today's combination of awareness and better technology makes us more committed to addressing environmental challenges than people were in the past.

저는 폴의 의견에 마음이 기울어요. 저의 의견을 입증할 두가지 이유가 있습니다.

우선, 디지털 시대의 정보에 대한 접근성이 환경 문제에 대한 인식을 상당히 드높여 왔습니다. 소셜 미디어와 다큐멘터리, 그리고 기후 변화에 관한 세계적인 컨퍼런스가 지속 가능한 생활 방식의 중요성과 관련해 일반 사람들을 교육하는 데 중요한 역할을 합니다. 이러한 폭넓은 인식은 재활용과 재생 가능한 에너지원 이용, 그리고 플라스틱 이용 감소 같이 더 친환경적인 관행을 채택하도록 사람들과 공동체들에게 추진력을 제공해 왔습니다.

게다가, 기술 발전으로 인해 우리가 과거에는 이용할 수 없었던 해결책을 개발하고 시행할 수 있게 되었습니다. 전기 자동차와 태양열 전지판, 그리고 생분해성 재료 같은 혁신 요소들은 사람들이 일상 생활 속에서 환경 보존에 기여하는 것을 더 쉽게 만들어 줍니다. 뿐만 아니라, 데이터 분석 및 모니터링 시스템의 발전은 환경에 끼치는 여파를 보다 정확하게 측정할 수 있도록 도와주어, 다양한 정보를 고려하여 결정을 내리는 것을 가능하게 합니다.

결론적으로, 저는 오늘날의 인식과 더 나은 기술이라는 조합이 환경적 문제를 해결하는 데 있어 과거 사람들이 그랬던 것보다 더 헌신적으로 만들어 준다고 생각합니다.

어휘 raise awareness 인식을 드높이다 instrumental 중요한 역할을 하는 sustainable 지속 가능한 propel 추진력을 제공하다 adopt 채택하다 green 친환경적인 renewable 재생 가능한 reduce 감소시키다 implement 시행하다 solution 해결책 available 이용 가능한 innovation 혁신 contribute to ~에 기여하다 accurate assessment 정확한 측정[평가] environmental impact 환경에 끼치는 영향(여파) make informed decision 여러 정보를 바탕으로 결정하다 combination 조합, 결합 address (문제 등을) 해결하다, 처리하다

5
지문 해석

<table>
<tr><td>

지시문

교수가 사회학에 관한 수업을 가르치고 있다. 교수의 질문에 답하는 게시물을 작성하시오.

답변을 작성할 때, 다음 사항을 수행해야 한다.
- 자신의 의견을 제시하고 뒷받침할 것.
- 자신만의 글로 논의에 기여할 것.

효과적인 답변은 최소 100자의 단어를 포함한다.

</td><td>

클레어

저는 사람들이 일생 동안 고향이 머물러 있는 것이 더 좋다고 생각합니다. 고향에 남아 있으면 개인의 행복에 있어 아주 귀중한 안정감과 친근감을 제공해 줍니다. 예를 들어, 같은 공동체 내에 머물러 있으면 사람들이 가족 및 친구들과 가까운 관계를 유지하기 때문에, 뛰어난 지원망을 조성할 수 있게 합니다.

</td></tr>
<tr><td>

크루즈 박사

고향에 머물러 있을 것인지, 아니면 다른 지역으로 이주할 것인지에 대한 결정은 사람들이 흔히 심사숙고하는 중요한 인생의 선택입니다. 이러한 결정의 중요성을 고려해 볼 때, 사람들은 반드시 그 장단점을 가늠해 봐야 합니다. 여러분은 사람들이 일생 동안 고향에 남아 있는 것이 더 좋다고 생각하나요? 그런 이유, 또는 그렇지 않은 이유는 무엇인가요?

</td><td>

제이크

하지만, 저는 사람들이 다른 지역으로 이주하는 것이 이롭다고 생각합니다. 새로운 지역으로 이주하는 것은 고향에 머물러 있으면 찾을 수 없는 개인적 성장과 새로운 경험을 위한 기회를 제공해 줍니다. 예를 들어, 다른 문화와 환경을 탐구하는 것이 한 사람의 관점을 넓혀 주고 적응성을 향상시켜 줄 수 있습니다.

</td></tr>
</table>

어휘   contemplate 심사숙고하다   weigh 가늠하다, 저울질하다   pros and cons 장단점   preferable 더 좋은   stability 안정 familiarity 친근함, 친숙함   invaluable 아주 귀중한   well-being 행복   support network 지원망   advantageous 이로운 broaden 넓혀 주다   perspective 관점   enhance 향상시키다, 강화하다   adaptability 적응성

아웃라인

나의 의견

Jake: relocate

이유 1

opportunity to expand prof. horizons

└ 근거
- better job prospects & career advancement
- e.g. Silicon Valley → job opportunities & networking connection ↑

이유 2

personal development & resilience ↑

└ 근거
- new envi. challenge → personal growth & increased adaptability
- research: stimulate cognitive flexibility & creativity

제이크: 이전

직업적 지평 넓힐 기회

- 더 나은 직업 전망과 경력 발전
- 예) 실리콘 밸리 → 취업 기회 & 교류 ↑

개인 발전 & 회복 탄력성 ↑

- 새로운 환경 도전 → 개인 성장 & 적응력 향상
- 연구: 인지적 유연성 & 창의성 자극

답안 쓰기

나의 의견

I am oriented toward Jake's view. There are two reasons to substantiate my vantage point.

이유 1

First of all, relocating to different regions provides individuals with the opportunity to expand their professional horizons. Moving to a region with a thriving industry in their field of interest can open doors to better job prospects and career advancement. For example, relocating to a tech hub like Silicon Valley may offer tech professionals access to a wider range of job opportunities and networking connections, ultimately enhancing their career trajectory.

이유 2

Not only that, living in a new region fosters personal development and resilience. Adjusting to a new environment challenges individuals to adapt to unfamiliar situations, leading to personal growth and increased adaptability. Research shows that exposure to diverse environments can stimulate cognitive flexibility and creativity, ultimately enriching one's life experiences and perspective.

맺음말

In conclusion, I think that relocating to a different region can offer individuals valuable opportunities for professional and personal growth, ultimately leading to a more fulfilling life.

저는 제이크의 의견에 마음이 기울어요. 저의 의견을 입증할 두가지 이유가 있습니다.

우선, 다른 지역으로 이주하는 것은 사람들에게 직업적 지평을 넓힐 수 있는 기회를 제공해 줍니다. 관심 있는 분야의 번성하는 업계가 있는 지역으로 이주하면 더 나은 직업 전망과 경력 발전으로 향하는 문을 열 수 있습니다. 예를 들어, 실리콘 밸리 같은 기술 중심지로 이주하면 기술 전문가에게 더 다양한 취업 기회 및 교류 관계에 대한 접근성을 제공해 주기 때문에, 궁극적으로 경력상의 궤도를 향상시킬 수 있습니다.

뿐만 아니라, 새로운 지역에서 생활하면 개인적인 발전과 회복 탄력성을 촉진시켜 줍니다. 새로운 환경에 적응하는 일은 사람들에게 익숙하지 않은 상황에 적응하도록 도전 의식을 불어넣게 되어, 개인적인 성장과 적응성 향상으로 이어집니다. 연구에 따르면 다양한 환경에 대한 노출이 인지적 유연성과 창의성을 자극해, 궁극적으로 한 사람의 인생 경험과 관점을 풍요롭게 해 줄 수 있는 것으로 나타납니다.

결론적으로, 저는 다른 지역으로 이주하는 것이 사람들에게 전문적, 개인적 성장을 위한 소중한 기회를 제공해, 궁극적으로 더욱 충만한 삶으로 이어질 수 있다고 생각합니다.

어휘 horizon 지평 thriving 번성하는 prospect 전망 advancement 발전, 진보 hub 중심지 ultimately 궁극적으로 trajectory 궤도, 궤적 resilience 회복 탄력성 adjust to ~에 적응하다(= adapt to) adaptability 적응성 stimulate 자극하다 cognitive 인지의 flexibility 유연성, 탄력성 creativity 창의성 enrich 풍요롭게 하다, 질을 높이다 fulfilling 충만한

1
지문 해석

<table>
<tr><td>

미생물 눈의 목적

최근의 연구에 따르면 일부 미생물에게 아주 흥미로운 특징이 있는 것으로 드러났는데, 바로 눈과 유사한 구조물을 지니고 있다는 점이다. 이 구조물은 더 큰 동물에서 보여지는 진정한 눈은 아니지만, 이 아주 작은 존재에게 빛을 감지할 수 있게 해 주는 꽤 특수한 구성 요소이다. 전문가들은 빛을 감지하는 이 요소가 여러 가지 목적을 지니고 있다고 생각한다.

한 가지 이론은 이 미생물들이 눈처럼 생긴 구조물을 활용해 먹이의 위치를 찾고 잡는다는 점을 시사한다. 그 미시적 환경 속에서, 빛을 감지하는 능력은 중요한 장점이다. 다른 작은 개체를 먹고 사는 포식성 미생물은 근처의 잠재적 먹이에 대한 표시로 빛의 변화를 이용한다. 이러한 능력으로 인해 다음 자양분 공급원에게 접근해, 생존 가능성을 향상시킬 수 있게 된다. 연구에 따르면 이 생물체들은 빛의 수준이 변동하는 곳에 이끌려, 그것을 잠재적 먹이의 움직임으로 이해하는 것으로 관찰되었다.

또 다른 관점은 이 눈처럼 생긴 구조물이 식물의 광합성 과정과 유사하게, 에너지에 필요한 빛을 얻는 데 도움이 된다는 점이다. 광원 쪽으로 방향을 맞춤으로써, 이 미생물들은 태양에 대한 노출을 극대화할 수 있다. 이 전략은 전통적인 먹이 공급원이 부족한 환경 속에서 특히 유용하여, 햇빛이 아주 귀중한 에너지원이 된다.

마지막으로, 눈처럼 생긴 구조물은 먹이를 잡을 때 높은 수준의 정확성을 제공해 준다. 단순히 먹이의 존재를 감지하는 것 뿐만 아니라, 그 위치와 거리를 정확히 짚어내기까지 한다. 먹이를 걸려들게 하기 위해 독소를 분사하거나 신체적 확장에 의존하는 미생물에게 있어, 빛의 감지에 의해 용이해진 정확한 조준은 사냥 성공률에 있어 핵심적인 부분이다. 실험 증거에 따르면 특정 미생물은 빛의 방향을 따라 자신의 방향 및 공격 전략을 조정할 수 있는 것으로 나타났는데, 이는 포식 효율성에 있어 빛을 감지하는 이 구조물의 중대한 역할을 분명히 보여 주는 것이다.

</td><td>

어휘

microorganism 미생물   uncover 드러내다, 밝혀내다   intriguing 아주 흥미로운   feature 특징   possess 지니고 있다   specialized 특수한   component 구성 요소   detect 감지하다   light-sensing 빛을 감지하는   locate ~의 위치를 찾다   capture 붙잡다   prey 먹이   microscopic 미시적인   predatory 포식의   entity 개체   variation 변화   indicator 표시, 지표   nourishment 자양분   be drawn to ~에 이끌리다   fluctuating 변동하는   interpret 이해하다   perspective 관점   harvest 얻다, 수확하다   similar to ~와 유사한   photosynthesis 광합성   orient 방향을 잡다   maximize 극대화하다   exposure 노출   strategy 전략   scarce 부족한   invaluable 아주 귀중한   a high degree of 높은 수준의   presence 존재   pinpoint 정확히 짚어내다   rely on ~에 의존하다   eject 분사하다   toxin 독소   ensnare 걸려들게 하다   aiming 조준, 겨냥   adjust 조정하다   based on ~을 바탕으로   underscore 분명히 보여 주다, 강조하다   critical 중대한   efficiency 효율성

</td></tr>
</table>

강의 스크립트 & 해석

Now listen to part of a lecture on the topic you just read about.
이제 방금 읽은 내용의 주제에 관한 강의 일부를 들으시오.

Recent discussions among scientists have introduced different ideas about why microorganisms have structures similar to eyes, but all the reasons given in the reading are considered doubtful.

First of all, it's believed that the primary function of microorganisms' eye-like structures is to ensure survival by avoiding hazardous environments, rather than pursuing prey. Research has shown that these tiny organisms typically shun intense light, adopting a strategy focused on self-preservation.

최근 과학자들 사이에서 있었던 논의를 통해 미생물이 왜 눈과 유사한 구조물을 지니고 있는지에 관한 여러 다른 의견이 소개되었지만, 독해 지문에 제공된 모든 이유는 의심스러운 것으로 여겨집니다.

가장 먼저, 미생물이 지닌 눈과 유사한 구조물의 주된 기능은 먹이를 쫓는 것이 아니라, 위험한 환경을 피함으로써 생존을 보장하기 위한 것이라고 여겨집니다. 연구에 따르면 이렇게 아주 작은 미생물들은 일반적으로 자기 보호에 초점을 맞춘 전략을 택해,

Such behavior indicates that their natural inclination is towards seeking safety rather than engaging in hunting. Consequently, the emphasis of these structures appears to be on evading potential dangers in their environment, prioritizing protection above predation.

Furthermore, these structures do not primarily capture energy as once thought. Instead, they play a crucial role in helping microorganisms adapt to the changing patterns of light and darkness. Studies have shown that these eye-like features are key in regulating the internal clocks of these organisms to sync with the natural day and night cycle. This regulation aims at efficient energy use and conservation of resources.

Finally, the primary function of these eye-like structures seems to be enhancing mobility and direction rather than enabling precise targeting of prey. Observations of microorganisms moving towards light reveal a pattern that implies navigation assistance over targeted hunting. This movement suggests that these structures are more about facilitating an effective way to explore their surroundings. It indicates a focus on environmental navigation, rather than on the precise capture of prey.

강렬한 빛을 피하는 것으로 나타났습니다. 이러한 행동은 그 본능적인 성향이 사냥을 하는 것이 아니라 안전을 추구하는 것에 맞춰져 있음을 나타냅니다. 결과적으로, 이 구조물의 주안점은 환경 속에서 잠재적 위험을 피함으로써, 포식보다 보호를 우선시하는 데 맞춰져 있는 것으로 보입니다.

더욱이, 이 구조물은 한때 생각했던 바와 같이 주로 에너지를 모으는 것이 아닙니다. 대신, 빛과 어둠의 패턴 변화에 적응하도록 미생물을 돕는 데 있어 아주 중요한 역할을 합니다. 연구에 따르면 이 눈처럼 생긴 구조물의 특징은 자연의 주야 순환과 동기화하도록 이 생물체의 내부 시계를 조절하는 데 있어 핵심적인 부분인 것으로 나타났습니다. 이러한 조절은 효율적인 에너지 사용 및 자원의 보존이 목적입니다.

마지막으로, 이 눈과 유사한 구조물의 주된 기능은 먹이에 대한 정확한 목표 설정을 가능하게 하는 것이 아니라 이동성 및 방향성을 향상시키는 것으로 보입니다. 빛을 향해 이동하는 미생물에 대한 관찰 내용을 보면 목표를 설정한 사냥보다는 방향 추적 지원을 암시하는 패턴이 드러납니다. 이러한 움직임은 이 구조물이 주변을 탐색하는 효과적인 방법을 촉진하는 것과 더 관련되어 있음을 시사합니다. 이는 정확한 먹이 포획보다, 환경적 방향 추적에 초점이 맞춰져 있음을 나타냅니다.

어휘 primary 주된 hazardous 위험한 pursue 쫓다, 추구하다 shun 피하다 intense 강렬한 inclination 성향, 경향 emphasis 주안점, 강조(점) evade 피하다 prioritize 우선시하다 play a crucial role in ~에 있어 아주 중요한 역할을 하다 adapt to ~에 적응하다 regulate 조절하다 internal 내부의 sync with ~와 동기화하다 aim at ~을 목적으로 하다 mobility 이동성 observation 관찰 reveal 드러내다 imply 암시하다 facilitate 촉진하다, 용이하게 하다

문제

Summarize the points made in the lecture, being sure to explain how they respond to the specific concerns presented in the reading passage.

강의에서 언급된 내용을 요약하고, 읽기 지문에서 제시된 구체적인 문제에 어떻게 대응하는지 설명하시오..

읽기 지문 노트

possible purpose of eye-like structures of microorganism

locate and capture prey
- feed on other small entities
- approach next source of nourishment → survival ↑

aid in harvesting sunlight 4 energy
- sun exposure ↑
- useful in environment w/ food sources ↓

미생물의 눈과 같은 구조의 가능한 목적

먹이의 위치를 찾고 잡음
- 다른 작은 개체를 먹음
- 다음 영양 공급원에게 접근 → 생존 ↑

에너지에 필요한 빛 얻는 데 도움
- 태양에 대한 노출 ↑
- 먹이 부족한 환경에서 유용

provide high degree of precision when capturing prey
- accurately pinpoint location & distance
- evidence: adjust orientation & attack strategy ← light direction

사냥할 때 높은 정확성 제공
- 위치와 거리를 정확하게 감지
- 증거: 방향과 공격 전략 조정 ← 빛의 방향

강의 노트

possible purpose of eye-like structures of microorganism: inaccurate

avoid hazardous environment
- research: shun intense light & focus on self-preservation
- seeking safety → evade potential predator > protect from predator

change pattern of light & darkness
- study: regulate internal clocks 2 sync w/ natural day & night
- efficiency energy use & conservation of resources

enhance mobility & direction
- observation → move toward light
- explore new surroundings

미생물의 눈과 같은 구조의 가능한 목적: 부정확

위험 환경 회피
- 연구: 강렬한 빛 피하고 자기 보호에 초점
- 안전 추구 → 잠재적 포식자를 피해 스스로를 보호

빛과 어둠의 패턴 변화
- 연구: 주야 순환과 동기화하도록 내부 시계 조절
- 효율적인 에너지 사용 & 자원 보존

이동성 & 방향성 향상
- 관찰 → 빛을 향해 이동
- 새로운 환경 탐색

모범 답안

According to the reading, there are several claims to explain potential functions of microorganisms' eyes. However, the professor challenges these claims by presenting point-by-point counterarguments.

First of all, the professor claims that eye-like structures in microorganisms are believed to prioritize survival by avoiding hazardous environments rather than actively seeking prey. Research indicates that microorganisms tend to avoid intense light, prioritizing self-preservation over hunting. This behavior suggests that their primary focus is on seeking safety and evading potential dangers in their environment rather than actively pursuing prey. The professor, therefore, refutes the reading passage's claim that these microorganisms employ their eye-like structures to locate and capture their prey.

On top of that, the professor asserts that these structures are not primarily involved in capturing energy as previously believed. Instead, they play a vital role in aiding

독해 지문의 내용에 따르면, 미생물의 눈이 지닌 잠재적 기능을 설명할 수 있는 여러 가능성 있는 이론이 존재한다. 하지만, 교수는 요점별로 반론을 제시하면서 이러한 주장에 이의를 제기하고 있다.

가장 먼저, 교수는 미생물의 눈과 유사한 구조물이 적극적으로 먹이를 찾는 것이 아니라 위험한 환경을 피함으로써 생존을 우선시하는 것으로 여겨진다고 주장한다. 연구에 따르면 미생물은 강렬한 빛을 피하면서, 사냥보다 자기 보호를 우선시하는 경향이 있는 것으로 나타난다. 이러한 행동은 그 주된 초점이 적극적으로 먹이를 쫓는 것이 아니라 환경 속에서 안전을 추구하고 잠재적 위험 요소를 피하는 데 맞춰져 있다는 것을 시사한다. 따라서, 교수는 이 미생물이 먹이의 위치를 찾아 그것을 잡기 위해 눈처럼 생긴 구조물을 활용한다는 독해 지문의 주장을 반박하고 있다.

그뿐만 아니라, 교수는 이 구조물이 이전에 생각했던 바와 같이 주로 에너지를 포착하는 데 관련되어 있는 것이 아니라고 주장한다. 대신, 빛과 어둠의 패

microorganisms in adapting to the shifting patterns of light and darkness. According to the study, these eye-like features in microorganisms help their internal clocks match the natural day and night cycle for better energy use and resource saving. The professor, thus, counters the reading passage's idea that these eye-like structures help microorganisms gather sunlight for energy.

Lastly, the professor contends that the main purpose of these eye-like structures appears to be improving mobility and direction rather than enabling precise targeting of prey. Observations of microorganisms moving towards light suggest that these structures aid in navigation rather than targeted hunting. As such, the professor rebuts the reading passage's assertion that these eye-like structures offer a high level of accuracy in capturing prey.

턴 변화에 적응하도록 미생물을 돕는 데 있어 중추적인 역할을 한다. 연구에 따르면, 미생물이 지닌 이 눈과 유사한 특징은 더 나은 에너지 사용 및 자원 절약을 위해 자연의 주야 순환과 일치하도록 내부의 시계에 도움을 준다. 따라서, 교수는 이 눈처럼 생긴 구조물이 에너지를 위해 햇빛을 모으도록 미생물을 돕는다는 독해 지문의 의견을 반박하고 있다.

마지막으로, 교수는 이 눈처럼 생긴 구조물의 주 목적이 먹이에 대한 정확한 목표 설정을 가능하게 하는 것이 아니라 이동성 및 방향성을 향상시키는 것처럼 보인다고 주장한다. 빛을 향해 이동하는 미생물에 대한 관찰 내용을 보면 이 구조물이 목표를 설정한 사냥이 아니라 방향 추적에 도움을 준다는 점을 시사한다. 따라서, 교수는 이 눈과 유사한 구조물이 먹이를 잡는 데 있어 높은 수준의 정확성을 제공해 준다는 독해 지문의 주장을 반박하고 있다.

어휘 challenge 이의를 제기하다 point-by-point 요점마다의 counterargument 반론 refute 반박하다(= counter, rebut) employ 활용하다 locate 위치를 찾다 be involved in ~와 관련되어 있다 previously 이전에, 과거에 play a vital role in ~에 있어 중추적인 역할을 하다 shifting 변화하는 match 일치하다, 어울리다 gather 모으다 accuracy 정확성

2
지문 해석

지시문	새라
교수가 교육에 관한 수업을 가르치고 있다. 교수의 질문에 답하는 게시물을 작성하시오. 답변을 작성할 때, 다음 사항을 수행해야 한다. 　• 자신의 의견을 제시하고 뒷받침할 것. 　• 자신만의 글로 논의에 기여할 것. 효과적인 답변은 최소 100자의 단어를 포함한다.	저는 주 4일 수업 일정에 찬성합니다. 주말이 늘어나면 학생들에게 휴식과 교과 과정 외의 활동, 그리고 가족과의 교류를 위한 더 많은 시간을 제공해 줄 거라고 생각합니다. 게다가, 학교 수업 시간이 더 길어지면 교사가 주제들을 더 깊이 탐구할 수 있게 되어, 학생들이 개념들을 온전히 이해하도록 보장해 줄 것입니다.

미첼 박사	존
최근 몇 년 사이에, 교육 기관들이 일주일 수업 과정을 구성하는 혁신적인 접근법을 심사숙고해 오고 있습니다. 호응을 얻고 있는 한 가지 그러한 제안은 전통적인 주 5일 수업에서 매일 추가로 90분을 늘려, 압축된 주 4일 일정으로 전환하는 것입니다. 이를 지지하는 사람들은 이러한 변화가 학생의 생산성 향상뿐만 아니라 학생 및 교육자 모두를 위한 일과 삶의 균형 개선을 포함해, 다양한 이점이 있을 수 있다고 주장합니다. 여러분은 주 4일 수업 일정을 채택하는 것이 유익한 아이디어가 될 것이라고 생각하나요? 그런 이유, 또는 그렇지 않은 이유는 무엇인가요?	새라가 몇몇 좋은 지적을 하긴 했지만, 저는 주 4일 수업 일정의 채택을 지지하지 않습니다. 학교 수업 시간을 90분 늘리는 것은 더 어린 학생들에게 압도적인 것으로 드러날 수 있는데, 이 학생들은 이미 기존의 수업 시간 동안 내내 집중력을 지속하는 것을 힘들어하고 있습니다.

어휘 institution 기관, 협회 contemplate 심사숙고하다 structure 구성하다, 조직하다 gain traction 호응을 얻다 transition 전환 conventional 전통적인 compressed 압축된 proponent 지지자 productivity 생산성 in favor of ~에 찬성하는 extracurricular 교과 과정 외의, 방과 후의 delve into ~을 탐구하다 grasp 이해하다 make a good point 좋은 지적을 하다 endorse 지지하다 prove ~한 것으로 드러나다 overwhelming 압도적인 sustain 지속하다 concentration 집중(력) existing 기존의

아웃라인

4 day school week beneficial

teacher retention ↑
- additional day → ↑ time 2 prepare lesson plans, collaborate w/ colleagues, attend training sessions & recharge
- job satisfaction ↑ & burnout among teachers ↓

significant cost savings 4 educational institutions
- e.g. ↓ $ related 2 utilities, transportation & facility maintenance
- streamline maintenance schedules

4일 수업 유익함

교사 유지 비율 ↑
- 추가 휴무일 → 수업 준비, 동료들과 협업, 교육 참석, 재충전을 위한 시간 ↑
- 직업 만족도 ↑ & 교사의 번아웃 ↓

교육 기관에 대한 상당한 비용 절감
- 예. 공익 설비, 교통, 시설 유지관리비 ↓

- 관리 일정 간소화

모범 답안

I am oriented toward Sarah's view. There are two reasons to substantiate my vantage point.

First of all, adopting a four-day school week could contribute to increased teacher retention rates due to the additional day it offers for planning, professional development, and rest. With an extra day off, educators would have more time to prepare engaging lesson plans, collaborate with colleagues, attend training sessions, and recharge. This extended time for professional growth and personal well-being could enhance job satisfaction and reduce burnout among teachers. As a result, schools may experience lower turnover rates, ensuring stability and continuity in the teaching staff.

On top of that, introducing a four-day school week could lead to significant cost savings for educational institutions. For instance, by operating one less day per week, schools could reduce expenses related to utilities, transportation, and facility maintenance. Moreover, with fewer operational days, schools could streamline maintenance schedules, resulting in lower repair and upkeep expenses over time.

In conclusion, I hold that transitioning to a four-day school week could not only improve teacher retention rates but also generate significant cost savings for educational institutions.

저는 새라의 의견에 마음이 기울어요. 저의 의견을 입증할 이유가 두 가지 있습니다.

우선, 주 4일 수업 일정을 채택하면 이것이 계획과 직업 능력 개발, 그리고 휴식에 대해 제공하는 추가 일로 인해 교사 유지 비율 증가에 기여할 수 있습니다. 추가 휴무일이 있으면, 교육자들은 더 많은 시간을 갖고 매력적인 수업 계획을 준비하고, 동료들과 협업하며, 교육 세션에 참석하고, 재충전하게 될 것입니다. 전문적인 성장 및 개인적인 행복을 위한 이 연장된 시간이 직업 만족도를 향상시키고 교사들 사이에서 번아웃을 줄여 줄 것입니다. 결과적으로, 학교는 더 낮은 이직률을 경험하게 되어, 교사진의 안정성과 지속성을 보장할 수 있습니다.

게다가, 주 4일 수업 일정을 도입하면 교육 기관에 대한 상당한 비용 절감으로 이어질 수 있습니다. 예를 들어, 일주일당 하루를 덜 운영함으로써, 학교는 공익 설비와 교통, 그리고 시설 관리와 관련된 비용 지출을 줄일 수 있습니다. 게다가, 운영되는 날이 더 줄어들면, 학교는 관리 일정을 간소화하게 되어, 시간이 흐를수록 수리 및 유지 비용 지출을 낮출 수 있습니다.

결론적으로, 주 4일 수업 일정으로의 전환은 교사 유지 비율을 개선할 수 있을 뿐만 아니라, 교육 기관에 대한 상당한 비용 절감 효과도 만들어 낼 수 있습니다.

어휘 retention rate 유지 비율   professional development 직업 능력 개발   engaging 매력적인   collaborate with ~와 협업하다   session (특정 활동을 위한) 시간   recharge 재충전하다   well-being 행복   burnout 번아웃, 극심한 피로감   turnover rates 이직률   stability 안정(성)   continuity 지속성   saving 절감, 절약   expenses (비용) 지출   utilities (전기, 수도 등의) 공익 설비   transportation 교통   maintenance 관리, 유지   streamline 간소화하다   result in ~을 초래하다   upkeep 유지

1

지문 해석

역청사 오일 추출의 여러 이점	어휘

역청사 오일 추출의 여러 이점

역청사를 통한 오일의 개발은 흔히 환경적으로 잠재적 이점을 지닌 중요한 경제적 기회로 제시되고 있다. 역청사 개발을 지지하는 사람들은 이 업계에서 나타날 수 있는 여러 장점을 강조한다.

우선, 역청사에서 오일을 추출하는 것의 가능성 있는 장점들 중 하나는 경제 성장을 자극한다는 점이다. 일부 지지자들은 역청사 업계가 미개발 지역에 활력을 불어 넣어, 일자리를 창출하고 새로운 사회 기반 시설의 건설을 필요하게 만들 잠재력을 지니고 있다고 주장한다. 이는 경제 활동의 급증으로 이어져, 고용 기회를 제공하고, 지역 업체들을 활성화시킬 수 있다.

역청사에서 오일을 추출하는 것의 또 다른 이점은 상당한 정부 수입을 창출할 수 있다는 점이다. 수익성 좋은 오일 추출 사업이 회사들의 세금 기여도를 높임으로써, 정부의 공공 서비스 자금 지원 능력을 향상시켜 줄 가능성이 있을 것이다. 이러한 자본 유입은 잠재적으로 개별 시민들의 세금 의무를 낮춰 줌으로써 그들에게 지워지는 금전적 부담을 줄여 줄 수 있다.

마지막으로, 역청사 오일 추출은 해외 오일 수입에 대한 의존도를 줄여 줌으로써 전략적인 장점을 제공한다. 국내 역청사 오일 자원을 활용함으로써, 국가마다 불확실한 국제 시장에 대한 의존도를 줄여, 지정학적 긴장감 및 변동하는 오일 가격과 연관된 위험도를 완화할 수 있다. 이렇게 높아진 에너지 독립성은 외부의 방해 요소에 직면한 상황에서 안정성과 회복 탄력성을 촉진해, 국가를 위해 더욱 안전하고 지속 가능한 에너지 공급을 보장해 준다.

어휘

extract 추출하다   tar sand 역청사(점도 높은 원유를 함유한 모래나 사암)   arise 나타나다, 발생하다   proponent 지지자   inject 불어 넣다, 주입하다   vitality 활기   necessitate 필요하게 만들다   infrastructure 사회 기반 시설   lead to ~로 이어지다   surge 급증   revenue 수입, 수익   operation 사업, 활동   fund 자금을 제공하다   inflow 유입   capital 자본   obligation 의무   import 수입   tap into ~을 활용하다   domestic 국내의   mitigate 완화하다   associated with ~와 연관된   geopolitical 지정학적인   tension 긴장(감)   fluctuating 변동하는   independence 독립(성)   foster 촉진하다, 조성하다   resilience 회복 탄력성   in the face of ~에 직면하여   external 외부의   disruption 방해, 지장   sustainable 지속 가능한

강의 스크립트 & 해석

Now listen to part of a lecture on the topic you just read about.
이제 방금 읽은 내용의 주제에 관한 강의 일부를 들으시오.

While the extraction of oil from tar sands is often touted for its economic benefits, we need to look at the whole picture. The reading material presented some positive views, but let's consider some other aspects.

역청사 오일 추출이 흔히 그 경제적 이점으로 크게 선전되고 있지만, 우리는 전체적인 그림을 살펴 봐야 합니다. 읽기 자료가 몇 가지 긍정적인 관점을 제공해 주었지만, 몇몇 다른 측면들도 살펴 고려해 보겠습니다.

Firstly, the perceived economic prosperity derived from tar sands may not be enduring. The workforce attracted to the job opportunities typically remains temporary, leaving once their work is completed. Similarly, the companies engaged in extraction are also short-lived; they tend to relocate once the oil resources are depleted. Such a cycle fails to establish sustainable economic development in the region, serving instead as a temporary economic stimulus.

첫 번째로, 역청사에서 비롯되는 것으로 인지되는 경제적 번영은 지속적이지 못할 수 있습니다. 그 일자리 기회에 이끌린 인력은 일반적으로 임시직으로 유지되어, 그 일이 완료되면 떠나게 됩니다. 마찬가지로, 추출 작업에 관여하는 회사들도 오래가지 못하며, 이 오일 자원이 고갈되는 대로 이전하는 경향이 있습니다. 이러한 순환 구조는 해당 지역 내에서 지속 가능한 경제적 발전을 확립하지 못하며, 대신 일시적인 경제적 자극제의 역할을 합니다.

Regarding the tax revenue for the government, it's true that high oil prices can lead to substantial profits and thus significant tax

정부의 세입과 관련해서는, 높은 유가가 상당한 수익으로, 그리고 그에 따라 상당한 세입으로 이어질 수 있다는 점은 사실입니다. 하지만, 변동하는 유가의 특성

income. However, the fluctuating nature of oil prices means they're not always reliable. They can fluctuate greatly, and when they dip, the tax revenue can decrease sharply. This kind of financial instability can have serious implications for government spending and can indirectly impact the financial well-being of the public.

Moving to the idea that tar oil extraction effectively reduces dependence on foreign oil imports, this approach may not be as effective as anticipated. While tar oil extraction may increase, a substantial portion of domestic energy demand still relies on imported oil. Moreover, alternative energy sources like tar oil cannot fully meet the domestic oil demand. Additionally, the author points out the potential economic challenges posed by globally low oil prices, which could diminish the feasibility of tar oil extraction. Consequently, despite potential increases in domestic production, the reliance on foreign oil may persist.

은 항상 신뢰할 수 있는 부분이 아님을 의미합니다. 유가는 크게 변동할 수 있으며, 하락하는 경우에는 세입이 급격하게 감소할 수 있습니다. 이런 종류의 재정적 불안정은 정부 지출에 심각한 영향을 미칠 수 있으며, 일반인들의 금전적 행복에도 간접적으로 영향을 미칠 수 있습니다.

역청사 오일 추출이 해외 오일 수입에 대한 의존도를 효과적으로 낮춰 준다는 의견으로 넘어가 보면, 이러한 접근 방식은 기대만큼 효과적이지 못할 수 있습니다. 역청사 오일 추출이 늘어날 수는 있지만, 국내 에너지 수요의 상당 부분은 여전히 수입 오일에 의존하고 있습니다. 더욱이, 역청사 오일 같은 대체 에너지원은 국내 오일 수요를 전적으로 충족할 수 없습니다. 게다가, 글쓴이는 세계적으로 낮은 유가로 인해 제기되는 잠재적인 경제적 문제를 지적하고 있으며, 이는 역청사 오일 추출의 실현 가능성을 약화시킬 수 있습니다. 결과적으로, 국내 생산량의 잠재적인 증가에도 불구하고, 해외 오일에 대한 의존도는 지속될 수 있습니다.

어휘 be touted for ~로 크게 선전되다   positive 긍정적인   aspect 측면, 양상   perceive 인지하다   prosperity 번영   derived from ~에서 비롯된   enduring 지속되는, 오래가는   temporary 임시의, 일시적인   short-lived 오래가지 못하는   relocates 이전하다   deplete 고갈시키다   stimulus 자극(제)   fluctuate 변동하다, 등락을 거듭하다   dip 하락하다, 가라앉다   sharply 급격하게   instability 불안정(성)   have implications for ~에 영향을 미치다   point out 지적하다   pose (문제 등을) 제기하다, 가하다   feasibility 실현 가능성   persist 지속되다

문제

Summarize the points made in the lecture, being sure to explain how they respond to the specific concerns presented in the reading passage.

강의에서 언급된 내용을 요약하고, 읽기 지문에서 제시된 구체적인 문제에 어떻게 대응하는지 설명하시오.

읽기 지문 노트

advantages of tar sands

stimulate economic growth
- inject vitality in2 underdeveloped regions → job creation & construction of new infrastructures
- surge in economic activity

generate significant government revenue
- increase tax ← company → government ability 2 fund public services ↑
- financial pressure on individual citizens ↓

reduce dependence on foreign oil import ↓

역청사 오일의 이점

경제 성장 자극
- 미개발 지역에 활력을 → 일자리 창출 & 새로운 사회 기반시설 건설
- 경제 활동의 급증

상당한 정부 수입 창출
- 세입 증가 ← 회사 → 정부의 공공 서비스 자금 지원 능력 ↑
- 시민들 금전적 부담 ↓

해외 오일 수입 의존도 ↓

- reliance on uncertain international market ↓ →
  risk w/ geopolitical tension & fluctuation of oil price ↓
- stability & resilience → secure & sustainable energy
  supply

- 불확실한 국제 시장에 대한 의존도 ↓ →
  지정학적 긴장감 & 유가 변동 관련 위험도 ↓
- 안정성 & 회복 탄력성 → 안전하고 지속가능한
  에너지 공급

강의 노트

advantages of tar sands → other aspects 2 consider

economic prosperity from tar sand → enduring X
- job opportun. → temporal once work is completed
- relocation of companies once oil resources X
  → sustainable economic development X

fluctuating nature of oil price → always reliable X
- oil price ↓ → tax revenue ↓
- financial instability → serious implication 4 government
  spending & financial well-beings of the public

reduction of foreign oil import → work X
- extraction of tar oil ↑ → still rely on imported oil b/c
  fully meet domestic oil demand
- global low oil prices → feasibility of tar oil extraction ↓

역청사 오일 추출의 이점 → 고려해야 할 다른 측면

역청사로 인한 경제 번영 → 지속적 X
- 일자리 기회 → 일시직으로 작업 완료 시 떠남
- 오일 자원 고갈 시 회사들도 이전 → 지속
  가능한 경제 발전 X

변동하는 유가의 특성 → 항상 신뢰 X
- 유가 ↓ → 세입 ↓
- 재정적 불안정 → 정부 지출과 일반인들의
  금전적 행복에 심각한 영향

해외 오일 수입 감소 → 효과 X
- 역청사 오일 추출 ↑ → 국내 오일 수요 충족
  위해 여전히 오일 수입 의존
- 세계적으로 낮은 유가 → 역청사 오일 추출
  실현가능성 ↓

모범 답안

The author of the reading argues that there are several possible benefits of extracting oil from tar sands. However, the professor challenges this idea by presenting point-by-point counterarguments.

First of all, the professor claims that the economic benefits from tar sands might not endure. This is because the temporary workforce and extraction companies relocate once their tasks are completed and fail to establish lasting economic development. The professor, therefore, refutes the reading passage's claim that the primary advantage of tar sands oil extraction is its capacity to boost economic growth.

On top of that, the professor asserts that high oil prices can generate substantial tax revenue for the government, but their fluctuating nature renders them unreliable. Sharp declines in oil prices can lead to significant decreases in tax income, causing financial instability for government spending and indirectly impacting the public's financial well-being. The professor, thus,

독해 지문의 글쓴이는 역청사에서 추출하는 오일이 여러 가능성 있는 이점을 지니고 있다고 주장한다. 하지만, 교수는 요점별로 반론을 제시하면서 이러한 의견에 이의를 제기하고 있다.

가장 먼저, 교수는 역청사에 의한 경제적 이점이 지속되지 못할지도 모른다고 주장한다. 그 이유는 임시직 인력과 추출 회사들이 각자의 일이 완료되는 대로 이전하면서 지속적인 경제 발전을 확립하지 못하기 때문이다. 따라서, 교수는 역청사 오일 추출의 주요 장점이 경제 성장을 촉진할 수 있는 능력이라는 독해 지문의 주장에 반박하고 있다.

그뿐만 아니라, 교수는 높은 유가가 정부에 상당한 세입을 안겨 줄 수는 있지만, 그 변동하는 특성이 유가를 신뢰할 수 없게 만든다고 주장한다. 유가의 급격한 하락은 상당한 세입 감소로 이어져, 정부 지출에 있어 재정적 불안정을 초래하고, 일반인들의 금전적 행복에 간접적으로 영향을 미칠 수 있다. 이에 따라, 교수는 역청사 오일 추출의 주된 이점이 상당한 정부 수입을 창출할 수 있는 잠재성이라는 독해

counters the reading passage's idea that a primary benefit of tar sands oil extraction is its potential to generate substantial government revenue.

Lastly, the professor contends that decreasing reliance on imported foreign oil will not be effective. This is due to the fact that a substantial portion of domestic energy demand still relies on imports. The professor notes that alternative energy sources such as tar oil cannot fully satisfy domestic oil needs. Additionally, concerns are raised about the economic challenges posed by low global oil prices, potentially hindering the feasibility of tar oil extraction and perpetuating reliance on foreign oil. As such, the professor rebuts the reading passage's assertion that developing tar sands could substantially improve energy independence by reducing foreign oil dependency.

지문의 의견을 반박하고 있다.

마지막으로, 교수는 수입된 해외 오일에 대한 의존도 감소가 효과적이지 못할 것이라고 주장한다. 이는 국내 에너지 수요의 상당 부분이 여전히 수입에 의존하고 있다는 사실로 인한 것이다. 교수는 역청사 오일 같은 대체 에너지원이 국내 오일 필요성을 전적으로 충족할 수 없다는 점을 언급한다. 게다가, 세계적으로 낮은 유가로 인한 경제적 문제와 관련된 우려가 제기되면서, 잠재적으로 역청사 오일 추출의 실현 가능성을 저해하고, 해외 오일에 대한 의존도를 영구화하고 있다. 따라서, 교수는 역청사를 개발하는 것이 해외 오일 의존도를 낮춰 줌으로써 에너지 독립성을 상당히 향상시킬 수 있다는 독해 지문의 주장을 반박하고 있다.

어휘 challenge 이의를 제기하다　point-by-point 요점마다의　counterargument 반론　endure 지속되다　lasting 지속되는 refute 반박하다(= counter, rebut)　capacity 능력　boost 촉진하다　assert 주장하다　unreliable 신뢰할 수 없는　sharp 급격한　raise 제기하다　hinder 저해하다　perpetuate 영구화하다

2

지문 해석

지시문 교수가 여행에 관한 수업을 가르치고 있다. 교수의 질문에 답하는 게시물을 작성하시오. 답변을 작성할 때, 다음 사항을 수행해야 한다. 　• 자신의 의견을 제시하고 뒷받침할 것. 　• 토론에 의미 있게 참석할 것. 효과적인 답변은 최소 100자의 단어를 포함한다.	**소피아** 저는 유튜브와 같은 플랫폼에서 제공하는 가상 여행 경험이 실제 여행에 필적할 만한 가치를 제공한다고 생각합니다. 이 관점은 이러한 플랫폼이 제공하는 접근성과 다양한 경험에 기반을 두고 있습니다. 금전적, 건강상의 문제 또는 기타 제약으로 인해 여행이 어려운 사람들도 여전히 의미 있는 방식으로 세상을 탐험할 수 있습니다.
크루즈 박사 디지털 시대에 유튜브와 같은 온라인 비디오 플랫폼의 등장은 사람들이 세상을 경험하고 상호작용하는 방식을 혁신적으로 바꿔 놓았습니다. 손끝 하나로 쉽게 접할 수 있는 방대한 여행 관련 콘텐츠를 통해, 일부 사람들은 가상 여행이 전통적인 물리적 여행의 개념에 필적할 수 있다는 주장을 합니다. 어떤 이들은 유튜브나 온라인 비디오 플랫폼을 통해 해외 여행을 경험하는 것이 물리적으로 외국 여행을 하는 것만큼 가치가 있다고 생각합니다. 이 관점에 동의하나요, 아니면 동의하지 않으세요?	**폴** 반대로, 저는 온라인 비디오 플랫폼이 학습과 영감을 얻는 데 유용한 도구이기는 하지만, 물리적 여행의 이점을 완전히 대체할 수는 없다고 주장합니다. 새로운 문화를 직접 경험하는 것은 단순한 시각과 청각 자극 이상의 것이며, 이는 현장에서만 느낄 수 있는 촉각, 후각, 심지어 미각을 포함한 경험을 의미합니다.

어휘 connectivity 연결　advent 도래, 출현　revolutionize 혁신을 일으키다　an array of 다수의　fingertip 손가락 끝　virtual 가상의　exploration 탐사, 탐험　rival ~에 필적하다　notion 개념, 생각　rewarding 보람이 있는, 가치가 있는　physically 육체적으로, 물리적으로　advocate 지지하다　indeed 정말, 확실히　perspective 관점　breadth of 폭넓은 constraint 제약, 제한　conversely 반대로　argue 주장하다　resource 자원　inspiration 영감　firsthand 직접　auditory 청각의　tactile 촉각의　olfactory 후각의　sensation 감각

아웃라인

Paul's view

provide a sense of adventure & spontaneity
- physical travel → unexpected moments (e.g. discover charming cafe & impromptu conversation)
- more excitement & genuine exper.

engage all five senses
- feel texture, smell aroma, hear the native sounds
- foster personal growth & deeper understanding of diff. cultures

폴의 관점

모험심 & 즉흥성을 제공
- 물리적 여행 → 예상하지 못한 순간 (예. 매력적인 카페 발견 & 즉흥 대화)
- 더 흥분되고 진실한 경험

오감으로 느끼기
- 질감 느끼기, 향기 맡기, 현지 소리 듣기
- 개인의 성장 & 다른 문화권에 대한 깊이 있는 이해를 이끎

모범 답안

I am oriented toward Paul's view. There are two reasons to validate my point.

First of all, physical travel provides a sense of adventure and spontaneity that virtual travel cannot replicate. When traveling physically, the unexpected moments—like discovering a charming local café or having spontaneous conversations with locals—create unique memories. These unplanned encounters make the experience more exciting and genuine than what online platforms can provide.

Not only that, spending time in a foreign place engages all five senses in a way that virtual travel cannot. Feeling the textures, smelling the aromas, and hearing the native sounds of a place create a strong and memorable connection to the culture. The tactile experience of physically navigating new environments fosters personal growth and a deeper understanding of different cultures.

In conclusion, I believe that while YouTube and other platforms offer valuable insights into different cultures, they cannot fully replicate the transformative experience of physically traveling abroad.

저는 폴의 의견에 마음이 기울여요. 저의 주장을 입증할 두 가지의 이유가 있습니다.

우선, 현지 여행은 가상 여행이 줄 수 없는 모험과 즉흥적인 즐거움을 제공합니다. 실제로 여행을 하게 되면, 현지 카페를 우연히 발견하거나 현지인들과 즉흥적으로 대화하는 것처럼, 예상치 못한 순간들이 특별한 추억을 만들어 줍니다. 이런 계획에 없던 만남들은 온라인 플랫폼에서 얻는 경험보다 훨씬 더 흥미롭고 진솔한 즐거움을 선사합니다.

뿐만 아니라, 낯선 곳에서 시간을 보내는 것은 가상 여행으로는 느낄 수 없는 다섯 가지 감각을 모두 일깨워줍니다. 그곳의 질감을 느끼고, 향기를 맡고, 현지의 소리를 듣는 것은 그 문화와 강력하고 잊혀지지 않는 유대감을 만들어줍니다. 새로운 환경을 직접 경험하는 것은 개인의 성장을 촉진하고, 다양한 문화에 대한 깊은 이해를 도와줍니다.

결론적으로, 유튜브와 다른 플랫폼들이 다양한 문화에 대한 유익한 정보를 제공하지만, 해외로 직접 떠나는 여행이 주는 변화를 완전히 재현할 수는 없습니다.

어휘 validate 입증하다 spontaneity 즉흥적임 unexpected 예기치 않은, 뜻밖의 charming 매력적인, 멋진 unique 특별한 unplanned 계획되지 않은 exciting 흥미진진한 genuine 진실한 foreign 외국의, 낯선 texture 감촉, 질감 transformative 변화시키는